高等院校财经类专业应用型本科系列教材

# 创业学

CHUANGYEXUE

◎主　编　徐　刚

◎副主编　胡　柳　饶　欣　刘　军　张承龙

◎主　审　王林昌



重庆大学出版社

## 内容简介

创业教育是培养人的创业意识、创业思维、创业技能等各种创业综合素质,并最终使被教育者具有一定的创业能力的教育。本书重点安排了"创业导论、创业者与创业团队、创业机会、创业资源运用与整合、创业计划书、新企业的开办、企业经营管理、网络创业"8章内容。在每章开头通过真实的创业案例引入主题内容,每章的结尾通过自我测试、创业加油站、扩展阅读等内容强化学习成果。通过对本书的学习,可以激发读者的学习兴趣,调动创业热情,增强创业意识,培养创业能力。

本书立意新颖,内容丰富,既可以作为创业教育的学生教材,也可以供各阶层创业者和有志于创业的人士作为参考书。

**图书在版编目(CIP)数据**

创业学/徐刚主编.—重庆:重庆大学出版社,
2014.8(2019.8重印)
高等院校财经类专业应用型本科系列教材
ISBN 978-7-5624-8375-5

Ⅰ.①创… Ⅱ.①徐… Ⅲ.①企业管理—高等学校—教材 Ⅳ.①F270

中国版本图书馆CIP数据核字(2014)第146957号

高等院校财经类专业应用型本科系列教材
**创 业 学**
主 编 徐 刚
副主编 胡 柳 饶 欣 刘 军 张承龙
主 审 王林昌
责任编辑:范 莹 版式设计:范 莹
责任校对:秦巴达 责任印制:张 策
*
重庆大学出版社出版发行
出版人:饶帮华
社址:重庆市沙坪坝区大学城西路21号
邮编:401331
电话:(023) 88617190 88617185(中小学)
传真:(023) 88617186 88617166
网址:http://www.cqup.com.cn
邮箱:fxk@cqup.com.cn(营销中心)
全国新华书店经销
重庆巍承印务有限公司印刷
*
开本:720mm×1020mm 1/16 印张:18.75 字数:378千
2014年8月第1版 2019年8月第4次印刷
印数:9 501—10 600
ISBN 978-7-5624-8375-5 定价:45.00元

# 前言 PREFACE

世界管理学大师彼得·德鲁克认为创业型就业是美国经济发展的主要动力之一,是美国就业政策成功的核心。根据美国有关统计数据显示,近20年来,规模在100人以下的公司创造了美国经济中的绝大部分新就业机会。可以说,新公司的诞生和成长是创造就业机会的发动机。创业观念已经深深地植根于美国文化之中。

就业是民生之本,创业就是就业之基。进入21世纪,科技革命和全球化的影响逐渐加深,创业正逐步成为人们的一种生活方式。对于现代中国大学生来讲,创业机会多、创业热情高、创业动机强,但创业能力不足,急需通过创业教育来提高创业能力。

本书以高等院校学生为主要服务对象,以市场需求为导向,旨在加强大学生对创业知识的了解,以提高大学生的创业胜任力,从而增加创业成功的可能性,培养为社会经济和文化发展服务的应用型人才。

在本书的编写过程中,我们作了如下尝试:

1.为了保证知识体系的系统性和创业教育的与时俱进,在遵循教育部创业教育指导意见的基础上,分别增加了企业经营管理和网络创业两章内容。

2.每章开篇使用一个创业企业案例,带领读者走进创业知识圈,学习与领悟其中相对应的创业知识。

3.每章正文结束,通过几道复习题帮助读者巩固所学的理论要点;通过自我测试,剖析自身在创业活动方面的潜力;通过实践练习,锻炼和挖掘读者的创业能力;通过扩展阅读,提高大家学习创业知识的趣味性。

在本书中,大量的编写任务得力于以下老师的倾力付出:徐刚撰写了第1章、第7章、第8章;胡柳撰写了第2章;刘军撰写了第3章;张承龙撰写了第4章;饶欣撰写了第5章和第6章。全书由徐刚负责结构与编写体例的确定以及统稿、定稿,由武汉大学经济与管理学院教授、博士生导师王林昌担任主审。

本书编写过程中,参阅了大量的国内外参考书、文献资料,网上资料及研究成果,主要参考资料在书后的参考文献中列出,在此对相关作者和编辑表示由衷的感谢。本书的编写和出版得到参编人员所在的学校、学院领导和许多同事的大力支持与鼓励，在此也向他们表示诚挚的谢意。

限于编写者的水平，书中难免存在不当和错误之处，恳请读者批评指正。

编　者
2014 年 5 月

# 目录 CONTENTS

第 1 章　创业导论 ………… 1
1.1　创业的内涵 ………… 4
1.2　创业过程模型 ………… 18
1.3　创业学研究的演进 ………… 32
思考题 ………… 40
自我测试 ………… 40
创业加油站(实践练习) ………… 43
扩展阅读 ………… 44

第 2 章　创业者与创业团队 ………… 47
2.1　创业者与创业者价值 ………… 51
2.2　创业者的特质与技能 ………… 55
2.3　创业团队 ………… 63
思考题 ………… 69
自我测试 ………… 69
创业加油站(实践练习) ………… 71
扩展阅读 ………… 71

第 3 章　创业机会 ………… 75
3.1　创业机会的内涵 ………… 77
3.2　创业机会的识别 ………… 85
3.3　创业机会的评估 ………… 93
思考题 ………… 95
自我测试 ………… 95
创业加油站(实践练习) ………… 98
扩展阅读 ………… 99

第 4 章　创业资源运用与整合 ………… 104
4.1　创业资源基础理论 ………… 107

4.2 创业融资 …… 115
4.3 创业资源整合 …… 125
思考题 …… 130
自我测试 …… 130
创业加油站(实践练习) …… 131
扩展阅读 …… 131

**第5章 创业计划书** …… 134
5.1 创业计划书的概念与作用 …… 137
5.2 创业计划书的内容 …… 140
5.3 创业计划书的写作 …… 146
5.4 创业计划书的评价 …… 159
思考题 …… 164
自我测试 …… 164
创业加油站(实践练习) …… 166
扩展阅读 …… 166

**第6章 新企业的开办** …… 168
6.1 新创企业的组织形式 …… 169
6.2 新企业的地址选择 …… 176
6.3 新企业的法律登记 …… 183
6.4 政府对大学生创业的政策支持 …… 188
思考题 …… 191
自我测试 …… 191
创业加油站(实践练习) …… 192
扩展阅读 …… 192

**第7章 企业经营管理** …… 195
7.1 管理概述 …… 197
7.2 人力资源管理 …… 208
7.3 营销管理 …… 220
7.4 财务管理 …… 224
思考题 …… 238
自我测试 …… 239
创业加油站(实践练习) …… 239
扩展阅读 …… 240

**第 8 章　网络创业** …… 249
8.1　网络创业概述 …… 251
8.2　网络创业模式 …… 254
8.3　网络创业基本知识 …… 260
8.4　网络店铺的经营策略 …… 265
思考题 …… 271
自我测试 …… 271
创业加油站(实践练习) …… 272
扩展阅读 …… 277

**参考文献** …… 289

# 第1章　创业导论

## 【本章要点】

1.创业的内涵；
2.创业过程模型；
3.创业学研究的演进。

## 创业实录

### 文艺姑娘与野兽派花店的故事

有这样一家花店，其产品只在微博上销售，而且花束价格昂贵，需提前一周预订，周末花店全体放假。不少人都以收到该花店送出的花束为乐，纷纷在微博上争先恐后地秀幸福，许多明星也是这家花店的常客。这家花店的名字叫野兽派花店……

**文艺妞开创插花新流派**

姚坤杰（英文名 Amber），上海人，出生于文艺氛围浓厚的家庭，母亲是美术教师。在母亲的影响下6岁开始学画，毕业于复旦大学新闻系，典型的"80后"，文艺范儿十足。因为小时候学过绘画，Amber 对美有独特的感知能力，经常手工制作一些艺术品送给朋友。那些小玩意儿往往被大家爱不释手，Amber 也因此被誉为朋友群里慧心独具且品位一流的人物。

2011年12月，Amber 突发奇想，想要亲手制作一个花束送给朋友。于是，从未学过插花的她奔赴花材市场采购原料，在那儿，她第一次发现原来世界上有这么多种自己叫不上名的漂亮花儿，于是她凭着感觉买下了一大堆。当天晚上，Amber 跟随灵感信手插了一大束花送给朋友，没想到朋友收到花后非常惊喜，连说她送的花有品位。这让 Amber 有些得意，也因此喜欢上了逛花材市场，此后又有几位朋友收到了她亲手制作的插花礼物，反应同样十分惊喜。一位朋友问 Amber："你这弄的什么流派啊？"

"野兽派，我是随便乱插的，哈哈……"Amber 随口说。在欣赏完 Amber 的作品之后，不少朋友开玩笑让她辞职去卖花。于是 Amber 抱着玩玩看的态度将自己制作的花束拍照传到了微博上出售，没想到居然真的接到了不少订单。粉丝们的热烈反应让 Amber 看到了巨大的商机，于是她果断地辞掉了工作，开了一家叫作“野兽派”的花店。

上海的花店多如牛毛，而 Amber 又不具备专业的插花知识，因此她并不打算开一家常规的花店，而是决定赋予鲜花独一无二的故事感，向顾客传递内涵与感动。于是 Amber 想出故事订制的办法，让顾客用一条 140 字的微博简要阐述自己的故事与要求，然后自己再根据对方的故事来制作插花。

这种营销方式很快引起顾客们的兴趣，不少人纷纷在评论中分享了自己的故事，Amber 的微博也一度热闹起来。

就这样，微博成了 Amber 唯一的营销工具，她在微博上这样介绍自己的业务：“可通过私信、电话订购花束礼物，绝不常规，只在‘围脖’，全国派送，周末店休。”每当有顾客下订单，Amber 和店员便根据顾客版本搭配花束，制作出与故事相配的花束礼盒，然后通过快递送达客户留下的地址。

虽然微博营销并没有一个直接购买和支付的工具，客户们需要先银行转账支付货款才能收货，也没有第三方监督花店的服务，但这些并没有妨碍花店的快速发展。凭借她和客户之间的互信，以及微博的共享功能，“野兽派”的生意日益红火，不少顾客在收到特殊订制的花束后都忍不住拍照晒幸福，引发大量网友围观，这也在无意中给“野兽派”做了广告，增加了小店的知名度，而 Amber 也经常在微博上分享自己的作品和网友们的故事，并给出温暖的情感小贴士，赢得了众多粉丝的青睐。

**妙言赋予鲜花丰满故事**

开店之后，爱睡懒觉的 Amber 养成每天早起去花市买花看花的习惯，数月间，她跑遍了上海的花材市场，在经历过多次求而不得的折磨之后终于与供货商建立了稳定的联系。为搭配出最佳效果，Amber 经常选用西洋花材，因此要不辞劳苦地开辟国外订货途径。有一次，一位顾客提出用一种叫作伯爵的玫瑰制作自己的花束。为了不让客户失望，Amber 与同事千方百计地同国外的植物园取得联系，打了无数个越洋电话，发了无数封邮件之后，终于订到自己想要的玫瑰，没想到兴致勃勃地来到机场后才发现，昂贵的花朵经历长途旅行后已经凋谢。她又不得不继续和植物园沟通与协商，又费一番周折，终于顺利收到一桶完好的花，并获得了稳定供货的合作机会。

Amber 的团队还非常善于倾听，顾客们只需要讲述自己的故事与情感诉求，并告知送花对象的身份气质，“野兽派”的花艺师就会为其量身定做独特的花束。因此，几乎该店送出的每一束鲜花无论花材昂贵与否，背后都藏着一个感人的故事。

一位男生订花给女朋友，希望能重现二人初次相逢时的场景，并体现出“下雨、看电影、晚饭吃小龙虾”等元素。于是，“野兽派”的花艺师大胆选用了酷似小龙虾的红姜花，并在上面点缀几枚贵子花当作花椒，又采一朵荷叶呈现伞下的意境，并在角落处缀一朵黑色郁金香以烘托电影院的气氛。女孩收到花之后喜不自禁，笑吟吟地说了一句“人生若只如初见”。

心怀芥蒂的恋人也来 Amber 这里订花，一位女孩和男友在一起三年了，对方一直对她的过往存在心结，因此，她想在对方出国之前送一束花，传递信任的感觉。于是 Amber 在白芍药旁边藏了一朵荷包百合，就像古人赠别情郎的小荷包一样，非常贴心，令顾客十分满意。

有时候，顾客会提出各种各样的要求，比如在花束里加入小鸭子，或者装入自家孩子造型的玩偶。Amber 总会尽量满足顾客。有一次，一位 Y 姓先生在微博上订花，希望花束能呈现出莫奈《睡莲》的意境。但当时并没有合适的花朵用以创作，Amher 主动提出为客户退款，对方却说：“美，值得等待。”此后，也从未催促“野兽派”交货。几个月后，Amber 终于从日本的美术馆中得到灵感，再觅花材创作了一幅叫作《莫奈花园》的作品，并以该作品向 Y 先生致敬，赞美他对美的执著。而 Y 先生也特意寄来名贵的红酒向她表示感谢。

除了对花卉进行精心雕饰，“野兽派”还会根据不同人群、送花人与收花人的心境为作品取颇具文艺范儿的名字，比如洛丽塔、潮流之香、仲夏夜之梦……因为走的是微博营销路线，Amber 做得非常富有人情味儿，顾客们也都投桃报李，与店主保持亲密互动。有人会在汇款时多转一些钱，说是请全体店员吃零食，还有一次，花店在情人节前夕漏寄了一份去北京的快递，情急之下 Amber 只好发微博求助，没想到真有一位素昧平生的博友正在机场等待飞往北京，于是对方临时充当了一回快递员，及时将花束送到顾客手中。这让 Amber 忍不住感慨道：“没有‘围脖’，就没有野兽派。”

**创意频出赋予小店无限生命力**

开业之初，“野兽派”既无实体店，也无网店，仅仅依托微博平台的花店就已经吸引了 18 万粉丝，并售出近 9 万束创意花束，每束花均价在 600 元左右。

随着客流量的增加，小店的运营形式已经无法接待更多顾客，于是野兽派终于在粉丝们的千呼万唤之下于 2012 年 8 月份开了网店。

此外，“野兽派”的经营范围也不再仅仅局限于花束，开始兼顾客户的多重需求，出售熏香、蜡烛、皮包等物品。比如，一位与丈夫携手多年的女士想要送一份礼物给对方，但又担心送花让对方难以接受，于是 Amber 精心为其选择了一款车载香囊作为礼物，其香气清淡醇厚，柔和绵长，颇受对方的喜爱。

除了接受订制，野兽派还会在每个节日推出创意礼物。比如“三八”妇女节时该店就推出过“手帕交”礼物，售卖来自东京的新款 eeline 手帕系列，不少女性特意买来送给闺密，感谢对方以姐妹淘的身份陪伴自己，与自己分享八卦与私密。

2012 年父亲节时，“野兽派”特别推出亲情专题，为客户制作名为“一封给爸爸的信”的主题花束，在精致的金盏花盒里放一只漂流瓶，鼓励顾客们在瓶中写下想对爸爸说的话。Amber 说，之所以设计这个主题，是因为考虑到多数人在长大后与父亲之间的距离逐渐拉大，越来越不好意思对爸爸说悄悄话，此时可以通过送花的形式跟爸爸说几句私密话,及时表达自己的爱意。

此外,“野兽派”还采用与知名人士合作的方式推出自己的产品,在艺术家郭鸿蔚到上海举办首展之前,“野兽派”就曾与之合作推出一款名为“一个陌生女人的来信”的丝巾,上面印着郭鸿蔚的水彩画;2013 年母亲节来临之际,“野兽派”联手女星马伊琍推出一款叫作“小港湾”的母亲节花盒,以珍贵的紫色康乃馨长生花来祝福母亲,向母爱表示感谢。Amber 表示,此次卖花的收益将全部捐给慈善基金,用于帮助自闭症儿童接受治疗。

因为充满创意,又人性化,“野兽派”吸引不少人来应聘送花员,其中不乏帅哥与美女,很多人还做过营销经理、空姐、IT 精英,他们的加入为“野兽派”注入了活力,也让送花业务越来越受欢迎。

开业以来,“野兽派”不仅顺利在北京三里屯开了分店,还成功引领了中国花艺潮流。对 Amber 来说,“野兽派”花店取得的巨大成功是命运赐予她的一份大礼,但对她来说,赚钱并不是唯一的目的,更重要的是在卖花的同时追求美而有趣的生活。而只有同顾客进行持续的互动与沟通,与他们真心实意地交朋友,再加上微博与支付宝的助力,才能最大限度地实现这个目标。

(资料来源:张琦.文艺姑娘与野兽派花店的故事[J].家家乐·下半月,2013(07).)

启示:其实,像我们每天吃的米饭一样,创业机会每天都在我们的身边出现,创业其实不像想象中的那么复杂。创业不一定是要创立一个公司,它体现为一种企业家精神,创立新公司是一种,在公司内部创立新模式,开发新产品等都属于此类,在闹市中摆小摊也属于此类。不是什么拉了风险投资才算创业。正如开篇创业实录中的文艺小姑娘创办野兽派花店一样,创业是一种普遍的现象。

## 1.1 创业的内涵

人类的历史可以说就是一部创业史。从原始社会的刀耕火种,到封建时代的四大发明;从工业革命用机器生产取代手工劳动,到知识经济时代科学成为第一生产力,人类始终没有停止过创业的脚步。创业活动的产生是历史的必然,是不以人们的意志为转移的客观规律,不论你愿意不愿意,都有可能自觉不自觉地,或迟或早地走上创业之路。

在中国,“学而优则仕”的时代已经过去。轰轰烈烈的创业活动,先后经历了五个不同的发展阶段,其间掀起了四次创业高潮,而每一次创业高潮的到来都使中国人的创业水平登上一个新的台阶,从而把创业活动推向新的阶段。第一次是原始积累阶段,也称个体户阶段。第二次是正式起步阶段,也称“头班车”阶段,第三次是曲折前进阶段，第四次是迅猛发展阶段，也称“末班车”阶段。第五次是走向成熟阶段。就在中国处于第五次创业阶段的时候，一个以大学生为主体的新的创业群体在中国悄然兴起。1999 年 7 月 29 日，由四名大学生创办的校园企业——视美乐公司在清华大学挂牌。他们以自己研制的“多媒体超大屏幕高清晰度投影电视技术”入股，争取到上海第一百货公司的 5 000 万元风险投资。由此为起点，引发了一场空前的中国大学生创业热潮。

### 1.1.1　创业的内在本质

1）创业的概念

创业是一个振奋人心的字眼，创业既能展现出开创崭新的事业，支衬托出振奋人心的创业过程（从过程看，创业是不分成功与失败），又能够让人看到创业成功后的辉煌！无论是物质还是精神。

由于创业是与创业家分不开的，因此，我们还是从创业家与创业精神开始说起。

（1）创业家的创业精神

早在 1803 年，法国的经济学家萨伊就曾说过：“创业家能将经济资源从生产力低的地方转移到生产力高 、产出多的地方。”在美国，创业家常常被定义为是那些自己去开办新的小企业的人们。在美国商学院近些年来开设的“创业型管理”，就是从 20 世纪初讲授如何开办小企业的课程派生出来的，在许多方面，并无大的差异。但是，并不是所有新开的小型企业都是创业型企业或具有创业精神。创业家首先需要具有创新精神。

英语国家习惯于根据“新”和“小”这两个特点来确定是否具有创业精神；而德国人则习惯以“权力”和“财产”来确定。如果把创业家译成德文，就是指一个拥有并自己经营企业的人。这个词主要用以区别“老板”和“职业经理”“雇员”的不同含义。

创业家并不是一个雇主，而常常是受雇于人的雇员或完全是独立创业的人。彼得·德鲁克认为：创业精神是一种行为，而不是个人性格特征，它有其理论与概念的基础，而不是依靠直觉。创业精神有其经济与社会的理论。这些理论把变化看作是正常、有益的现象，并认为社会的、特别是经济的主要任务就是变革，而不是去完善已有的东西。因此，萨伊在 200 多年前为创业家下的定义：创业家就是要标新立异，打破已有秩序、按新的要求重新组织。这也正是约瑟夫·熊彼特所言：创业家的任务就是“创造性的破坏”。

创业与创新并不都是高风险的，许多创业型企业的获得成功，就是对所谓的创业精神与创新就是高风险说法的有力批驳。贝尔实验室的记录证明，甚至在高技术领域，创业与创新也有可能是低风险的。很多个人或小企业也成功地开办新事业，这同样是对创业精神伴着高风险的一个反证。就此，德鲁克指出：“事实上，因为少数所谓的'创业家'的无知，缺乏管理方法、违反管理规律，从而给创业精神的发挥蒙上了风险的色彩，高技术创业家尤其如此。"

(2)创业的概念

荣斯戴特（Robert C. Ronstadt）曾这样定义创业："创业是一个创造增长的财富的动态过程。财富是由这样一些人创造的，他们承担资产价值、时间承诺或提供产品或服务的风险。他们的产品或服务未必是新的或唯一的，但其价值是由企业家通过获得必要的技能与资源并进行配置来注入的。"

斯蒂文森（H.Stevenson）强调了创业的过程："创业是一个人——不管是独立的还是在一个组织内部——追踪和捕获机会的过程，这一过程与其当时控制的资源无关。" 斯蒂文森进一步指出：有 3 个方面对创业是特别重要的，即察觉机会、追逐机会的意愿及获得成功的信心和可能性。在国内，有学者在自己的著作中对创业是这样定义的："创业是一个发现和捕获机会并由此创造出新颖的产品、服务或实现其潜在价值的过程。"创业必须要贡献出时间和付出努力（心理与生理），承担相应的财务的、精神的和社会的风险，并获得金钱的回报、个人的满足和独立自主。从以上创业概念上看，主要强调了 4 个方面：

①创业是创造的过程。创业创造出某种有价值的新事物。这种新事物必须是有价值的，不仅对创业家本身，而且对其开发的某些目标对象也是有价值的。这里所说的目标对象因行业或所创造事物的不同而不同。

②创业需要贡献出必要的时间，付出极大的努力。要完成整个创业过程，要创造新的有价值的事物，就需要大量的时间，而要获得成功，没有极大的努力是不可能的。

③承担必然存在的风险。创业的风险可能有多种形式，依赖于创业的领域，但是通常的风险一般说来是财务上的、精神方面的、社会方面的及家庭方面的等。

④给予创业家以创业报酬。作为一个创业家，最重要的回报可能是其由此获得的独立自主，及随之而来的个人满足。对于追求利润的创业家，金钱的回报无疑是最重要的，对很多的创业者乃至旁观者，其实都把金钱的回报视为成功与否的一种尺度。

对于真正的创业者，创业的过程充满了激动、艰辛、痛苦、忧郁、苦闷和徘徊，以及坚定、坚持不懈的努力，并由渐进的成功而带来的无穷的欢乐与分享不尽的幸福。

让我们用青春与智慧，创造我们的事业！

2)创业动因

当你有了自己创业的想法的时候，你应该仔细地想一下，自己为什么要创业？也就是需要思索创业的动机与原因。明确了自己创业的动因，并且经分析认定自己的创业动因是正确的，那么，将有利于你在创业的过程中，树立信心、坚定信念、能够克服创业中的困难，而取得创业的成功。那么，创业动因有哪些呢？我们就一般的角度来探讨。

比尔·盖茨当年如果向任何一家银行申请创业基金,去启动微软公司的创建的话,估计银行会微笑着把他打发走,但意想不到的是,微软公司已经成为今天的世界巨头公司。

海尔的前身,是一家濒临倒闭的街道小厂,想不到今天成为在世界享有盛誉的跨国公司。不惑之年的柳传志在"憋得不行"的驱使下,走向了创业的道路,虽说历经艰辛,但今天的业绩是何等辉煌!

这样的例子数不胜数,这些向往自由和成功的人们,这些渴望振奋和激励的创业者,支撑起了我们这个社会。

投入独立经营是你迈出的正确的一步——只要这一步是你深思熟虑后的决定,只要你坚定不移地朝着既定的目标努力。

做一个自由人,独立经营,独立决策。没有上司来对你指手画脚,告诉你什么是对的,什么是错的。应该怎么做等。你不必在为"我究竟是在为什么、为谁而工作?"这样的问题而困惑。夺取人类行动自由的雇佣制度正是现代的奴隶制。在喧嚣动荡的现代经济生活中,公司职员这一身份给人带来的安全感已经一再被证明只是一个危险的错觉。与此相反,在独立经营中充满了新的机遇和前景,今天,为了在激烈的国际竞争中站稳脚跟,现代机构和国民经济需要体制灵活、善于创新、乐于承担风险的小企业进入各种年轻而富有活力的市场,而这恰恰是独立经营的特点所在。

独立经营将带给你无穷的快乐,因为这意味着自由,正如阿尔贝特·施魏茨尔的诗句:

我怎会甘于庸碌,
打破常规的束缚是我神圣的权利,
只要我能做到。
赐予我机会和挑战吧,安稳与舒适并不使我心驰神往。
不愿做个循规蹈矩的人,不愿唯唯诺诺麻木不仁。
我渴望遭遇惊涛骇浪,
历经千难万险,哪怕折戟沉沙,
也要为争取成功的欢乐而冲浪。
一点小钱,
怎能买动我高贵的意志。
面对生活的挑战,我将大步向前,
安逸的生活怎值得留恋,
乌托邦似的宁静只能使我昏昏欲睡。
我更向往成功,向往振奋和激动。
舒适的生活,怎能让我出卖自由,

怜悯的施舍更买不走人的尊严。

我已学会,独立思考,自由地行动,面对这个世界,我要大声宣布,这,是我的杰作。

创业将给你带来无穷的快乐,同时也将伴随着许多的烦恼,但这样做是值得的,因为这意味着自由。正如阿尔贝特·施魏茨尔在诗中大声宣布的一样,这意味着你放弃了稳妥而一成不变的生活,选择了机遇。去创造机会,并把握机会。也许你将一夜无眠、绞尽脑汁,只为按时把货物交到用户手中,此时,请你捧起阿尔贝特·施魏茨尔的诗歌,他誓做一个自决、自立的人生宣言会给你新的勇气。当然,这样的选择也与困难和风险紧密相连。所以,应该说明,创业成功并非轻而易举,需要勤奋、刻苦、努力!

当然,你辛勤的工作的成果也只属于你一个人。在今后的日子里,你知道你在为什么而奋斗。不是为一个天知道叫什么名字的机构组织。在那里,你只能盲目地去适应某一制度,没有决策的权力,无法施展自己的聪明才智。从今以后,你只为你自己工作!

尽情享受"成功的振奋和激动",勇敢地去接受创业的挑战!你将成功地塑造一个独立的自我。有志者,事竟成!

就创业动机而言,伊查克·爱迪思在他的名著中这样写道:"如果创业者创办企业就是为了追求投资回报,那就如同圣经中的先知是为了想升入天堂而说出预言,或母亲想要生个当医生的女儿才要孩子一样。先知并不想下地狱,母亲并不想孩子一事无成,创业者也不想破产。但投资回报率(ROI)只是一条限制条件,而不是决定因素。尽管没有投资回报率最终会让企业破产,但投资回报并不能催生一个企业。""那些一门心思扎在钱眼里或只想着投资回报率的创业者很可能大失所望,可能在企业产生盈利之前他就已经退出角逐了。你不可能总指望财源滚滚。创业的主张要变成可操作的内容,在这一过程中,就难免失误,也就是说很可能就要赔钱。那些只顾追求金钱的人常会觉得备受打击,直到最终找到满足市场需求的正确答案。对他们而言,即便当时没有利润也在所不惜,养育一个孩子就是要求你去照料他,有病没病都一样,生活中并不是什么时候都只有微笑。"爱迪思的思想非常具有哲理性,这种观点与老子的《道德经》中的"无为"思想有某种相同之处。墨西哥商业银行的创始人有一次在聚会上提到,他的夫人都不理解他为什么要去开银行。他曾说:"创业就像是年轻时进入梦乡,一觉醒来已经老了。"创业需要的是全神贯注、全力以赴;创业不仅仅是索取回报,还需要对新创企业承担责任与义务。

(1)做自己喜欢的事情

每个人对生活和工作都有自己的理解和追求,可是就目前以及相当长的时间里,对很多人来说,在一个公司里做一般甚至高级员工,虽然有较高的薪资或比较舒适的办公环境以及较好的福利,但是,必须按照公司统一的战略规划及统一的步调进行日复一日、年复一年的那份工作,无论您是否喜欢这样做或做这份工作,为了生活你不能失去这份工作,那么,你就必须服从公司的所有工作安排。有时,可能会让你非常不情愿,但是也不得不去做。因为,你是被雇佣者,而非老板。

而自己创办公司基本上就可以选择自己喜爱的事业去开创,按照自己喜欢的方式(当然必须按照市场规律与法律法规等)去做自己喜欢的事情。在自己创办的企业里为自己而工作,做自己喜欢的事情,去实现自己的人生理想与抱负,是大多数创业者的创业理由。

关于创业原因,张朝阳说:"重视自我,自我内心的感受重于一切,这是我创业的根本原因。在麻省理工学院博士毕业后,当时最热门的是到华尔街做分析员,待遇优厚。但我的内心告诉我,我应该尽快地发挥自己的特长——来自中国,这样我有了自己的第一份工作:麻省与中国关系的官员。当我感觉到自己的事业在中国时,我回国了,当看到 Internet 的机遇时,我感觉我应该创业了。"

(2)做自己能够做的事情

一般来说,一个人从小学到大学,或更高的学历;当完成学业后,很多人到已有的公司从事与所学的专业相符合的工作。但是,有的人在择业上,由于其他的原因而不能够从事自己所能够做的工作,或者说,公司分给自己的工作,自己即便是非常努力也做不好,但是,公司又没有或不给提供自己能够做的工作,这时,会有很多人在无可忍受的情况下,走上了自己创业的道路,去从事自己能够做的事情。有这样一位朋友,高考时按照班主任和父母的意见报考大学化学系,但是,他入学后,发现自己不喜欢化学,逐渐对化学失去了兴趣,而对人文社会、经济与管理的知识非常感兴趣,有时间便去其他系听课、学习。毕业后,分到了一个化学研究所从事化学研究工作,由于没有太大的兴趣,工作令人十分不满意。后来,他到了另一个课题组,负责开拓市场的工作,热情非常高,业绩也很突出。再后来,他便毅然辞职,去创办自己的公司。他曾说:"创办公司,就是去做自己能够做的事,做自己愿意做的事。"他认为自己不适合化学研究,而比较适合做商务工作。

晁月 1986 年大学毕业后,分配到大连的一所大学里教书,由于是基础部的课,不受学生重视,加之本人学历不高,也没有科研课题,所以,实感无趣。便想报考研究生,结果两次都没有考中。从此认定自己不具备做学问的天分,便调离学校来到了一家进出口公司做业务员,工作两年,虽然认识了一些客户,也熟悉了商务,但业绩平平。一次不慎,业务出了一点事故,受到老总的严厉指责。一肚子委屈地回到自己家,思前想后,认定自己难以成为好的职员。想调离这家公司,到哪里去呢?时值 1992 年 5 月,正值创业高潮,想了一个晚上,第二天辞职了,自己创办了公司,主营中草药。……1998 年,他已经成为亿万富翁。

(3)认定了一个好的机会

无论是有意的还是无意的,在你的研究中或工作中,当你发现了自己认为很好的市场机会时,一般来说,都会非常兴奋,为自己的伟大、聪明、远见卓识而兴奋不已。这时,你可能会产生创业的冲动而走向创业,这样的例子在古今中外是非常多的。一些高科技企业的创业,常常是在这样的情况下起步的。对于认定的机会,也许是好的市场机会,也许是好的技术机会。好的创意最好是来自市场与技术的结合。

认定市场需要并不意味着你一定要发明一种新产品,有时候,更好或更经济的做法是提供一种价格更公道或服务更完善的产品。美国密歇根中小企业发展中心的瑞恩·豪尔认为:“你的行业知识可以为你提供一种战略优势来确认市场,并从中获益。比如说,假设你是一位农产品经销商,你想到了一种新的销售方法。你知道消费者都会喜欢食用无农药和其他化学添加剂的果菜食品,即使是价格贵一些都不在乎。这就是健康食品正在世界各地以前所未有的速度蔓延开来的原因。你还可以想到可以把纯天然的全麦食品打包出售,每 5 公斤或 10 公斤一包,通过零售商店或以邮购方式来进行销售。”辛辛那提大学的查克·马修教授称这为“机会认知”,即在市场上能发现一种清晰的、但并未被别人发现的需求。凡是成功的创业家都必须有远见,也就是要看到别人看不到的东西。当一种新产品被引入市场时,我们经常可以听到有人用不屑的语气说:“他们怎么会做这种东西?”是的,关键的一点是他们做了,因为他们看到了市场上的部分需求。即使是具备理想的条件,确定一块市场阵地只是开办自己公司的第一步,在确认市场需求后,你还需要计算好你能不能从中盈利,这些需求能不能够支撑一个企业。

(4)为了家庭与个人的经济状况改变

这样的原因也是在创业者中常见的创业理由。由于在公司里工作的薪资不是很高,难以维持家庭的生活开销或提高家庭生活的质量,他们经过分析后发现,要想改变命运或现实的生活,必须走自己创业之路,让自己的能力尽情地得以发挥,并获取最大的经济回报。大多数出身贫寒、收入微薄的创业者,其最初的创业原因就是要改变自己的生活境地,改变经济状况。

(5)失业或下岗

失业或下岗常常是很多人自己创业的最常见的原因。失业的原因尽管很多,但对于失业者来说,需要考虑新的就业。在面对就业压力和生活压力的情况下,很多人可能会痛下决心,开始了自己的创业之路,大有大做的、小有小做的。中国刚刚改革开放时的创业者就有很多是待业者或刚刚从农村回城但没有就业机会的下乡知青。20 世纪 90 年代,国有企业的调整和转制,使得大批国有企业职工下岗,从而使一部分有头脑的人走上了自主创业的道路。

(6)才能得不到发挥

我们中的许多人最需要的就是独立。美国圣母大学有位企业研究专家杰佛里·A.伯奈尔,在从教之前,经营自己的汽车配件公司长达 24 年之久,他说:“我们许多人内心深处都有一种非常强烈的需要,要做自己的事情,为自己犯错误,并在学习中不断提高,这些人在经营自己公司时成功的可能性都非常大,他们喜欢以自己的眼光去看待事物,渴望彻底地控制自己的命运。”

1982年春,从辽宁中医学院毕业后的姜伟,就职于辽宁中医研究所。姜伟工作努力,敢于承担责任与风险,在1986年研究所实施科研承包时,姜伟挑起了研究室主任的担子,在一无资金、二无设备的条件下,姜伟领导大家开发一些当时人们所说的“短、平、快”的项目,很快就打开了局面,并取得了非常良好的成果。初显才能的姜伟开始受到人们的重视。但是,姜伟切身体会了研究所的层层机构、道道批文束缚了自己的手脚,他感到重重压力。姜伟感到不能再这样下去了,他要干一番自己的事业。于是,1986年10月,当时已经担任了研究所副所长的姜伟辞去公职,开始了自己的创业之路。姜伟说:“我下海,一不是生活所迫,二不是职业所迫,但一个青年知识分子,应该寻找一个更适合自己、适合社会、适合最大程度实现自我价值的一条道路。每个人都应该去寻找能利用自己的才能去创造财富的机会。”

(7)获得大的经济利益

为人打工只能赚到极其有限的薪酬,是不会富裕发达起来的,很少有人通过为别人工作而富有起来。自己经营一家企业至少提供了赚更多钱的机会,至于是否富裕起来,取决于是否将企业做成功。如果企业发展很好,作为创业者的收入、相比打工角色的额外收益要求等都是可以实现的。大企业都是由小企业发展起来的。如果新创的小企业发展起来了,创业者就会考虑使企业公开上市而增加企业价值,或通过出售而获得大量利润后成功隐退。

贾君出生于贫穷的黑龙江农村,从小失去父亲,是年迈的老母省吃俭用将其带大,并供其读完大学的。大学毕业后的贾君分配到大连的一家研究所工作,虽然工作性质很好,但收入很低,只能够维持自己的生活,虽然省吃俭用,一年下来,也攒不下几个钱,根本谈不上去买燕麦食品回家孝敬年迈的母亲。3年后,经人介绍与另一位家境也不富裕的女大学生结婚成家,生活比较紧张;婚后两人感情虽然很好,但是却常常为钱的问题而吵架。1994年,贾君为了改变贫穷,辞去研究所工程师的职务,依靠自己所拥有的技术,与别人共同创立了公司。第一年没有赚到钱,第二年开始赚钱但也仅仅赚一点小钱,但已经比在研究所工作收入高了,到了第三年,回报可就丰厚了……大概是第三年底,已经买了大房子的贾君又买了小汽车,也把老母亲从乡下接来……

是什么激励着人们去创业的呢?仅仅是为了金钱吗?英国一家研究机构对英国800家盈利小企业做了一项“关于是什么激励他们创业”的调查,结果显示:98%的回答者将“个人获得成功的满足感”列为第一重要推动力,其中70%的人认为是非常重要的因素。88%的人将“按自己方式做事”,87%的人将“做长远规划的自由”列为重要或非常重要。仅有15%的人认为“给后代留下点什么”是非常重要的。货币收益也是重要的推动力,但是在创业者心目中并非是最重要的。如果仅仅认定创业者的创业就是为了金钱的话,很显然是幼稚的,缺少对创业家的了解。

3)创业利弊分析

有学者说:“创业的理由可以说上千万条,但最终还是逃不出一个钱字。”虽然如此,但对于许多创业家而言,比财富更重要的是做自己的老板的自由。感觉到自己是独立的,可以规划自己的企业(而不是小心翼翼地提什么合理化建议),以自己所希望的方式一天天地经营自己的企业;做自己喜欢做的事情,感觉到自己的伟大或人格魅力……

但是,任何事物都存在正反两个方面,创业也是一样,还存在很多不利的因素。首先,创业需要承担一定的风险(尽管创业不一定就存在风险)。如果创业失败,将失去很多,包括物质和精神两个方面。不但经济上损失,在我们这个民族,还会遭到人们的冷嘲热讽。总之,创业者需要对创业失败负全面的责任。虽然承担责任是很兴奋的事情,但实际上有时是很痛苦的,持续的压力与长时间工作是很多创业者生活的组成部分,这将很大地影响到社会交往及家庭关系,当然也包括自己的健康。

英国克兰福德管理学院教授科林·巴露(Colin Barrow)与罗伯特·布朗(Robert Brown)在研究小企业创业时,引证了一些小企业创业者的内心表白:

①它会给你一种完全控制自己命运的感觉,这十分令人兴奋。

②你会感到特别能干,你可以充分支配自己的时间,这通常意味着每周工作6天,每天从早到晚地干。但如果想到这样做都是为了你自己,你就不会感到痛苦。

③我获得远远大于货币收入的个人满足感,它给了我自信心,让我更沉着,并比以前更善于面对风险。

④不必再被办公室的条条框框所束缚,这使我感到自由。

⑤你的成就感与你的购买力与物质财富的拥有并不完全成正比。

⑥一开始是非常激动的,好像你将旗子插入沙中。然后是一段难挨的时刻,你坐在那儿等着生意上门。

⑦如果你有头脑,你可以集中精力将经营计划做好,并确保成本得到控制,以此来渡过这段难挨时光。

⑧这是一种精神食粮。

⑨这是十分快乐的事情。

⑩但是一旦意识到你要为整个企业的成败负全面责任,你就会感到孤独。

⑪你必须一心一意做生意,这使你看上去对家庭和朋友很自私,它会破坏你的婚姻。

⑫你要准备插手任何需要做的事,小企业不能支付所有的后勤服务——打字、倒茶、送信,这些事你都要去做。

⑬有些事是很令人不快的,如追收拖欠款。

⑭你必须对你的雇员有高度的责任感,你不能和他们随随便便,毕竟他们的工作掌握在你的手上。

⑮你必须学会残忍,不管你平时对员工和供应商多么友善。如果员工不好,你就要解雇他,如果供应商令你失望,你就应该剔除他。

⑯重回到雇员的日子是多么轻松呀,至少我不必为每周筹集雇员薪资而犯愁。

⑰如今每个人都尽力靠信用生存,所以最大的问题是现金流量。

⑱一开始的确很担心,你坐在那儿等着电话铃响,当它真的响了,你又希望这是未来的客户而不是你的债主。

⑲大量的公文、表格很费时间,令人头疼。

⑳我发现这种责任是持久的负担——它让我每天夜里冒冷汗。

尽管利弊相伴,创业者又多有抱怨,但是仍然很多人前赴后继、不怕几次三番从头做起。因为,创业是在为自己做事!

### 1.1.2 创业基本要素

1)创业者

人们一般都认为创业一定要冒极大的风险。的确,在高科技和一些新兴的领域,失败率较高。但是,对于大多数创业而言,并不存在很多危言耸听的风险,但是,又为什么会有许多创业失败者呢?德鲁克认为:"事实上,因为少数所谓的'创业家'的无知,缺乏管理方法、违反管理规律,从而给创业精神的发挥蒙上风险的色彩,高技术创业家尤其如此。"现代风险资本的奠基人——乔治·多里奥认为:"宁可考虑向有二流主意的一流人物投资,决不向有一流主意的二流人物投资。"确实,不是一个拥有技术的科学家或工程师就能够创业成功。创业,不仅需要好的技术,更需要其他素质与能力。因此,创业者的素质与能力是创业成功的第一要素。

2)技术

对于创业者来说,在创业准备的时候,确实需要认真地考虑:"我做什么?我能够做什么?"什么是技术?技术是将知识运用到实践中的手段、途径、工具或方法。企业之所以存在,是因为社会的需要;因为,企业能够满足社会的"需要"。创业者就是要寻找能够满足社会需要的技术,而将技术付之应用,去不断地满足社会的需要。对于社会需要的技术,并不完全等同于科学家眼中的科学技术,社会需要的技术既是建立在科学基础上的技术,又必须是能够满足社会实际需要的技术。因此,仅就技术水平上的高技术,并不一定能够创业成功。如果选择的技术虽然符合实际,在创业之初,显得非常火爆,但这样的技术,已趋于普适的技术,很快就度过技术的生命周期。因此,技术的选择,比较合适的是选择成长阶段的技术。对于创业者来说,还不能够考虑追求科学与技术上的卓越,因此,应该以市场需要为选择技术的中心,像日本学者说的那样:"要开发能够卖得出去的产品。"既不要太超前于市场的技术,也不要落后于市场的技术;比较适宜的选择是:在市场中已经显现出应用前景,但还没有应用;或是技术在市场上刚刚出现,即技术只需超前于市场半步!

很多的创业者凭着一项技术而创造出一番大的事业。

3)资本

《三国演义》中的刘备,虽有大志,但无资本。一次,在荆州与刘表闲谈,刘备叹曰:"备往常身不离鞍,髀肉皆散;今久不骑,髀里肉生。日月蹉跎,老将至矣,而功业不建:是以悲耳!"表曰:"吾闻贤弟在许昌,与曹操青梅煮酒,共论英雄;贤弟尽举当世名士,操皆不许,而独曰:'天下英雄,唯使君与操耳。'以曹操之权力,犹不敢居吾弟之先,何虑功业不建乎?"玄德答曰:"备若有基本,天下碌碌之辈,诚不足虑也。"可见,要想创业,除了具备创业家的素质和选择合适的技术项目外,还需要具有一定的资金。否则,也只是空谈而已。从创业的角度,创业资本是创业的关键要素。中国台湾一家企业咨询公司总结了近一千家创业失败的原因,创业资金的匮乏是重要之原因。正如人云:不是有钱就有了一切,但是,没有钱什么事也做不成。

4)市场

企业的存在是因为能够满足市场的需要,如果没有市场需求,那么,新创的企业就没有生存的价值,自然也就不能生存。在竞争激烈的市场环境下,创业者如果不能开拓好市场并管理好市场,即便拥有最好的技术或比较雄厚的资金,也可能导致创业夭折。当然,一个优秀的创业者,是肯定能够开拓市场并管理好市场的。很多人总在期待市场高潮的到来,但是,对于创业者更需要坚持的是"创造市场"的理念。

对于创业,还有很多的因素,但就基本的要素而言,创业者更应特别关心这4个关键因素。

### 1.1.3 创业的类型

按照不同的标准,可将创业分成不同的类型。了解创业类型是为了在创业中决策比较和选择最适合自己条件的创业类型。我们可以从创新、动机、渠道、主体、项目五个不同的角度进行分类。

1)创新

按照创业大师熊彼特的创新论,他所说的5种"创新"的实现过程实际上就是5种创业类型,这5种创新是按照所进行的主要创新的活动领域来划分的:一是新产品创业。制造一种消费者还不熟悉的产品,或一种与过去产品有本质区别的新产品。二是新资源创业,即开发新的资源,不管这种资源是已经存在,还是首次创造出来。三是新市场创业。即市场创新,开辟有关国家或某一特定产业部门以前尚未进入的市场,不管这个市场以前是否存在。四是新生产方法创业,也就是采用一种产业部门从未使用过的方法进行生产和经营,即工艺创新或生产技术创新。五是企业组织创业。实行一种新的企业组织形式,如形成新的产业组织形态,建立或打破某种垄断。

2) 动机

从动机的角度看,创业可分为机会型创业与生存型创业。

机会型创业的出发点并非谋生,而是为了抓住、利用市场机遇。它以新市场、大市场为目标,因此能创造出新的需要,或满足潜在的需求。机会型创业会带动新的产业发展,而不是加剧市场竞争。

生存型创业的目的在于谋生,为了谋生自觉地或被迫地走上创业之路。在我国由于劳动力众多,自谋职业的生存性创业占有较大比例,这种创业的性质是以生存为基础,创业者的主要资源是创业者的内生性资源如体力、简单的脑力以及手艺和经验,创业活动简单(如餐饮、手工编织等),所需创业资源少,较难做大做强。

生存型创业和机会型创业与主观选择相关,但并非完全由主观决定。创业者所处的环境和所具备的能力对于创业动机类型选择有决定性作用。因此,创造良好的创业环境,通过教育和培训提高人的创业能力,就会增加机会型创业的数量,不断增加新的市场,促进经济发展和生活改善,减少企业之间低水平的竞争。

3) 渠道

按照新企业建立的渠道可将创业划分为自主型创业和企业内创业。

自主型创业是指创业者个人或团队白手起家进行创业。自主型创业充满挑战和刺激,个人的想象力、创造力可得到最大限度的发挥;有一个新的舞台可供表现和实现自我;可多方面接触社会、各种类型的人和事,摆脱日复一日单调乏味的重复性劳动;可在短时期内积累财富,奠定人生的物质基础,为攀登新的人生巅峰做准备。

然而,由于创业者缺乏足够的资源、经验和支持,导致自主型创业的风险和难度也很大。我们透过许多案例发现创业失败的原因主要表现在两个方面:其一,创业者对自己所提供的产品或服务及进入的领域缺乏了解、准备不足、质量不稳,导致在竞争中走向失败;其二,创业者被突如其来的成功冲昏了头脑,变得过于自信甚至刚愎自用,把偶然性当成了必然性,继而进行盲目的脱离实际的战略决策,使企业迅速扩张,导致管理失控,产品和服务质量下降,发生信用危机,使企业陷入破产的危险中。

自主型创业主要有以下几种方式。

(1) 创新型创业

创新型创业是指创业者通过提供有创造性的产品或服务,填补市场需求的空白。

(2) 从属型创业

从属型创业一般有两种情况:一是创办小型企业,与大型企业进行协作,在大型企业整个价值链中,做一个环节或者承揽大企业的外包业务。这种方式能降低交易成本,减少单打独斗的风险,提升市场竞争力,且有助于形成产业的整体竞争优势;二是加盟连锁、特许经营。利用品牌优势和成熟的经营管理模式,减少经营风险。如麦当劳、肯德基等。

(3)模仿型创业

根据自身条件,选择一个合适的时机和地点,进入壁垒低的行业,模仿别人开办企业。这类企业投入少,并无创新,在市场上拾遗补缺,但通过逐步积累也有机会跻身于强者行列,创立自己的品牌。

企业内创业是进入成熟期的企业为了获得持续的增长和长久的竞争优势,倡导创新并使其研发成果商品化,通过授权和资源保障等支持内部人员创业。每一种产品都有生命周期,一个企业在不断变化的环境中,只有不断创新,不断将创新的成果推向市场,不断推出新的产品和服务,才可能不断延伸企业的生命周期。成熟企业的增长同样需要创业的理念、文化,需要企业内部创业者利用和整合企业内部资源。

企业内创业是动态的,正是通过二次创业、三次创业乃至连续不断地创业,企业的生命周期才能不断地在循环中延伸。

4)项目

按照创业项目分类,大致可分为传统技能型、高新技术型和知识服务型3种。

(1)传统技能型

使用传统技术、工艺的创业项目,如独特的技艺或配方等都会拥有一定市场优势。在酿酒业、饮料业、中药业、服装与食品加工业、修理业等与人们日常生活紧密相关的行业中,独特的传统技能项目表现出了经久不衰的竞争力,许多现代技术都无法与之构成竞争。有不少传统的手工生产方式在发达国家至今尚有保留。

(2)高新技术型

高新技术项目即常说的知识经济项目、高科技项目,知识密集度高,带有前沿性、研发性质。2000年国家科委将中国高新技术分为11类:电子与信息技术、生物工程和新医药技术、新材料及应用技术、先进制造技术、航空航天技术、现代农业技术、新能源与高效节能技术、环境保护新技术、海洋工程技术、核应用技术、其他在传统产业改造中应用的新工艺、新技术。高新技术企业的标准有4条:一是知识密集、技术密集;二是大专学历人员占职工30%以上,且研发人员占10%;三是高新技术产品研发费用占总收入5%以上;四是技术性收入与高科技产品产值总和占企业总收入60%以上。

(3)知识服务型

当今社会信息量越来越大,知识更新越来越快。为了满足人们节省精力,提高效率的需求,各类知识性咨询服务的机构会不断增加,如律师事务所、会计事务所、管理咨询公司、广告公司等。

5)风险

按照创业风险分类,一般可以分为依附型、尾随型、独创型和对抗型创业。

(1)依附型创业

依附型创业可以分为两种情况,一是依附于大企业或产业链而生存。在产业链中确定自己的角色,为大企业提供配套服务。如专门为某个或某类企业生产零配件,或生产、印刷包装材料;二是特许经营权的使用。以受许人的身份利用特许人的品牌效应和成熟的经营管理模式,减少经营风险。

(2)尾随型创业

尾随型创业是指模仿他人创业,所开办的企业和经营项目均无新意,行业内已经有许多同类企业,新创企业尾随他人之后。尾随的第一个特点,是短期内不求超过他人,只求能维持下去,随着学习的成熟,再逐步进入强者行列。尾随的第二个特点,是在市场上拾遗补缺。

(3)独创型创业

独创型创业可表现在诸多方面,归结起来,集中在两个层面:一是填补市场需求内容的空白,二是填补市场需求形式的空白。前者是经营项目具有独创性,独此一家,别无分店。大到商品独创性,小到商品的某种技术的独创性。如企业生产的洗衣粉比市场上销售的现有产品环保性好且去污力强,这就属于商品的某种技术的独创性。后者是旧内容新形式,比如产品销售送货上门,经营的商品并无变化,但服务方式得到改进,从而更具竞争力。

(4)对抗型创业

对抗型创业指进入其他企业业已形成垄断地位的某个市场,与之对抗较量。该类创业必须在知己知彼、科学决策的前提下,决心大,速度快,把自己的优势发挥到淋漓尽致,把自己的劣势填平补齐,抓住市场机遇,乘势而上。希望集团就是对抗型创业的成功典型。20 世纪 90 年代初,面对外国饲料厂商进入中国市场,大量倾销合成饲料,希望集团建立西南最大的饲料研究所,起步就将自己定位于与国外饲料公司争夺市场。

### 1.1.4 创业的路径

创业的路径是指创业具体实现的形式,创业路径的选择主要依据是创业者所掌握的创业资源,不同的创业形式对创业资源的要求不同。企业的创业一般分为个人自创、家族创业、合伙创业、收购企业创业和加盟特许连锁等形式。

(1)个人自创

个人自创是指创业者动用个人的资源进行创业,以个人的各种资产承担风险的创业形式。这样的一种创业形式便于操作,产权明晰,但是相应的创业资源有限,而且承受风险的能力有限。

(2)家族创业

家族创业是指家族整体进行创业,家族创业的优点是创业资本、人力资源、关系资源、信息资源、管理资源和把握市场的能力大大增强,但是这种创业形式的缺点在于家族是依据血缘关系组成的集团,而家族内各个成员的人员素质和思想往往不统一,明晰产权的难度大,易受多种非经济因素影响等。所以家族创业的风险不仅来自于创业本身,而且还来自于家族内部的关系和谐程度和家族成员的整体素质状况的影响。继承创业在很大程度上也可以归为家族创业的一种变形的表现形式。

(3)合伙创业

合伙创业是指创业者以设立合伙企业的形式进行创业,这种创业行为往往能够聚集志同道合的创业者,从而在创业资本、人力资源、关系资源、信息资源、管理资源和把握市场的能力等方面达到和家族企业同样的效果,同时合伙人在平均个人素质和价值取向方面往往有较高的相似度。但是由于合伙创业的基础建立在各个创业者的信用和能力素质上,所以合伙创业受到创业者团队的能力、稳定性、合作意愿和凝聚力等团队基础的影响较大,诸多风险也来自于这些方面。

(4)收购企业创业

收购企业创业是指通过收购一个企业或该企业的一个部分从而进入一个新的经营领域或扩大所拥有的创业资源,这样的一种创业方式为创业特别是已经设立的企业的扩张提供了一种很好的途径。但是从战略上来看该方式要特别注意的是要保证企业总体经营的一贯性和业务的相对集中,不恰当的收购往往使创业陷入危险的境地,所以收购之前必须对于相关的各种风险做出较深入的分析和评估。

(5)特许经营

特许经营既是创业者扩大企业规模的一种有效方式,又是创业者创业的一条路径。创业者既可以作为特许经营的特许权的特许方,又可以作为特许经营权的受许方运用这种形式。创业者如果作为受许方受让了特许经营权,创业者在市场销售中就可以得到特许方的培训和支持,可以使用已经建立了知名度的商标。创业者如果作为特许经营权的特许方授予别的经营主体特许经营权,就可以通过让其他人使用自己的商标、生产流程、产品、服务等来扩大企业的规模。特许经营实际上是通过对产权的分割使用来运用产权,所以在特许经营中最重要的是对于特许经营权相关的权益的界定要明晰,否则将蕴含着较大风险。

## 1.2 创业过程模型

许多国外学者提出了不少创业模型,其中的一些模型已成为创业学研究的重要理论工具。目前,创业学者大多运用这些模型或者模型中的某个或某些要素来开展创业研究。现有的创业模型基本上可以分为要素均衡模型和要素主导模型两类。要素均衡模型是指模型中的各个要素互相协调、均衡发展并发挥作用,主要包括 Timmons、Gartner 和 Sahlman 所构建的创业模型。而要素主导模型中的各要素之间不再是协调均衡的关系，而是以某一要素为主导来协调其他要素之间的关系，即一种主要因素的存在影响另一些因素的存在和相互作用，最终影响创业结果。Wickham、Christian 和 Julien、Zahra 和 George、HaiyangLi（李海洋）以及 Jain 所构建的创业模型就属于这一类。

### 1.2.1 要素均衡模型

1）蒂蒙斯（Timmons）创业模型

Timmons 于 1999 年在他名为《新企业的创建》（*New Venture Creation*）的书中提出了一个创业管理模型（图 1.1）。他认为，成功的创业活动必须对机会、创业团队和资源三者进行最适当的匹配，并且还要随着事业的发展而不断进行动态平衡。创业过程由机会启动，在创业团队建立以后，就应该设法获得为创业所必需的资源，这样才能顺利实施创业计划。

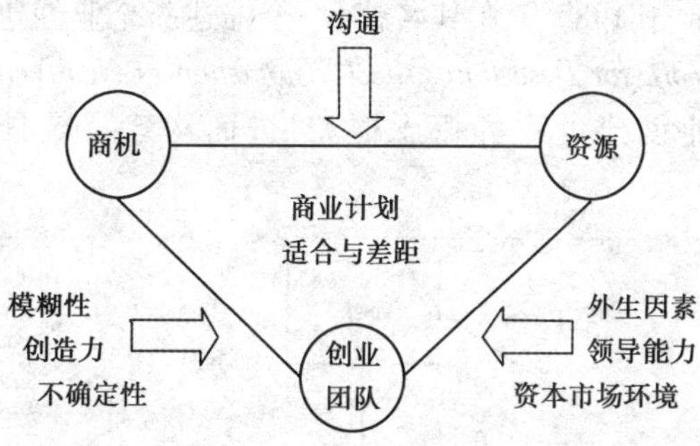


图 1.1 蒂蒙斯创业模型

Timmons 认为，在创业前期，机会的发掘与选择最为关键；创业初期的重点则在于组建创业团队；新事业启动以后，才会产生增加资源的需求。也就是说，Timmons 的模型十分强调柔性和动态平衡。他认为，随着创业活动在时空上的变迁，机会、团队和资源这 3 个因素会由于相对重要性发生变化而出现失衡现象。良好的创业管理必须能够根据创业活动重心的变化及时作出调整，以保证创业过程重新恢复平衡。Timmons 认为，在创业过程中，由于机会模糊、市场不确定、资本市场风险以及外部环境变化等因素经常影响创业活动，致使创业过程充满了风险，因此，创业者必须依靠自己的领导、创造和沟通能力来发现和解决问题，掌握关键要素，及时调整机会、资源、团队三者的组合搭配，以保证新创企业顺利发展。Timmons 模型把创业视为一种高度动态的过程，并把机会、资源和创业团队看成是创业过程最重要的驱动因素。Timmons 认为，商业机会是创业过程的核心要素，创业的核心是发现和开发机会，并利用机会实施创业。因此，识别与评估市场机会是创业过程的起点，也是创业过程中的一个关键阶段。资源是创业过程不可或缺的支撑要素，为了合理利用和控制资源，创业者往往要制定设计精巧、用资谨慎的创业战略，这种战略对创业具有极其重要的意义。而创业团队则是实现创业这个目标的关键组织要素。Timmons 认为，创业者或创业团队必须具备善于学习、从容应对逆境的品质，具有高超的创造、领导和沟通能力，但更重要的是具有柔性和韧性，能够适应市场环境的变化。

在 Timmons 模型中，商机、资源和创业团队这 3 个创业核心要素构成一个倒立三角形，创业团队位于这个倒立三角形的顶部。在创业初始阶段，商业机会较大，而资源较为稀缺，于是三角形向左边倾斜；随着新创企业的发展，可支配的资源不断增多，而商业机会则可能会变得相对有限，从而导致另一种不均衡。创业者必须不断寻求更大的商业机会，并合理使用和整合资源，以保证企业平衡发展。机会、资源和创业团队三者必须不断动态调整，以最终实现动态均衡。这就是新创企业的发展过程。Timmons 模型十分强调 3 要素之间的动态性、连续性和互动性。

2) 加纳(Gartner)创业模型

William B.Gartner 于 1985 年在其名篇《一个描述新企业创建现象的概念框架》(*A Conceptual Framework for Describing the Phenomenon of New Venture Creation*)中提出了一个描述新企业创建过程的概念框架，进而构建了颇具特点的创业模型(图 1.2)。

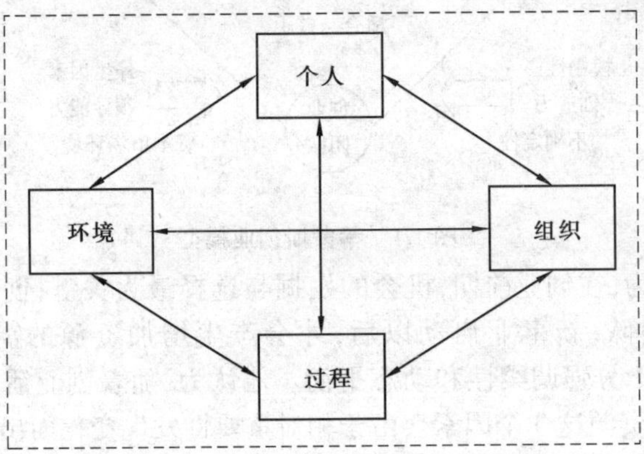


图 1.2　加纳创业模型

Gartner 认为，创建新企业就是组建新的组织(organizing of new organizations)，也就是按照合理的结构整合相互独立的不同行为要素以获得预期的结果。他构建了一个结构较为复杂的创业模型。他用创立新企业的个人——创业者、他们创建新企业的类型——组织、新企业所面临的环境和创立新企业的过程 4 个变量来构建创业模型。任何新企业的创立都是这 4 个维度相互作用的结果。其中，创业者个人应该具有取得成就的愿望、敢于冒险、阅历丰富等特质；创业过程主要包括创业者发现商业机会、整合资源、建立组织、生产产品或提供服务以及回报社会等环节;创业环境主要包括技术因素、市场因素、政策因素和资源因素等;而组织则包括内部组织机构以及组织战略选择等内容。只有深入研究这4个变量,并深入探讨每个变量的维度及其与其他各个变量的维度的相互作用关系,才能够全面揭示新企业创建过程的复杂性。

Gartner模型的特点在于:它不仅可用来解释新企业的创建过程,而且也适用于解释单个创业者的创业行为。因此,这个模型不但能够回答"如何创建新企业"这个问题,而且也可以用来指导新创企业的发展。因此,这是一个创业动态发展模型。

3)萨尔曼(Sahlman)创业模型

Sahlman在《关于商业计划——创业风险事业的若干思考》(*Some Thoughts on Business Plan: The Entrepreneurial Venture*)一书中提出了自己的创业模型(图1.3)。

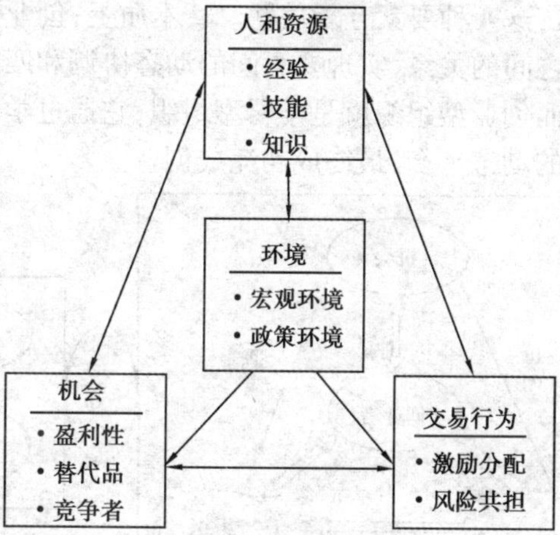


图1.3 萨尔曼创业模型

Sahlman认为,在创业过程中,为了更好地开发商业机会和创建新企业,创业者必须把握人(people)、机会(opportunity)、外部环境(external context)和其自身的交易行为(deal)4个关键要素。这里的人是指为创业提供服务或者资源的人,包括经理、雇员、律师、会计师、资金提供者、零件供应商以及与新创企业直接或间接相关的其他人。机会是指任何需要投入资源的活动,不但包括亟待企业开发的技术、市场,而且还包括创业过程中所有需要创业者投入资源的事务。外部环境是指无法通过管理来直接控制的因素,如资本市场利率水平、相关的政策法规、宏观经济形势以及行业内的进入威胁等。创业者的交易行为是指创业者与资源供应者之间的直接或间接关系。

在Sahlman的创业模型中,创业过程是4个关键要素相互协调、相互促进的过程。该创业模型十分强调环境的重要性,认为其他3个创业因素受环境的影响,并且也会反过来影响环境。考虑交易行为因素是这个模型的一个重要特点。如前所述,这里的交易行为是指创业者与资源供应者之间的直接或间接关系,即与利益相关者之间的关系。所以说,Sahlman 的创业模型明确指出了社会网络对创业的重要性。

Sahlman 模型的核心思想是要素之间的协调性,也就是人、机会、交易行为与外部环境必须相互协调,才能共同促进创业成功。同时,这个模型扩大了创业要素的外延,更具实践指导意义,同时为创业过程研究开辟了新视野。

### 1.2.2 要素主导模型

1)威克姆(Wickham)创业模型

Wickham 在其论文《战略型创业》(*Strategic Entrepreneurship*)中提出了基于学习过程的创业模型(图 1.4)。该模型的意义在于:①创业活动需要创业者、机会、组织和资源 4 种要素,这 4 种要素互相关联。②本质上,创业者的任务就是有效处理机会、资源与组织之间的关系,实现要素间的动态协调和匹配。③创业过程是一个不断学习的过程,而创业型组织就是学习型组织,它通过学习来不断改变要素间的关系,实现要素间的动态平衡,最终成功完成创业。

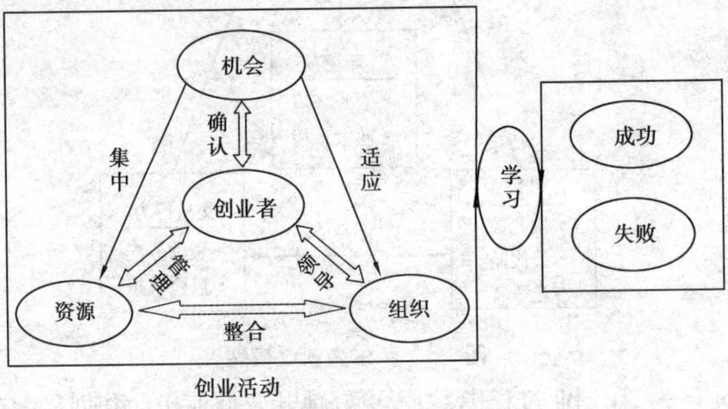


图 1.4 威克姆创业模型

这个创业过程模型告诉我们:创业者处于创业活动的中心地位。创业者在创业中的职能体现在与其他 3 个要素的关系上,即识别和确认创业机会,管理创业资源,领导创业组织。该模型还揭示了资源、机会与组织 3 要素之间的相互关系。资本、人力和技术等资源应该用来开发和利用机会;通过整合资源来创建组织,包括组织的资本结构、组织结构、程序和制度以及组织文化等;组织的资产、结构、程序和文化等应该构成一个有机的整体,以适应要开发的机会。为此,组织必须根据机会的变化不断进行调整。

这个模型把创业型组织看作是学习型组织。也就是说,组织不但必须通过不断学习来对机会和挑战做出及时的反应,而且还应该根据现时反应的结构来调整和修正未来的反应,即组织的资产、结构、程序和文化等随着组织的发展而不断完善,组织在不断的成功与失败中得到学习与锻炼,从而获得更大的成功并且发展壮大。

Wickham 模型的特点主要在于:把创业者作为调节其他创业要素之间关系的中枢,承担着确认机会、管理资源和带领团队实施创业活动的职能。在这个过程中,组织不断学习,而创业者根据机会来动员所需的资源,领导组织适应机会的变化,最终取得创业成功。

2)克里斯蒂安(Christian)创业模型

2000 年,Christian 等人指出,创业管理应该聚焦于创业者与新事业之间的互动,并以此为核心来开展创业活动。在他们构建的创业模型(图 1.5)中,创业者与新事业是两个主要的元素。由于 Christian 模型主要强调创业者与新事业的互动关系,因此,可以说他们把如何创立新事业、随时间而变的创业流程管理和影响创业活动的外部环境这 3 个问题看作是创业管理的核心问题。此模型认为,在个人与新事业的互动下,随着时间的变迁,创业企业根据一定的流程演进与发展。在企业发展的整个流程中,外部环境不断对企业产生影响,使创业者个人与新事业之间的关系不断复杂化,因此,创业流程管理也会日趋复杂,并在一定程度上成为创业者—新事业、时间和环境的函数。

Christian 模型与 Timmons 模型一样,非常重视创业者的作用,把创业者视为创业活动的灵魂和推手,强调发展创业者的创业才能是创业管理工作的一大重点。虽然有人认为创业者敢于冒险、勇于开拓的个性属于先天的人格特质,后天很难培养,但 Christian 模型所强调的"创业者与新事业互动的能力"以及 Timmons 模型所强调的"创业者随环境变迁而动态调整创业模式的能力",都与人格特质没有很大的关系,这说明创业者的能力确实可以通过系统的创业管理教育和创业实践来培养。

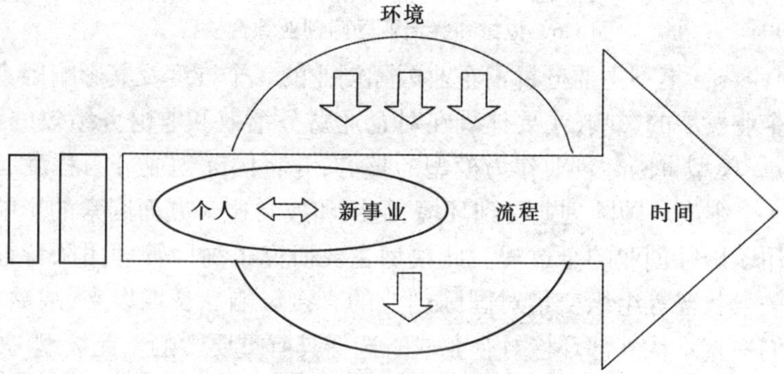


图 1.5　克里斯蒂安创业模型

3）佐拉（Zahra）和乔治亚（George）的创业模型

在研究并分析了前人创业模型的基础上，Zahra 和 George 在其名篇《国际创业：研究现状与将来方向》（*International Entrepreneurship*：*The Current Status of the Field and Future Research Agenda*）以及《战略型创业：构建一体化框架》（*Strategic Entrepreneurship*：*Creating an Integrated Mindset*）中提出了创业综合模型（图 1.6）。

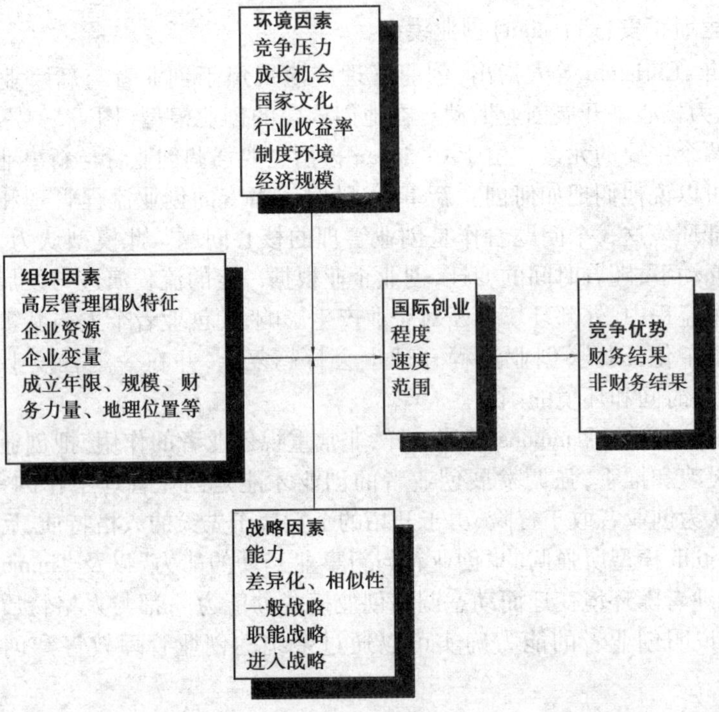


图 1.6　佐拉和乔治亚国际创业综合模型

Zahra-George 模型主要分析了企业国际创业的 3 个维度及其影响因素，以及国际创业对企业发展的影响（主要体现在对企业财务绩效和非财务绩效的影响上）。Zahra-George 模型将国际创业作为模型的核心，并将国际创业分为程度、速度和广度（范围）3 个维度。国际创业受到环境、组织和战略这 3 方面因素的影响，这些因素共同作用于国际创业的全过程。此模型主要研究了高层管理团队特征、企业资源和企业一般状况等组织变量对国际创业的直接影响。长期以来，战略管理和创业研究者们一直承认外部环境对企业战略选择具有重要影响。此模型考察了环境变量的影响以及企业外部环境对国际创业不同方面的影响，即在组织因素与国际创业的互动过程中，外部环境（如竞争压力、国外文化等）成为影响两者关系的权变变量，促使组织不断根据环境变化来调整自己的行为和决策，而组织的行为和决策也影响着企业国际创业的进程。最后，此模型还研究了企业战略因素对国际创业的作用，并认为一般战略、职能战略和进入战略等关键战略变量相互关联、互相作用，共同对企业国际创业产生影响，并能够给企业带来最终的竞争优势，扩大和拓展国际创业的范围。

Zahra-George 模型的特点是综合性强，具有前瞻性和指导性，不仅探讨了外部环境变量，而且也研究了内部组织因素及其对企业战略选择的影响。但是，国际创业也十分强调企业的成长性，运用成长性绩效的度量指标来衡量企业国际创业的成功，也逐渐为多数学者所接受。因此，在度量国际创业对企业竞争优势的影响程度时，应加入成长性度量指标。

在国际创业模型研究方面，目前还只取得了很少的研究成果，也没有非常系统的模型。Zahra 和 George 于 2002 年提出的国际创业综合模型对于创业，尤其是国际创业的研究和发展作出了突出的贡献，指导着企业的国际创业行为和决策。

4) HaiyangLi 模型

HaiyangLi 认为，影响创业战略选择的主要因素是新创企业面临的环境，在新创企业面临的环境和它们所选择的战略之间存在环境决定(environmental determinism)和环境管理(environment management)两种机制。前者是指环境决定战略，而后者则指企业实施的战略会影响其所处的竞争环境。

HaiyangLi 模型认为，企业战略是中心，企业的战略选择决定企业的最终绩效。此模型以战略为中心阐释了环境决定机制和环境管理机制。关于环境决定机制，此模型认为，行业环境和一般环境的敌对性不断发生变化，迫使企业不断根据环境来调整自己的战略以适应市场变化，捕捉市场上出现的机会，提高市场绩效。关于环境管理机制，此模型认为，企业的战略选择与实施本身就是市场环境变化的一种体现，属于市场环境的子环境，各个企业实施的战略变化是市场竞争的结果，因而构成了市场竞争环境，这种环境反过来又会影响企业的其他战略选择，这种循环往复也促使竞争环境不断发生变化。

HaiyangLi 模型重点强调，新创企业的战略规划在环境—绩效关系中起中介作用和调节作用。这里，战略对环境—绩效关系的中介作用是指战略会影响环境对企业绩效的作用。就提高绩效而言，如果环境为企业提高绩效提供了重要的机会，那么企业实施适当的战略来开发和利用环境所提供的机会，就能提高自己的绩效；如果环境充满了威胁，不利于企业发展，那么企业实施适当的战略，就能降低不确定性并削弱环境的不利影响。而战略对环境—绩效关系的调节作用则是指企业可通过有针对性地实施不同的战略来影响或者控制自己所处的环境因素，特别是那些影响企业营运绩效的环境。基于上述观点，HaiyangLi 构建了自己的创业模型(图 1.7)。

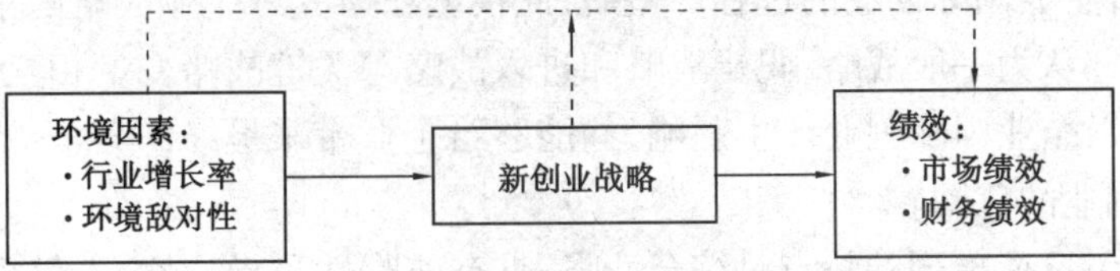


图 1.7 HaiyangLi 模型

HaiyangLi 模型的主要特点在于关注企业的战略选择及其对绩效的影响，并且首次通过战略对环境—绩效关系的两种作用来阐述企业战略在环境与绩效之间所扮演的角色。该模型引入了环境敌对性这一维度，从行业环境敌对性的角度阐释了新创企业的战略选择。众所周知，环境包含多个维度，不同的维度对企业战略产生不同的作用，倘若把各个不同维度引入创业模型，并研究环境各个维度、战略和绩效之间的作用关系，那么就更能说明环境因素的综合作用对战略进而对绩效所产生的影响，以及企业战略对各环境维度—绩效关系的调节作用和中介作用。

5) Jain 模型

Jain 认为，除了战略这一要素之外，新创企业绩效的影响因素还包括风险投资因素和行业结构特征。风险投资因素主要包括风险投资的尽职调查、机会评估、投资合同设计、投资后控制和风险投资经验等；而行业结构因素则反映环境特征，具体包括行业集中度、行业成长性、行业的广告和研发密集度等。Jain 的创业模型以绩效为中心考察了绩效影响因素与其他各因素之间的关系。

Jain 模型的基本思想是，创业者在创业过程中必须认真考虑行业结构因素、管理战略因素和风险投资因素，因为这 3 种因素的共同作用决定企业能否取得创业成功。行业结构代表行业环境，决定企业进入的行业；风险投资因素代表创业与成长的治理因素，决定管理层级、管理模式与战略的选择和执行；管理战略取决于内外部创业环境。因此，Jain 模型可以看作是一个环境—绩效模型。

Jain 模型的一个显著特点是风险投资因素对于战略因素的导向作用。除了提供资金以外，风险投资者通常还运用自己的行业专有知识、技能和关系来帮助创业者制订经营计划，甚至行使管理职能。Jain 模型表明，这种共同决策机制能否发挥作用要取决于风险投资者和创业者之间的战略匹配度：在风险投资者与创业者关系融洽，经常共同参与决策的情况下，风险投资对于创业绩效的作用主要通过创业战略这一中介变量来体现；而在风险投资者与创业者关系一般，很少共同参与决策的情况下，风险投资对创业绩效产生直接的作用，具体如图 1.8 所示。

### 1.2.3 两类创业模型比较

从上面的分析可以看出，要素均衡与要素主导这两类模型都揭示了影响创业

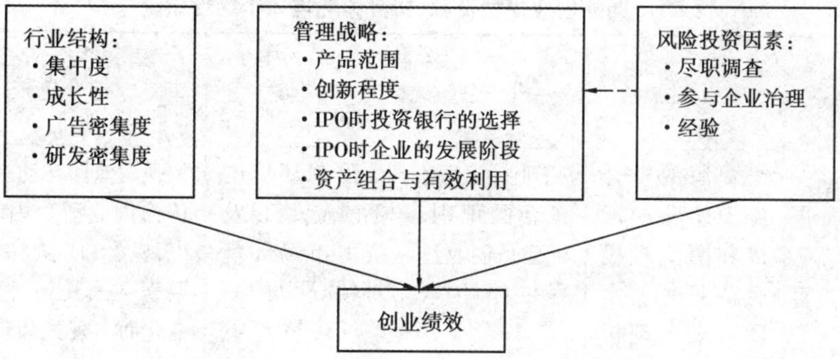


图 1.8 Jain 模型

过程的最重要因素,因此无论是对创业实践者还是对研究人员都具有重要的指导意义。但是,在应用范围上,两者存在差异。要素均衡模型强调各创业要素之间的协调均衡发展关系,基本上选择了目前创业研究者认为是最重要的要素。而所谓的均衡只是一种短期、动态的均衡关系。创业者或者创业团队的主要工作就是不断了解各种要素的配置情况,并通过各种渠道获取创业必需的资源,为开发商业机会而动态维持要素之间的均衡。因此,在各种创业要素之间并不存在长期的均衡关系。研究人员常常把这类模型应用于典型案例分析,而很少在大样本数据分析中应用。这类模型无疑在针对特定企业发展的研究中能够发挥重要的理论指导作用。

要素主导模型则反映一种要素的主导作用及其与其他要素的相互影响关系。其实,这种关系常常是一种相对长期的稳定均衡关系。根据这类模型,研究人员可通过各种计量分析来求得各要素之间量化的因果关系,因此,大样本实证研究常常采用这类模型。不过,这类模型存在主要参考成熟企业战略模型来选择变量特别是影响创业战略制定和创业绩效的变量的缺点。显然,由于所处发展阶段和能力方面存在差异,新创企业的战略选择和实施效果都不同于成熟企业,因此,采用简单套用成熟企业战略模型的方法构建的创业模型缺乏对创业实践的解释力,更无法有效指导创业实践。如此看来,要素主导模型还需要进一步的完善,这样才能对创业实践具有实际指导意义。

要想深入探讨各创业模型的内涵及其相互之间的异同,还必须根据主要维度对它们进行比较分析。资源、机会和环境是影响创业的 3 大关键因素,因此本书拟从资源、机会和环境 3 个维度来比较上述 8 大创业模型的异同,以加深我们对这些模型的内涵以及相互关系的认识。各个模型的比较结果如表 1.1 所示。

表 1.1 国外创业模型资源、机会和环境 3 个维度比较

| 维度<br>创业模型 | 资源 | 机会 | 环境 | 综合比较 |
|---|---|---|---|---|
| Timmons 模型 | 资源的整合源于团队的形成和团队对机会的把握。由团队来实现机会和资源之间的互动 | 创业源于对机会的识别，机会是创业过程的关键因素 | 强调环境的不确定性，以及资本市场环境对领导力的影响。环境不确定性是模型动态变化的前提 | 强调弹性与动态平衡；认为创业活动因时空而变，机会、团队和资源 3 要素会因其相对重要性变化而出现失衡现象。3 要素随时空变化和动态平衡是这个模型的核心 |
| Gartner 模型 | 人力资源是创业的主要资源。创业者通过整合内外部资源来实现创业 | 无 | 环境主要是指商务环境，而并非环境特性 | 模型中的 4 个因素相互影响，构成网状结构，用以解释基本创业过程；创业者在创业过程中必须对这 4 个因素进行协调 |
| Sahlman 模型 | 区分人力资本和其他资源，探讨资源与机会和交易行为之间的互动关系 | 从产品盈利性、替代品和竞争对手 3 个方面来阐释机会的内涵，根据市场机会整合资源，决定实施何种交易行为 | 强调环境的核心作用，其他 3 要素均以环境为核心相互进行调节，同时对环境产生反作用 | 强调要素间的适应性和匹配性，并扩展要素的外延，从组织行为学的角度研究创业活动 |
| Christian-Julien 模型 | 无 | 无 | 强调环境随时间而变化，环境影响整个创业过程 | 强调个人能力随环境的变化和创业过程的演进而不断动态调整；新企业的创建是创业者创业能力动态变化的结果 |

续表

| 创业模型 \ 维度 | 资源 | 机会 | 环境 | 综合比较 |
|---|---|---|---|---|
| Wickham 模型 | 资源是核心三角中的一角，源于对机会的识别和把握，创业者通过管理资源、领导组织来实施创业 | 与 Timmons 模型一样，强调机会的关键作用。机会既能够集中资源，又能够协调组织，是创业的直接诱因 | 强调组织适应环境和不断学习的重要性；应该不断从环境中获得和吸收知识，并善加利用 | 以创业者为核心，带领团队发现机会、组织资源，同时为适应外部环境而不断学习；动态学习过程是决定创业能否成功的关键 |
| Zahra-George 模型 | 强调组织资源的整体性，尤其是高管团队的特质 | 无 | 从 6 个方面解释环境，深化了环境的内涵，扩展了环境的外延，从国际视角审视企业的国际化行为 | 是国际创业领域较为完整的模型，并成为后续研究的基础；从程度、速度和范围 3 个维度研究组织、环境和战略三因素对企业绩效的影响 |
| HaiyangLi 模型 | 无 | 无 | 从行业和环境特点的角度解释环境的影响作用 | 以战略为核心解释环境的作用机理及战略对环境—绩效关系的影响 |
| Jain 模型 | 无 | 无 | 环境包含行业结构和风险投资因素，从这两个方面研究了环境对绩效的影响，同时不仅解释了战略选择对绩效的作用，还说明了战略选择对风险投资—绩效关系的作用机理 | 是典型的企业成长与发展模型，以绩效为核心解释绩效的影响因素和作用机理 |

### 1.2.4 其他创业模型

中国也开始有越来越多的学者致力于创业研究,但关于创业模型的研究还处于起步阶段。大部分研究工作都集中在对国外现有文献的整理和开发上。中国创业学模型研究主要是在参考国外研究成果的基础上,根据中国的特定环境来构建适合国情的创业模型。目前,比较有影响的创业模型主要有台湾学者刘常勇构建的创业模型。

刘常勇通过对创业环境、创业网络、创业者以及创业执行等要素的研究,提出了一个较为详细的创业模型(图 1.9)。根据这个模型,新企业的形成是创业家、创业能力、创业精神和创业倾向相互作用的结果。这个相互作用过程会推动机会、资源、团队和商业模式之间的互动,从而产生创业执行力。而创业网络贯穿创业的全过程,影响着创业的每一阶段,同时还是连接创业环境与创业过程的主要平台。这个模型把创业环境细分为政策法律环境、社会经济环境、技术和市场环境、资源取得环境、创业能力和企业发展环境、其他支持和鼓励环境,这些环境因素在创业外围形成环状,表明整个创业过程和创业行为离不开环境的影响。

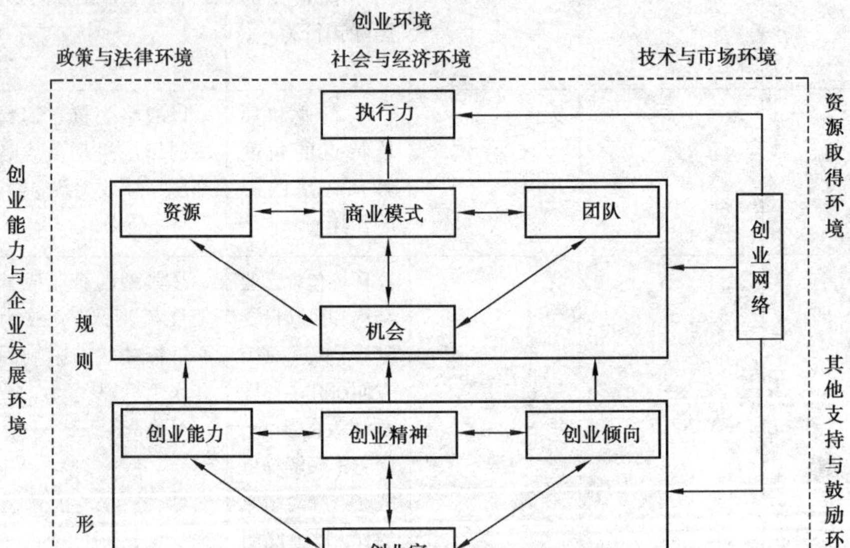


图 1.9 刘常勇创业模型

这个模型的基本思想是:从人(即创业者)的角度出发,基于一定的创业倾向和能力首先发现机会,然后基于一定的商业模式整合团队和资源,形成创业执行力,实施创业行为;整个过程不仅受到网络这一小环境的影响,而且还受到大环境的影响。因此,这一模型既全面又具有动态性。

刘常勇创业综合模型的主要贡献在于:它是国内比较完整的创业模型之一,并将环境要素完全细化,首次提出了其他模型所忽略的政府政策与法律环境要素以及能力(即执行力要素)。因此,这个模型丰富了创业过程研究的内容,揭示了各种要素对绩效产生影响的媒介能力。

需要说明的是:

第一,现有研究虽然观点不尽相同,但收获颇丰,创业模型也呈现多样化的特点,既有要素均衡模型,又有要素主导模型。这些模型的基本观点主要有资源观、机会观和环境观等。

第二,创业模型的开发在很大程度上依赖以发达国家尤其是美国为背景的案例,如 Timmons 创业模型以美国创业现象研究为基础;同样,Zahra 和 George 的研究也是以美国企业为研究对象提出的。遗憾的是,这些研究和那些运用美国数据的研究彼此间呈独立发展的态势。因此,在理论构建方面缺乏一致性。同时,由于国别和环境差异,这些模型能否适合发展中国家,还需要时间和实践的检验。因此,一个前景看好的研究趋势就是运用不同国家的数据(如发达国家和发展中国家)进行比较研究,提出综合性较强的创业模型,以指导不同国家的创业实践。

第三,过去的创业模型构建工作基于案例研究或者小样本,似乎得出了主题性的结论。例如,Christian 模型主要是根据案例研究提出的,刘常勇的创业综合模型主要是根据台湾小样本分析并借鉴国外创业模型构建的。因此,在肯定前述各研究者构建的创业模型的同时,我们认为有必要通过更具有代表性的案例分析或实证分析,建立更具代表性和实际指导意义的创业模型。

最后,国内创业模型研究往往满足于参考国外的创业模型研究成果,有些研究是对国外研究的重复,缺乏创新,这样的创业模型研究现状远不能满足国内创业实践的需要。因为在发展中国家,尤其是在我国,创业类型以生存型为主。迄今为止还没有人研究和开发生存型创业模型。因此,现有创业模型基本上无法指导发展中国家的生存型创业行为,构建生存型创业模型是摆在我国研究人员面前的艰巨任务之一。我国学者应该立足于国内的创业实践,借鉴国外研究成果,构建符合我国国情的本土化创业模型,以指导我国的创业实践。

## 1.3 创业学研究的演进

### 1.3.1 创业学概述

创业学就是对创业的整个流程进行系统研究的学问。实际上,从全球范围来说,人类进入了21世纪,创业已成为经济发展的原动力。本学科以创业过程为主线,全面系统、深入浅出地阐述了创业实践中面临的主要问题与解决方案。

20世纪80年代以来,创业学在西方发达国家产生并不断发展,目前已经成为一个相对独立的管理学分支,成为MBA的必修课程之一,在一些著名大学中已建立了创业学专业甚至创业学系。创业学在美国的发展背景是,创业成为近些年来经济强劲增长的重要动力。创业活动的巨大影响力远远不局限于这种个体层面的成就感和满足感——“公司的诞生并且壮大,宣告了暴力、宗教或者其他任何力量统治人类社会的历史的结束。它的威力,不仅仅源于资本与智力在一种事先设计的体制内取得了结合,更深层的原因是托生起‘公司’的是平等、自由、独立、契约的精神——这是迄今为止最满足、最张扬人类自身权利诉求的精神文明。”通过创业活动,能够充分推动创新活动,使经济增长建立在多层次的创新基础之上,从而有力地推动社会转型,造就社会公平,营造积极向上的竞争精神。创业活动蓬勃发展的社会意义甚至不亚于一次工业革命。

创业活动又是一个复杂的社会现象。创业本身是心理学、社会学、管理学、经济学等众多学科的交叉领域,不同领域的学者都能够借助其特有的学术视角来考察创业过程。从初始的识别机会到企业的成长管理,其间所涉及的管理技能和专业知识繁杂多样。综观管理领域的众多分支,很难再找得到像创业这么一个具备高度多样性和综合性的领域。因此,作为一个新兴的学科,创业学受到了越来越多学者的关注。

联合国教科文总部1998年10月召开的世界高等教育会议发表了《21世纪的高等教育:展望与行动世界宣言》明确指出:培养学生的创业技能,应成为高等教育主要关心的问题。我国《关于深化教育改革,全面推进素质教育的决定》也强调了这一思想:“高等教育要重视培养大学生的创新能力、实践能力和创业精神,普遍提高大学生的人文素养和科学素养。”这都是根据当今世界科学技术突飞猛进、知识经济初露端倪、国力竞争日趋激烈以及教育在综合国力形成中的重要作用,对造就和培养21世纪的一代新人提出的新的更高的要求。21世纪是创新的时代,创新时代呼唤创业教育。

### 1.3.2　创业研究的历程

创业研究有着悠久的历史。自 12 世纪始，“Entrepreneur”一词就已经在法语中出现了，但当时，欧洲盛行的封建主义体制阻碍了创业和创新的发展。直到 18 世纪，封建主义逐渐被消除，法律和制度发生了重大变化，创业和创新才逐渐繁荣。

一般认为，企业家概念最早是由法国银行家 Richard Cantillon 在其 1755 年的著作《商业概论》中提出的，他分析了经济发展过程中企业家的角色。但在很长一段时期，源于亚当·斯密的古典经济理论在经济科学中占据着主导地位，这种理论并不强调经济体系中的企业家功能。直到 19 世纪，有几位杰出的经济学家打破了这种趋势，开始关注企业家的作用。1876 年，美国学者 Francis Walker 出版了第一本关于创业者的重要著作《工资问题》。1884 年，他又出版了《政治经济学》一书，进一步阐释了关于创业者的模型。1934 年，熊彼特在《经济发展的理论》一书中指出，创业是资本主义社会变革过程的关键驱动引擎。1947 年，Myles Mace 在哈佛商学院开设了第一门创业学课程“新创企业管理”，从而揭开了现代创业教育的序幕。

20 世纪 70 年代，世界经济第一次显示出大型企业不一定总是长盛不衰。两次石油危机使许多大型公司被击垮，失业成为西方社会的一个主要问题。大型企业被看作缺乏灵活性并且很难适应新的市场条件。结果，类似于创业、创新、产业动态性和就业创造的主题成为政治争论的焦点，像美国的里根总统和英国的撒切尔夫人都非常支持创业和小企业。在这种背景下，许多学者投身到创业研究中。随着大量研究成果纷纷涌现，创业作为一个研究领域就这么开始形成了。

20 世纪 80 年代以来，创业特别是科技创业，在美国等发达国家日趋活跃并取得显著成效，形成新一轮创业研究和创业教育的热潮。据美国管理学会创业分会最新报告统计，截至 2005 年，美国有 1 600 所大学开设了 2 200 多门关于创业的课程，有 44 种相关英文期刊、100 多个创业研究中心、277 个教授席位。目前，管理学会创业分会的会员超过 1 200 名，占管理学会会员总数的 12%。一流管理学杂志《管理学会杂志》《管理学会评论》《管理杂志》等近年来也相继推出了创业主题专刊。创业在管理学界受到越来越多的关注。

创业作为一个研究领域的发展是从 20 世纪 80 年代才真正开始的，我国学者方世建、刘松通过梳理考察近 30 年全球范围的创业研究，根据对创业研究文献的被引分析，着重考察三类具有影响力的创业学者。第一类是有影响力的内部学者。这些学者一直在发表有关创业研究的论文，并且人们对他们的引用次数多、时间长。第二类是有影响力的外部学者。他们没有在期刊上发表过与创业有关的文章，但却在多个时期里被内部学者大量引用。第三类称之为核心学者。他们既可以是外部学者也可以是内部学者，只要他们在 Cornelius 的分析里被引用超过 50

次，或者曾经于1996年到2006年间获得过瑞典的企业家与中小企业研究奖(The FSF-NUTEK Award)。在文献被引分析中，50次是一个相当高的引用次数，说明该学者的研究吸引了许多人在其基础上展开了进一步的工作，因此他是核心学者。而获得FSFNUTEK奖，则代表学术界公认该学者为创业研究作出了基础性的贡献，因此也是核心学者。一个学科领域里，核心学者提出了关键性的问题，奠定了研究的基础，是大家关注的焦点。居于此，他们把创业研究分了4个阶段。

1)创业研究的第一阶段:1980—1986年

20世纪80年代初,世界刚刚经历了两次石油危机,西方各大国陷入了衰退之中。许多知名企业都在大面积裁员，甚至破产倒闭。面对国际竞争力的衰弱和国内失业率与通货膨胀率的居高不下,西方学术界被迫开始反思现有的经济理论。就在此时,人们发现小企业在吸纳就业和推动经济增长上都起到了重要作用，创业研究开始受到人们的重视。在这段时期里，创业研究才刚刚起步，呈现出高度分散的情况，很难从中分离出独立的研究主题和学者群体。

这个阶段其著作高度被引用的学者们大致构成了3个网络。第一个网络由Collins,Moore,Cooper,DeCarlo,Lyons,Schwartz,Hornaday,Aboud,Wainer,Rubin和Roberts组成。这些学者的文章广泛讨论了企业家在心理与非心理方面的特质，比如个性特征(偏好和态度)、年龄、教育、性别、民族以及创业动机、实现需要、权利等。而第二个网络则由McClelland,Brockhaus,Hull,Bosley与Udell构成。这个网络主要关心创业者对工作的不满意程度、创业者承担风险的倾向、对金钱和名誉的兴趣、任务偏好、内部控制倾向、创造性和对成就的渴望等。第三个网络包括3个学者:Shapero,Roberts与Wainer。他们探讨了社会因素和个人创业之间的关系。

在这个阶段共出现了两位核心学者，他们是Birch和Cooper。Birch于1996年获得了第一届FSF-NUTEK奖。虽然他在本期被引用的次数并不突出，但是他的研究确实影响了整整一代学者。正是Birch发现了小企业对就业的巨大作用，唤醒了人们对创业研究的重视。他的观点甚至直接影响了美国和其他国家公共政策的制定。Cooper早在20世纪60年代就已经在研究创业了，他紧随Birch于1997年获得了FSF-NUTEK奖。在本阶段,研究的热点集中于企业家的个人特质。学者们认为，企业家是具有与众不同的个性与心理特征的人。大量的研究都希望能够识别究竟什么人是企业家。同时，也有学者在思考社会因素对于个人成为企业家的影响，如教育水平、社会家庭背景和企业家经验等。为了从普通人中找出创业者，学者们广泛使用了个性心理学和社会心理学的分析方法，分别研究了企业家个性和社会特质的不同侧面。但是这些研究不仅分散，往往还相互矛盾。基于心理学的企业家研究没有抓住创业研究的重点，也没有形成广泛的学术共识，无法将这个领域真正推进为创业理论。

2)创业研究的第二个阶段:1987—1992年

20世纪80年代末90年代初,世界经济依然徘徊不前,泡沫的破灭更是让日本持续忍受负增长的折磨。苏联和东欧的政治经济体制发生剧变，冷战也随之结束,两个阵营的军事产业开始大规模解体和转型民用。全球的不确定性水平突然提高了,而创业则被人们认为是应对不确定性的有效手段,人们对创业研究的热情更加炽烈了。与此相应,这个阶段研究创业的学者和文献迅速增多,出现了 59 位有影响力的学者,其中有 14 人是外部学者。他们组成了 5 个独立的学者群体和 4 个分离的主题。

此阶段出现了 13 位核心学者，其中除了 Porter 以外都是内部学者。学者们已经开始逐渐靠拢在一些关键学者周围，导致了分离的研究主题和学者群体的出现。几个共识中心也在各群体内部逐渐浮现出来。这些分享着研究共识的学者们组成了所谓的无形学院(Invisible College),推动了创业研究的进步。

由于从个性心理角度研究企业家一直没得到有价值的成果,上一阶段占主流的心理研究范式到本期开始衰落。Brockhaus 和 Horwitz(1986)以及 Low 和 MacMillan(1988)就发现个人的心理特质对于创业决策基本没有影响。Gartner(1985)将企业家分成了 8 类，却观察到企业家之间的差别和企业家与非企业家之间的差别一样多。从企业家特质的角度来研究创业，不仅无法理解创业者，也无法理解创业现象。随着个性心理范式的失败，人们开始关注一些其他的概念，比如社会、行为、环境等。心理学、社会学、经济学和管理学开始纷纷介入到创业研究之中。这些学科各自引进了不同的分析方法，导致创业研究范式不再统一。

3)创业研究的第三个阶段:1993—2000 年

在里根时期，美国出于冷战的需要对科学技术进行了大量的投入，这种国家战略到了 20 世纪 90 年代结出了意想不到的果实。以互联网、个人计算机和无线通信为代表的信息技术革命开始改造人类的生产和生活。新的知识经济表现出和传统工业经济全然不同的特点，企业归核化、组织结构扁平化、信息化、知识密集化,等等，这些变化都为创业活动创造了条件。同时，IT 技术的发展又让创业的门槛大大降低了，许多企业只需要几个人和几台联网的计算机就能获得丰厚的利润。克林顿政府强化放松管制的政策，更是极大地促进了美国的创业活动。像微软和英特尔这样的公司，从企业初创到成为世界顶级公司，只用了短短十几年的时间。作为信息革命的发起者，美国一举甩开了日本和欧洲，再次领跑世界经济，这种巨大的成功刺激了全球对创业和创新的关注。创业研究因此飞速发展，学者人数和文章数量都在快速增多。这个阶段一共有 55 位有影响力的学者，他们形成了 6 个学术群体。

创业研究此阶段出现了大发展。根据 Cornelius(2006)的搜索结果，讨论创业问题的文章是上一阶段的 4 倍还多,有影响力的内部学者也增加到了 47 位，同时外部学者的比例从上一期的 24%(14 /59)降低到了 15%(8 /55)。本阶段 20 位核心学者中有 11 人是来自于上一期的。这些都说明，是内部学者而非外部学者为创业研究做了大量奠基性工作，学者们在前期的研究之上开始建立起稳固的知识基础。

与上一阶段相比，人们不再关注创业者个人特征这个主题了。而 Porter 的著作本期则引起了学者们极大的兴趣。资源基础理论为人们从内、外部研究创业提供了一个客观的视角，摆脱了从主观层面考察创业者个性的研究困境，而且资源观与创业研究形成的界面又为大量实证研究提供了平台。异质性（Heterogeneity）是创业与资源基础理论的共通点，通过将企业家能力，如灵敏与灵活的决策、创造力、独创性和远见等，视为不可模仿的资源资产，资源观可以十分方便地将创业纳入其企业理论之中。在解释新创企业如何赢得竞争优势时，资源基础理论也显示出了强大的说服力。因此，战略分析现在变成了创业研究的主流范式。不过和这种范式的统一趋势相反，本阶段的研究却呈现出一种很不稳定的状态。学者群体和研究主题在本期与上一期之间的连续性很差，学者们虽然更紧密地围绕在各自的领军学者周围，但却形成了一个个“概念孤岛”，彼此之间缺乏相互启发。这一切都说明本阶段的共识水平比上一期降低了。

4）创业研究的第四阶段：2000 年至今（2000 年以后）

跨入 21 世纪，科技革命和全球化的影响逐渐加深，企业面对的市场竞争正变得越发激烈。人们普遍认识到创业对于个人和公司来说，都是应对“极度竞争性”环境的一个基本工具。世界各国对于创业在塑造未来国家竞争力上的关键作用已经达成共识。在这个阶段，人们对创业的研究更加深入了，无论是研究主题之间的连续性，还是学术群体内部的凝聚性，都得到了加强。这说明共识水平正在提高，但是上一阶段的战略研究范式在本期却失去了主导地位。虽然资源基础理论十分适合用来分析企业家的决策、机会认知、机会发现、组织能力与市场竞争优势，也有助于解释企业家的资源转换过程，但是它仍然不能解决如何将引入创新后的动态均衡进行模型化。

为了能够将企业家纳入到资源分析中，资源基础观点依赖于一个先验性假设——企业家具有更易于发现机会和有效使用资源的独特能力，这导致它在回答像“如何解释企业家更具动员资源的能力”这样的问题时显得无能为力。不难发现，这种基于资源观的创业研究在创业机会和企业家异质性问题上陷入了巨大的困境。正是因为资源基础理论的这些重大缺陷，创业研究的战略分析范式在本阶段被一些新兴的视角取代了，比如机会研究、组织生成、社会资本以及认知心理学，等等。创业领域又显现出了多学科参与的研究模式，奥地利经济学、金融经济学、产业经济学、战略管理、行为科学、心理学、组织研究、社会学，所有这些学科重新带来了多样化的分析方法。研究范式的统一前景再次难以预料。

通过上述梳理，我们可以看出，尽管创业研究领域具有相当的分散性，但是学者们通过近 30 年的不懈努力，确实为这个领域积累了知识、奠定了学科的基础。

### 1.3.3 创业学研究的特点

根据前述创业研究领域的发展过程,我们可以总结出以下的几个研究特点:

1) 创业学研究的核心问题:创业者和创业机会之间的关系

对创业者和创业机会之间关系的描述和分析是创业研究的核心和关键问题。

创业者是开启和推动创业活动的重要角色,对创业者进行研究是创业学区别于其他学科的重要特征。尽管对创业者概念、素质和能力的研究与争论由来已久,并且仍在继续。例如,熊彼特提出:创业者的任务就是"创造性的破坏";彼得·德鲁克则认为,并不是所有新建的小型企业都是创业型企业或具有创业精神。应该说,创业者确认需要较高的认知特征、心理素质和能力,但是这些素质和能力并不是与生俱来的,是可以通过创业者的努力学习和实践磨炼逐步培育和提高的。

Schane 和 Venkataraman 提出了一个很有见地的观点,认为创业机会的识别和发掘是创业学的主要研究问题,也是其唯一的核心研究领域。为了理解创业者和创业机会之间的关系,就要集中研究创业现象中的 3 个核心问题:①为什么,什么时候,那些创造新产品和服务的机会是如何形成的?②为什么,什么时候,创业者是如何发现这些机会的?③为什么,什么时候,创业者是如何利用不同的模式去利用机会的?

2) 创业学研究面临的是环境不确定性

创业者面临不确定的世界环境(Knight,1921),无法进行准确的预测,也无法提前确定目标(March,1982)。日益复杂的环境不确定性是导致创业活动倍增的重要原因。当今企业所处的环境变化呈现范围广、速度快、方向不确定等动态复杂系统的特点,而体现为创新、承担风险恶化超前行动等特征的创业活动则是应对环境不确定性的重要战略取向。

战略管理者正借用创业管理中诸如变化、创新、机会认知、快速响应、灵活性、不确定性、风险和动态能力之类的概念来寻求未来的竞争优势,而创业者恰恰是在未来不确定性这个最真实、最公平的竞争平台上获得了从未有过的、与大企业平等的地位和均等的商业机会。但新创企业缺乏必要的资源、声誉、组织结构、管理和控制系统、企业文化等关键要素,时刻挣扎在生存和死亡的边缘。与成熟企业相比,在动态复杂的环境条件下,创业者的决策行动受到一系列的挑战,因而,创业者如何在不确定性条件下作出相应决策,是解释创业成功的核心因素。例如,创业者如何决策,如何发现机会,如何整合资源,以及如何规避环境不确定性所造成的风险,具体的创业机制是如何发生等,都构成了创业研究的重要内容。

3) 创业管理贯穿于创业过程的始终

创业者要创建自己的企业,通常要经历几个基本阶段:识别与评估市场机会,准备并撰写经营计划,确定并获取创业所需资源和管理新创企业。在这个过程中,创业者必须能够发现和评估新的市场机会，通过制订商业计划和组织创业资源，进一步将其发展为一个新创业企业，因此，一时一刻也离不开管理。尤其是在创业初期，创业者必须对各类竞争对手进行评估和选择，以确保企业占领目标市场，并且初期的管理和经营决策很大程度上决定了企业的成败。创业企业成长过程中的管理复杂程度是呈几何级递增的，往往超过许多创业者的想象，所以，应当充分了解并高度重视企业成长过程中管理任务的艰巨性，以便采取措施解决问题。

4）创业学是一门多学科交叉综合、实践性和艺术型兼具的学科

创业学无疑是一个多学科交叉的领域，来自不同学科背景的学者从各自的研究视角来探索创业这个复杂的现象。比如，经济学家强调的是创新、风险和信息；心理学家强调的是创业者的个性心理和认知特性；管理学家强调的是资源组织和价值创造。多学科、宽泛的研究视角，有助于学者们在一个更广阔的学术空间研究创业现象，有力地推动了创业研究向纵深发展。同时，创业学又是实践性和艺术性兼具的科学。在初创阶段，管理的艺术性可能更为需要；在快速发展阶段，科学管理可能更为重要；而到创业企业成熟阶段，艺术性可能又上升到较重要的位置。在创业过程中如何避免危机或使危机最小化讲求的就是管理的艺术性。综上所述，创业学与管理学一样，是科学性与艺术性的统一，既有规律又不拘泥于成法，它为创业者指明了一个行动方向，又给他们留下了创新设想和潜力发挥的巨大空间。

5）创业学研究范式的统一趋势和研究的共识水平存在此消彼长的关系

在第一阶段，创业研究的主流范式是根植于心理学的，而当时不存在稳定的主题，研究结论也相互矛盾，根本谈不上学术共识。到了第二阶段，社会学、心理学、经济学和管理学广泛介入创业研究，带来了多样化的研究范式，导致本阶段没有哪个范式能够成为主流。不过不同的学科各自锁定了不同的研究主题，而各主题下的共识水平则明显得到了提高。到了第三个阶段，战略研究范式几乎统治了创业领域，但是本阶段的学者们很少达成共识。即便是研究同一个主题的学者，彼此之间也很少互相引用论文。到了第四阶段，战略学的统治被瓦解，心理、经济、组织、金融、战略等各个学科，又一次开始在创业领域圈定自己的研究范围。此时不存在某个主流的范式，但学者们却更紧密地团结在了核心学者的周围。这个时期的共识水平在4个阶段里最高。尽管研究范式与研究共识存在着这样的张力，我们还是发现了几个一直存在的共识中心：对企业创业导向的研究；对创业机会和企业家警觉的研究；对创业的资源基础观的研究；对企业家心理特征的研究；对产业和战略如何影响创业绩效的研究；对风险资本家的研究；对社会网络的研究。

### 1.3.4　创业学研究的趋势

Scott Shane 现在是凯斯西储大学 Weatherhead School of Management 的首席教授，他的论文可以说是最近几年里学术界引用最多的几篇之一。他还有一本创业实用读物《寻找创业沃土》（*Finding Fertile Ground*：*Identifying Extraordinary Oppor-*

*tunities for New Businesses*)已经被沃顿商学院作为在国内推出的首批书籍之一在国内发行。Scott Shane 认为创业学经历了几个发展阶段。

第二次世界大战以后,创业学的研究主要局限在哈佛商学院的几个学院,几乎整个学术界都相信大企业比小企业更加有效率和效用。就连创业学的开山人物熊彼得都认为大企业带来了革命性的创新。虽然仍有一小批学者继续坚持研究创业学,但是他们主要的观点无非就是挑战“创业已死”的论点。不过这些学者从社会和经济整体的角度来研究创业的视角仍然对今天的研究有指导意义。

进入 20 世纪 80 年代,Babson Conference 的举办和 JBV 的创立都标志着创业学将继续延续下去。这一时期的研究虽然数量不少,但是大多数都是描述性的,在研究方法和理论拓展方面都比较简单,主要关注解释个体创业者如何比竞争对手获取更多的绩效。由于当时的研究方法和理论体系与商学院的其他学科不同,因此创业学无法与其他学科互动,也就无法成为主流。

直到进入 20 世纪 90 年代后,新兴技术特别是互联网的兴起以及 MBA 教育的迅猛发展使得诸多学科的研究人员一下子涌入了创业学的领域。这些研究人员带来了各自领域的方法和理论,并在此过程中逐步建立起创业学研究的理论框架。Shane 认为我们正处于创业学作为一门研究学科的黄金时代。他甚至预言十年后创业学与其他学科的关系将好比是经济学与金融学的关系——互相平等、互相关联但又从本质上完全不同。随后,他提出了创业学研究的 10 个趋势。

①以信息概念为根基的理论框架将成为创业学的研究主流。创业学的研究视角将从单一创业者如何寻找均衡的思维方式转变成创业想象如何作为信息在社会中分配的一个必要条件。

②创业学领域的焦点将是对于创业机会的研究。过去许多的研究都是关于创业者该如何才能成功,但是事实上创业过程在很大程度上受到许多超出创业者控制范围的因素的影响,特别是创业机会的不同。已经有许多学者关注为什么会存在创业机会以及为什么创业机会的价值不同,这种趋势将在今后十年继续下去。

③创业学将深入研究有价值的创业机会与创业个体的交互。对于这一关系的研究将成为创业研究的中心,因为其他学术领域都未曾研究过这一关系。但 Shane 强调这一研究与传统的“创业者类型研究”不同,既并非脱离创业机会研究创业者的特性,而是研究创业者不同的个体因素如何解释创业机会的发现、评估和开发。Shane 还指出目前一个缺少研究的领域是创业机会评估的过程。

④创业带来的结果将成为创业领域的一个重要课题。在个人层面,创业研究人员不仅会研究创业者个人的绩效,还会研究创业对过程对于创业有什么样的意义和影响。在社会层面,研究的范围也会从经济发展的角度扩大到社会财富分配和法律体系建设等问题。

⑤创业过程的研究将成为创业领域的核心组成部分之一。这包括解释人们创业过程中不同步骤的次序,了解为什么成立新企业是有时候,但不总是开发创业机

会的形式,以及挑战大多数人们采取了正确的创业步骤的假设。

⑥运用进化学理论和工具将会成为研究创业动态性的主流。由于创业是一个不同参与人员根据不同标准进行选择的动态过程,因此 Shane 预测多层次选择模型将得到广泛运用。从统计学的角度,Shane 认为今天组织理论中已经运用的事件历史模型将在创业学研究中变得更有说服力,而且创业学研究还会从社会学和生物学里引进一些研究方法,如序列分析。除了统计方法以外,纵向过程研究和模拟某型方式也会变得很流行。

⑦创业学将会整合复杂的计量经济学研究技巧和方法来准确地对研究对象进行测量。典型性研究数据将成为标准,而研究人员将运用随机和固定的效果模型来去除创业机会和创业个体未被发现的异质性。

⑧创业学将会从一个值得调查的研究领域转变成一个提出问题的社会科学学科。这一转变将使得创业学发展成一个具有一套核心定义性问题的严谨学科,就如战略学的焦点在于企业的相对绩效以及组织学的兴趣在于解释组织环境下的个体行为一样。

⑨创业学将成为商学院里一个独立的科系。Shane 相信随着创业学发展成为一个社会科学学科,创业学将成为与市场学和金融学不同的学科,并值得商学院投入资源。

⑩创业学将与主流的社会科学和商业研究并驾齐驱。Shane 认为当在研究方法和理论发展上达到一定高度后,创业学将如金融学和社会学一样在主流学术刊物上占有一席之地,而不再局限于所谓的创业学研究刊物。

在研究当代创业学的过程中,一个概念反复出现:创业学是综合学科。正因为如此,它包括能增进我们对这个领域的理解的各种反复。因此,必须认识到理论的多样性正是对创业精神理解的一种表现。

## 思考题

1.你是如何理解创业概念的?创业的要素包括哪些?
2.从不同的角度看,可以大致分为哪几种创业类型?
3.你认为哪一种创业过程模型跟自己进行创业比较匹配?
4.简述创业学研究的特点。

## 自我测试

### 你是一个高成就者吗?

成功创业最重要的特征之一就是成为高成就者的欲望。以下 10 个问题是用来识别你的成就动机的。选择最符合你的答案的字母,将它写下来。评分信息在测试的最后。

1.你的一个大学老师在上课的时候要求你对以下3种评分方式进行选择,你会选择哪一种?

A.学习课程材料,考试,得到应得的学分

B.掷骰子,掷到奇数就得A,掷到偶数就得B

C.所有课程只是报到一下,最后交一篇论文,得C

2.你觉得你的风险承受能力如何?

A.高　　B.中　　C.低

3.你的老板让你接手一个新工程,但你手头有很多事情要做,你如何告诉你的老板?

A.我的任务已经很重了,再也不能接受新的任务了

B.当然,我很愿意接手,把它交给我吧

C.让我先看一下目前的工作日程,明天再回复你是否能够接受新任务

4.你最想成为下面哪一种人?

A.史蒂夫·乔布斯,苹果公司创始人

B.NBC热播真人秀节目《学徒》里的唐纳德·特朗普

C.鲁伯特·默多克,新闻集团的首席执行官

5.你最喜欢玩下面哪一种游戏?

A.地产大亨　　B.宾果　　C.轮盘赌

6.你想要更多地参加锻炼,下面哪种方法对你最有吸引力?

A.参加一个社区的运动队

B.自己锻炼

C.参加一个当地的健身俱乐部

7.你最喜欢和下面哪一群人玩扑克?

A.朋友

B.下大赌注的人

C.能挑战你的人

8.你最想成为下面哪种人?

A.侦破案子的侦探

B.发表就职宣言的政客

C.乘坐游艇的百万富翁

9.在晚上,你最想做的事是什么?

A.拜访朋友

B.玩自己的业余爱好

C.看电视

10.下面哪种职业对你的吸引力最大?

A.电脑销售员

B.企业会计

C.刑事律师

**评分**

圈出正确的数字,将你的选择转化成以下得分(比如,如果第1题的答案是C,就在第一行圈上数字2)。然后把三栏的数字加总得到总分,得分越高表明你成为高成就者的欲望越强烈!

**说明**

1.高成就者对他们自己的行为负责任。他们不喜欢只靠运气。第三个选项C假设把为考试做准备的课程时间节约下来用以学习其他课程,否则该答案就只能是0分。

2.高成就者在重要情境下是中等风险偏好者。

3.高成就者喜欢在承诺采取一项行动前研究一下形势。

4.乔布斯是一个有很高成就的人,但是相对于目标成就,他对设计和工程更感兴趣。特朗普是一个极端高成就导向的销售者/总裁。默多克更多地是被内部力量所驱动,而不是成就需求。

5.地产大亨这一游戏使高成就者能使用他们的技能。宾果和轮盘赌则是靠运气。

6.高成就者宁愿自己解决问题。次优选择是加入一个健身俱乐部,这样个人自主性较弱,但有机会从知道怎么有效锻炼的人那里得到反馈和指导。

7.高成就者喜欢挑战但不是高风险。如果你扑克玩得很好,并且选了B,那么你可以提高本题的得分,从2到10。

8.因为高成就者喜欢实现目标,所以侦探对他们的吸引力最大。政客对权力更感兴趣,而百万富翁仅仅喜欢享受生活。

9.高成就者喜欢做那些有助于提升自我的具有建设意义的事情,所以业余爱好是他们的首选。

10.电脑销售员和刑事律师比企业会计有更高的成就需求。

**表1.2 给答案打分**

| 问题序号 | 你的选择 | | |
|---|---|---|---|
| | A | B | C |
| 1 | 10 | 0 | 2 |
| 2 | 2 | 10 | 2 |
| 3 | 6 | 2 | 10 |
| 4 | 7 | 10 | 5 |

续表

| 问题序号 | 你的选择 | | |
| --- | --- | --- | --- |
| | A | B | C |
| 5 | 10 | 0 | 0 |
| 6 | 2 | 10 | 6 |
| 7 | 4 | 2 | 10 |
| 8 | 10 | 7 | 4 |
| 9 | 4 | 10 | 4 |
| 10 | 10 | 5 | 10 |
| 总分 | | | |

## 创业加油站（实践练习）

找几个你的同学或者其他熟悉的人进行一次座谈，就他们日常消费活动交换意见，注意倾听他们对于学校或者周围的餐馆、超市等商业服务活动有什么抱怨，记下这些抱怨。按照下列步骤进行实践操作：

第一步，从这些交谈中提出3次以上的创业想法；

第二步，参照后面的清单评价自己提出的几个创业想法（表1.3）；

第三步，选择一个你认为最好的创业想法，对它进行SWOT（优势、劣势、机会、威胁）分析；

第四步，对通过这个想法创建的企业进行成本收益分析。根据分析结果解释——你为什么会选择创建企业？或者是为什么不会选择创建企业？

**表1.3 创业想法**

| 序号 | 创业想法 | 是/否 |
| --- | --- | --- |
| 1 | 它对没有表现出抱怨的消费者有吸引力吗？ | |
| 2 | 它在校园周边的商业氛围中实施是否具有可行性？ | |
| 3 | 它存在转型的机会吗？ | |
| 4 | 你是否有足够的资源和能力来创建类似的企业？ | |
| 5 | 如果你缺乏相应的资源和技能来创建这种企业，你知道其他人有这些资源和能力，你能说服他们与你一起，共同创建类似的企业吗？ | |

**扩展阅读**

## 创业，是一种生活方式

“创业去!”是如今很多年轻人的选择,CCTV2 的《赢在中国》更是将这股风潮推向了高峰。在我的朋友圈里,下海者大有人在,而身在岸上却称以创业为职业目标者更多。我本人亦有创业经历,深尝个中滋味。

创业,你适合么?

很多人热爱创业,同样也有很多人认为创业是专属于少数人的奢侈品,不要轻易尝试。特别是电视、报刊上所介绍的那些成功创业者一个个兼具商业才能与领袖魅力,所以当年轻人透出一点创业想法时,往往会引来朋友们的劝诫。“你不适合创业”,是最常见的说辞。劝诫者还会把你和马云或史玉柱进行一番比较,结果一定是潜在创业者被比得体无完肤,全方位地败下阵来。

实际上,这种比较是无意义的,因为马云和史玉柱创业最初的情形大家未必了解。“不适合创业”或“适合创业”的判断显然是在以静态眼光看待动态问题。我有一个多年前的同学,当初曾是高中班级里最老实的那一个,与人沟通都太过腼腆,更不必提创业了。但他 4 年前在上海创办化工厂,目前年销售收入已突破千万,去年来京请我吃饭,夹着皮包很老练地叼着烟,着实让我诧异。

创业能让个人综合能力快速提高,这一优势是多数打工岗位不可比拟的。可以环顾一下周围,案例一定不在少数。原因何在?我的答案是,创业者可以很快地看到自己每一个决策的结果——而且这个结果往往是以金钱来衡量的,他会据此迅速修正自己的行为,能力自然得到提高。

似乎有管理学大师曾说过:不能被测量就不能被管理。而只要了解国内企业管理现状的人就会知道,有太多的岗位业绩不能被测量。很多企业没有推行绩效管理,或只是在局部岗位推行,或是即便推行但结果无运用。在中庸的氛围之中,只要不捅大娄子,员工一般不会受到严格的惩处;在很多单位,甚至连奖励都是吝啬的;还有,奖惩常常迟到;当然,再精准及时的绩效考核或奖惩,对打工者的触动和创业者所经历的感受都是有差距的。

创业者都交过不少的“学费”,柳传志、马云、史玉柱莫不如此,但每一次学费都能换来宝贵的经验和教训。而且,在没有稳定收入来源的情形之下,若要维持生计,创业者不得不时刻提醒自己千万不能重蹈覆辙。也就是说,创业过程充满了周期非常短的绩效考核,可以让创业者切身地感受到疼痛或快乐。

所以,对于“创业,你适合么?”这一问题,我想,谁都不能轻易给出答案。

创业,理想还是挣钱?

事业和金钱并不矛盾,从长远来看,两者是一体的,成功创业者有几个缺钱的?但也要看到,短期内两者常常是无法兼顾的,很多项目的烧钱历程比创业者原先预想的要长得多。

所以,有一种情况是很糟糕的:明明终极目标是挣钱,却误认为自己是理想主义者。常有创业者称自己之所以创业就是因为想实现人生价值,或称要通过创业给消费者带来福音,往往还会很坚定地加上一句:其实,钱不是最主要的目标。

义无反顾地投入创业,迟迟得不到 VC 的青睐,上市更是遥不可及,反正大钱始终没来,似乎还没打工挣得多,于是发现自己的承受期不够长,理想主义的段位还不够高,最后只能退回到打工的老路上去。

有鉴于此,我想,所有的创业者和潜在创业者都应扪心自问,创业的目的何在?如果更接近挣钱,那就应该选择短期内易见效的项目,不必再把责任加于自己、非要选择一个多么伟大的事业。

还有一种是目标更接近于理想的创业者。不过,我一直认为理想——准确说是实践理想而非谈论理想——对多数人来说是个奢侈品,特别是在尚不够兵强马壮的时候。我们并不是格罗夫所说的那种偏执狂,我们做不到向亲朋好友借债来豪赌一把,我们甚至无法抵抗一个季度没有进账的压力。如果做不到,那我们的选择只有两条路:

第一,将创业的想法藏于心底,先积累各种资源,然后从高起点开始,就像牛根生那样。第二,将创业的想法放在一边,放弃路径依赖,条条大路通罗马,首先从挣钱开始。第一条路的缺点是,在打工的过程中或许丧失了创业的动力,第二条路的缺点是,在挣钱的过程中可能迷失了创业的方向。

第一条成功几率高,但第二条也很靠谱,我们看到的是,有太多的企业家最后的主业离创业初的项目差了十万八千里。我们实在无法指望,自己刚踏上创业之路,便是在为下一个微软或 GOOGLE 的企业大厦砌下了第一块砖。

所以,无论终极目标是什么,都不必讳言挣钱,可从挣钱开始,而后谈理想。创业毕竟不是慈善,钱挣不好自然理想也就免谈了。

创业,何时开始?

我多次听过朋友这样讲,我一定会创业的! 只要我有了……有了……我就开始。其实,我自己也是如此。几年前我和两名好友策划了一个“淘智网”项目,做了大量工作,计划书数易其稿,见过两家风投,购买了几个域名至今还攥在手中。当时我们认为,只要投资到位,我们就开始。遗憾的是,我们始终没有走出关键一步,2008 年 3 月我在无意中发现这一想法已由一家同名公司实践,对我们没有想明白的问题它也同样惘然。但是,它远超我们,毕竟它是一,而我们只有零。

我们对教育行业始终充满热情,2006 年开始研究“TFA”——为美国教书,2008 年又开始研究万宝盛华。在这样漫长的一个过程中,就像我在一篇文章中所写的:“一直憧憬创业,仿佛很快就要开始,但后来却发现始终遥遥无期。”

而最终的单飞,我没有想到以一种自己半个月前都未曾想到的方式开始。根本没有什么商业模式,没有什么三年规划,也没有什么 NASDAQ 的念想,我从自己最熟悉的领域下水了。仿佛一个从未下水、一直在岸边徘徊的游泳爱好者,被教练从后面狠推一把,掉入池中。不过,感觉还不错。

商业模式永远是不完美的,资金永远是不够的,经验永远是不足的,如果非要追求某一股东风,那么迈出实质性的一步真不知是在什么时候。而当你觉得条件已经完全具备、可以下海的时候,你一旦投身进去可能会发现欠缺的依然太多了。还是那句话,不能以静态眼光看待动态问题。

很多事情是无法规划和预测的。当你开始真正创业以后,你不知道会有多少人因为你的执著而给你以帮助——尽管他们之前很肯定地说,“你的性格不适合创业”,你不知道你的能力会在短短几个月时间里有多大的提升,你甚至不知道原来这么多年来其实并不了解自己究竟有多大的能量。

创业,应该何时开始?其实关键答案不在商业模式、资金、经验这些外因,而在于创业者的内心是否已经做好了准备。

创业,是一种生活方式。

思考一下这个问题,创业能给我们带来什么?每个创业者肯定都有个性化答案。我很欣赏冯仑的创业幸福观,最后请让我用创业者冯仑在《野蛮生长》一书的文字来结束全文吧。

人一生有很多不自由的地方,限制来自于物质手段也来自于社会制度和文化,来源于跟外部环境不自由的博弈。在自由状态下人多数是幸福的,所以自由是幸福的源泉,也是幸福的保障。

怎样才能现实地感觉到自由呢?做生意以后,有三件事突然让我感到自由了。第一,自己决定几点上班。第二,自己决定发多少工资。第三,自己决定去哪儿。……这种自由状态让你感觉到创业是物有所值的,是快乐的。

再加上另外三件事你就更快乐:第一不算小钱,第二不算时间,第三不算是非。……所有的自由来源于内心的自由,其次来源于物质手段,追求自己的幸福,就是有获得自由的状态,只有内心的自由,才是真正的自由和幸福。

(资料来源:宋炜.创业,是一种生活方式[J].青春岁月,2010(15)).

# 第2章　创业者与创业团队

## 【本章要点】

1.创业者的定义、创业动机及创业精神；
2.创业者的特质与技能；
3.创业团队的组建与管理。

## 创业实录

### 新东方创业团队

俞敏洪，1962年10月出生于江苏江阴，1980年考入北京大学西语系，毕业后留校担任北京大学外语系教师，1991年9月，俞敏洪从北京大学辞职，开始了自己的创业生涯。

1993年，俞敏洪创办了新东方培训学校。创业伊始，俞敏洪单枪匹马，仅有一个不足10平方米又漏风的办公室，零下十几度的天气，自己拎着浆糊桶到大街上张贴广告，招揽学员。

“任何事情都是你不断努力去做的结果，当你碰到困难的时候，你不要把他想象成不可克服的困难，在这个世界上没有任何困难是不可克服的，只要你勇于去克服它！”正是凭借着这种不怕困难、勇于克服困难的精神，新东方不断发展壮大着，俞敏洪还把“从绝望中寻找希望”作为新东方的校训。

1994年，俞敏洪已经投入20多万元，新东方已经有几千名学员，在北京也已经是一个响亮的牌子，他看到了一个巨大而诱人的教育市场。俞敏洪喜欢教书，他曾经说过：我这辈子什么都可以离开，就是不可以离开讲台。对教师职业的热爱和新东方的发展壮大，让他决定他不仅要做一名教师，一名校长，还要做一名教育家。

一、聚集人才

在新东方创办之前，北京已经有三四所同类学校，参加新东方培训的多是以出国留学为目的。新东方能做到的，其他学校也能做到。就当时的大环境而言，随着出国热，以及人们在工作、学习、晋升等方面对英语的多样化需求，国内掀起了学习英语的热潮，越来越多的优秀教师加入英语培训这个行业，如何先人一步，取得自己的竞争优势,把新东方做强做大,俞敏洪认识到英语培训行业必须要具备一流的师资。

培训学校普遍做不大是有原因的,主要由于对个别讲师的过分倚重,每个讲师都可以开一个公司,但是每个公司都做得不大。所以,俞敏洪需要找到更多的合作伙伴,帮他控制住英语培训各个环节的质量。而这样的人,不仅要有过硬的专业知识和能力,更要和俞敏洪本人有共同的办学理念。他首先想到的是远在美国的王强、加拿大的徐小平等人,实际上这也是俞敏洪思考了很久所做的决定——这些人不仅符合业务扩展的要求,更重要的是这些人作为自己在北大时期的同学、好友,在思维上有着一定的共性,肯定比其他人能更好地理解并认同自己的办学理念,合作也会更坚固和长久。

这时他遇到了一个和他有着共同梦想的惺惺相惜的朋友——杜子华,杜子华像一个漂泊的游侠,研究生毕业后游历了美国、法国和加拿大,凭着对外语的透彻领悟和灵活运用,在国外结交了许多各种朋友,也得到了不少让人羡慕的机会。但是他在国外待的时间越久,接触的人越多,就越是感觉到民族素质提高的重要和迫切。要提高一个人、一个民族的素质唯有投资教育。

1994 年在北京做培训的杜子华接到了俞敏洪的电话,几天后,两个同样钟爱教育并有着共同梦想的“教育家”会面了。谈话中,俞敏洪讲述了新东方的创业和发展、未来的构想、自己的理想、对人才的渴望……这次会面改变了杜子华单打独斗实现教育梦想的生活,杜子华决定在新东方实现自己的追求和梦想。

1995 年,俞敏洪来到加拿大温哥华,找到曾在北大共事的朋友徐小平。这时的徐小平已经来到温哥华 10 年之久,生活稳定而富足。俞敏洪不经意地讲述自己创办新东方的经历,文雅而富有激情的徐小平突然激动起来:“敏洪,你真是创造了一个奇迹啊!就冲你那 1 000 人的大课堂,我也要回国做点事!”

随后,俞敏洪又来到美国,找到当时已经进入贝尔实验室工作的同学王强。1990 年,王强凭借自己的教育背景,3 年就拿下了计算机硕士学位,并成功进入著名的贝尔实验室,可以说是留学生中成功的典型。白天,王强陪着俞敏洪参观普林斯顿大学,让他震惊的是,只要碰上一个黑头发的中国留学生,竟都会向俞敏洪叫一声“俞老师”,这里可是世界著名的大学啊。王强后来谈到这件事时说自己当时很震惊,受到了很大的刺激,俞敏洪说,你不妨回来吧,回国做点自己想做的事情。

就这样,徐小平和王强都站在了新东方的讲台上。1997 年,俞敏洪的另一个同学包凡一也从加拿大赶回来加入了新东方,新东方就像一个磁场,凝聚起一个个年轻的梦想,这群在不同土地上为了求学,洗过盘子、贴过广告、做过推销、当过保姆的年轻人,终于找到一个突破口,年轻人身上积蓄的需要爆发的能量在新东方充分得到了释放。

就这样,从 1994 年到 2000 年,杜子华、徐小平、王强、胡敏、包凡一、何庆权、钱永强、江博、周成刚等人陆续被俞敏洪网罗到了新东方的门下。

二、构建团队

作为教育行业的新东方，师资构成了其核心竞争力，但是如何让这支高精尖的队伍最大限度地发挥作用，俞敏洪从学员需求出发，秉持着一种"比别人多做一点，比别人做得好一点"的朴素的创新思维，合理架构自己的团队，寻找和抓住英语培训市场上别人不能提供或者忽略的服务，使新东方的业务体系得以不断完善。

比如，当时新东方就开辟了一块由一个加拿大人主持的出国咨询业务，学员可以就近咨询，获得包括一些基本申请步骤、各个国家对待留学生的区别、各个大学颁发奖学金的流程和决策有何不同、读研究生和读博士生的区别在什么地方等必要知识。

1995 年，俞敏洪逐渐意识到，学生们对于英语培训的需求已经不只限于出国考试。比如，1995 年加入新东方的胡敏就应这种需求，开发出了雅思英语考试培训，大受欢迎，胡敏本人也因此被称为"胡雅思"。

徐小平、王强、包凡一、钱永强等人分别在出国咨询、基础英语、出版、网络等领域各尽所能，为新东方搭起了一条顺畅的产品链。徐小平开设的"美国签证哲学"课，把出国留学过程中一个大家关心的重要程序问题，上升到一种人生哲学的高度，让学员在会心大笑中思路大开；王强开创的"美语思维"训练法，突破了一对一的口语训练模式；杜子华的"电影视听培训法"已经成为国内外语教学培训极有影响力的教学方法，新东方的老师很多都根据自己教学中的经验和心得著书立说，并形成了自身独有的特色，让新东方成为一个有思想有创造力的地方。

俞敏洪的成功之处是为新东方组建了一支年轻而又充满激情和智慧的团队，俞敏洪的温厚，王强的爽直，徐小平的激情，杜子华的洒脱，包凡一的稳重，五个人的鲜明个性让新东方总是处在一种不甘平庸的氛围当中。

谈到团队的组建，《西游记》中由唐僧率领的取经团队被公认为是一支"黄金组合"的创业团队。四个人的性格各不相同，却又同时有着不可替代的优势。比如说，唐僧慈悲为怀，使命感很好，有组织设计能力，注重行为规范和工作标准，所以他担任团队的主管，是团队的核心；孙悟空武功高强，是取经路上的先行者，能迅速理解、完成任务，是团队业务骨干和铁腕人物；猪八戒看似实力不强，又好吃懒做，但是他善于活跃工作气氛，使取经之旅不至于太沉闷；沙僧勤恳、踏实，平时默默无闻，关键时刻他能稳如泰山、稳定局面。

但是在创业路上，并没有那么巧的机缘和条件，能幸运地集聚到这样四个不同性格的人。所以，如果只能从这四个人中挑选出两个人来作为创业成员的话，你会挑选哪两位？

在一次活动中，牛根生客串主持人，向马云和俞敏洪提出了这样一个问题。

俞敏洪选沙僧和孙悟空，马云选择了沙僧和猪八戒。两人都选择了耿直忠厚的沙僧，但是关于另一个人选，两人的选择却很有意思。

马云这样解释他为什么选择猪八戒："最适合做领袖的当然是唐僧，但创业是孤独寂寞的,要不断温暖自己,用左手温暖右手,还要一路幽默,给自己和团队打气,因此我很希望在创业过程中有猪八戒这样的伴侣。当然,猪八戒做领导是很欠缺的,但大部分的创业团队都需要猪八戒这样的人。”

俞敏洪不赞同马云的选择,他认为猪八戒不适合当一个创业伙伴,猪八戒是很能搞活气氛,让周围的人轻松起来,但是缺点也很突出,就是不坚定,需要领袖带着才能往前走。而且猪八戒没信念,哪里好就会去哪,哪有好吃的就往哪去,很容易在创业过程中发生偏移,企业有钱时会(大赚一笔后)离开,企业没钱时也很可能会弃企业而去。而孙悟空就不会这样,他是一个很理想的创业成员。

俞敏洪列举了他的理由:他(孙悟空)的优点很明显:第一,有信念,知道取经就是使命,不管受到多少委屈都要坚持下去。第二,有忠诚,不管唐僧怎么折磨他都会帮助他一路走下去。第三,有头脑,在许多艰难中会不断想办法解决。第四,有眼光,能看到别人看不到的机会和磨难。

当然,孙悟空也有很多的小毛病,如会闹情绪,撂担子,所以需要唐僧必要时念念紧箍咒。但是,在取经路上,孙悟空所起到的作用是至关重要的。如果将西天取经比喻成一次创业过程,孙悟空就是其中不可或缺的创业成员。

新东方的创业团队就有些类似于唐僧的取经团队。徐小平曾是俞敏洪在北大时的老师,王强、包凡一同是俞敏洪北京大学西语系80级的同班同学,王强是班长,包凡一是大学时代睡在俞敏洪上铺的兄弟。这些人个个都是能人、牛人。所以,新东方最初的创业成员,个个都是“孙悟空”,每个人都很有才华,而个性却都很独立。俞敏洪曾坦诚地说:论学问,王强出自书香门第,家里藏书超过5万册;论思想,包凡一擅长冷笑话;论特长,徐小平梦想用他沙哑的嗓音做校园民谣,他们都比我厉害。

俞敏洪敢于选择这帮牛人作为创业伙伴,并且真的在一起做成了大事,成就了一个新东方传奇,从这一点来说,他是一个成功的创业团队领导者。他知道新东方人多是性情中人,从来不掩饰自己的情绪,也不愿迎合他人的想法,打交道都是直来直去,有话直说。因此,新东方形成了一种批判和宽容相结合的文化氛围,批判使新东方人敢于互相指责,纠正错误;宽容使新东方人在批判之后能够互相谅解,互相合作。这就是新东方人的特点:大家互相之间不记仇,不记恨,只计较到底谁对谁错谁公正。

这种源自北大精神的自由文化,是俞敏洪敢用“孙悟空”,而且是多个“孙悟空”的前提条件,这是新东方成功的关键因素之一。而另一个关键因素就是俞敏洪本人所具备的包容性,帮助他带领着一帮比他厉害的“牛人”,不仅将新东方从小做大,还完成了让局外人都为之捏了一把汗的股权改制。最令人意料不到的是,俞敏洪居然还将新东方带到了美国的资本市场,成为中国第一个在海外成功上市的民营教育机构。这一份成绩虽然还不能定义为最终的胜利,但是仍然有着非同寻常的意义,即它告诉了人们,对于中国教育来说,一切价值正有待重估。

(资料来源:http://www.doc88.com/p-073192435797.html)

启示：对于一个企业来说，创业者乃群龙之首，创业者的品质素质直接关系到企业文化和企业的灵魂精髓；创业团队则是整个企业的栋梁，团队的好坏决定了企业的兴衰成败，没有绝对优秀的个人，只有绝对优秀的团队。麻雀虽小，五脏俱全，小型企业应当同样重视创业者的素质和创业团队的建设。

## 2.1　创业者与创业者价值

### 2.1.1　创业者的定义

英文中创业者与企业家的词源都是法文“entreprendre”，是“去执行”的意思。现在的英文表述都为“entrepreneur”。

随着创业学术研究的持续深入，包括经济学、管理学、社会学、心理学等众多学术领域对创业者的关注度日益增加，经济学的学术研究焦点在于分析成功创业者的共性，找出其成功的相关因素力求帮助投资者选择成功的创业者。社会学研究以不同的社会背景开展创业者与创业现象的分析。心理学研究领域力求通过创业者特质视角来分析创业现象。管理学领域则通过分析创业者的一系列行为，力求找出创业者与组织之间的关系以及创业者在组织中的领导能力。对于创业者，国内外学者有不同的理解，见表 2.1：

表 2.1　国内外学者对创业者的定义

| 学　者 | 年　份 | 内涵及观点 |
|---|---|---|
| Cantillon | 1755 | 创业者就是采取风险以及可能正当地分配利润的人 |
| Say | 1880 | 将创业者描述为将经济资源从生产率较低的区域转移到生产率较高区域的人，并认为创业者是组织生产和创造新价值过程中的领导人 |
| Schumpeter | 1934 | 创业者即创新者，创新包括 5 种形态，新产品提供、新生产方法采用、新市场开辟、新原料的运用、新产业组织的形成 |
| Kirzner | 1973 | 创业者是能够辨认市场不均衡所带来的机会，采取行动，从中牟利，并且具有能够正确地预期下次不均衡将在何时何地发生能力的人 |
| Brockhaus | 1982 | 创业者是一位有愿景，会利用机会，有强烈企图心的人，是愿意承担起一项新事业，组织经营团队，筹措所需资金，并且承担全部或大部分风险的人 |

续表

| 学 者 | 年 份 | 内涵及观点 |
| --- | --- | --- |
| Carland | 1984 | 创业者主要以盈利和建立、管理业务为职责，主要特征是创新行为 |
| Drucker | 1985 | 能创造一些新的且特别的事物，并能改造价值的人 |
| Fried & Hisrich | 1988 | 创业者是冒着社会、心理与财务上的风险，产生新事业，以获得独立与财务报酬的人 |
| Timmons | 1999 | 创业者是由强力承诺与毅然耐性所驱使的人 |
| Shane & Venkataraman | 2000 | 创业者是新创企业的创建者和领导者，而领导是创业过程的核心成分，是创业获得竞争优势和成功的关键 |
| 林强、姜彦福、张健 | 2001 | 将创业者的定义分为狭义和广义两种。狭义的创业者是创建企业的人，广义的创业者指企业创业活动中的所有参与者 |

综合以上学者观点，我们认为：创业者的概念可以分为广义和狭义。广义上的创业者是指开创一番事业的个人或者一个团队，而狭义的创业者仅仅指在市场经济中创办新企业的人或组织。

### 2.1.2 创业动机

很多因素会影响创业者的创业决策过程，如：整体经济环境、社会及政治环境、个体人格特质、创业动机等。创业动机需要是个体感到某种缺失或不足时力求获得满足的心理倾向，是个体活动的积极性源泉。人作为生物实体和社会成员，一是要生存；二是要发展。人不仅要生存，而且追求生活的质量和意义，追求人生价值，追求爱与归属，希望得到尊重和认可，同时，又不断面临挑战，往往对现实生活的条件、社会地位和经济收入感到不满，产生改善生活、改变现实的愿望，这种愿望在一定条件作用下，就会转化为强大的内部力量，推动个体去行动。人的需要是多种多样的，那些强度较弱、不能为人清晰意识到的需要，只是一种未分化的、模糊的意向。意向对人的行为没有推动作用，只有当需要强度达到一定程度并为人清晰意识到时才能成为愿望，愿望在某种诱因作用下可被激活转化为动机，驱使个体趋向或接近目标。

创业者进行创业有不同的创业动机，Greenberger 和 sexton（1988）两位学者指出创业者想要创业有以下 5 种原因：①他们在市场上发现机会。②他们相信他们的管理方式会比其他人更有效率。③他们拥有的专长能发展成一项事业。④他们已发展了一个产品或服务，而此产品或服务能在市场上找到利基（niche）。⑤他们相信其他机会都是有限的而创业是唯一机会无限的路。

Ghosh 和 Kwan（1996）则通过针对新加坡及澳大利亚的创业企业家进行研究，

发现他们创业的主要原因有：

个人想要向上成长：

喜欢挑战；

有更多自由；

有使用自己的知识与经验的机会；

不喜欢为他人工作；

被家庭或朋友影响；

家庭传统。

Dubini(1989)对163位创业企业家进行问卷调查后，采用因素分析法，将28项变数归纳为7项动机因素：成就(achievement)、福利(walfare)、地位(status)、金钱(money)、逃避(escape)、自由(freedom)、效法前人(rolemodels)。

James和Charles认为影响创业的因素有3个：对现有的工作不满意；有了创业机会；受到别人的鼓励。

有关创业动机的实证研究，推力论与(push)拉力论(Pun)比较被广泛接受的理论。推力论是指人们因为一些负面因素，而激发创业潜能，将个人推向创业领域，如对工作不满意、失业等。拉力论是指一些事业有吸引力，及潜在获利的机会，从而吸引个人采取创业活动。在心理学研究动机领域倾向于用马斯洛(Masfow)需求层次理论来阐释创业者的类型。

### 2.1.3 创业精神

1)创业精神的内涵

如果从管理学的视角上来说，创业者与企业家的内涵是一致的。创业精神通常被人们称之为企业家精神，它是创业者在市场竞争中不断开拓进取创造新价值的精神概述。

Schumpeter(1932)认为，创业精神是一种经济领域中的创造精神、创新精神。

Simbart(1958)认为创业精神是一种积极的、具有广泛性的精神，它蕴含着的力量是巨大的，体现在经济生活中的各方面。

Sharma和Chrisman(1999)从组织的视角研究创业精神，认为创业精神就是在组织的创建、重组的过程中的革新精神。

Drucker(1985)提出创业精神其实更多地表现为一种创新性的活动或者行为，创业者通过这种行为对于原有的资源进行重新的组合，从而使得其产生了新的财富。德鲁克的研究中认为创业精神应该是社会所必需的一种创新精神，并且认为正是因为拥有了这种创新精神所以才会推动社会的发展。他又在他的著作中论述到：企业家们觉得在经济生活中，变革是最基本的一种状态，虽然企业家一般无法制造变革，但是他们一直关注并且追寻变革的脚步，在变革的过程中寻求机会，并且利用机会，这就是企业家及他们所拥有的创业精神。

Gartner(1988)的研究指出创业精神就是一种创造,是一个组织从无到有的一个过程。国外新古典经济学代表人物马歇尔从心理层面诠释创业精神,认为创业精神是一系列心理特征(坚强、敏锐、机警、镇静、决断、成功欲望等)的综合。

Knight(1921)认为创业精神是创业者在一个不确定的创业环境中,发挥自己的主观能动性,通过创新的活动找到前进的方向和方法,并且要勇于承担不确定的风险的精神的总和。

尽管研究者们基于不同的研究视角和学科背景对企业家精神有不同的理解,不同的表达形式。但是仍然存在许多共同之处,我们将其归纳为以下几点。

第一,创新精神。Drucker 认为,企业家精神中最重要的是创新。他认为,创业者不仅仅单纯指在经济活动中从事创新活动的人,无论他是做什么的,无论他是工人、农民、政府高官或者就仅仅是学生,只要他在创新,那么我们都可以称之为创业者。这种对于创业者的理解虽然有些夸大,但是这正是 Drucker 在强调创新的意义。在创新的过程中不可避免地要遇到挑战和承担风险,所以创新精神的内涵中必然包括了承担风险和挑战不确定性的冒险精神。这一点不仅 Knight 在研究中强调了创业者的这一特征,另外熊彼特、卡森等学者都对创业者的创新精神中的冒险特征给予了认可。

第二,敬业精神。创业者首先是一个从业者,如果没有一种对于事业执著的追求的敬业精神那么又如何能够迎接创业的挑战。Simbart 认为创业精神蕴含着一种力量,这种力量是源源不断、蓬勃向上的,这种力量是源于对成功、利润的孜孜以求。

第三,合作精神。单枪匹马可以成就一番事业,但是团结任何有利于成功的力量,成功的几率当然也会更大。在创业精神中个人英雄主义并不能占到主导地位,反而团队意识、合作精神是其价值核心。这也就是 Minis 所认为的个人在创业活动中经常要通过某一团队的资源去实现价值创造的过程。而在这种团队合作的过程中其实也是符合我们所说的创业者通过组合不同的要素形成一个新的生产关系,从而达到价值创造的过程。将不同的人组合到一起,开发其各自的优势资源从而达到利益最大化的合作过程也就是创业精神的一个重要体现。

2)创业精神的特征

第一,科学性。创业者从事的创业活动是遵循一般规律的,从本质上来说创新不是凭空捏造,而是要求创业者通过以往的知识积累,通过科学的思维、方法进行创新性的组合的行为。随着时代的发展,在当今这个信息爆炸的环境中,没有科学系统的知识基础以及工作方法,仅仅依靠使蛮力,不怕苦的垦荒精神是很难取得成功的。所以用科学武装起来的创业者才能够在经济大潮中披荆斩棘,扬帆破浪到达胜利的彼岸。

第二,创新性。创新是一切创业活动的根源,是创业精神的价值核心,创业者对于成就事业、取得成功的愿望激发了创业者的创新意图,在创业的过程中勇于开拓进取，致力于创造出一种新的资源组合方式，从而创造出所追求的价值。

创业者把变化当作机会的温床，只有在变化中才可以寻找到创新的灵感，所以经济社会的发展过程就是创业者不断在变化中寻求创新创造价值的过程。

第三，冒险性。从心理学角度看，敢于冒险的人都是寻求突破的人，创业者的冒险是他们在创新的过程中，向着无法准确预知的结果发起冲击的一种心理状态。我们无法准确地预知未来，但是我们可以通过自己的活动努力朝着自己希望的方向前进。在这个创造的过程中，我们不断地通过信息的收集以及及时的处理，修正前进的方向，在未知的领域中寻找可能的机会。创业者在创业过程中风险与获得是成正比的，没有冒险就谈不上创新，只能重复他人做过的事情。并且在冒险的过程中创业者们也不断从失败中总结经验，正所谓失败意味着你知道又排除了一条错误的道路，离成功的距离也就更近了一步。但是我们又必须强调，创业者所冒的风险不是随意的，这种风险是可控的，否则只是一个莽撞的规则破坏者。

第四，主观能动性。人的自觉能动性，又叫人的主观能动性，是人类特有的能力与活动，它包括互相联系着的 3 个方面：第一，人类认识世界的能力以及人们在社会实践的基础上能动地认识世界的活动，突出地表现为我们通常说的“想”；第二，人类改造世界的能力以及人们在认识的指导下能动地改造世界的活动，即通常我们所说的“做”；第三，人类再认识世界和改造世界的活动中所具有的精神状态，即通常所说的决心、意志、干劲等。我们说一般的商人、企业管理者以及投机商人主要是单纯地因为追求物质利益而去从事经济活动，创业者在经济活动中虽然也将获得利润放在其主要的目标中，但是他的创新活动并不单纯地为了创造利益而创新，而是为了自我实现，这种自我实现作为一种驱动力，使得创业者不断挑战自我，在创业的活动中实现自身价值，达到精神上的追求。

第五，坚韧性。在创业的过程中创业者需要接受各种的挑战，并且要承受失败的打击，这就需要创业者具备坚韧的性格特性。我们现在研究一个人的成功因素时将一个人的“逆商”提到与智商和情商同等重要的地位，那么可以知道创业者要想成功就必须具备对于自己信念的坚定的信仰，自我控制的能力以及不断挑战的勇气。创业者在创业的过程中可能会遇到各种各样的麻烦和困难，只有以坚定的信念为基础，在逆境中控制自己的方向，才能有不断挑战和困难的勇气与力量。

## 2.2 创业者的特质与技能

### 2.2.1 创业者特质

从之前的成功创业者人格特质的研究中，对创业者的共性大致可以归结为个人性格、梦想、激情、坚强的意志力、价值观、信心、冒险精神、有勇气、懂得欣赏他人和知人善用等特质(表 2.2)。

**表 2.2　创业者的共性**

| 影响因素 | 定义/解释 |
|---|---|
| 个人性格 | 不同的创业性格则是决定创业者独特的创业行为和思想的内部身心系统的动力组织 |
| 价值观 | 目标价值观、共识价值观、卓越价值观、一体感价值观、成效价值观、实证价值观、亲密价值观、正直价值观 |
| 梦想 | 是创业者对未来的感知和期许,对创业的发展方向起着指导性的作用。看到别人看不到的机会 |
| 激情 | 愿意为着梦想付出代价,能忘时,忘我,忘回报,只要能把答案、产品、服务及时提供给消费者 |
| 意志力 | 当面对许多的困难,包括前两年没薪资,超工时,多负荷,一人兼多职,技术研发,市场开展的困难等,创业者必须克服和继续坚持 |
| 信心 | 对创业计划和为之付出努力从而达到预期目的的信念。是对计划、组织、行业、团队的信任、也是对自我的充分认知和肯定 |
| 冒险精神 | 愿意为了实现梦想而承担必要的风险 |
| 勇气 | 创业过程中的果断性和具有积极主动性的创业者心理特征相结合而产生的士气状态 |
| 知人善任 | 具备领导人的一些特质,提升领导力,建立团队,能同甘共苦的团队 |

从上述影响创业者人格特制的因素中发现中成功创业者的性格因素在选择行业和企业运营中起着关键性的作用。性格是一个人对现实的稳定态度和习惯化了的行为方式中所表现出来的个性心理特征,诚实或虚伪、勇敢或怯懦、勤劳或懒惰、果断或优柔寡断等被认为是性格特征。性格是由许多性格特征所组成的统一体,表现在人对现实的态度和行为方式中。熊彼特(1934)认为创业性格则是决定创业者独特的创业行为和思想的内部身心系统的动力组织,是决定一个人能否创业成功的关键性因素。

价值观因素主要表现为创业者在创业方向的选择和企业团队与文化的建设等方面。劳伦斯·米勒将企业家的创业价值观通过成就动机分为 8 大价值观体系:目标价值观、共识价值观、卓越价值观、一体感价值观、成效价值观、实证价值观、亲密价值观、正直价值观。这样的人格特质直接影响着创业者企业发展方向的规划和工作氛围的营造,以及整个企业将要维系的团队共同价值观。尤其在对中国改革开放的大环境下,对于国内的创业者而言,价值观因素有着独特的内涵。

而信心因素是成功创业者维持企业持续运行的内驱力。它主要是由创业者自己的过往经历所影响。对自己越擅长的方面,人格特质中的信心因素表现的就越为强大,对达成预期的信念也就越坚定。同时,对自我和团队越了解或者越信赖,他创业成功的可能性就越高。信心也是外在意识所处于的高级阶段。

勇气因素是成功创业者执行创业计划、承担创业风险、履行企业主责任的关键。与信心一样,创业者的勇气也是来源于对自己越擅长的方面,但不同之处在于勇气因素不是一个持久恒定的。心理状态经过人们多次的心理体验便转化为性格,所以人们的心理状态极易和相应的性格特征发生混淆。勇气与胆量不同,胆量往往是人们天生就有的或是后天训练出来的,因而比较稳定,属于性格的范畴;而勇气并不像胆量一样总是会表现在各种情境与状态下,勇气只是具有暂时的稳定性。

### 2.2.2 创业者专门技能

长期以来,学术界秉承了 Schumpeter(熊彼特)等学者关于创业是少数人天赋使然的特殊活动的观点,一直关注"谁是创业者"的问题,试图区分创业者与非创业者、创业者与管理者以及创业者群体之间的差异,识别创业者在成就欲望、风险承担倾向等方面的独特心理素质,涌现出一批专门研究创业者特质的学者,并且形成了一个创业研究的重要流派——特质论派。特质论派将主要精力集中在挖掘成功创业者所具有的品质或特质上,其基本观点是创业成功与否取决于创业者的个人特质甚至天赋。随着种群生态理论对创业研究领域的迅速渗透,创业研究得出了两个重要的结论:一是个体在组织中的地位,而不是个体的特质决定其能否发现机会并实施创业活动;二是技术或人口特征等宏观因素变化能较好地反映国家或地区组织诞生率的变化,而战略、组织和管理等微观因素则能更好地解释新企业的存活率。

Gartner(1988)在系统总结创业特质论研究成果的基础上指出,关注创业者特质的研究是没有出路的,并且提出了创业研究应该关注创业者行为并努力总结创业过程规律的主张。此后,创业研究开始从关注创业者特质转向关注创业过程,从把创业视为随机性偶然事件转变为把创业看作可以管理并必须加以管理的系统性活动过程,从而极大地推动了创业研究的发展。从此,创业研究更加关注组织、过程、行为等问题,创业活动有其内在规律并可管理的思想也逐渐占据主流地位。管理理论突破了长期以来以既有企业特别是大企业为研究对象、旨在帮助企业实现扩张和发展的研究框架,开始关注企业生命周期前端的活动,并从创业活动中探寻企业竞争优势的来源,从而极大地丰富和拓展了管理学研究的范畴。

其次,有关创业行为特殊性和内在规律的研究取得了巨大的进展。研究表明,创业者在意图形成、机会发现和开发等的创业过程中表现出某些独特的行为特征,这些行为特征有助于我们深入理解创业行为和新企业生成过程。创业意图的形成处于创业过程的前期阶段,是决定创业者是否进行创业活动的关键。长期以来，我们一直对创业者为什么会创业这个问题感到好奇。在相当长的一段时间里，学者们把创业者实施创业活动的原因简单地归结为他们的风险承担倾向，但后续研究并没有发现创业者、管理者、一般人群在风险承担倾向方面存在显著的差异。研究显示，创业者敢于承担风险，但绝不是冒险的赌徒，在很多情况下，他们很善于规避风险。20 世纪 90 年代以后，学者们重新从认知角度去总结创业决策过程的规律。Kahneman 和 Tversky（1974）进行的直观推断研究为揭示创业意图的形成机理奠定了理论基础。他们认为，创业者的直观推断和偏见充当了简化复杂环境的角色，如果没有创业者扮演这种简化角色，那么很多创业行为就不会发生。

在机会识别阶段，创业者的创业警觉性发挥着重要的作用。创业者之所以能够发现别人无法发现的机会，是因为他们更善于观察生活和发现没有得到满足的需求，并迅速解读这些需求背后所隐藏的商业价值。Ardichvili 等（2003）认为，创业者的创业警觉性水平受到某些个性特征（如创造意识和乐观态度）、所掌握的相关知识和经验、社会网络关系等因素的影响，这些因素之间的匹配有助于创业警觉性水平的提高。

在开发创业机会的过程中，创业者会受到高度的资源约束，不可能直接套用管理成熟企业的手段来实现创业机会的商业价值，因而不得不采取一些独特而有效的行动来开发创业机会。于是，创业者的行为和战略特征便成为学者们关注的重点。在经过了长期的理论探索之后，学者们发现超前行动、即兴而作（improvisation）和对有限资源的创造性利用（bricolage）等是创业者经常采取的策略，并且把创业研究推向创业行为层面。

这里特别值得一提的是美国弗吉尼亚大学副教授、诺贝尔经济学奖获得者 Simon 教授的学生 Sarasvathy 博士在针对创业行为提出的手段导向理论（effectuation theory）。Sarasvathy 在分析企业创建过程时发现，创业者的创业决策不同于既有企业的管理决策。既有企业的市场是已经存在的，并且有现成的资源、网络和顾客，而创业者在这些方面几乎都要从零做起。那么，创业者是如何决策的呢？尤其是对有经验的创业者来说，他们在决策时是否会作出与众不同的表现？Sarasvathy（2001）运用实验研究法对 100 位专家型创业者的决策过程进行了研究，提出了 Effectuation 理论。Sarasvathy 博士的这一理论观点有可能是创业研究领域最主要的理论贡献，并对管理学教材长期讲授的目标设定、计划、组织、实施和控制流程发起了严峻的挑战。

Sarasvathy 博士提出并回答了以下几个崭新的问题：

• 创业者是如何决定开始寻找新生活的？作决定的时候，他们还想过别的选择吗？如果有其他的选择，他们是利用什么准则在这些选择中作决定的？

• 在具体的创业活动中，利益相关者是如何相遇的？有多少人是通过自我选择加入到利益相关者群体中的？如果有人介绍他们认识，那么介绍人是谁？什么使得他们愿意在创业中承担责任？他们的创业网络是如何发展的？

• 一些关键利益的相关者总是在不同的时点适时地概述自己的目标以及此项创业的目的。虽然他们的叙述可能不一样,但是他们最终使得此项创业成功了,那么个人目标应该如何在清晰与模糊之间定位?如何将每个人的个人目标编织在一起而形成能实现的愿景?这种愿景又是如何植根于特定的项目目标中的?

• 偶然性在创业过程中扮演什么角色?

所有这些问题都是围绕着创业理论的微观基础而谈的,它们不是用来检验"大"理论的,比如技术演化理论或者产业组织理论等。相反地,这里的创业理论想要解释利益相关者是如何行动的,这些行动是如何起作用的以及为什么会起作用和它们所暗含的、能够被大众接受的知识有哪些等。

1)成功创业者的普遍共性

Sarasvathy 博士基于对这 100 位成功创业者的访谈,总结出他们下列普遍共性。

(1)共性 1:从手段开始而非从目的开始

参与实验的大多数调查对象都以一系列给定的方法开始他们的决策过程,而不是事先设定的目标。实验数据显示了被试使用的 3 种手段,每个被试正是基于任何一种或所有的 3 种手段来选择他们的"客户",这 3 种手段是:①他们是谁。②他们知道什么。③他们认识谁。

(2)共性 2:可承受损失而非期望收益

被试中没有一人试图收集与潜在收益有关的特定信息或者是预测某项目合理的投资水平。相反地,他们仅仅考虑他们所能够承受的损失是多少。

(3)共性 3:将初始客户作为伙伴而非竞争对手

被试中有人将初始客户转变为合作者,有人在初始阶段直接将产品卖给客户或者合作者,甚至还有 7 位创业者在产品还没有生产出来之前,就把产品卖掉了。

(4)共性 4:忽略竞争强调合作

74%的被试认为在成功建立一个目标市场之前竞争对手是不相关的,只有 26%的被试认为他们考虑过关于竞争者的问题。上述数据表明专家型创业者倾向于关注构建合作关系,而不是分析竞争空间。

(5)共性 5:构建市场而非发现市场

被试通过与客户或合作者的互动,将他们拉入到市场过程中来,共同合作构建新市场。第二阶段则是通过对公司的战略审视来定义一个新的市场。

(6)共性 6:不可预测的结果和预先设定的目标

以同样的想象中的产品开始创业,27 名创业者创造了 18 种不同类型的市场形态。

2)创业技能的过程因素

Sarasvathy 博士的研究表明,专家型创业者一般都会按照如下的过程实施创业:

- 首先是从他们是谁,他们知道什么以及他们知道什么开始创业的,然后立即开始采取行动并且与其他人进行互动。
- 他们关注于他们能做什么,然后就去做,而不会过多地焦虑他们应当做什么。
- 一些与他们进行互动的人通过自我选择进入这个创业过程,并对创业承担责任。
- 每一种责任会产生创业的新方法和新目标。
- 由于在成长的网络中资源是积累的,那么约束也开始共生。这些约束减少了将来目标的可能变化,并且限制了哪些人可以进入利益相关者网络,而哪些人不可以。
- 假设利益相关者的集聚过程过早地夭折了,那么目标和网络会同时趋向于一个新市场和新企业。

3) Effectuation 理论的原则——采取行动的标准

在实际的商业活动中,以潜在的最高市场回报率去选择市场,或者以最低的财务风险去选择一组投资,或者雇佣一个职位的最佳人选等决策都属于因果逻辑的问题。有时候因果逻辑也会创造多种的备选方案去完成给定的目标,所以因果逻辑有可能会也有可能不会涉及创造性思想,但是 Effectuation 理论是固有地具有创造性。因为 Effectuation 理论不是开始于一个特定的目标。相反,它开始于一组给定的手段集,并且允许目标随着时间的推移从创始人和利益相关者的互动中发生偶然性地改变。然而,很重要的一点是,在不同的时间根据相应环境的要求,同样的一个人会同时使用因果逻辑和 Effectuation 理论。事实上,专家型创业者具有同时很好地运用两者逻辑的能力。

Sarasvathy 博士在总结研究的基础上,提出了专家型创业者在创业过程中所使用的原则,这里的每一项原则都颠覆了传统管理理论中的决策制定标准。

(1)"手中的鸟"原则

不同于目标驱动的行为原则,这是由工具驱动的行为原则。这里强调的重点是利用已有的工具创造新事物,而不是为了达到给定的目标而去发掘新方法。创业者开始于 3 种类型的手段:他们的个人身份,他们的知识基础,以及他们的社会网络。

当结果是可预测的,那么将决策建立在特殊结果的偏好次序上是有意义的。但是当结果是不可预测的时候,或者偏好是模糊的,那么就要从身份(我们是谁而非我们想要什么)和方法(如何去作决策而非去作什么样的决策)开始研究制定决策,这样还经常导致偏好的变化以及甚至新偏好的产生。

需要认识到的一点是,身份(我是谁)依赖于知识(我知道什么)和网络(我认识谁)并且能被它们改变,反之亦然。3 种类型的手段并不是相互排斥和独立的。进一步而言,它们也一起决定了资源(我有什么)。

(2)"可承受损失"原则

这个原则事先规定个人愿意承担的损失,而不是根据预测这个项目的预期回报而投资。

因果逻辑模型关注于通过选择最优战略来最大化其收益。Effectuation 模型开始于一个决定——他愿意承受多大程度的损失,并且通过创造性的方法利用有限的手段去创造新的结果和新的手段。

效果行为人(effectuator)不需要依赖任何预测,而是通过对可承受损失的估计来驱动他对创建企业的决策。如果要计算预期的回报,那就需要估计出将来的销售额以及构成资金成本的可能风险,然后还要筹足够的资金去创建这个企业。而如果是计算可承受损失,所需要知道的仅仅是现在的财务状况,以及心理上对最差的情况的估计。这不仅是一个非预测型估计模式,而且是一种能够消除早期投资决策中不确定性角色的一种方法。

(3)碎布被单原则

这个原则表述的是这样的情形:一般大型拼缝的工程是公共性的,某一位缝纫者拥有一篮子的随机碎布,她同其他带着自己碎布篮子的缝纫者们一道根据自己的品位和能力来选择使用碎布,拼缝被子。在拼缝的过程中,被子缝纫者必须决定自己将和谁一起工作以及为什么和她一起工作,要管理各种合作的问题并且要处理不可预期的或然性事件。最后的被子不仅是要好看的,而且必须是有价值的,它必须能够保持人们身体温暖。

这个原则需要与所有愿意为这个项目承担责任的利益相关者进行谈判,而不担心机会成本,也不需要给出详细的竞争力分析。更进一步地说,正是那些参与这个项目的人决定了创业的目标,而不是相反的情况。

战略管理中 Porter 模型强调详细的竞争性分析是因果逻辑的典型例子。而 Effectuation 理论强调来自利益相关者的联盟和预先承诺,并将其作为减少或是消除不确定性和建立进入壁垒的方法。实际上,效果行为人不会在预先选定的企业或创业目标基础上选择利益相关者。相反,他们要求利益相关者在塑造企业的过程中作出实际承诺,积极参与企业的创造。效果创业者将他们的努力集中在对未来的想象以及与利益相关者的动态互动之上,而不是先炮制一个想法然后再企图实施它或者将它"卖"给指定的利益相关者们。

缝被子原则的一个推论是效果逻辑者倾向于降低系统的竞争性分析的重要性。因为对于创业者来说,他们没有假定一个预先确定市场的存在,在开始阶段详细的竞争性分析似乎对他们没有太大的意义。专家型创业者在一开始就建立了合作关系,他们首选的创业开始步骤就是将客户诱导成为合作的利益相关者。

(4)"柠檬汁"原则

这个原则建议从各种惊奇中认识和利用偶然性,而不是试图去避免它们、克服它们或者是适应它们。

因果模型几乎总是寻求去避免不可预测的目标或者去完成预先确定的目标，而不去考虑或然性。相反，Effectuation 理论是去开发那些或然性。效果行为人（effectuator）将不可预期的事件作为一个机会，利用不确定性去精确地控制出现的情形。这个原则套用了那个众所周知的谚语，“当生活给了你柠檬，就用来做柠檬汁吧”。

意外通常被视为正常模式中错误的条件。但是 Effectuation 理论认为，并非所有的意外都是坏的。不管是好的还是坏的，意外都能够被用来作为新企业创造过程中的投入，它们可能为创造价值带来机会，但是这仅仅当一些人以一种合理的方式去驾驭它们并且利用现有的投入，富有想象力地联合它们时，才能实现创造新的可能性。

在 Effectuation 理论中，计划、或然性以及不确定性之间的关系被彻底地重新安排了。因为效果行为人（effectuator）常常开始于一个非常松散的概念目标，他们将不确定性视为一种资源和一个过程而非一种不利的情形，利用不确定性和或然性作为他们目标的资源，缝制他们的计划，而不是将目标作为寻求和选择资源的决定性因素。柠檬汁原则是创业专门知识的核心——该能力能将不可预期的东西转变成有价值的和有利可图的东西。

持久的创业企业经常是或然性的产物。它们的结构、文化、核心能力和持久力都是特殊的人类通过与其所生存的时间、空间和技术之间的互动来塑造和实现特殊渴望而产生的所有盈余。创业者如何利用这些或然性才是形成 Effectuation 理论的核心。

（5）“飞行员在飞机中”原则：非预测的控制

Sarasvathy 博士通过一个故事，引出了对这条原则的阐述：2004 年，在试飞员 Mike Melvill 的控制下，宇宙飞船一号到达了一个可以打破记录的高度——328 491 英尺（大约是 62 英里或者 100 千米），这使得 Melvill 成为了第一个驾驶宇宙飞船飞出大气层的平民和第一个获得宇航员机翼（astronautwings）的私人飞行员。当被问到如何在飞行中处理一系列的没有预测到的摆动时，飞行员 Michael Melvill 回答到：“当我驾驶飞行器的时候，我很自信。当我把控制器握在手中的时候，我就相信我能处理好这些，不管情况有多糟糕。”

这个逻辑在非预测控制的领域内特别有用，即在塑造未来的过程中，人类行为（局部地或者全局地）是一个主导性因素。换而言之，一个非预测性控制逻辑寻求将飞行员重新置于飞机之中，而不是依靠电子设备来控制飞机，这正是开飞机原则的要点。尤其在以 Knight 式不确定性、目标的模糊性以及环境的无向性为特征的问题空间中，飞机中的飞行员常常能打开无法预测的机会窗口，是消除灾难的钥匙。开飞机原则阐明了为什么我们首先需要创业者的原因。新古典经济学没有创业者的立足之处。并且处于均衡时，利润为零。但是 Knight 认为我们需要创业，因为有些人承担了解决第三种类型不确定性的任务。

创业者经常发现，在将新技术进行商业化的过程中，尽管市场调研和专家预测的方法是高深莫测的并且分析是完美无瑕的，但是他们在预测市场将会变成什么样或者什么样的新市场将变成现实时都失败了。专家型创业者在处理 Knight 式不确定性时，往往拒绝相信预测。相反他们会通过合理的经验去确认，首先去设计可检验的假设，然后通过实践以及与其他人的互动来证实或证伪它们。

在 Simon《人工科学》这本原创性书中，他强调这点：由于设计的结果表现在未来，这样，预测似乎成了每个设计过程不可避免的部分。如果是这样，那么这就是对设计抱悲观态度的原因，因为预测的成绩记录（即使像人口这么“简单”的变量的预测）是可悲。如果有任何不需要预测的设计方法，我们就应当好好利用。

一个最常用的例子就是将一种新产品引入到一个新市场中，它的未来可能是真正不可知的，因为他们认为如果市场是可预测的，那么其他竞争者，特别是大型企业的竞争者就可以很容易地占领那个区域。当市场是真实不可测的时候，中小型创业者就有机会将其塑造为新颖的、有价值的市场（Sarasvathy，2007）。

总的来说，Effectuation 理论的核心在于创意，而不是对预先存在机会的发现和利用。能动创业者（effectual entrepreneur）就是这样的一些人，他们从生活现实和价值体系中创造出了机会，在创业过程中每前进一步就重新进行一次搜寻和分析。用 Sarasvathy 博士的描述就是，创业者是从“他是谁，他知道什么，他认识谁”开始，去构建机会的。简而言之，要想创业，人们需要的就是从他的智力资本，人力资本和社会资本出发去构建机会。由于 Effectuation 理论的革新性和实用性，Sarasvathy 博士的思想奠定了“创造”世界这个理论的基石，而非当今很多教科书和创业文献中流行的“发现”世界的理论。

## 2.3 创业团队

### 2.3.1 创业团队的含义

当今，在国家和地方政府全民创业的号召下，越来越多的人加入自主创业的行列，然而个人的经验、实力以及经济能力等各方面的局限性都在一定程度上限制了创业企业的发展，更多的创业者选择以团队的形式开展创业，创业团队应运而生。优秀的创业团队也逐渐成为创业成功的最为关键的因素之一。创业团队顾名思义是由两个及两个以上的创业者组成，具有共同的创业理念和共同的价值追求，愿意共同承担风险，共享收益，为了实现创业目标而形成的正式或非正式组织，也可以称为利益共同体。一个完整的创业团队应具有 4 项要素：人、目标、职能分配、计划。

1) 人

人是创业团队中最核心的部分。目标是要有人来实现的，因此创业团队中人员的选择要非常慎重。一般创业团队都是由一群志同道合且拥有共同的创业理念和目标的人建立的。因此团队成员要具有共同点是至关重要的。其共同点主要体现在创业观相同、价值观相同、金钱观相同。然而对一个创业团队而言，成员之间仅仅有共同点是不够的，还需要有互补点。一个企业的创立，需要有人进行决策、需要有人进行管理、需要有人宏观把握，制订计划也需要有人具体实施，还需要有人去寻找创业机会和合作伙伴进行对外交流和沟通，等等。因此，创业团队成员要多元化，成员之间的优势要能互补而非叠加。优势互补既要有性格上的互补也要有技能、专业、特长方面的互补，还要有人脉资源上的互补。每个人的社会资源是有限的，但当整个团队社会资源合并在一起进行重新整合的时候，所发挥的效用将数倍增大。因此创业团队在成员构成上要把握 3 个“共同”和 3 个“互补”。即创业理念和目标相同、价值观相同、金钱观相同；性格互补、能力互补、资源互补。

2) 目标

明确的目标是创业团队成立的基础。创业团队的建立必须有一个相对明确的目标，为团队成员指明前进和奋斗的方向。具有明确的目标，创业团队才能清楚创业的方向，能知道为了实现此目标需要付出哪些行动和努力，需要什么样的机会，才能准确把握时机和商机。除此之外，明确的目标能够使创业团队清楚知道组织需要哪些方面的人才和技能，在寻找合作伙伴或是雇佣员工时都能有清晰的认识，从而按照创业团队的目标选择最合适的人才，提高团队战斗力和综合实力。

3) 职能分配

合理的职能分配是创业团队成功的必备条件。创业团队的成员必须要有职能上的分配，即规定每个成员在创业过程中所担负的责任和拥有的权力。首先要根据每个成员的专业特长和优势确定其职责，从而保证每个成员都能最大限度地发挥自己的功效，在创业过程中遇到的问题都能有相对专业的人来解决，有效地提高整个团队的办事速度。职能分配能使团队成员在紧密结合的基础上协调一致、统筹合作，既增强了整个团队的士气又能提高团队的工作效率，获得更多的收益。不仅如此，创业团队还需要明确规定每个团队成员所拥有的权力。虽然许多创业团队推崇群策群力，将决策权交给全部成员，每项决策都要有整个团队共同商议讨论之后才作出决定。但是在具体执行的时候需要适当的分权，在不损害集体利益的情况下，个人需要拥有与职能相对应的决策权力。

4)计划

准确详细的计划是创业团队成功的前提,也是实现创业目标的保障。创业团队的成员在制订计划时要充分考虑创业企业内外部环境、企业自身优势、劣势等各方面的因素,其不仅要服务于创业团队短期的目标,还要有利于创业企业长期战略目标的实现。另外,计划一定要具有可行性和可预见性,否则就只能是纸上谈兵,对创业团队没有任何帮助。计划不仅要确保组织目标的实现,而且要从众多的方案中选择最优方案,从而使得创业团队资源得到最合理、最有效的应用。在有了明确的目标、合适的团队成员,规定了成员的职责和权限后,就需要有一系列周密的计划来引导创业团队具体实施,从而最终实现目标。合理详尽的计划也能为创业企业今后的管理控制活动提供一定的依据,使创业团队今后的发展与目标要求尽量保持一致,从而使创业企业在正确的轨道上更好地前进。

### 2.3.2　创业团队的组建

成功的创业团队,首先,需要创业者们具有共同的创业理念。共同的创业理念不仅决定了团队创业的目标,创业团队的性质及创业的行为准则,其也是形成团队凝聚力和合作精神的基础。团队中的成员需要互相配合,紧密合作,既各司其职又能做到互相帮助,从而提高整体的工作效率。团队的每一个人都是一股紧密联系又缺一不可的力量。团队的整体成功才能使每个人都获得最大利益。拥有共同的创业理念和价值追求,能更容易建立起这种心理契约和创业氛围,从而形成一支凝聚力强、效率高、整体协同合作的优秀团队。

其次,创业团队的构成要有异质性,即团队成员在技能、经验或是人文因素上要具有差异性。从宏观上而言,技能包括概念技能、人际关系技能和技术技能3个方面;从微观上而言,技能具体包括创业者受教育程度、所学专业、掌握的技术等。经验包括个人的工作经历、专长、产业背景知识等。人文因素主要指创业者的性别、年龄、民族等方面。创业团队的异质性有助于提高团队创业的科学性,创业者们可以从不同的角度和分析问题,有更多的思维和理解方式,从而能为创业提供更多的决策选择和解决问题的方法。团队成员的异质性能起到相互补充和平衡的作用,在创业过程中遇到的问题都能有相对专业的人士来解决,提高了团队的效率和创业的成功率。不仅如此,团队成员在技能和经验上的差异性,使得每个成员都拥有其独立的有差别的社会网络资源,从而使得整个团队的社会网络资源呈互补和扩大的趋势而非层层叠加。因此创业团队的构成需要成员在价值观和创业观上相似而在专业技能、管理能力、战略思考上形成互补。

再次,团队成员要有合理的报酬和激励。追逐利益是创业团队建立最原始的动力。而建立在合理的利益分配关系上的团队才具有发展性和稳定性。团队成员的差异性导致了每个成员对创业的作用和贡献不同,为创业团队带来的收益也会有所区别,因此在团队组建的开始要根据实际情况制订合理化报酬分配方式,使得每个成员都能在相对公平化的氛围下合作。合理恰当的激励是创业团队不断发展和成长的动力所在，给予每个成员适当的激励，既能够刺激创业者发挥最大的能效获得更多的收益还有助于增强创业团队的稳定性，因为单个创业者在团队中能获得期望的收益才会更加努力地工作。然而激励的方式并非一成不变，创业企业在不同的生命周期内，创业者们所需求和追求的利益会随之改变，因此要根据实际情况，调整激励方式，从而使创业者们在各个时期都能尽最大的能力为整个团队和企业的发展作出贡献。

### 2.3.3 创业团队的管理

1）创业团队发展不同阶段

创业团队是一种为共同目标而组建的团队，创业团队的创建与发展与一般团队一样有自己的过程和阶段。著名的塔克曼团队发展 4 阶段模型认为，任何团队的建设和发展都需要经历形成阶段、震荡阶段、规范阶段和表现阶段这样 4 个阶段，创业团队也不例外，它的创建与发展同样要经历着 4 个阶段。

形成阶段，这是在创业团队初创和组建阶段，这一阶段创业团队成员心里处于极不稳定的状态。

震荡阶段，这一阶段创业团队成员的心理处于一种剧烈震荡起伏的状态，创业团队成员的情绪特点是紧张、对抗。

规范阶段，规范阶段是经历了震荡阶段的考验后创业团队顺利发展的阶段。这时，创业团队成员对工作和环境已经了解熟悉，成员之间的关系也已比较好地融合，每个成员开始觉得自己已经成为了创业团队的一分子。

表现阶段，这是创业团队生命中最辉煌的阶段，创业团队成员关系融洽，相互信赖，甚至愿意牺牲个人去完成整个创业团队的目标和使命，从心里愿意为创业团队贡献自己的最大潜能。

2）创业团队内部的冲突管理

创业团队是为了完成特定创业目标或理想而组成的一个集体。冲突在创业团队中是一种常态，创业团队成员无法逃避冲突的存在。王晶晶等（2005）研究表明即使在专业技能强、先前经验丰富、战略决策能力强的创业团队，冲突也是普遍存在的。创业团队的冲突形态和规模是决定新创企业在未来发展情况的重要因素。Barki 和 Hartwick（2004）认为冲突是创业团队中经常出现的一种常态，如何管理创业团队中出现的冲突，对新创企业的成长与发展起到至关重要的作用。

创业团队冲突有以下 3 个方面的特点：

①产生原因的复杂性。因为创业的动机是多样的既可能是因为物质上的需要，也有可能是为了达到一种心理上满足，所以创业团队冲突可能由物质性原因或者非物质性原因引起。不管是哪一类原因又可能由其他多种因素产生，从而呈现出的多样性的特点。

②类型的多样性。创业团队成员有时把冲突作为一种手段,便于达到某种特定的目的,求得问题的解决,这种成员间的冲突是现实性冲突。有时创业团队成员为了宣泄自身情绪而造成一定的冲突,这种成员间形成的冲突为非现实性冲突。

③行为上的攻击性。创业团队成员不仅仅停留在心理上的不满,甚至可能转化成具体的攻击性行为。

冲突对创业团队的负面影响包括以下几个方面:

①造成团队成员心理压力过大。冲突会使得成员相互对抗、甚至互相攻击,对冲突强度、冲突持续时间的担心,以及冲突对新创企业的影响以及对自身在创业团队中得利益、地位和声誉造成的负面影响的忧虑,使得成员心理压力过大。

②导致创业成员间缺乏沟通。冲突导致了成员人际关系出现裂痕,让创业团队中弥漫着消极情绪,沟通渠道也被堵塞,可能会使得新创企业的创造力下降或者彻底丧失创新性。

③引起工作效率下降。冲突使得成员间士气和工作情况低落,创业积极性下降,造成团队成员创业主动性下降,直接影响了他们的工作效率。

④造成成员对新创企业的忠诚度下降。冲突增加了团队成员失落感,使得他们开始怀疑、担忧新创企业的前途和发展方向,怀疑当初选择创业的动机与目标,在特定的环境下他们可能会选择离开现有创业团队谋求其他发展。

现代冲突观认为冲突不仅仅只是带来负面的影响同样也会对创业团队带来积极的作用。T.josvold 和 Wong(2004)指出合理的团队冲突对团队整体创新能力有正向促进作用。成员间的冲突可能会鼓励团队成员反思当前工作任务中的不足之处,寻求有效解决方法,并在创新性的、高质量的思考中融入相反的观点。

卢俊义等(2009)认为团队成员的冲突矛盾如果能够被合理使用,能够促进创业团队成员进行创造性的碰撞,进而促进团队合作。团队中的合理冲突还能提高创业团队成员对创业的奉献精神。当团队成员在为自身的观点进行解释的同时,他们实际上也是在对创业过程发表看法,改进了决策质量。Anlason(1996)认为当团队成员都能真诚的考虑其他成员的不同意见,成员之间积极感情也可基于此得以建立。

现代冲突理论揭示了冲突正反两方面的影响,它并不是说所有的冲突都是有利的,它划分冲突有利与否是以冲突的目标以及强度来进行的,一般来说,支持实现创业目标的冲突是有利的冲突,阻碍实现创业目标的冲突是消极的冲突。

因此我们将创业团队冲突定义为创业团队成员之间因为对创业目标的期望结果或在创业过程中处理方式的互不相容、互相排斥而产生的心理上、行为上的矛盾对立。

John (1994)提出将创业团队冲突划分为认知冲突和情感冲突两个维度。

认知冲突是指由于创业团队成员间对创业目标、创业任务、决策过程、创业实施方案等方面的理念和观点不一致所引起的冲突。在创业团队的成员之间,认知冲突经常发生,在创业初期由于成员人数较少并且都是新创企业的管理层,因此,通过团队成员之间的持续而广泛交流沟通,可以更加全面和深入地制订创业决策和分配创业任务,分析创业成功可能的条件和在创业过程中可能潜在的问题,制定尽可能多的候选方案;同时,可以促进创业团队成员更好地了解并参与制订有关最后的决议,有助于提高创业团队的工作效率,并降低创业风险。

情感冲突是创业团队成员间由于个性差异、人际关系处理方式不同,以及工作中的摩擦而引起的不愉快情绪。情感冲突是一种个人导向,主要表现为人与人之间感情接纳上存在的不统一,冲突双方的不相容,即从根本上就讨厌对方。情感冲突大多是成员间的一种情绪化行为。

认知冲突是对事不对人,情感冲突则是对人不对事,在冲突管理中,核心创业者首先要注意利用激励手段来鼓励正面冲突,让团队成员能感受到能通过知识分享实现创业成功后,能获得相应的收益和价值。除了规划科学的激励机制,核心创业者要保持开放的心态,要塑造创业团队是一个整体而不是特意突出某个个人的集体印象,这样有助于把团队成员间的观点争论控制在可管理的范畴之内,而不是演化为团队成员间的矛盾。一旦发生情感冲突,核心创业者就应该理想地判断团队存续的可能性,通过替换新成员来及时化解情感冲突,比维持旧成员处理情感冲突往往会更加有效。

3)创业团队沟通管理

在创业团队管理过程中,为了保证沟通目标的实现,前提是沟通双方都能准确地了解沟通的内容。沟通有4种主要功能:控制、激励、情绪表达和信息传递。

为了保证沟通的有效性,就必须设计有效沟通的方式。群体成员之间相互沟通有3种基本方法:口头沟通、书面沟通和非语言沟通。但是在日常工作实践中,尽管采用了适当的沟通方式,运用了有效的沟通技巧,也并不一定就能得到准确有效的回应。因此,管理者还应当对信息反馈引起特别的重视,除了要在建立起的沟通渠道中尽量使用双向沟通的方式,还要注意重大问题的沟通或者多人之间的沟通与确认信息。沟通管理是加强创业团队建设的一条重要渠道,为了使各成员明确各自的职责,就必须在项目部门内部、项目与外界部门以及部门之间建立沟通渠道,实现快速、准确的传递和沟通信息,以便了解创业团队成员的工作对实现整个项目目标所作的贡献,同时还需要通过大量的信息沟通,找出项目管理中存在的问题以及解决问题的大量信息,另外必须定期检查项目沟通情况,不断加以调整,确保有效沟通的顺畅。

4)创业团队文化建设

创业团队文化是组织文化的一个重要组成部分,是创业团队在建设、发展过程中形成的,为创业团队成员所共有的工作态度。价值观念和行为规范,它是一种具有创业团队个性的信念和行为方式。一个创业团队文化的状况,对创业团队工作的效能有着重大的影响。

创业团队文化作用的大小与创业团队文化是否强烈浓郁，创业团队的共同愿望是否明确，创业团队成员是否具有进取心和合作性相关。一个具有鲜明的集团意识和明确的共同愿景而团结向上的创业团队，具有适应外部环境变化及处理内部冲突和竞争的能力。良好的创业团队文化可使得创业团队成员明确理解创业团队的目标，认可和接受创业团队的共同价值观，并在实践中维护和发展创业团队的价值观。

在企业管理理论中，对于创业团队文化的作用也给予了相当的重视。创业团队文化的作用主要表现在如下几个方面：

①导向作用：它指明了创业团队的努力发展方向，把创业团队成员引导到创业团队所确定的创业团队目标上来。

②凝聚作用：被创业团队成员认同的创业团队文化，会使创业团队成员其氛围之中自觉沉浸，同时也会对创业团队合作伙伴和服务对象产生磁石效应。

③激励作用：有效的企业创业团队文化会产生一种巨大的推力，鼓舞创业团队成员进行努力，并让创业团队外部的合作者产生合作欲望，激发出其信心。

④稳定作用：正确的文化存在着一种同化力量，削弱消极因素的影响，从而使正确理念得以在企业中贯彻，这就使创业团队处于有序状态，以利平稳而有力地运行。

⑤提升功能：先进的文化理念可提高创业团队形象的美感度，增加创业团队品牌的附加值。

## 思考题

1.你是如何理解创业者的？

2.你如何理解创业精神？

3.从创业的视角，对自我进行评价，你适合创业吗？如果你要创业，你要和什么类型的人组建团队？

4.如果你是创业团队核心成员，你会如何处理团队内部冲突？

## 自我测试

### 你创业的火候到没到？

创业充满了诱惑，但并非每个人都适合走这条路。美国创业协会设计了一份测试题，假如你正想着自己“单挑”，不妨做做下面的题。以下每道题都有4个选项：A.经常；B.有时；C.很少；D.从不。计分：选A得4分，选B得3分，选C得2分，选D得1分。

1.在急需决策时,你是否在想“再让我考虑一下吧”?

2.你是否为自己的优柔寡断找借口说“得慎重,怎能轻易下结论呢”?

3.你是否为避免冒犯某个有实力的客户而有意回避一些关键性的问题,甚至有意迎合客户呢?

4.你是否无论遇到什么紧急任务都先处理日常的琐碎事务呢?

5.你是否非得在巨大压力下才肯承担重任?

6.你是否无力抵御妨碍你完成重要任务的干扰和危机?

7.你在决策重要的行动和计划时,常忽视其后果吗?

8.当你需要作出很可能不得人心的决策时,是否找借口逃避而不敢面对?

9.你是否总是在晚上才发现有要紧的事没办?

10.你是否因不愿承担艰难任务而寻找各种借口?

11.你是否常来不及躲避或预防困难情形的发生?

12.你总是拐弯抹角地宣布可能得罪他人的决定吗?

13.你喜欢让别人替你做你自己不愿做而又不得不做的事吗?

请看分析:
得分50分以上,说明你的个人素质与创业者相去甚远;

40~49分,说明你不算勤勉,应彻底改变拖沓、低效率的缺点,否则创业只是一句空话;

30~39分,说明你在大多数情况下充满自信,但有时犹豫不决,不过没关系,这也是稳重和深思熟虑的表现;

15~29 分,说明你是一个高效率的决策者和管理者,有望成为成功的创业者,你还等什么?

## 创业加油站（实践练习）

假设你有一个创意,它可以在处理消费者投诉时节约公司的财力和时间。而你的上司工作繁忙,不愿意停下来听听你的创意。

1.5 分钟内写下所有左脑型的问题解决方案。

2.5 分钟内写下所有右脑型的问题解决方案。

3.比较两张清单,并从两张单子上各取两个或两个以上方案相结合,从而得出唯一且创新的解决方案。

4.针对当前你在工作学习中或家里遇到的一个问题,重复步骤 1,2,3。

社会及教育体制奖励那些成功开发逻辑、分析和理性等左脑技能的人,而忽视训练及使用右脑。表 2.3 介绍一些开发左右大脑的方法。

**表 2.3　开发左右大脑的方法**

| 左脑技能 | 右脑技能 |
| --- | --- |
| 1.逐步规划工作与人生活动 | 1.在对话与写作中使用隐喻和类比描述事与人 |
| 2.阅读古代、中世纪、哲学方面的图书,法律案例以及逻辑学方面的图书 | 2.不工作时摘下手表 |
| 3.为所有活动建立时间表 | 3.不急于对创意、新朋友、电影、电视节目等下结论 |
| 4.使用电脑程序工作 | 4.记录预感、感觉、直觉并计算其精确度 |
|  | 5.详细地幻想,设想将来的事物和情况 |
|  | 6.画出脸孔、漫画及风景 |

## 扩展阅读

### 关于创业者的神话

神话 1——创业者无法塑造,而是天生的。

现实情况——即使创业者天生就具备了特定的才智、创造力和充沛的精力,这些品质本身也只不过是未被塑形的泥巴和未经涂抹的画布。创业者是通过多年积累相关的技术、技能、经历和关系网后才被塑造成功的,这当中包含着许多自我发展历程。具有至少 10 年或 10 年以上的商业经验,才能识别出各种商业行为,并获得创造性的预见能力和捕捉商机的能力。

神话2——任何人都能创建企业。

现实情况——创业者如果识别得出思路和商机之间的区别，思路开阔，他们创办企业成功的机会就比较大。即使运气在成功中很重要，充分的准备仍是必要条件。创办还只是最简单的一部分，更困难的是要生存下来，持久经营，并把企业发展成最终可以使创办者喜获丰收的企业。能够存活10年以上的新企业中，10~20家中大约只有1家最后可以给创办人带来资本回报。

神话3——创业者是赌博者。

现实情况——成功的创业者会预期风险，小心翼翼。在有选择的情况下，他们通过让别人一起分担风险、避免或最小化风险来左右成功优势的倾斜方向。他们常常把风险分割成可接受、可消化的小块；那时，他们才肯付出时间和资源，看哪部分的风险—收益划得来。他们不会故意承担更多的风险，不会承担不必要的风险，当风险不可避免时，也不会胆怯地退缩。

神话4——创业者喜欢单枪匹马。

现实情况——想要完全拥有整个公司的所有权和控制权，只会限制企业的成长。单个创业者通常只能达到维持生计。想单枪匹马地发展一家高潜力的企业是极其困难的。高潜力的创业者会组建起自己的团队，自己的组织，然后是自己的公司。

神话5——创业者是他们自己的老板，他们完全独立。

现实情况——创业者离完全独立相差很远，他们需要为很多主人和赞助者服务，其中包括合伙人、投资者、顾客、供应商、债权人、雇员、家庭以及其他社会和社区义务的相关方。但是，创业者可以自由选择是否、何时以及做些什么以对他们作出响应。而且，要单枪匹马地获得超过100万~200万美元的销售额是极其困难的，可以说，几乎是不可能的。

神话6——创业者比大公司里的经理工作时间更长，工作更努力。

没有证据证明，所有创业者都比公司里与他们地位相当的人工作得更多。有一些可能是工作的多一些，而有些则不是。事实上，一些研究报告说，他们工作得更少。

神话7——创业者承受更多的压力，付出更多。

现实情况——做一个创业者是有压力的、是辛苦的，这一点毫无疑问。但是没有证据证明，创业者比其他的无数高要求的专业职位承受更大的压力，而且创业者对他们的工作往往非常满意。他们有很高的成就感，他们更健康，而且不太容易像那些为别人工作的人那样轻易退休。创业者中说自己永远也不想退休的人是公司经理的3倍。

神话8——如果创立一家企业并失败了，你将再也无法翻身。

现实情况——有才能、有经验的创业者，因为他们追逐的是有吸引力的商机，而且能够吸引到使企业顺利运作的合适人才、必要资金及其他资源，所以他们带领的往往是成功的企业。而且,即使企业失败了,并不能说创业者也失败了。失败常常是创业者学习经验和职业悟性提炼的过程。

神话 9——钱是创立企业最重要的组成要素。

现实情况——如果其他的资源和才能已经存在,钱自然随之而来;但是如果创业者有了足够的钱,成功却不一定会随之而来。钱是新企业成功因素中最不重要的一项。钱对于创业者而言就像是颜料和画笔对于画家那样,他是没有生命的工具,只有被适当的手所掌握,才能创造奇迹。

神话 10——创业者必须年轻并且精力充沛。

现实情况——这些特征虽然会对成功有帮助,但年龄绝不是障碍。创立高潜力企业的创业者其平均年龄是 35 岁左右,六十几岁才开始创办企业的创业者也为数甚多。关键是要掌握相关的技术、经验、关系网,它们非常有助于识别和捕捉商机。

神话 11——万能的金钱回报是创业者唯一的驱动力。

现实情况——追求高潜力企业的创业者更多是被创建企业、实现长期的资本收益所驱动,而不是为高额薪水、奖金这些立即可以获得的报酬。个人的成就感、对自己命运的把握、实现他们的期望和梦想也是强有力的动机。金钱只是保持成就的工具和方式,其本身并不是最终归宿。创业者因为乐于体验追求创业带来的兴奋而获得自身的成长和成功;事情总是这样,当一个创业者赚了几百万、甚至更多时,他还是会继续工作,憧憬着把企业做大或者创建另一家公司。

神话 12——创业者追求权力,喜欢控制别人。

现实情况——成功创业者的驱动力量来自对责任、成就和结果的追求,而不是为了权力本身。他们因获得的成就和超越竞争对手而显得生机盎然,而不是为了满足主宰和控制他人的个人权力欲。由于他们的成就,他们可能变得有权力、有影响力,但这些只是创业过程的副产品,而不是隐藏其后的驱动力。

神话 13——如果创业者是有能力的,只需 1~2 年,他们就会成功。

现实情况——风险投资家有一句古老的格言:柠檬只要两年半就成熟了,但珍珠需要 7~8 年才能孕育成功。几乎没有一家新企业可以在少于 3~4 年的时间里打牢基础。

神话 14——任何一个有良好思路的创业者都能获得风险投资。

现实情况——在创业者具有好思路的情况下,100 个寻求风险资本资助的企业中只有 1~3 个最终获得成功。

神话 15——如果创业者拥有足够的启动资金,他就一定不会失败。

现实情况——事实恰恰相反,也就是说,如果企业创立初期资金过于充分,常常会造就安乐感和类似被宠坏的孩子的症状。随同的缺乏约束和冲动的花费通常导致严重的问题和失败。

神话 16——创业者是孤独的狼,他们无法与其他人一起工作。

现实情况——最成功的创业者通常是组建优秀团队的领导，他们与同事、顾问、投资者、重要顾客、关键供应商等保持有效的工作关系。

神话 17——除非你 SAT 和 GMAT 的分数达到 600 分以上，否则你就永远不可能成为成功的创业者。

现实情况——创业者的智商只是创造力、动机、正直、领导才能、团队建立、分析能力、对付模糊性和劣势等品质组合中一个特定的成分而已。

# 第3章 创业机会

## 【本章要点】

1.创业机会的内涵；
2.创业机会的识别；
3.创业机会的评估。

## 创业实录

### “金犁奖”得主“85后”曹志远创业故事

这个1985年出生在安徽农村的小伙子，2008年创业时只有23岁，能拿出的全部启动资金就2 800块钱，可不到5年时间，他就靠自己一肚子的鬼点子，带领一个平均年龄只有26岁的团队，实现两千多元到两千多万元的转变。

镜头前的曹志远总是风光无限，可记者调查发现，几年前，曹志远为了创业曾被逼到想要自杀的地步。说起这段创业经历，妻子也心疼地掉下了眼泪。

这个28岁的年轻人究竟经历了什么，才让妻子提起那段经历情绪一度失控，他又是如何渡过难关赚得千万财富的呢？

**雪糕的故事**

2002年，一个17岁的男孩掏出身上仅有的几块钱，给15岁的女朋友买了一个叫“四个圈”的雪糕，这时，一辆“四个圈”标志的奥迪轿车从面前开过，男孩对着身边开心的女孩，小声而笃定地说，将来我们结婚，我一定开着这种车来接你。说这话的人正是曹志远。当时，他怎么也没想到，别说去开高级轿车去娶自己的女朋友，就连女朋友的父母都不敢见，一躲就躲了7年。“一直不见面，没房没车，那真的是裸婚，很不情愿。”

到2008年，曹志远和女朋友恋爱7年了，女朋友的父母几次三番催曹志远来家里做客，他都一直拖着不敢去。其实，他不是不想和女朋友结婚，而是那时的他连给女朋友一个安身之处的能力都没有。

**发现商机**

曹志远的处境从2008年10月的一天起发生了大逆转。这天，还在装修公司当销售员的曹志远，来到一个刚刚建好的小区进行推广业务，无意中发现物业经理一上午都在折腾那几张纸。物业主任说，现在物业管理规定和条约都很零散，他手里拿的正是准备做的《房屋物业使用说明书》初稿，就是当时的《业主手册》。曹志远没有买过房，也没听说过什么《业主手册》，好奇就拿过来看看，这一看就发现了秘密。曹志远当即提出自己出钱，帮物业印刷这本《业主手册》。这个经理没有想到天下还有掉下来的馅饼，曹志远马上提出了条件："既然这个封面是彩色印刷的，这些空白的页面是不是可以一起印刷，让我登一些家居建材商家的相关信息、广告。"

拿到合同后，曹志远利用在装修公司的人脉，只用了一个星期就招到了 30 多个广告商家。商家也是眼前一亮，称赞这个广告方式不错，"广告成本低，效率高，针对性强，别人没做我可以第一个做"。

曹志远手头只有 2 800 元，他花 1 000 元请了个设计专业的女学生给自己的《业主手册·透饰家居》排版，然后又花了 1 000 多元付了印刷厂的预付款，就这么把第一批共 1 000 多本《业主手册》做了出来。

**挫折历程**

第一本《业主手册》赚了钱，曹志远有了底气，他辞掉在装修公司的工作，从 26 个朋友那里软磨硬泡凑齐了 50 万元注册资金，兴冲冲地开了公司。2009 年 1 月，曹志远的公司正式开张，为了缩减开支，他租了一个小公寓当办公室，所有的办公家具都是二手的。2009 年 3 月，公司开始走上正轨，可就在 3 月底的一天晚上，让曹志远怎么都没有想到的情况出现了。

这天半夜，曹志远正要入睡，却突然听到有人敲门。曹志远刚打开门，那人就指着他鼻子骂："曹志远你这个人真行，天天说还我的钱，到现在还了一半都没有，你不要把我逼到墙角上去了……"原来，正是注册公司时借给他钱的其中一个朋友，曹志远说好半个月还，可公司迟迟没有周转过来，朋友又急着要用。曹志远每天要接十几个催钱的电话，没想到竟有人干脆半夜找上门来。女朋友不敢出门，怕曹志远心里更难受，就一个人躲在被窝里偷偷哭，第二天早上眼睛都红肿了。

本来想创业让女朋友过上好日子，可没想到却让她跟着自己整天担惊受怕，曹志远越想越觉得自己窝囊。可没想到更紧急的情况出现了，接第三单生意的时候，愿意投广告的商家竟然一下子少了好几个。纸里包不住火，有员工发现了这个情况，接二连三地提出辞职。

**成功发展**

"当时机会把握得很好，短时间内就在业内打开了市场。"曹志远靠的就是那几个突然减少、让公司人心涣散的广告版面。当他找到那些不做了的老板，一个一个地了解原因，原来他们是想上更高端的楼盘。曹志远发现问题的所在，就找到了长沙当时最高端的别墅区。

这个别墅区从来没有任何广告，为了拿下这个别墅区，曹志远煞费苦心，他在

《业主手册·透饰家居》中增加了业主的人物专访,在《业主手册·透饰家居》里加入有代表性的业主专访来体现这个别墅区的品质,一下就打动了别墅小区的物业经理。因为别墅区《业主手册·透饰家居》上的广告费比一般小区的贵两三倍,拿下一个小区最高就能赚到15万元。

靠着拿下最高端的别墅区,2010年,曹志远和长沙60%多的别墅区建立合作关系。到2011年年底,他把业务扩展到全国28个城市,创下上千万的业绩,还兑现了那张空头支票,在高档写字楼买下500多平方米的一层楼做办公室。

**蜜月新商机**

曹志远有钱了,他要办那件让他心里惦记了11年的一件大事。2012年6月6日,他如约开着"四个圈"的奥迪车迎娶了他的女朋友。

结完婚后,曹志远带着新娘去香港度蜜月,却发现香港有一个长沙没有的现象。到了香港后他发现,90%的人都在玩手机,他觉得这就是网络的魅力。应该有个媒体,可以进入互联网,做一个服务新房业主的网站。

如今一个网站没什么稀奇,但不一样的是,曹志远给自己的网站找了一个业主非看不可的理由。曹志远和装修公司合作,免费提供给需要装修的业主摄像头和配套的一组登录账号,只要在他的网站输入账号密码,就可以随时监控装修进度。这就是让房子装修实现透明化家装,为业主提供材料透明、工地透明、工艺透明等,并且此项目已经与中国电信合作,只要业主使用这些技术服务,中国电信会免费安装宽带,并且这项技术不是业主掏钱,而是可免费使用。

目前《业主手册·透饰家居》全国已经有100多个城市代理,并且成功盈利。2012年,曹志远实现营业额2 615万元,截至2013年7月,效益突破3 000万。

(资料来源:CCTV7《致富经》栏目2013年8月21日专题报道)

启示:尽管大学生曹志远的创业成功只是一个个例,却能给我们许多有益的启示,那就是作为一名刚毕业的大学生,创业面临着资金等各种各样的困难,这时不妨走走"偏门",从人们司空见惯的东西中发现商机,也许就能争取到属于自己的一片天地,并干出一番事业。他的成功之处就在于他寻找到属于自己的创业商机,并能够通过在市场的运作中不断地调整,来适应市场的需要,成为市场的产品,实现自己的创业梦想和人生价值。

## 3.1 创业机会的内涵

创业是一项创造人生,改变命运的活动,是否能够把握机遇对于创业者来说,具有至关重要的意义。机遇如同催化剂,没有机遇的催化作用,事情多半难以成功。当创业者具备创业的基本条件时，只要有市场需求的地方，就存在机会。创业者只有及时、准确地认识并把握住机遇，才能在创业的过程中赢得事业的成功。

创业是基于机会的市场驱动行为，创业机会实际上是一种亟待满足的市场需求。随着世界经济与科技的进步，创业活动作为创新与企业家精神的集中体现，对经济增长、科技进步与国际竞争力的提高发挥着越来越重要的作用，创业活动也日益成为经济发展的强劲推动力。创业是发现市场需求，寻找市场机会，通过投资经营企业满足这种需求的活动。

### 3.1.1 创业机会的内涵

创业机会，一般是指适合于创业的商业机会，指具有吸引力的、较为持久的有利于创业的商业活动空间，创业者可据此为客户提供有价值的产品或服务，并同时使创业者自身获益。

创业活动的显著特点是机会导向：

①创业往往是从发现、把握、利用某个或某些商业机会开始的。

②创业活动的机会导向表现为创造价值，创业意味着要向顾客提供有价值的产品和服务，透过产品和服务使消费者的需求得到实质性的满足。

③创业活动的机会导向决定了创业活动必须突出速度，并做到超前行动。

④创业活动是在资源不足的情况下把握机会，创业者必须创造性地整合资源。

⑤创业的实质是创新和变革，没有创新的创业活动就难以生存和发展。

如何识别与把握创业机会并成功创业，是创业者亟待解决的问题。

### 3.1.2 创业机会的分类

创业机会即商业机会或市场机会，是指有吸引力的、较为持久和适时的一种商务活动的空间，并最终体现在能够为顾客创造价值或增加价值的产品或服务中。好的创业机会，必然具有特定的市场定位，专注于满足顾客需求，同时能为顾客带来增值的效果。创业需要机会，机会要靠发现。创业难，发掘创业机会更难。要想寻找到合适的创业机会，创业者应识别或辨别以下创业机会。

1）创业的技术机会

创业技术机会即技术变化产生的创业机会，主要来源于新的科技突破和社会的科技进步。技术上的任何一个变化或多种技术的组合，都可能给创业者带来某种商业机会。

创业技术机会的表现形式：

(1)新技术代替旧技术，带来新商机

时代造就英雄。3G时代，苹果基本上已经成为智能手机的代名词，中国联通打了一场漂亮的翻身之战，微信几乎成为最热门的手机应用。4G时代，无论是对运营商、设备商，还是对品牌广告主和广告传媒公司来说，都有可能成为一个新的起点,是抓住机遇脱颖而出,还是无所作为惨遭淘汰,在4G发牌之际,抢占先机才能赢得主动。

“2G是顺风耳,3G让手机变千里眼,4G能把宽带送到你手上”,东南大学尤肖虎教授这样描述三代网络的不同。4G系统能够以100 M的速度下载,比拨号上网快50倍,上传的速度也能达到50 M,并能够满足几乎所有用户对于无线服务的要求。而这个听起来很美的4G时代,究竟意味着什么?

中国通信领域第一门户网站飞象网总裁项立刚告诉记者,现在移动用户中大量使用数据业务的人数还是比较有限的,例如中国移动累计总用户已经接近7.5亿,而3G用户只占到大约19%,但4G完善之后,网络压力相对减小,将会使这7.5亿用户完成释放。那时候会有更多的人群使用更多的数据业务,从而改变很多领域的竞争格局,而这才是4G网络带来的真正的变革性意义。

随着互联网技术的普及,大数据方法的延伸,4G网络将与智慧城市完美结合,在交通、医疗、教育、城市管理等领域发挥更加突出的作用。

在交通方面,“智慧交通”可以为市民提供实时路况查询服务,还可以根据交通拥堵情况为道路疏通和设计提供参考数据。在医疗卫生方面,通过移动4G网络可以将生命体征、音频、视频等急救相关信息传送到急救中心、医院等,实现远程医疗。

在教育方面,通过移动设备以及4G网络,可以将优质的教育资源输送到偏远地区,打破城乡之间的教育鸿沟。在城市管理方面,建设基于4G网络的视频应急指挥系统,可以实现执法车辆的全天候视频监控、固定点位视频监控等功能,结合大数据分析功能,还能为管理人员提供事故易发区域预警告知功能等。另外,在物流运输、旅游等行业,4G高性能网络也能带来足够的产业想象空间。

(2)实现新功能、创造新产品的新技术的出现

随着网络技术的不断创新和发展,html5,css3,jquery等新的web技术的出现,为网站建设描上了浓墨重彩的一笔。更华美华丽的网站,更体贴周到的服务,给客户带来的体验,不仅是对于视觉听觉上的刺激,更是震撼心灵的碰撞。然而新技术的应用一方面提高了网站建设的质量,简便了操作的复杂性,另一方面也给网站建设带来了挑战,网站建设者必须不断去研究和解决新技术革命条件下人们对新技术需求的问题,不断融合人们的价值取向,才有可能真正立足于不败境地。

众所周知,电子商务是指整个贸易活动的电子化,电子商务是多种技术的结合体,包括交换数据、获得数据、捕获数据等。在当今这个通信技术蓬勃发展的年代,电子商务也随之不断地发展壮大。2002年至今,呈现持续高速增长态势,2007年全球B2B交易额达到8.3万亿美元,预计在未来几年将保持40%以上的增长率,到2010年B2B交易额达到26万亿美元,比2002年增长30多倍。

但是高增长和高成交量不一定是完全正面的,对于电子商务企业来说虽然这意味着电子商务占交易的比重日益增长,但这也标志着电子商务行业中鱼龙混杂,

企业众多,电子商务企业要脱颖而出不是一件容易的事,除了要满足企业生存所必要的一系列条件外,还必须在行业内取得发展。要让企业在电子商务领域取得成功,最重要的一点是创新,只有创新才能吸引顾客,建立起自己的消费文化群体,电子商务企业要有创新意识才能立于长青之林。正如电子商务成功的典范:亚马逊书吧。

亚马逊(Amazon)是美国最大的在线销售书籍、CD、电子产品、玩具等的电子商务网站,是目前国际上最著名的4大网站之一(AOL,Yahoo,Amazon,ebay)。从1995年8月卖出第一本书,到3年之后被《福布斯》称为世界上最大的网上书店。4年后拥有了1 310万名顾客,图书书库中有300多万种图书,超过世界上任何一家书店,成为网上零售先锋。短短几年时间亚马逊以惊人的成长速度创造了一个网络神话。而亚马逊的成功,不只是因为自己是一个纯网上的销售书店开始的。从亚马逊在创建当年8月卖出的第一本书开始,到占领销售书的领域,再到成为网络的巨头,亚马逊都不断地进行着变革。这个过程中,亚马逊完成了从纯书店向一个网上零售商的转变,从开始的单一销售图书,到如今的从音乐,到网上桌面,再到宠物商品销售、汽车等都有涉及。亚马逊的股票价格也因此上升了50多倍,公司市值最高时到达了200亿美元。亚马逊是电子商务发展过程中的里程碑,是开展电子商务的典范,有很多可以借鉴的地方。其中,最重要的一点就是亚马逊的创新意识。亚马逊在新科技的背景下敢于抓住机遇,勇于创新,依靠电子商务平台取得了巨大的成功。

而当今的新的WEB技术,如html5,css3等,为网站建设带来的新的机遇。尤其是html5的出现,很多业内人士认为html5的特点是具有革命性的,特别是其丰富的标签体系,类似于内置了很多快捷键将取代那些完成比较简单任务的插件,可以降低应用开发的技术门槛。其实,由于鼓励创新,互联网在之前是非常欢迎浏览器插件的。而声音、动画及其他一些非常生动的网页,通过Adobe, RealAudio,微软以及其他的一些公司开发的插件在网络呈现时也的确让人耳目一新。降低插件的重要性,简化Web开发;大幅提高对动态图像、位置服务、本地存储的支持;提高浏览器安全性。更简便的操作,更丰富的内容,给予网站建设更大的机会。网站建设者们可以根据需要建设出更符合用户需要的网站。但这也给网站建设者们提出了更高的要求。

机遇是存在的,新的技术就是创造机遇的条件,应用新技术将更容易创造出引人注目的网站,但是,新技术带来的不仅是对网站建设者发布出的网站质量的提高,而且是用户需求质量的提高。随着技术的发展,用户生活质量的日趋提高,用户的要求也会日趋提高。就拿春晚来说。在那个物质生活匮乏的年代,一台电视机,除夕之夜一大家子围着它,看着春晚带来的欢声笑语可以说是一年到头来最温馨美满的时刻了。尽管当时的设备落后,段子老套,甚至没什么笑点,在我们现在看来索然无味的东西,却还是能把一大家的人逗得哈哈大笑。有一个美丽的传说,最早的三次春晚的收视率在97%以上。但现如今春晚已然只能成为传说了,2012年的春晚收视率从当年的97%跌到了32.75%。为什么我们现在拥有着大彩电,有着高端的音响这类能为我们创造出更好的视觉和听觉体验的硬件,还有当今时髦的,诙谐的音乐演出和相声小品的春晚这个软件,而我们不去选择他,宁愿选择其他的娱乐项目呢?其中原因就是我们的要求高了,春晚这个媒体很大程度上已经没法满足大部分群体的需求了。

同样的道理,新技术重压下的电子商务,如果我们不能迎合技术发展,不能提高网站建设的质量,就无法满足客户与日俱增的需求,那必定是失败的电子商务。面对着新技术带来的机遇和挑战,我们应该如何应对?归根结底还是“创新”二字。

(3)消除新技术带来的弊端,带来新商机

随着科技的发展,网络已经进入千家万户,计算机已经成为人们日常工作、生活所必不可少的重要工具。现在越来越多的网民饱受电脑辐射带来的伤害,电脑辐射是指通过电脑机体释放出来的各种辐射物质,对人体健康具有一定的危害性,虽然目前电脑科技日趋发达,电脑辐射也越来越小,但终归是不能完全消除。如何防止和降低计算机的电磁辐射是计算机用户非常关注的重要问题。

新闻经常报道中国曾有多个大学生因为通宵使用电脑猝死,这不得不引起我们对计算机电磁辐射危害的思考!“计算机病”与日俱增,严重地影响了人们的身心健康。发病率最高的是那些每天在计算机旁敲击键盘的专业人员。如人体受辐射可导致人体循环系统异常,皮肤受损。孕妇、儿童、老人是电磁辐射的易感人群,而心脏、眼睛是电磁辐射的敏感器官。据美国的一份研究报告显示,怀孕妇女若每周在电脑前工作超过20个小时,她在前三个月流产的几率是其他人的2倍。因此,孕妇在怀孕期间应避免接近电脑。此外,彩色电脑的电磁场是黑白电脑的3~4倍。那么,电脑对人体可能造成的危害到底有多大呢?国内外的新闻媒体曾多次报道电脑荧光屏导致工作人员发生流产、畸胎、面部皮疹、白内障及光敏癫痫等症。电脑荧光屏不断变幻和上下翻滚的各种字符会刺激眼睛,对眼睛有一定的损害。近年来的畸形儿出生率和儿童的白血病增多,心脏起搏器佩戴者的死亡率增加,电磁辐射难辞其咎。更让人心痛的是,目前这样的情况不仅危及专业人员,在校大学生和日以继夜工作的白领也备受危害。

随着人们对电脑辐射危害认识的逐步深入,消除电脑辐射早就被提上日程,只是难寻卓越的产品,莎格牌电脑辐射消除器的推出无疑填补了这个市场空白,普及到每个电脑用户使用只是时间问题。相信不少网民面临着电脑辐射这个“隐形杀手”的伤害,为日后的身体状况埋下“炸弹”,因此,我们不容忽视看不见、摸不着的电脑辐射,应该使用新型的电脑辐射消除器除去隐患。市面上现在有五花八门的防辐射产品,如手机防辐射贴、防辐射服、防辐射镜片等,但是因为质量参差不齐,不少消费者满腹疑虑。有人通过问卷调查、实地考察、亲身试验等方式比较了各种牌子的消除器,发现有一款效果最佳——莎格牌电脑辐射消除器。通过技术完善的电脑辐射消除器,可以缓解电脑辐射的伤害。莎格牌电脑辐射消除器是一种能消除电脑辐射的专利产品,只要将该产品串接到电脑主机的电源线上,就能利用电磁屏蔽技术通过电脑主机、显示器、鼠标、键盘及外接设备之间的信号屏蔽线对相应的电磁辐射进行屏蔽,并将屏蔽的电磁辐射通过技术处理后连接到电源零线上进行泄放排除。莎格牌电脑辐射消除器是进入 21 世纪以来最具市场竞争力的环保产品,是保证电脑操作者免受辐射危害的健康精品,自带辐射检测指示功能,辐射消除效果一目了然,产品均经过国家机关的资质检验及质量检测,它解决了过去的电脑防辐射产品被动防的问题,从根本上将辐射消除,起到"斩草除根"的作用。

2)创业的市场机会

所有的创业者都应该是机会主义者,如果能够抢先一步抓住市场的机会,那创业者也就找到获取利润的机会。只不过,大多时候,市场的机会都是很隐蔽的,这也就需要创业者能够主动去分析市场,从而提前抓住难得的创业机会。

(1)环境机会

在环境变化中,需求也随着发生变化,客观上存在着许多未完全满足的需要,也就是存在许多市场机会,这些市场机会是环境变化客观形成的,因此,就称之为环境机会。例如,能源危机引起了对新能源的需求;城市人口增加,环境污染加剧,工业和生活垃圾的增加,引起了对垃圾处理新技术的需求;优生优育,独生子女增多,引起对儿童营养食品的需求等,这些都是环境机会。

(2)潜在市场机会和表面市场机会

在市场机会中那些明显没有被满足的市场需求称为表面市场机会;而那种隐藏在现有某需求后面的未被满足的市场需求被称为潜在市场机会。

一个明显的表面市场机会,好多企业都能发现,这也正是它致命的弱点,机会明显,发现者多,进入者也就多。一旦超过一定限度就会造成供过于求,给企业带来亏损。

而潜在市场机会不易被发现,但正是由于识别它的难度大,如果你找到并抓住了这种机会,你的竞争对手要比表面市场机会少,你成功的机会就大得多。

---

**小案例**

**尿布与啤酒**

总部位于美国阿肯色州的世界著名商业零售连锁企业沃尔玛(Wal-Mart)拥有世界上最大的数据仓库系统。为了能够准确了解顾客在其门店的购买习惯,沃尔玛对其顾客的购物行为进行购物篮分析,想知道顾客经常一起购买的商品有哪些。沃尔玛数据仓库里集中了其各门店的详细原始交易数据。在这些原始交易数据的基础上,沃尔玛利用 NCR 数据挖掘工具对这些数据进行分析和挖掘。一个意外的发现是:跟尿布一起购买最多的商品竟是啤酒!

于是,沃尔玛派出市场调查人员和分析师对这一数据挖掘结果进行调查分析。经过大量实际调查和分析,揭示了一个隐藏在“尿布与啤酒”背后的美国人的一种行为模式:在美国,一些年轻的父亲下班后经常要到超市去买婴儿尿布,而他们中有30%~40%的人同时也为自己买一些啤酒。产生这一现象的原因是:美国的太太们常叮嘱她们的丈夫下班后为小孩买尿布,而丈夫们在买尿布后又随手带回了他们喜欢的啤酒。

既然尿布与啤酒一起被购买的机会很多,于是沃尔玛就在其一个个门店将尿布与啤酒并排摆放在一起,结果是尿布与啤酒的销售量双双增长。

按常规思维,尿布与啤酒风马牛不相及,若不是借助数据挖掘技术对大量交易数据进行挖掘分析,沃尔玛是不可能发现数据内在这一有价值的规律的。

(资料来源:朱扬勇.数据挖掘技术现状[J].中国传媒科技,2006(12))

---

(3)行业市场机会与边缘市场机会

每个企业都有它特定的经营领域。对于出现在本企业经营领域内的市场机会,我们称之为行业市场机会;对于在不同企业之间的交叉与结合部分出现的市场机会称之为边缘市场机会。

一般说来,企业对行业市场机会比较重视,因为它能充分利用自身的优势和经验,发现、寻找和识别的难度系数小。但是行业市场机会遭到同行业间的激烈竞争而失去或降低成功的机会。由于各企业都比较重视行业的主要领域,所以,在行业与行业之间有时会出现“夹缝”,从而形成真空地带,无人涉足。但它比较隐蔽,难于发现,需要有丰富的想象力和大胆的开拓精神。

①用骨灰中的碳造钻石:美国“生命宝石”(LifeGem)公司提供这样一种服务,用死者骨灰中的碳制造一枚高品质钻石,用以纪念他们走过的不平凡一生。制成钻石这种方式也象征着活着的人非常珍视与死者之间的感情。通过这种方式,死者可以每天陪伴在亲人身旁。

②太空葬礼:20世纪80年代美国由于航天技术的发展,出现了许多边缘机会,传统的殡葬业同新兴的航天工业结合起来,产生了“太空殡葬业”,生意还非常兴隆。太空葬礼是指将死者的一小部分骨灰放入一个唇膏大小的太空舱内,而后利用火箭送入太空。世界上第一场太空葬礼于1997年4月21日举行。

③烟花葬:通过添加死者骨灰,Heavens Above Fireworks(意为烟花上方就是天堂)公司对大量烟花进行了改进。放烟花显然是一种更绚丽的纪念方式,用美丽璀璨的烟花向逝去的亲人告别。

④骨灰肖像画:利用特制的混合剂,将死者的骨灰与油画颜料混合在一起,而后由公司的画家创作一幅死者肖像画。这种肖像画能够保存很长时间。通过这种方式,死者能够为活着的人留下一个美好的回忆,活着的人也因此减少失去亲人的感觉。

再如,冶铁和绘画是两个相距较远的行业,但“中国铁画”却将这两个行业结合起来,从而产生了一种新的行业。还有,在医疗和饮食业结合部出现的药疗食品、药膳餐馆等,也都是边缘市场机会的极好例证。

(4)目前市场机会与未来市场机会

那些在目前环境变化中出现的机会市场被称作目前市场机会;而那些在目前市场上并未表现为大量需求,仅仅表现为一部分人的消费意愿或极少需求,但通过市场研究和预测分析它将在未来某一时期内实现的市场机会被称作未来市场机会。二者并没有明显区别,只是在于时间先后顺序和从可能转变为现实的客观条件是否具备。

一般来说企业从发现有利的市场机会到推出产品进入市场,总是需要一定时间的。如果有企业提前预测到这种机会将在某一时间出现,从而早作准备的话,就缩短了这一时间过程,可以在这种市场机会到来时将自己准备好的产品推入市场,获得领先优势。

例如,日本汽车业在20世纪60年代西欧及美国汽车业还热衷于制造大型豪华汽车时,对未来汽车市场出现的变化趋势作了分析和预测。他们认为,随着家庭的变小和就业机会、闲暇机会的增多,一户一车会向一户多车转变;汽车数目的增多会引起道路拥挤状况的加剧;在高速公路上大型汽车不如小型汽车灵便;中东紧张局势必将会引起能源危机。鉴于上述的分析,他们预测,小型的、耗油量低、驾驶方面灵活、价格便宜的汽车将来会有越来越大的需求。因此,他们早在20世纪60年代就着手研制小型汽车,并从20世纪70年代进军西欧和美国市场,到20世纪80年代日本产的小汽车已在美国市场上取得了有力的竞争地位。而欧美国家,尤其是美国的汽车业,由于起步较晚,失掉了竞争优势,面对日本汽车的攻势只能连连败退。这就是抓住未来市场机会,取得领先优势的实例。

(5)全面市场机会与局部市场机会

全面市场机会是在大范围市场(如国际市场,全国市场)出现的未满足的需求,而局部市场机会则是在一个局部的市场(如某个省或某个特定地区)出现的未满足的需求。

对一个企业来说,区分这两种市场机会是非常必要的。一个企业所处的外部环境,既受着作用于整个市场的一般因素的影响,又受到只作用于该特殊区域的相关因素的影响。因此,进行这种区分就可以使企业少犯教条主义或主观主义的错误。某些企业有时常将一般性的市场机会作为该地区的市场机会看待,而忽视该地区的特殊条件。如大城市彩电、组合音响等高档消费品普遍紧缺,但对于边远山区,特别是购买力水平低的地区来说,这些并不是该地区的市场机会。反之,有些企业又常将本地区的特殊市场机会作为一般性的全面市场机会看待,认为在该地区出现的这种需求,在其他市场上也一定会出现。

如1988年,我国温州出现了外国高档服装热,一套进口名牌西服卖到近千元,这是该地区的一种特殊需求,温州的一些时装个体户抓住这一市场机会,赚了大钱。但如全国其他城市的企业和个体经营户将此种市场机会作为全面市场机会看待,则很可能会遇到需求不足或无需求的情况。

好的市场机会,总是很难发现的,甚至是你察觉了也很难把握的,这就要求创业者必须提高自己的市场发掘能力,不断开拓自己的眼光,努力锻炼自己的独立思考能力,这样,无形之中,你就会比别人拥有了更多的机会。

3)创业的政策机会

创业政策机会即政府的法律、法规、政策变化产生新的行业、新的市场、新的创业机会或是国家发展战略重点的转移,创业者从中发现新的市场,获取新的创业机会。

政府的创业政策对创业活动的开展和创业企业的发展有重大的影响。就政策的内容讲:包括激励创业的政策,对创业活动和创业企业成长的规定、就业的规定、环境和安全的规定、企业组织形式的规定、税收的规定等。还包括政策的执行情况,落实情况和实施上的效率情况等。我国政府在为创业提供的政策方面,与GEM(全球创业观察)其他成员国相比有优势,也有劣势。比如:中国初创企业的税务负担比较低,而且,创业企业面对的税务和其他管制是相对稳定的。我国地方政府对新成立企业优先给以扶持,对软件等技术创新企业在税收政策方面也给予了许多优惠政策,这些都有利于新创企业的成长和发展。但是,政府政策的某些方面也存在着明显的不足。政府通过直接扶持的手段和方法,促进创业企业的发展方面我们还低于均值,对新公司的审批成本也还比较高,审批效率方面还有较大的差距。一些政策还缺少可操作性。比如:杭州市政府就出台了"提供专项人才创业公寓"的相关政策,以解决外地大学毕业生及本科以上学历人才来杭创业的政策性租赁用房问题。这样的政策就深受大学生创业者的欢迎。可惜,这种实实在在的做法还不是很多,相当多的东西还停留在文件里和口号中。

## 3.2 创业机会的识别

投资创业要善于抓住好的机会,把握住了每个稍纵即逝的投资创业机会,就等于成功了一半。发现、识别创业机会是一个连续的渐进过程。其中,发现创业机会是基础,识别创业机会是关键。

### 3.2.1 创业机会的发现

发现创业机会的方法,具体表现在以下几个方面:

1) 变化就是机会

环境的变化,会给各行各业带来商机,人们透过这些变化,就会发现新的前景。变化可以包括:产业结构的变化;科技进步;通信革新;政府放松管制;经济信息化、服务化;价值观与生活形态变化;人口结构变化。

2) 从“低科技”中把握机会

随着科技的发展,开发高科技领域是时下热门的课题,但公司机会并不只属于高科技领域。在运输、金融、保健、饮食、流通这些低科技领域也有机会,关键在于开发。

---

## 小案例

### 果酷网创始人贾冉“卖水果”年入千万元

上午10点多,在挨着新发地市场的一间100多平方米的加工车间里,工人们挑选、去皮、切块,一盒盒哈密瓜、葡萄、蜜桃组装成的水果切片盒在生产线上包装完成。两个小时后,贾冉开着一辆旧金杯面包车,把430盒“鲜果切”送到了大麦网位于东直门的办公楼里。自己谈下的项目,第一次送货亲力亲为。这个习惯从贾冉创业那天起从未改变。

**试水“零售”耗完启动资金**

贾冉本科、研究生读的都是信息工程专业,毕业后先后进入BEA、IBM、淘宝做软件工程师,“三十而立”的贾冉却一直认为自己是个“非典型IT男”,“总想做点接地气的事儿”。

在IT公司上班的时候,贾冉对着电脑一待就是一天,早上带来公司的苹果,往往是晚上原封不动地带回了家。而这在同事间也是常见事儿。“恨不得眼睛里全是编码,谁顾得上去洗水果。”不少同事甚至会选择中午跑去距离公司5分钟路程的星巴克,买上一杯不到十块水果切片的“水果杯”。有着从大学时就试着在同学间卖电脑的“生意直觉”,贾冉发觉这是个不错的商机,“如果把洗好、切好的水果送到上班族面前,一定受欢迎。”

“鲜果切”,源自20世纪50年代的美国,满足消费者的即食需求,目前在美国每年有着800亿美元市场规模。2010年7月,同样一个炎热的夏天,趁着水果价格处在一年中的底部,在距离双井地铁站10来分钟路程的一处6层居民楼里,贾冉的“鲜果切”生意开张了。

把水果切了卖,这看似简单的生意,在贾冉看来却只能用“难熬”两个字来形容。

网站页面不好看,每天编程到凌晨两三点钟;宣传不到位,天天顶着烈日在地铁口散发传单,但访问量却总是上不去;订单位置各不一样,两个合伙人和两个配送师傅一天忙到歇不住脚，投诉的电话还是一直不断；库房、加工车间都在位于顶层的这栋公寓里，每个周末得爬上十几趟楼梯，把批发回来的五六百斤水果背上楼……

个人客户口味"众口难调"，品牌没有说服力，物流成本高昂，公司平均每天支出 1 500 元，却只能收获 1 000 元。创业半年后，公司账面上不到 1 000 元，贯冉最初拿出创业的 10 万元所剩无几。

2010 年的一天，贯冉无意间走进双井附近的一家汽车 4S 店，店内等候区桌子上摆放着一盒五颜六色的糖果。"既然会用糖果招待客人，那也不会拒绝水果"。不少企业的员工午餐里就少不了水果，与其吃一整个梨，大家更乐意吃水果拼盘。一次次碰壁、一次次尝试后，1 万元、一个月每天 100 份果盒，这家汽车 4S 店成为贯冉的第一个客户。

**实行预销售原材料"零消耗"**

"做面向个人的生鲜电商行不通。"几经思索，贯冉决定转向企业客户，带着自己的"鲜果切"果盒，贯冉和他的团队开始在周边商圈撒网，金融机构、互联网公司、服务机构都是他们的目标，"我们寻找那些重视员工福利的企业。"

带上一整袋的"鲜果切"，贯冉在百度大楼的招待前台一待就是 3 个小时。没有熟悉的人脉，他选择从前台接待员开始公关。"尝尝我们的水果，今天上午刚加工完成。"尽管面对的只是普通接待员工，贯冉仍是把来龙去脉、优势亮点一一介绍。对他来说，拿到公共事务处的一个办公电话，就是迈出了第一步。

经过十几次通电话的周折，每天带着五六公斤重的水果从双井赶到北五环，2011 年 1 月在百度大楼一间明亮的办公室里，贯冉从百度采购部门一位负责人的手里，拿下了面对互联网企业的第一份订单。

圈子里有了口碑，"窗口"慢慢打开。腾讯、优酷、搜狐，一家家叫得出名的企业加入客户名单，可问题随之也来了，由于企业客户通常将价格压得很低，一盒 3 块钱的水果切块，只能赚上两三毛钱。如何减少水果损耗，摆在了贯冉面前。

不像其他商品，水果对保质期有着严格的要求，隔了夜的草莓、葡萄就要被处理掉；每一箱橘子里发现两个烂橘子，就意味着一天两吨橘子中要扔掉两大箱橘子。

重视数据收集的互联网"老本行"帮助了贯冉。在他的工作电脑里，有着一个要等运行 5 分钟才能完全打开的庞大数据文件，里面记录着 3 年多来的每一笔生意、每一个水果价格、每一次客户反馈。在数据库基础上，一次次编码、一次次改程序，前后经过了一年时间的反复调试，贯冉在网站上线了自己研发的后台管理系统。

如今，从客户下单到搭配水果、订单生成，全部由系统自动完成，6 个小时内便可送到顾客桌上。而且，贯冉的加工车间里，除了 10 来位流水线上的加工工人外，并没有传统厂子里的采购、出纳职位。"我们是先拿订单，再去拿水果、加工、出货。"贾冉说,除了加工过程中的必然程序,他的食品加工厂实现了水果的"零消耗"。

去年年底,果酷网年收入超过1 000万元,如今,每天有20吨果盒被送往腾讯、新浪、百度等公司的办公大楼。

(资料来源:www.cn08.net)

---

3)集中盯住某些顾客的需要就会有机会

机会不能从全部顾客身上去找,因为共同需要容易认识,基本上已很难再找到突破口。而实际上每个人的需求都是有差异的,如果我们时常关注某些人的日常生活和工作,就会从中发现某些机会。因此,在寻找机会时,应习惯把顾客分类,认真研究各类人员的需求特点,机会自见。

---

**小案例**

### "90后"研发潮语手机输入法软件

潮语是潮汕族群重要的标志之一,也是潮汕人维系感情的纽带,具有巨大的凝聚力。但随着时代发展及普通话普及,这种词汇丰富、语法特殊的方言和全国各地方言一样,正逐渐被社会氛围所弱化。比如,当下许多年轻人说起潮语结结巴巴、常年居住外地的潮汕人后代不会说潮语……类似的现象越来越普遍,关于潮语的传承问题就更值得我们关注。

2011年4月初的一个上午,潮州市韩山师范学院内,大四学生林任樟正埋头调试他最新的创作成果——潮语输入法手机软件。这是首款专门为潮汕人设计的输入法手机软件,其最大亮点在于用户可采用潮汕话、普通话两种方式输入潮语词汇。当时,软件安卓手机版正在调试,最快可在4月底上线使用。

潮语输入法手机软件,顾名思义就是在手机上利用潮汕话打字。经过了近一年时间研发和完善,这款软件已添加了7万多个常用词汇,其中1万多个是潮汕特有词汇。"操作非常简单,以输入潮汕话'你好'为例,'你'发音LY,'好'发音HW,用户只需按下相应的键,软件会自动显示出结果。"根据研发者林任樟的演示,软件创新之处是在原有输入法的基础上,新增了潮拼输入模式和汉语联想潮语输入模式。其中,潮拼输入模式是以潮语发音为语音码进行文字输入,而汉语联想潮语输入模式则将用户输入的普通话自动联想到与该词汇相关的潮汕话,比如用户输入"萝卜"时,软件就会出现"菜头"二字。

"研发这款软件,是希望让更多潮汕人用方言来表达'胶己人'的真实情感。"林任樟告诉记者,潮拼输入模式主要针对的人群是不熟悉普通话的潮汕老年人,而汉语联想潮语输入模式则更适合潮汕青年与亲朋好友交流。为了让用户有更加亲切的体验,他还专门设计了多套充满浓郁潮汕气息的软件皮肤,其中包括潮州广济桥、潮汕功夫茶等。

出生于1990年的林任樟,是一名土生土长的潮汕人,从小对潮汕文化尤其是潮语有着浓厚兴趣。说起研发潮语输入法手机软件,林任樟坦言,这个软件实际上并非他的首次尝试,早在大学入学之初,他就曾研发过潮语输入法电脑软件。2011年,就读软件工程专业大一级的林任樟闻知学院团委正在组织"大学生创新性实验计划"申报工作,就主动向科任老师林清滢提出一个大胆想法——研发潮语输入法。由于林任樟专业能力扎实,且想法创新,林老师听到后十分支持,并从技术上给予指导。到了2012年,由林任樟及其同班同学研发的潮语输入法电脑软件正式诞生。而当前处于测试阶段的潮语输入法手机软件,就是从原有电脑软件的基础上升级而来。

大学四年间,林任樟已成功研发出两款不同的应用软件。如今,这名站在毕业关口的"90后"学生决定自己创业,他联合两名好朋友成立网络公司,准备将潮语输入法手机软件推向市场。

(资料来源:www.studentboss.com)

---

4)追求"负面"就会找到机会

追求"负面",就是着眼于那些大家"苦恼的事"和"困扰的事"。因为是苦恼,是困扰,人们总是迫切希望解决,如果能提供解决的办法,实际上就是找到了机会。例如双职工家庭,没有时间照顾小孩,于是有了家庭托儿所,没有时间买菜,就产生了送菜公司。这些都是从负面寻找创业机会的例子。

---

**小案例**

## 卖蛋糕的"ATM机"

一台"ATM机"吐出的是纸杯蛋糕而不是钞票,这未必会让人发出"天才商业点子"的惊叹。不过,这项新奇的发明正在满足美国市场一种很常见的需求,那就是深夜想吃现烤蛋糕的冲动。

现在,美国六座城市的甜食爱好者随时都可以在这样的自动化机器上买到纸杯蛋糕,每个售价4.25美元。这些城市包括芝加哥、亚特兰大和纽约,其中纽约是出现这种机器最晚的城市。这些现烤蛋糕由芝加哥纸杯蛋糕生产商Sprinkles手工制作。

Sprinkles联合创始人坎迪斯·纳尔逊和查尔斯·纳尔逊夫妇在坎迪斯怀上第一个孩子时有了这个新颖的想法。查尔斯接受本刊采访时表示,坎迪斯觉得作为纸杯蛋糕公司的拥有者,自己却不能在非正常营业时间吃到现烤蛋糕是一件可笑的事。对蛋糕的想念促使这家公司于2012年在贝弗利山安装了第一台"纸杯蛋糕ATM机"。

查尔斯说:"2005 年我们开了第一家只卖纸杯蛋糕的蛋糕店。当时我们的想法是,为什么纸杯蛋糕不能成为主打产品?我们发现,有些消费者随时都可能想吃纸杯蛋糕,但早上三四点钟就开门营业并不明智……很快我们就想到了'纸杯蛋糕 ATM 机'。"

查尔斯是这个纸杯蛋糕帝国的首席执行官,他不愿透露这些"ATM 机"的具体收入。但他说,每台机器每天大约要卖 1 000 个蛋糕。如果全部 6 台机器一年出售的蛋糕数量约为 36.5 万个。按每个蛋糕 4.25 美元计算,这项业务的规模已经超过 900 万美元。这种机器非常受欢迎,以至于本周早些时候它在曼哈顿首次亮相的时候,等着买蛋糕的队伍都拐过了街角。

12 岁的谢恩·伦纳德一边咬着"ATM 机"做出的黑白色纸杯蛋糕一边说:"真是又好吃又新鲜,很精致。"这种机器已经成了 Facebook 上的热门话题,谢恩的姐姐格蕾丝正是通过 Facebook 听说了它。曾经在一个周四下午,姐弟俩和爸爸一起在"纸杯蛋糕 ATM 机"前排队,和他们一起等候的还有大约 40 位纸杯蛋糕爱好者。

不过,发明第一台"纸杯蛋糕 ATM 机"并不像说服消费者使用它那么容易。查尔斯表示,开始着手设计这种机器后,夫妇两人很快意识到,当时没有什么现成的机器能为人们提供完整无缺的纸杯蛋糕。没办法,Sprinkles 只好和一家欧洲公司合作开发这项技术,要求是这种机器能把蛋糕递出来,而不是像常见的自动贩卖机那样让商品从几英尺高的地方落下来。然而,第一台在贝弗利山投入运营的原型机远远无法完成每天做一千个蛋糕的任务。查尔斯说:"那台机器都要化了,它的零件真的在融化。"第二次进行设计后,这台机器终于可以满足不断增长的消费需求,甚至是在一次烤 4 个蛋糕的情况下。由于缩短了消费者等待的时间,它每小时可以做近 100 个蛋糕。

(资料来源:财富中文网 http://www.fortunechina.com/business/c/2014-04/02/content_199975.htm)

### 3.2.2 创业机会的识别

创业机会识别是创业领域的关键问题之一。从创业过程角度来说,它是创业的起点。创业过程就是围绕着机会进行识别、开发、利用的过程。识别正确的创业机会是创业者应当具备的重要技能。创业机会以不同形式出现。虽然以前的研究中,焦点多集中在产品的市场机会上,但是在生产要素市场上也存在机会,如新的原材料的发现等。许多好的商业机会并不是突然出现的,而是对于"一个有准备的头脑"的一种"回报"。在机会识别阶段,创业者需要弄清楚机会在哪里和怎样去寻找。

创业者不仅要善于发现机会,更需要正确把握并果敢行动,将机会变成现实的结果。

1) 着眼于问题把握机会

机会并不意味着无须代价就能获得,许多成功的企业都是从解决问题起步的。所谓问题,就是现实与理想的差距。比如,顾客需求在没有满足之前就是问题,而设法满足这一需求,就抓住了市场机会。

我们以车载空气净化器行业为例。随着生态环境的不断恶化、雾霾天气的频现、严重呼吸系统疾病的流行以及国民物质生活水平的不断提升,消费者的健康消费意识有了极大提高,车内污染远比外界空气污染大的常识性知识的普及,改善车内空气品质成为人们迫切的愿望和要求,加上中国汽车保有量的持续增长,中国车载空气净化器市场孕育着巨大的市场机会。2013 年年末,车载空气净化器行业,不管是车载空气净化器厂家还是车载空气净化器代理加盟商,都迎来喜人的销量速增。中国车载空气净化器领导品牌——沃讯车载空气净化器,因实实在在出色的净化效果,良好的品牌知名度和美誉度,让众多消费者认可,让代理商青睐。2014 年刚开启,沃讯车载空气净化器就以其优惠的招商政策,吸引了全国各地投资者的关注,签约合作的经销商络绎不绝。

---

**小案例**

**李维斯的创造性思维**

美国“牛仔大王”李维斯的故事多年来为人津津乐道。19 世纪 50 年代,李维斯像许多年轻人一样,带着发财梦前往美国西部淘金,途中一条大河拦住了去路,李维斯设法租船,做起了摆渡生意,结果赚了不少钱。在矿场,李维斯发现由于采矿出汗多,饮用水紧张,于是,别人采矿他卖水,又赚了不少钱。李维斯还发现,由于跪地采矿,许多淘金者裤子的膝盖部分容易磨破,而矿区有许多被人丢掉的帆布帐篷,他就把这些旧帐篷收集起来洗干净,做成裤子销售,“牛仔裤”就这样诞生了。李维斯将问题当做机会,最终实现了他的财富梦想。

---

2) 利用变化把握机会

变化中常常蕴藏着无限商机,许多创业机会产生于不断变化的市场环境。环境变化将带来产业结构的调整、消费结构的升级、思想观念的转变、政府政策的变化、居民收入水平的提高等,人们透过这些变化,就会发现新的机会。

私人轿车拥有量的不断增加,将产生汽车销售、修理、配件、清洁、装潢、二手车交易和陪驾等诸多创业机会。任何变化都能激发新的创业机会,需要创业者凭着自己敏锐的嗅觉去发现和创造。许多很好的商业机会并不是突然出现的,而是对“先知先觉者”的一种回报。聪明的创业者往往选择在最佳时机进入市场,当市场需求爆发时,他已经做好准备等着接单。

3)跟踪技术创新把握机会

世界产业发展的历史告诉我们,几乎每一个新兴产业的形成和发展,都是技术创新的结果。产业的变更或产品的替代,既满足了顾客需求,同时也带来了前所未有的创业机会。

电脑诞生后,软件开发、电脑维修、图文制作、信息服务和网上开店等创业机会随之而来。任何产品的市场都有其生命周期,产品会不断趋于饱和达到成熟直至走向衰退,最终被新产品所替代,创业者如果能够跟踪产业发展和产品替代的步伐,通过技术创新则能够不断寻求新的发展机会。

4)在市场夹缝中把握机会

创业机会存在于为顾客创造价值的产品或服务中,而顾客的需求是有差异的。创业者要善于找出顾客的特殊需要,盯住顾客的个性需要并认真研究其需求特征,这样就可能发现和把握商机。

时下,创业者热衷于开发所谓的高科技领域等热门课题,但创业机会并不只属于"高科技领域",在金融、保健、饮食、流通这些所谓的"低科技领域"也有机会。随着打火机的普及,火柴慢慢退出了人们的视线,而创业者沈子凯却在这个逐渐被人淡忘的老物件里找到了新商机,他创造的"纯真年代"艺术火柴红遍大江南北。还有为数不少的创业者追求向行业内的最佳企业看齐,试图通过模仿快速取得成功,结果使得产品和服务没有差异,众多企业为争夺现有的客户和资源展开激烈竞争,企业面临困境。所以,创业者要克服从众心理和传统习惯思维的束缚,寻找市场空白点或市场缝隙,从行业或市场在矛盾发展中形成的空白地带把握机会。

5)捕捉政策变化把握机会

中国市场受政策影响很大,新政策出台往往引发新商机,如果创业者善于研究和利用政策,就能抓住商机站在潮头。

2006年国家出台了新的汽车产业政策,鼓励个人、集体和外资投资建设停车场。停车场日益增多的同时,对停车场建设中的智能门禁考勤系统、停车场系统、通道管理系统等的需求也随之增多,专门供应停车场所需的软硬件设备就成为一个重要商机。事实上,从政策中寻找商机并不仅仅表现在政策条文所规定的表面,随着社会分工的不断细化和专业化,政策变化所提供的商机还可以延伸,创业者可以从产业链在上下游的延伸中寻找商机。

6)弥补对手缺陷把握机会

很多创业机会是缘于竞争对手的失误而"意外"获得的,如果能及时抓住竞争对手策略中的漏洞而大做文章,或者能比竞争对手更快、更可靠、更便宜地提供产品或服务,也许就找到了机会。为此,创业者应追踪、分析和评价竞争对手的产品和服务,找出现有产品存在的缺陷,有针对性地提出改进产方法,形成创意,并开发具有潜力的新产品或新功能,就能够出其不意,成功创业。

## 3.3 创业机会的评估

创业本身是一种的高风险行为,失败也可能是奠定下一次创业成功的基础。但经调查发现,有近一成的创业者开办创业组织不到一年时间即告结束,不仅损失了金钱,而且对自身信心也有一定的影响,同时也可能放弃创业的梦想。如创业者能先以比较客观的方式进行评估,那么不至于失败一再发生,创业成功的几率也可以因此而大幅提升。

如何评估创业机会,降低创业风险,不妨结合小型创业组织的特点,整理一套评估方法,作为创业者是否投入创业的决策参考。

### 3.3.1 市场评估准则

1) 市场定位

一个好的创业机会,必然具有特定市场定位,专注于满足顾客需求,同时能为顾客带来增值的效果。因此评估创业机会的时候,可由市场定位是否明确、顾客需求分析是否清晰、顾客接触通道是否流畅、产品是否持续衍生等,来判断创业机会可能创造的市场价值。创业带给顾客的价值越高,创业成功的机会也会越大。

2) 市场结构

针对创业机会的市场结构进行5个方面的分析,包括进入障碍、供货商、顾客、经销商的谈判力量、替代性竞争产品的威胁,以及市场内部竞争的激烈程度。由市场结构分析可以得知新企业未来在市场中的地位,以及可能遭遇竞争对手反击的程度。

3) 市场规模

市场规模大小与成长速度,也是影响新企业成败的重要因素。一般而言,市场规模大者,进入障碍相对较低,市场竞争激烈程度也会略为下降。如果要进入的是一个十分成熟的市场,那么纵然市场规模很大,由于已经不再成长,利润空间必然很小,因此这项新企业恐怕就不值得再投入。反之,一个正在成长中的市场,通常也会是一个充满商机的市场,所谓水涨船高,只要进入时机正确,必然会有获利的空间。

4) 市场渗透力

对于一个具有市场潜力的创业机会,市场渗透力评估将会是一项非常重要的因素。聪明的创业者知道选择在最佳时机进入市场,也就是市场需求正要大幅成长之际,你已经做好准备,等着接单。正确的判断力是对成功创业者的要求之一,发现并抓住创业机会又是成功创业者的胆识。

5)市场占有率

一般而言,要成为某一市场的领导者,最少需要拥有20%以上的市场占有率。但如果低于5%的市场占有率,则市场竞争力显然不高。小型创业组织,往往就是5%甚至5%都不到,而市场占有率就是生存率。同大型创业组织竞争,提高生存率的方式,只有以不同于大型创业组织的经营方式,从强者手中抢食,但这是很不容易的。

6)产品的成本结构

从财务角度讲,产品的成本结构可以反映创业的前景是否光明。小型生产型创业组织,往往产品单一,顾客群单一,一旦产品链断裂、顾客群流失,难于规避财务负债的陷阱,很难有咸鱼翻身的机会。小型销售型创业组织,则产品多样化缺乏特色,顾客群难以稳定,消费心理难以把握,一旦出现变数,存货控制不当,容易造成资金呆滞。如何尽量避免,需人人参与财务管理,成本控制有张有弛,重视存货管理。

### 3.3.2 效益评估准则

1)合理的税后净利

一般而言,具有吸引力的创业机会,至少需要能够创造15%以上税后净利。如果创业预期的税后净利是在5%以下,那么这就不是一个好的投资机会。

2)达到损益平衡所需的时间

合理的损益平衡时间应该能在两年以内达到,但如果3年还达不到,恐怕就不是一个值得投入的创业机会。不过有的创业机会确实需要经过比较长的耕耘时间,通过这些前期投入,创造进入障碍,保证后期的持续获利。在这种情况下,可以将前期投入视为一种投资,才能容忍较长的损益平衡时间。

3)投资回报率

投资回报率是指生产期正常年度利润或年均利润占投资总额的百分比。投资回报率(ROI)=年利润或年均利润/投资总额×100%。考虑到创业可能面临的各项风险,合理的投资回报率应该在25%以上。一般而言,15%以下的投资回报率,是不值得考虑的创业机会。

4)资本需求

资金需求量较低的创业机会,投资者一般会比较欢迎。事实上,许多个案显示,资本额过高其实并不利于创业成功,甚至还会带来稀释投资回报率的负面效果。通常,知识越密集的创业机会,对资金的需求量越低,投资回报反而会越高。因此在创业开始的时候,不要募集太多资金,最好通过盈余积累的方式来创造资金,而比较低的资本额,将有利于提高每股盈余,并且还可以进一步提高未来上市的价格。

5) 毛利率

毛利率=毛利/营业收入×100%=(营业收入-营业成本)/营业收入×100%。毛利率高的创业机会,相对风险较低,也比较容易取得损益平衡。反之,毛利率低的创业机会,风险则较高,遇到决策失误或市场产生较大变化的时候,企业很容易就遭受损失。一般而言,理想的毛利率是40%。当毛利率低于20%的时候,这个创业机会就不值得再予以考虑。软件业的毛利率通常都很高,所以只要能找到足够的业务量,从事软件创业在财务上遭受严重损失的风险相对会比较低。

6) 策略性价值

能否创造新企业在市场上的策略性价值,也是一项重要的评价指标。一般而言,策略性价值与产业网络规模、利益机制、竞争程度密切相关,而创业机会对于产业价值链所能创造的加值效果,也与它所采取的经营策略与经营模式密切相关。

7) 资本市场活力

当新企业处于一个具有高度活力的资本市场时,它的获利回收机会相对也比较高。不过资本市场的变化幅度极大,在市场高点时投入,资金成本较低,筹资相对容易。但在资本市场低点时,投资新企业开发的诱因则较低,好的创业机会也相对较少。不过,对投资者而言,市场低点的成本较低,有的时候反而投资回报会更高。一般而言,新创企业的活跃的资本市场比较容易创造增值效果,因此资本市场活力也是一项可以被用来评价创业机会的外部环境指标。

8) 退出机制与策略

所有投资的目的都在于回收,因此退出机制与策略就成为一项评估创业机会的重要指标。企业的价值一般也要由具有客观鉴价能力的交易市场来决定,而这种交易机制的完善程度也会影响新企业退出机制的弹性。由于退出的难度普遍要高于进入,所以一个具有吸引力的创业机会,应该要为所有投资者考虑退出机制,以及退出的策略规划。

## 思考题

1.谈谈你对创业机会概念的理解。

2.根据你的观察,目前你所处的环境中有哪些创业机会?

3.现实中,你可能会发现很多商机,你怎样在众多商机中筛选出最有价值的商机?在筛选过程中你会考虑哪些因素?

4.谈谈你对创业评估准则的认识,以及如何把握创业机会。

## 自我测试

怎样确定这是一个创业的好机会?

1.你的新产品,可以解决别人的问题、困扰、痛苦、不愉快吗?

当 iPhone 上市时,主打的并不是“触碰式荧幕手机”,而是“真正的随处上网”。因为 iPhone 之前的手机,按键都没有问题,所以触碰荧幕,并不能帮人解决任何问题。然而大家早就受够了那些“笨蛋手机”的内建浏览器,所以当 iPhone 打出 real internet 时,刚好正中下怀,因此马上获得市场热烈的反应。

2.很多人有这样的问题吗?

决定了产品后,还必须了解市场的大小,这也往往是最难的确认的。不过,大部分时候,你可以找到“前一代”产品,或是英文市场的类似产品等,来看出一些端倪。

3.这些人有消费能力吗?可以立刻买单吗?

别忘了 Web 1.0 的教训,眼球不等于营收,所以,潜在客户的口袋有没有钞票,很重要。当然有了钱,接下来就要看他们有没有购买欲望了。

4.你有什么独特的经验和技能,可以把这个产品做得比别人好?

律师们都很聪明,但如果你的车坏掉了,大概不会找一个律师朋友帮你修理吧?但是,如果是一个爱重型机车成痴,每天在车库摸车的律师朋友,或许你会考虑吧?另外,网络是个很有竞争的产业,随时都有许多团队在做类似的事情,你必须要知道自己有什么优势,可以在这些人中胜出。

5.你有什么特殊的资源,是别人没有的?

除了经验和技能外,或许你有一些特殊的管道,例如:有个有钱的亲戚、认识一个没事开什么免费育成中心的怪人、这个怪人还传授你很多秘诀、最后他还投资你等,这些可以帮助你赢过竞争对手的资源,也非常重要。

6.你可以找到 2 个以上的合伙人加入你吗?

网络历史上成功的创业公司,都是有 2 个以上的核心成员的——Google 有佩吉和布林,Yahoo 有杨志远和费罗,Facebook 虽然是沙克博比较有名,但其实也有 4 个主要创办人。合伙人有太多的好处,除了精神上的支持,常常也可以提供不同的观点，所以你需要其他人的加入，即使不是全职也没关系。

7.他们的个性、经验、技能跟你互补吗？

这点大概不用解释，不过有一点很重要的，找合伙人的时候，EQ 非常的重要，创业过程就像云霄飞车，常常起起伏伏，最怕意气用事和没办法承受压力的伙伴，这些人不仅会使大家情绪低落，有时候还会让创业迷失了方向。

8.他们的价值观跟你相近吗？

如果一个人想攻大众市场，一个人想攻金字塔尖端，那很难成事。一个人想要靠广告赚钱，一个人想要用 Freemium 模式（这个模式，指的是用免费服务吸引用户，然后通过增值服务，将部分免费用户转化为收费用户，实现网站的收入。），那也很难。所以尤其在商业模式上，价值观相近，相当重要。

9.业界先进和相关的朋友们，觉得这是一个好机会吗？

跟合伙人一样，创业家也需要一些相关产业的先进和朋友，来给你关键的回馈。美国的创业团队，往往都会给自己找一个顾问群（advisory board），给他们一点点公司的股票，然后不断地向他们请教。这点在中国还不流行，鼓励大家可以多多学习。

10.有没有人觉得这是一个烂主意？

更重要的是，要了解为什么他们觉得是个烂主意，然后要把这些建议，转化成方向的修正，让你的主意变得更完整、更实际。当然，如果他们只是出自于对新东西、新方法的不理解和害怕（出版业 vs. 电子书），那反而是很好的肯定。

11.这是一个你非常想要的产品吗？

创业的过程非常辛苦，在背后支撑你的，往往是你对这个产品的热情。而这股热情，也常常是让你更愿意花时间去研究，花精神去把产品做得比别人更好的动力。

12.为什么相关的大公司短期内不会进入这个市场？

或许是成本,或许是市场规模,或许是速度,你必须要了解产业的大家伙们,为什么短期内不会来跟你抢饭碗,让你可以有时间养足实力,跟他们一决胜负。

13.你能找到几个潜在客户帮你测试吗?

这点常常是非常重要的,几个关键的测试用户,对产品的最洁癖走向,有很大的影响。找到对的人,想办法让他们参与,就是成功的一半。

14.这个产品只需要花一点点钱就可以开发出来?

这点在 Web 3.0 时代,其实已经非常明显。但是更重要的是,不要一口气就想做出 100 个功能,先从最重要的一个开始,先上线,再慢慢增加功能。

15.产品上市后,公司的固定成本可以维持的很低?

如果你的服务每增加一个使用者,就必须要多买三台主机,那再好的产品,大概也很难获利。所以在财务上,如果边际成本是递减的,也就是随着使用者增加,每多一个人多出的成本会越来越少,那是最好的。

测验结果以上 15 个问题,如果有 12 题以上答是,那恭喜你,你手上的创业机会,相当不错。但更重要的是,所有不到 15 的人,都要努力的修正、改善,把你的创业主题,变成满分,那创业也就离成功不远了。

(北斗成功网 http://www.beidouweb.com/view-20960-1.html)

## 创业加油站(实践练习)

一、随着我国就业形势的日趋严峻,从国家到地方各个层级的政府部门和相关机构提出了鼓励和扶持大学生创业的各项政策,结合自己的实际情况,谈一谈你从中看到了怎样的创业机会?

二、6~8 位同学一组,围绕“挥洒创意,成就创业”这一主题,通过对社会及市场的观察,结合自身特点,提出一个创业机会,并策划制订有一定实际价值的创业方案。在创业设计过程中,激发培养学生的创新实践能力、主动精神、商业精神以及市场经济思维。

内容要求:

1.对创业方案的概述:方案的详细介绍,前期资金投入的数量,方案的独到之处等。

2.创业方案的实施计划和组织管理:方案在各个阶段的目标,分步进行计划和方案参与者的人员结构,分工情况等。

3.方案的回报预算:对方案最终可以达到什么盈利情况做初步预算。

4.前景分析:方案的市场占有情况,盈利情况作出分析。

5.方案的风险评估:对方案进行中可能存在的风险,可能出现的问题作出详细的分析,并提出可行的解决方案。

## 扩展阅读

### 巨头围堵之下,还有哪些创业机会?

当巨头们开始使用并购策略而不是通过粗暴复制进入一个新的市场领域时,对于中小企业其实是一件好事,对于整个市场生态也是利好消息,当然,对于竞争对手也许就是噩梦。业务并购可以算是化敌为友的多赢手段,否则,当巨头采取复制的方式去进入新业务市场的时候,过于激烈的竞争对利益相关者企业都是损耗。而且,虽然巨头不差钱,但启动一个新的项目其时间成本和人力成本也是巨大的,更关键的是,这些成本投入之后,也不见得就能做成。而并购一个已经在市场上证明了自己的企业,也许在资金的投入上会显得多一些,但比进入竞争的风险要低得多,毕竟在当下,到手的已经是一个成功的业务了。所以说,巨头用资本的力量开始攻城略地的时候,对于中小企业来说不算悲剧,而是机会更多了。

当然,多数创业者做到一定的规模,还是想着坚持自己做大,不愿意轻易地把一手拉扯大的企业卖给别人,特别是没有资本运作经验的创业者,更容易有"宁为鸡头,不为凤尾"的情结。其实,坚持独立发展,还是卖给巨头,完全看当时市场环境以及价格,除此之外,把太多创始人情绪贯穿其中,不见得对企业就是好事。当然,如果对方是本着消灭竞争者的用意进行并购的,买过来之后估计就慢慢把团队和产品都消化没了的那种,最好还是不要答应。所以腾讯能够买搜狗的最大筹码之一,就是把自己的竞争产品消化到对方的业务里面去。相比残酷,贪婪就是一种美德。

**创新是新创企业永恒的主题**

虽然说,在国内创业的话,复制某一个热门业务起步会比较容易。但是因为大家面对热门的东西往往都是一哄而上,容易是容易了,一堆人挤在里面,杀出来的机会也是非常渺茫的。红海式创业往往是常态,所以大规模的创业死亡率也就不足为奇。如果,能够在某些方面有明显的差异化的东西,那才能构成核心竞争力。这种创新的点,在任何业务层面上都存在,不管是电商,还是社交,甚至在垂直的搜索领域,或者手机搜索、车载搜索这些方面,依然有大量可创新的切入点。

如果站在创新的角度去看业务,根本不存在什么红海禁地。创新做的是增量市场,而不是做BAT(百度的拼音首字母是B,阿里巴巴的拼音首字母是A ,腾讯的拼音首字母是T)之外的第四条狗,去抢那唯一的骨头。

电商领域,比如外贸,还有大量空间,商品不但可以卖出去,也可以买进来。目前,海淘虽然有关税等问题存在,但是现在就算淘宝天猫,税收问题也依然几十年如一日悬挂在那里。外贸关税的权重,没理由就一定比国内贸易税更大。如今,在需求的推动之下,海淘的热度已经在迅速上升,这种模式不太需要担心淘宝发力,在海淘方面,唯品会的特价推送模式也许是更大的对手。但是,特价推送这种模式,所代表的正好就是一个碎片化的需求市场。你可以推化妆品,我可以推手机,各自用户群体都有各自的调性。分久必合,如果碎片化的海淘开始百花齐放,又一个巨头的诞生也就指日可待。

现在一说到外销类型的外贸电商,大家就想到卖A货包包,其实,正经的外贸也有很多品类可以做的,要说利润,当然比不上卖A货,但长期的耕耘,也能开拓出自己的领域。不说线上,就说线下,所有的买卖都比不过贩卖军火毒品,但大部分的人还是都在做着利润微薄的正常生意。有时候说创新,并非一定指发明出新的产品,或者特意设计前所未有的商业模式,从当前的市场边缘上进行拓展,也是创新的范畴。

至于社交网络,其实,到如今连巨头都还没有做出很好的大产品出来。也许人人这个域名注定是一个悲剧,直到微信出来,才算覆盖了这个空白。但是,新的社交网络模式,依然存在非常多的可能性。比如,各种以垂直兴趣爱好相聚的论坛一直都人气不少,如何聚合这些人气,或者说如何比BBS更好地服务于这些人群,也有可以引发想象力的大产品。

从这样的角度看,哪怕是巨头已经站住了山头的业务,也依然会有创新的空间,除了拓展这些巨头领域的边疆,新兴市场的创新机会,更是多如牛毛,比如智能硬件就是这么一个充满惊喜的新领域。

**智能硬件创业**

智能硬件其实已经火了一段时间了,可以说,这是移动互联网带来的一件礼物。从智能手机开始,很多人发现,移动操作系统不但可以让手机智能化,也能智能化一切可穿戴的随身物品。目前,大家可以看到的是各种智能手表,智能手环,以及各种可以远程互动的智能情趣用品等。

在智能硬件领域,除了腾讯,包括百度、阿里巴巴也都已经纷纷涉足其中,虽然还没有发生巨大的并购案例,但在布局上,他们都表露出了那种宁缺毋滥的决心。

硬件创业比纯软件或者互联网要艰难得多,特别在涉及真正投入生产环节的时候。不过好在现在有众筹模式,只要有好的概念和设计,第一笔生产资金的募集已经不算难事。但是,对于硬件创业者来说,这还不算什么,真正的地狱,是开始起模具、找工厂的阶段。所以智能硬件虽然是现在很火的一个市场,如果没有充足的准备就贸然进入,大概都会死得很惨。供应链只是3个字,对于硬件创业者,却可能是12个陷阱。

但是,如果有相关的经验和资金,把注意力从时髦而无用的手环、手表上稍微移开,放到不太可穿戴的智能家居领域寻找新的机会,应该比一般的可穿戴设备要更具备有落地能力。

智能家居概念嚷嚷了这么多年,各种标准、整体方案打了10年的战还没有结果。但随着家庭WI-FI路由器、智能电视、智能插座以及可遥控灯泡的出现,更加简单灵活的组合式智能家居布局已经开始浮出水面。只是,目前整个市场还停留在黎明前的黑暗时期,等待着一条引爆的导火线。

传统家电厂商已经迫不及待,毕竟智能家居是一个可以率先跟对手展现差异化竞争优势的核武器,所以,不管是否存在用户需求,各种家电都已经往智能化的道路上狂奔而去。也许在功能上,目前家电所展示出来的智能还是一点可用度都没有,但是如果没有"智能"这个标签,恐怕连渠道的货架都上不了。在这样的思想维度下,恐怕连一个电水壶,也要挤上路由器占个IP地址:"你可以远程烧水哦,亲"。

传统家电的智能家居有的是采取独立研发,有的是采取第三方方案,除非是已经在某些厂商有一定的人脉资源,否则的话,想在智能家居方面正面和传统厂商打架,很难玩出什么花样,也缺乏想象空间。不但有可能无法用"互联网思维"战胜对手,反而被对方带回到白色家电升级换代的泥坑里。

要在智能家居方面真正有所创新,需要把智能家居的传统概念全部清空。也许,这不是白家电智能化的升级换代,而是一个全新的产业。比如卖了32亿美金的nest,也许其恒温器从功能上来说不算什么,仅仅是对中央空调的加装,但已经把中央空调的使用体验提升了几个层面。他本身并没有去颠覆空调行业本身。也许空调厂商自己也可以做一个附件出来,但是在工业设计和应用的用户体验方面,估计一时半会没法从传统的惯性思维中走出。也就是说,智能家居在某种程度上,并不需要去再次发明新的家具、家电,只要在现有产品的用户体验上做出增值扩展,就已经能创造出革命性的新产品。对于创业者,这是很好的机会,是能够真正站在巨人的肩膀上挑战巨人的历史机遇。

当然,可穿戴和机器人确实是未来之星,只不过在互动模式上,可穿戴还有太多的路要走,如果可穿戴设备没有串起人和人之间的可互动部分,却只有主人自己和可穿戴互动的话,真的够傻了。想想看,你跟自己沟通还得通过智能可穿戴,那大概离神经已经不远了。

至于机器人,除了家居部分,其他的灵异用法,不建议创业者关注。

**互联网化的汽车后装市场**

汽车后市场如何互联网化,这已经不是一个问题,而是可以尽快动手切入的机会窗。目前各大汽车厂商已经对汽车的智能化投入大量资源,并且也都取得了很多成果，现在类似 CES 这样的展会，汽车智能化的展示，都是一个很大的亮点。特别是 Tesla 电动车在市场上一路高歌猛进的时候，包括福特、宝马在内的这些大恐龙，都开始纷纷起舞。

但是，恐龙毕竟是恐龙，在他们还没有全面产品线都真正在平台上进行智能化更新之前，还有很多时间留给后市场去做智能化、互联网化相关产品的汽车改造、加装。

目前的汽车都配备有显示屏，苹果也已经出了个 Carplay 的招，可以把 iOS 设备的内容直接映射到汽车屏幕上。那么相应在 Android 方面，应该也有类似的东西出来。然后，最有想象力的，就是类似曲面显示屏在内饰上的应用，以及从 OBD 口读取数据后的各种解读。

现在有些车都已经安装有不少传感器，只不过这些传感器的应用，还局限于发出警告，基本很少有做被动、主动干预的功能。主动干预可以发挥想象力，很多以前科幻的点子，其实在技术层面已经可以变为现实。比如，主动干预可以落实为堵车辅助驾驶，这样堵车的时候按下辅助，就可以放开手脚看书玩手机了，车辆根据前后左右的感应距离以及 GPS 进行自动龟速挪动。这种功能如果能发展出来，首先人民就有福了。当然，如果这种类似自动驾驶的主动干预机制太过超前，在被动干预方面，也是有刚需的，比如如果开着被动干预功能的话，菜鸟司机出现误把油门当刹车的很多场景，诸如停车时对着墙壁踩油门这种动作，就可以被干预掉。其实，自动驾驶技术已经可以应用了，不但 Google 的街景车已经跑了很多年，福特也已经有整套的方案，只不过，现在有很多非技术的问题，使得自动驾驶车辆还难以投放在大众市场上。

众所周知，汽车行驶过程中，驾驶员存在不少盲点，如果把曲面屏应用到内饰里，完全可以用来覆盖 A 柱 B 柱，然后利用摄像头把被遮住的风景也投射进来。柔性屏目前只看到手机厂商在用，其实包括电视和手机，其柔性屏的需求确实有点生硬。但类似汽车内部很多地方都可以派上用途，屏幕并不一定就是娱乐需求，对于行车辅助和安全也有很大的作用，它可以成为驾驶者的第 N 只眼睛。

至于互联网化方面，想象空间更大，比如气候、地形的预判以及提示；根据导航点和油量以及沿路加油站的情况提前发出加油规划；甚至社交功能。比如，系统可以提示，前面路段有 8 964 个用户选用了泥地模式通过，我们现在处在自动模式之下，要不要也改用一下泥地模式？这是不是也有一个在线社区的机会？

互联网以及移动互联网确实已经到了一个相对成熟的阶段，在这个阶段里，要出头会比早期更加艰难，但也并非就是已经无路可走。任何老旧模式都有可创新部分，任何新路都有可以轻装进入的狗洞。举个例子，开发游戏原本是比较简单的项目，现在，想要开发一个能够得到市场认可的游戏，比拍一部大片还难。曾经开发手游是小团队创业的快速项目，现在的手游和端游相比，也没有多少差别。但是，在游戏开发，甚至相对成熟的游戏发行渠道、发行方式上，还是有非常多的创业机会，还是有那么多的创业者进入并有获得成功的希望。只是，创业的切入点在哪里，创业者必须要有所感觉，没有这个感觉，就不可能有支撑下去的信心。哪怕这个感觉，仅仅是觉得那些巨头们，有一天会需要这个业务的。这个时候，巨头们的贪婪，也会是残酷的创业路途中的一点安慰剂。

（2014-04-09 作者：右狸 来源：左林右狸微信）

# 第 4 章　创业资源运用与整合

## 【本章要点】

1.创业资源；
2.创业融资；
3.创业资源整合。

## 创业实录

### 豆瓣网的融资历程

“豆瓣面对的其实并不是一个小众市场。”杨勃的理由在于书籍、电影、音乐其实是一个非常普遍的需求，其背后的人群也是非常庞大的。“关键在于如何在现有的基础上找到一条合理的路径以吸引更多的用户。”

其实，豆瓣本身也不是杨勃创建的第一家企业。

**连续创业者**

早在 2000 年，杨勃就辞掉了 IBM 顾问科学家的工作回到了北京。在北京国贸的星巴克，杨勃在清华时的老同学说服了他。“其实我参加进去的时候，他们已经快要拿到投资了。”杨勃当时在这家名为“快步易捷”的企业职位是首席技术官。

杨勃坦诚对于那次创业并不是很喜欢，“更多的是受到了当时创业热潮的感染，并没有想好自己能做什么。跟当年很多怀有远大理想的企业一样，‘快步’的目标是成为中国最重要的物流 E 化方案供应商。但是经历了融资、烧钱等过程之后，‘快步’却没能朝着目标再前进一步。”

2004 年 7 月中旬，决定不再坚持的杨勃跑到美国去转了两周后发现，自己“再也无法想象回到大公司去上班会是一种什么样的景象”。

回国后不久，一个名叫“驴宗”的网站就在杨勃的电脑里成型了。“驴宗”的想法跟杨勃的爱好密切相关。当杨勃还在美国的时候，他就曾经靠着打工挣来的钱在美国、欧洲等地跑了一大圈。

不过在某种程度上，“驴宗”只是后来的“豆瓣”的试验品。“相对旅游而言，看书、听音乐、看电影是一种更加普遍的需求，也是我的爱好。”

2004年9月间，离开曾经居住的北京豆瓣胡同，杨勃决定在网上给自己也给大家建一个“豆瓣”网站。

**另类天使**

“我觉得用20万元人民币(大约合2.5万美元)差不多就可以做出一个雏形来。”不过二次创业的杨勃当时手里就是连这20万也拿不出来。“我自己的钱都砸在了快步易捷里头了。”开始写豆瓣网站程序后不久，杨勃就想到了天使投资。

在美国待了将近10年的杨勃找起这点钱来也没有费多大劲。“梁文超给我投了1.5万美元，他的一个同事也跟着投了1万美元。”梁文超是杨勃在清华大学物理系读书时同寝室的同学。当时梁文超正在硅谷的Maxim公司工作。

“我们当时就说好了，一年后他们可以选择是让我还钱还是转换成公司的股票，而且他们可以把这笔钱按照对自己有利的方式转换成股票。”杨勃解释说，如果一年内有投资人进来，而且投资人给出的估值高于企业的价值，那么梁文超和他的同事就可以按照企业的价值来获得相应的公司股份；反之亦然。

这种做法相当于把风险都留在了杨勃这边。“当时我们也没有签什么协议，只是口头上的君子协定。”梁文超只是出于信任才把钱“借”给了杨勃。“在硅谷的时候，我和他是我们班仅有的两个还没有结婚的，相互之间交流比较多。”杨勃嘴边流露出些许自嘲的口气。

一年后，即2005年年底，梁文超和他同事的“借款”如约转换成了豆瓣的股票。按照一年前的约定，对豆瓣的估值大约是67万美元。

没过多久，杨勃又开始了寻找第二轮天使投资的工作。“原定的目标是10多万美元。”杨勃很快就觉得一时花不了那么多钱，最后只要了6.5万美元。2006年春节前后，这笔钱陆续打到了杨勃个人账户上。豆瓣的估值也随之涨到了百万美元以上。

“我的确跟陈一舟有过接触，当时是希望他个人能够做豆瓣的天使投资人。”由于双方在预期上存在差距，因此也就没有什么结果。“陈一舟更希望以千橡集团作为投资主体。我并不希望那么早就有公司资本进来。”

**从用户到投资人**

杨勃原本并不打算过早地给豆瓣寻找机构投资。但是2005年以来中国创业投资市场上竞争的加剧却使得杨勃很快就跟VC接上了头。

最先找到杨勃的是IDGVC的投资经理高强。早在2000年，IDGVC就投资了杨勃参与创建的“快步易捷”。2005年6月，拥有广泛触角的IDGVC再次注意到了刚刚起步的豆瓣。

从IDGVC开始算起到最终拿到投资，杨勃或被动或半推半就地总共见了15家左右的创投机构。

“我们感觉刚刚进来的国际VC跟在本土打拼过一段时间已经完成了本土化的VC之间最大的差距其实不是在信息的获取上，而是表现在对市场的深层理解上。"虽然杨勃跟纯粹国外背景的VC在语言沟通上并不存在什么障碍,但是他最终还是选择了由本土背景的冯波和Chris联手创建的策源基金。冯波早年在亚信、新浪等企业私募融资过程当中发挥了关键性的作用。此前,他还曾经出任过ChinaVest中国首席代表。

不过,冯波第一眼并没有看上豆瓣。尽管冯波很早就已经是豆瓣的注册用户。但是对于上线不到半年,也没有多少用户的豆瓣,冯波还是很难找到足够的理由来说服自己。

2006年4月,断断续续地接触了半年之后,逐渐被豆瓣粘住的冯波和策源的投资经理原野才开始认真讨论起杨勃和他的豆瓣。

经过两个月的讨论,2006年6月1日,杨勃和冯波正式签署了"Term Sheet"。6月下旬,策源基金的200万美元投资就到了豆瓣的账上。

"策源出价其实并不是最高的。"杨勃选中策源基金的一个原因在于它是一只很新的基金。"这就从时间框架上允许它看得比较远。"

"策源基金募集成立于2005年上半年,规模为1.2亿美元。"原野接着说,"作为一只专注于IT类早期投资的基金,在过去的一年当中,策源已经投资了20几家创业企业,涉及金额达数千万美元。"

**路径依赖**

"通过长期的观察和接触,我们逐步感觉到杨勃是一个实实在在做事情的人。"原野如此解释策源基金态度的转变。"在相当长的一段时间内,基本上都只是杨勃一个人在做豆瓣,而且做得越来越有声色。"

"一开始,豆瓣只需要关注书评、书籍推荐等网友看中的核心价值就可以了。"美国加州大学圣迭哥分校博士毕业的杨勃觉得自己一个人就可以先把网站做起来。"没有必要一开始就把架子搭得那么大。"杨勃说,"当时我也请不起那么多人"。

豆瓣功能的添加和完善都是杨勃在跟网友的互动过程当中逐步实现的。在书评的基础上,豆瓣逐渐增添了"以书会友、价格比较、二手交换"等功能,同时还增加了电影和音乐等方面的内容。

有了这些功能作基础,通过跟当当、卓越等网上书店的链接而产生的购买行为,豆瓣开始有了一些分成收入以应付日常的开支。

与此同时,豆瓣最初的一些用户也开始完成了身份的转换。

2006年3月,豆瓣正式上线一周年之际,豆瓣迎来了自己的第二位正式员工——Brant。Brant是豆瓣的第212个用户。截至2006年6月30日,连同杨勃在内,豆瓣一共拥有5名正式员工。这个数字正好和快步易捷创始人的数量相同。不仅如此,这5个人还都是豆瓣的前2 500名注册用户。

"从用户当中发展员工有一个明显的好处,那就是他们自己对豆瓣比较熟悉,有感情。"杨勃觉得这样大家的理念会比较接近。

获得融资后的豆瓣还将开通旅游板块。杨勃本来担心这将会分散豆瓣的核心价值，而现在"驴友俱乐部"是豆瓣最活跃的小组之一，"原来豆瓣的用户大多数也都是驴友一族"。

（资料来源：融资通 http://www.rztong.com.cn/newshtml/2007119/ns10851.shtml）

启示：俗话说"巧妇难为无米之炊"，没有柴米油盐酱醋茶这些基本原材料，再能干的家庭主妇也很难做出一桌丰盛的宴席来。豆瓣网创始人杨勃的创业过程告诉大家，如果没有获取相应的创业资源，即使出现了大好的创业机会，创业者也难以迅速抓住并利用这个机会，创业也就等于空谈，也就难得成功。创业资源与创业者的关系就如同染料和画笔与艺术家的关系那样。优秀的创业者需要不断地开发和积累创业资源，还要借助内外部的力量对各种创业资源进行组织和整合。

## 4.1 创业资源基础理论

### 4.1.1 创业资源基础理论——资源基础理论（RBV）

资源基础理论（Resource Based View，RBV）兴起于20世纪80年代至90年代中期，自Wernerfelt（1984）的开创性文章发表以来，众多学者为资源基础理论作出了许多贡献，著名的有Barney（1986，1991），Amit和Schoemaker（1993），Peteraf（1993），Teece等（1997）以及Rumelt（2005）。资源基础理论被广泛应用于不同企业经济现象的解释，如信息系统（Walde&Hulland，2004），组织网络（Lavie，2006）等，近年来如Armstrong和Shimizu（2007），Lockett，Thompson和Morgenstern（2009）对资源基础理论的理论和实证发展也有推动作用。资源基础理论自诞生以来迅速成为管理理论研究领域应用最为广泛、影响最为深远的理论，它激励着从事企业、管理、战略等研究领域的学者们不断探讨如何利用企业内部资源和能力来获取企业持续竞争力（sustained competitive advantage）。资源基础理论的核心主张是企业如何通过获取和控制有价值的（valuable）、稀缺的（rare）、无法模仿的（inimitable）或难以替代的（unsubstitutable）资源能力，再加上企业组织（VRIO）适时吸收和应用这些资源和能力形成持续竞争优势的状态（Barney，1986；Prahalad & Hamel，1990）。资源基础理论的核心主张也促成了其他重要的相关理论的提出，如核心竞争力（Prahalad & Hamel，1994）、动态能力（Helfat & Peteraf，2003）以及知识基础观（Grant，1996）。

用资源基础理论来探讨企业如何获取持续的竞争优势（SCA）是许多学者常用工具，但是，一些学者对企业资源基础理论的解释力度产生了怀疑，并提出批评意见。如 Gibbert(2006)指出资源独特性(异质性和非流动性的整合)的主张是不可能的,否认资源基础观中任何可能产生一般化的资源独特性,任何企业也不可能产生如上所述的异质性或非流通性的特征的资源;Levitas 和 Ndofor(2006)的建议更加中肯,我们如何获知资源独特性到什么程度可以帮助企业获取竞争优势?另一派学者如 Connor(2002)指出 RBV 适用于一些拥有重要市场力量的大型企业,而一些小型和灵便型的企业的持续竞争优势无法基于静态的资源,因此,它们不在资源基础理论讨论的范畴之内,然而,一旦这些小型企业因为拥有非显性的资源,并由于独特的能力而获取独特的竞争优势时,Conner 的主张则显然站不住脚。这也给予我们启示,RBV 的应用范围的限制:它是应用于一些追寻持续竞争优势的企业;对于那些满足于当前的竞争定位或市场定位,RBV 则无法带来某些启示,因为它同企业管理层的意图紧密相关。Miller(2003)也对 SCA 中的"持续获得 "进行了讨论,Miller 指出企业所需要的那些帮助企业获取持续竞争优势的资源事实上而言很难在首先获得,换句话说,只有那些已经拥有 VRIO 资源的并可以应用额外资源的企业才能获取竞争优势;否则,其他竞争者也可以平等获取。故而,这给我们的启示是,资源基础观具有"路径依赖性"即所有企业过去所拥有的资源将会决定企业当前和未来的绩效表现。若 RBV 范畴含有个人资源和创业者能力,那么,资源基础观也适用那些新创企业和中小型企业的持续竞争优势获取。

Barney(2002)自己也曾根据已有学者关于 RBV 的批评意见,也针对 RBV 进行了反思,他认为资源基础理论的应用也具有一定的局限性,即一旦在某个产业内游戏规则是限定的,资源基础观是适用的,若一旦处于无法预测的环境之中,如新技术、新市场出现以及资源价值发生变迁时,RBV 则无法解释企业如何去获取持续竞争优势(SCA)。在完全竞争市场条件下,由于资源控制者在出价低于价值的情况下绝不会出售任何资源,而战略构建者也不会为资源支付超过其战略实施价值的任何价格。在此类(完全竞争)市场上,所有产品市场上本可存在的租金都会被各方所预见,并因竞争的存在而最终被耗散掉。这一结论在很多战略要素市场上得到验证,例如,研究显示,在公司控制权市场上,如果几家企业为相同的战略目标针对一个标的企业展开并购竞争,则该标的企业的价格会很快提升至与该战略目标价值相一致的水平(Jensen & Ruback,1983)。对于资源的不可交易性,Barney 认为资源的不可交易性本身并不能直接作为竞争优势来源的原因,源于企业培育、发展这些不可交易资源的要素市场是不完全竞争的,并使得这些资源在被用于实施产品市场战略时资源的不可交易性成为了企业竞争优势的来源。企业的独特性,即企业拥有独特的历史背景、神秘资产组合、或成为某战略的唯一企业(独特是商业模式),故这类独特企业可以获得战略资源并由此来获得竞争优势。市场进入不足,具有实力的企业因为种种原因选择不进入该市场,使得处于该市场中的企业拥有竞争优势。现实中,处于不完全竞争的战略要素市场上,企业以以下两种方式的某一种或二者组合来取得战略实施所需的资源,并进而获得竞争优势。第一,在取得或开发实施战略所需之资源时，对战略的未来价值有着持续准确预期的企业能利用它们的这种见解来避免经济损失和取得经济租金；第二，在对战略的真实未来价值被低估的情况下，企业凭借运气同样也可以获得竞争优势。

企业凭借不完全竞争市场所获得的市场势力来提升企业绩效水平，以及由于完全竞争市场可能产生经济租金耗尽的结局，促使企业的创业者们要去寻求企业绩效提升的新的途径。若仅仅拘泥于资源基础理论，创业研究无法获取更多全新的进展，例如一些特殊行业属性的企业（诸如中小科技型企业）到底凭借什么动力和途径来实现企业的持续性成长？如何利用商业模式来获取企业的竞争优势则是当前许多学者所关注的问题。

彭罗斯（Edith Penrose）在1959年出版的《企业成长理论》一书中已有较为深入的分析：企业的成长（扩张）存在内部的诱因（障碍）以及外部诱因（障碍）。内部诱因（障碍）：企业现存的生产性服务、资源和专门知识的积累到一定的程度，并在具有野心和进取心的企业家的带领下会产生企业成长或扩张的动力；管理能力的欠缺或者管理服务剩余不足，企业发展所需要的物质资源、人才资源的匮乏，经验知识积累的欠缺则会形成企业发展或成长的障碍。外部诱因（障碍）：市场需求的增长、技术的进步、能够开辟新市场的有前途的新发明创造、可获得更好市场及垄断优势的机会等构成企业成长的外部动力；市场上激烈的竞争，扩张难度增加；专利技术的限制、新进领域成本增高等会形成企业扩张的障碍。简而言之，企业中企业家服务、管理服务以及企业内部资源、外部风险不确定性构成企业成长的限制或界限。彭罗斯还初步探讨了决定企业成长的速度：（管理服务成本的支出）/（每一美元的扩张）= 成长率（成长速度）。而企业现有的管理服务存量与成长速度的比则形成了企业的成长的极限：（现有管理服务）/成长速度 = 企业成长的极限。

用彭罗斯的企业成长极限，我们可以用来分析企业所处的各个时期的特点，以及讨论企业为什么会走向老化。比如说，处于青春期的企业，其管理服务剩余较多，企业内部管理人员或员工对工作经验的积累速度快于企业当前的发展速度，且企业家服务（创业者）：融资能力强、进取心强、敏锐的机会把握能力，则企业此刻明显处于青春期。

### 4.1.2 创业资源分类

资源基础理论强调如何运用稀缺的、独特的资源来帮助企业获得核心竞争力。彭罗斯聚焦于企业家资源和企业的生产资源，认为企业内在因素决定了创业企业的成长。显然，创业的资源类型至少应当包含有企业家资源、财务资源、生产物质资源、技术资源和企业组织资源。

1）企业家资源

企业家资源应该包含创业者、创业团队成员，他们构成了企业资源的主体。企业家资源周围所形成的社会关系资源、创业网络资源能够为创业企业提供重要的创业知识、资金和人力资源。无论拥有多么丰富的创业资源,如果没有优秀的企业家资源,所有其他的资源在创业过程中无法得到有效的利用。因此,可以说企业家资源决定了新创企业的未来走向,也是创业企业创业成功的核心基石。

2)财务资源

对于新创企业来讲,资金永远是颠扑不破的稀缺资源。它包括资金、资产、股票、有价证券等。初创之时,企业的财务资源一般来自于家庭、亲戚、朋友,或少量短期的银行贷款。

3)生产物质资源

生产物质资源主要指创业企业在生产经营过程中所使用的有形资产,如厂房、机器设备、办公场所等;当然也包含森林、溪流等(如景区经营)。

4)技术性资源

技术性资源主要指那些依赖于关键技术进行创业的企业,通过技术专利、创新核心技术(新能源、新一代信息技术等)、生产流程、生产作业系统、专业设备等与特殊的人力资源(如技术人员)相匹配来形成企业独特的技术性资源,这种资源往往能为企业赢得核心竞争力。这部分的资源若不利用相应的法律手段予以保护,很容易产生关键性资源的流失,对于企业来说是一种灾难。21世纪最为重要技术资源可以分为新一代信息技术、新能源、新材料技术、生物技术等(划分详见表4.1)。

**表4.1　新技术资源和产业的内容、特点及发展趋势**

| 产业名称 | | 主要内容 | 主要特征 | 发展趋势 |
|---|---|---|---|---|
| 1.新一代信息技术产业 | 信息网络工程 | 宽带接入、IPv6核心技术和关键装备、宽带移动通信技术、光通信器件、光传输核心芯片、骨干网传输设备技术 | 广泛、融合、智能、安全可控 | 多层次、立体化、全覆盖的信息网络 |
| | 移动互联网 | 移动电子商务、移动流媒体、移动智能终端操作系统 | 基于移动互联网的信息安全、移动支付、搜索引擎等关键技术 | 即时通讯、移动支付、移动下载服务 |
| | 云计算 | 依赖计算机网络资源的共享以达成规模经济,类似基础设施(如电力网)。以资源聚合和虚拟化、应用服务和专业化、按需供给和灵便使用的服务模式,提供高效能、低成本、低功耗的计算与数据服务,支撑各类信息化的应用 | IAAS(基础架构即服务)、PAAS(平台即服务)和SAAS(软件及服务)等公有云服务为主,多人共享资源池、随需自助服务、快速 | “公有云、私有云、社区云、混合云”各类云计算服务协同发展;云服务互操作与虚拟化管理的方法;云仿真的研究与应用 |

续表

| 产业名称 | | 主要内容 | 主要特征 | 发展趋势 |
| --- | --- | --- | --- | --- |
| 1.新一代信息技术产业 | 物联网 | 包含有射频识别与传感节点技术、组网与协同处理技术、系统集成等关键技术-终端核心芯片、RFID读写器具、传感设备等关键产品和设备 | 适用于“交通、物流、安保、电网、水务、环保”等领域 | 物联网技术参考模型、物联网统一标志和解析等顶层设计技术 |
| | 三网融合 | “电信网、广播电视网、互联网”向宽带通信网、数字电视网、下一代互联网演进;IPTV、网络电视、视频网站、数字电视宽带上网等三网融合业务应用 | 智能家居、家庭商务、家庭金融等数字家庭;“双认证、双计费” | 相互渗透、互相兼容、逐步整合成为全世界统一的信息通信网络 |
| | 集成电路 | 集成电路设计、集成电路制造、集成电路封装与测试 | 高密度、高可靠性、高智能、低成本 | 围绕移动互联、数字电视、射频识别、卫星导航等核心领域,以及嵌入式CPU、射频芯片、高精度传感器芯片、信息安全芯片等产品的研发设计集成电路产品 |
| | 新型显示 | TFT-LCD 面板、LTPS、OLED、激光显示、3D 显示、LED 照明以及低功耗、高分辨率显示等关键核心技术领域 | 节能、低功耗 | OLED 面板、TFT-LCD 用偏光片、驱动 IC、电容式触摸屏、生产检测设备以及功率型白光 LED 等领域发展迅速 |
| | 新型元器件与专用设备 | 容阻感元件、机电元件、传感器件、光电器件等量大面广的产品升级换代;智能仪表、专用测量仪器、仿真仪器等核心技术 | 智能化、微型化、绿色化 | 高精度、高可靠性传感器等元器件;表面贴装设备、多线切割机、激光加工设备、通信测试仪器、净化设备、环境实验设备等领域 |
| | 高端软件和信息服务 | 基础软件、工业应用软件、行业应用软件、新兴信息服务(数据挖掘和数据分析) | 智能化、规模化、高端化 | 可信网络计算、多核并行计算、SOA 等核心关键技术 |

续表

| 产业名称 | | 主要内容 | 主要特征 | 发展趋势 |
|---|---|---|---|---|
| 2. 新材料产业 | 电子信息材料 | 平板显示材料、半导体照明材料、微电子材料光电子材料等 | 为新一代信息技术产业提供材料支撑 | 新材料的研发及产业化 |
| | 新能源材料 | 新型储能材料（锂离子、高能储氢、燃料电池）；太阳能材料（太阳能光伏、光热材料及建筑一体化材料） | 高效储能、高性能 | 锂离子电池关键材料、超级电容器关键材料的研发及产业化；低成本、高性能太阳能光伏、光热材料的研发 |
| | 生物材料 | 药物控制释放材料、组织工程材料、生物活性材料、诊断和治疗材料、可降解和吸收生物材料、人造血液 | 对人体组织和器官诊断、修复或增进其功能的一类高技术材料 | 生物材料的医用价值开发 |
| 3. 新能源产业 | 太阳能、核能、风能、生物质能、储能电站、新能源汽车 | 薄膜太阳能电池，高效晶体硅太阳能电池及组件；核电信息技术，核电站建设与运营综合服务系统；风电控制装备，风力发电设备，新型风机设备制造；垃圾焚烧发电，垃圾焚烧炉排和烟气处理装备及其他生物燃料；储能材料，储能装备，储能电站建设；混合动力汽车，纯电动汽车，天然气汽车，动力电池 | 绿色、高效、低碳；科技含量高，资金投入大，产业融合度高 | 新能源将取代传统化石能源逐步成为能源开发利用的主导 |
| 4. 生物产业 | 生物医疗 | 新型生物医疗设备、诊断检测仪器与试剂、临床诊断治疗康复设备等 | 多功能、易操作、易维护、易携带 | 生物分子核医学显像、新型生物体外诊断检测、生物医学材料、组织工程产品与生物人工器官等 |
| | 生物医药 | 新型疫苗、生物药、小分子药、多肽类药、现代中药等 | 由生物技术产业与医药产业共同构成，技术平台的通用性 | 治疗性基因工程药品、用于疾病预防和治疗的疫苗、新型基因工程药品，单克隆抗体药物的研究和产业化 |

续表

| 产业名称 | | 主要内容 | 主要特征 | 发展趋势 |
|---|---|---|---|---|
| 4.生物产业 | 生物农业 | 农业、林业新品种，绿色农用生物制品，生物保健产品，以及海洋生物技术产品 | 生物技术在农业品种、种植及病虫害防治上的广泛应用 | 转基因抗虫、抗病、抗旱、耐盐和优质农作物和经济作物新品种的研究；海洋生物种苗、海洋药物和海洋保健产品、水产品检测技术、海洋生物能源 |
| | 生物环保 | 生物环保产品生产、再生资源综合利用技术的研发和产业化，环境监测、废弃物处理、水处理、水污染治理、废气治理技术及成套产品 | 环境保护的生物技术应用 | 利用生物手段从废弃物获得生物燃气的技术研发与产业化 |
| | 生物制造 | 生物的机能（功能与原料）生产燃料、材料和化学品的加工方式 | 高效、清洁、可再生 | 生物基高分子新材料、生物基绿色化学品、新型酶制剂等 |
| | 生物能源 | 利用生物质转化能源，并促使生物能源商业化发展 | 环保、增加新能源供给 | 生物柴油、燃料乙醇、生物质发电、生物柴油发电 |

5）企业组织资源

企业组织资源主要指企业的组织结构体系、信息决策系统、制度规范等企业内部的正式管理系统。企业战略的执行、命令的畅通依赖于企业组织资源设置的科学合理；好的企业文化、生产计划必须由企业组织资源提供保障。对于一个创业企业来说，好的组织资源是企业创业成功的基础。

### 4.1.3　创业资源的利用方法

创业者需要利用现有资源去推动企业的创生成长。毫无疑问，每一个企业创始人均想用最少的资源去创造最大的产出。无论是已经拥有较多资金、人才、技术等资源"二次或连续"创业者，还是白手起家既缺资金又缺设备的"新手"创业者，他们都将面临一个如何去有效利用有限创业资源去保证新创企业发展的问题。现有关于创业研究的学者通过案例或实证分析发现，创业者无论处于创业的哪个阶段都会感到创业资源的短缺，问题的关键在于如何去总结在不同情境下的利用科学规律来使用创业资源。

1）自雇型创业资源利用

这类创业者在创业初期一般拥有很少的创业启动资金或资源，因为他们缺乏足够的声誉或信用，不动资产抵押从银行或其他金融机构贷到创业启动款项，银行也出于风险控制的考虑，一般倾向于向大型的企业，知名度较高的企业贷款；白手起家型的创业者出于对企业实际控制的要求，不愿意或推迟使用外部资金，如天使投资、投资公司等的资金，因为这投资公司一般会在投资合同里面要求拥有创业企业大部分的股份，对企业的经营和决策有较大的决定权，这对于一些独立意识很强的创业者来讲不是很自在。

这类企业对于资源的利用方式比较简单，一般利用创业者自有资金、父母和亲戚的借款等，采用“滚雪球式”的方式积累创业“第一桶金”，习惯于步步为营，一步一个脚印的赚取利润，积少成多后进一步扩张企业的规模，并在市场上逐渐树立企业的信誉和打造企业的实力。

2)组合型创业资源利用

要弄清组合型创业资源利用的理解，首先要理解组合创业(portfolio entrepreneurship)的概念。对于这一概念的研究主要始于西方学者，该概念的特征是以创业者个体为分析单位，强调创业者同时拥有两家或两家以上企业的所有权，强调公司实体的创建，Marita 等(2007)也认为组合创业实际上就是一种创业资源的运作模式，在这种模式中，不是公司而是创业者同时创立、拥有、管理和控制几家公司。国内学者陈江和陈凌以公司为分析单位，从组织层面提出了组合创业定义——企业根据内、外环境状况，在维持原有经营基础上，综合运用产品创新、事业部和公司创建、战略重组或更新等策略，从而实现企业新、旧组成部分或资源优势互补、协同发展的创业战略。显然，从该概念我们可以看出组合型创业资源利用的特点，即主要是创业者如何从其创立的两家或以上的企业中去组合利用创业资源并促使企业成长发展。从创业者资源获取与经验积累角度来看，组合创业者相比于白手起家型的创业者而言，具有更大的销售和就业增长，主要原因在于组合创业资源的利用优势：①组合创业的团队成员拥有先前的创业或工作经验，积累了相关的重要知识；②组合创业者可以凭借以往建立起来的关系网络和过去的成功，能够获得更多的财务资源；③组合创业者具有相对独特的知识经验；④组合创业中的企业之间在资源的转移上相对方便和自如。

3)衍生型创业资源利用

衍生型创业是创业个体与某母体企业合作的产物。从母体企业与衍生企业的关系出发，我们将衍生划分为两种：①主动衍生，母体企业将新企业作为总体的一部分，并持有其一定份额的股权；②被动衍生，也叫裂变，指由企业原先雇员创立独立企业，该企业与母体企业一般不存在股权联系。主动衍生包括重组型和创业型衍生，通常是由母体企业采取的一种分拆原有业务或者公司内的再创业战略，而被动衍生主要是指由原企业内的员工发起的、以创业为导向的企业。从根本上来讲，节约资源并充分利用资源是衍生企业重要的目标，在这一点上，战略资源观从效率提升角度对企业衍生提供了强大的理论支持(Barney, 1991)。循着资源基础观的逻辑，衍生企业可以看作是对于包括来自母体企业资源在内的所有资源的重新安排，战略性资源，特别是对于那些作为企业持续竞争优势来源、不易模仿和不易替代的资源，在不同企业间往往呈不对称分布。例如，受雇于先进技术公司的员工有着更多接近有价值创业信息的机会，从而更可能创造出被动衍生企业，一些经验研究也从专利质量（以引用率计）入手，考察了企业资源禀赋水平与企业实施主动衍生战略间的关系，发现两者存在显著的正向相关性。在多数情况下，资源不是独立地发挥作用，而是需要与其他资源结合起来共同完成某项业务活动的，资源的这种不易分割性导致企业中存在着未被利用的生产性机会，这成为公司采取衍生战略的重要基础与前提。由于现有资源实现了一定组合，未进入这个组合的相对过剩的资源就构成了衍生的基础。有些企业现有业务之间联系非常紧密，存在一定程度上的相互依赖，这些资源已经高度组合在企业之中，却又缺少创业的机会。而对于那些现有业务资源组合程度较低的企业，资源相互间联系相对比较松散并且较容易被转移和继承，这时母体企业对创业资源展开衍生型利用的概率往往较大。

## 4.2　创业融资

### 4.2.1　创业融资的内容

正如小微型企业的融资难是一个世界性的难题一样，对于多数新创企业而言，融资难被许多创业实践者和学者们称之为创业阶段的“财务地狱”。显然，基于资源基础理论，许多新创企业由于缺乏关键的核心资源，又面临诸多不确定性的市场因素，创业者自身的能力和素质该阶段也处于一种积累阶段，这必然导致这类企业很难从外部获取创业所需的关键资源——资金。以湖北省武汉市为例，2010 年，武汉中国金融中心指数综合竞争力位列全国第九，继 2010 年全市金融机构本外币各项存款余额达到 10 930 亿元以来，2011 年本外币各项贷款余额也以 10 151 亿元突破万亿大关，2011 年其 GDP 已超过 6 500 亿元。虽然武汉是我国中部地区中心城市，但是离“北上广深”还有很大的差距。借鉴沿海地区的发展经验，武汉未来的经济腾飞和国家中心城市的建设都需要依靠创业，通过发动自主创业给地区经济注入强劲的动力和新鲜的活力。就目前现状而言，武汉的创业活动受创业融资难的限制而难以全面开展，现有创业融资模式无法满足众多创业者的资金需求。因此，对于创业者而言，制订和实施创业计划的一个重要的工作就是做好创业前的财务准备，这是创业融资的策略问题。

创业融资需要创业者去确定和处理以下问题：首先，要确定创业资金需要多少；什么时候需要这些资金；何处以及向谁筹集资金；资金需要维持多久；资金使用过程安排与管理。图 4.1 展示了创业学家 Timmons(2001)所提出的创业融资的编制方法和框架。

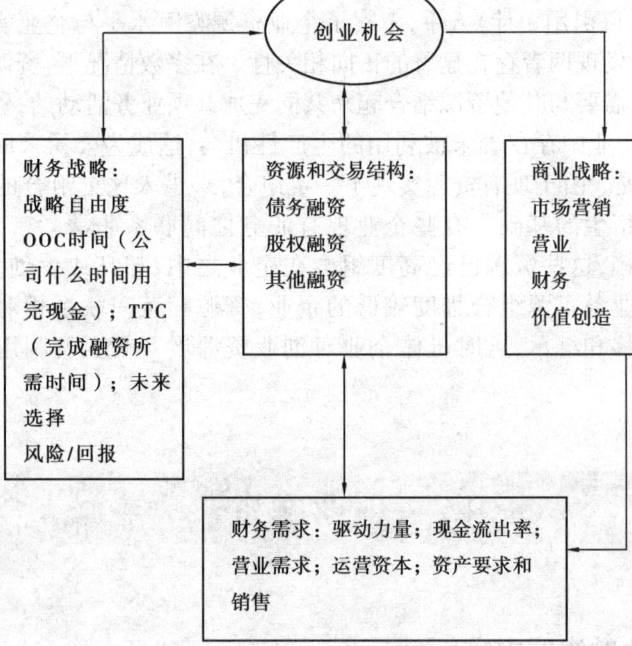


**图 4.1　财务战略框架(Jeffry Timmons,2001)**

由上图可知,创业机会驱动了创业企业的创业战略,然后其有驱动了财务需求、融资来源和交易结构及财务战略。故而,财务战略的核心是自由现金流,创业者在创业融资阶段需要重点关注 3 个变量:①预计和实际现金流出比率;②OOC 时间(公司何时用完现金);③TTC(完成融资所需时间)。以上变量对于创业者而言非常重要,它们会直接影响创业者对于各类不同资金来源的选择以及与资金提供者进行讨价还价的能力。若现金 90 天用完,那么创业者的处境很不利,即使 6 个月后会出现一些现金,90 天用完也显得过快,如果现金一年或更多时间用完,那么,对于创业者而言,选择权、价格契约条件将大为改观。由以上事例我们可以看出,作为创业者在自己并不需要急用钱的时候就要开始准备创业所需的资金。显然,创业融资也是需要成本的,各类隐性成本、显性成本、会计成本、机会成本等都会增加创业者未来的融资选择权。故而,创业者应该考虑创业融资成本以及完成创业融资所需的时间。

### 4.2.2　创业融资的原则

对于创业者而言,在创业融资过程中需要把握住基本的融资原则,一些学者总结了创业融资的黄金法则:一是现金为王(尽量让创业企业手中留有足够多的现金,以备不时之需);二是尽早收回现金(如货款)和延迟支付购物款(原材料采购款);三是尽量使用风险较小的融资来源。创业企业在创业的不同阶段对于不同形态的资金有不同的需求,因此,创业者需要制定财务战略,即创业者需要从创业开始就拟订好创业融资的计划,显然如果创业者没有事先拟订好战略规划而临时筹措资金,会严重影响企业的发展进度,甚至措施创业机会。创业融资必须遵循以下基本原则:

1)及时性原则

创业企业的经营具有很强的时效性,因此,需要根据企业资本投放时间来安排企业资金的投放。创业时机窗口从打开到关闭,往往时间非常短,企业如果没有及时地筹集资金,展开生产抓住市场,这样的创业机会就会被其他创业主体抓住。创业企业的融资和投资在时间上要做到协调,避免因资金筹集不足而影响创业企业的正常经营,要防止企业资金筹集过多或过少,而导致资金利用率低下。故而,企业要在创业之初就提前准备好一定数量的储备融资渠道,不错过创业机会。

2)合法性原则

创业企业的融资活动需要遵守国家相关法律法规,依法履行相应的责任并维护融资利益相关主体的权益,极力避免非法的融资行为(如用允诺高于国家正规金融机构的利息率和回报率来吸引个体投资人投入资金)。非法所融得的资金无疑会使创业者陷入恶性循环并可能导致无法挽回的结局。

3)效益性原则

毫无疑问,创业融资目的是帮助企业在未来的经营活动中盈利,创业融资前需要对所要开展的创业项目进行内部收益率(IRR)、投资回收率(Payback Period)以及项目的净现值(NPV)进行估算。创业融资与企业投资在效益上要形成互补,创业投资时决定企业是否融资的重要因素,投资收益与投资成本相比较,决定着创业企业是否要追加筹资;而一旦对某创业项目投资,其投资数量决定了融资数量。故而,创业企业在融资过程中要充分计算投资项目的收益情况并对筹融资方式进行比较,需求合适的融资组合以降低融资风险和成本。

4)低风险原则

显而易见,创业融资是有风险的,特别是创业者在制订创业计划时就要提前考虑各种融资渠道的风险。企业在每一阶段确定融资策略的时候,必须首先考虑稳定、变数较小的融资渠道,如有抵押的银行贷款,而风险较大的、不确定性较强的融资渠道只作为备用融资渠道;企业还需考虑银企关系的变化、国家政策的变化可能对于企业获得资金支持的不利影响。总而言之,创业企业在制定融资策略时要保持与企业整体的经营战略的一致性。这样做可以避免出现创业企业资金管理失控而导致的财务状况恶化的后果。

### 4.2.3 创业融资的渠道

创业企业的融资渠道按照融资对象可以划分为个体资本融资、机构融资和政府创业支持政策融资。其中个体资本融资主要是指创业企业家个人自筹资金;亲戚朋友融资以及个人投资资金或称天使资金(Business Angel)。机构融资主要指创业企业向商业银行进行抵押贷款、担保贷款和信用贷款、中小微型企业间的互助机构贷款;发行股票公开上市等。政府创业支持政策融资主要是指政府推出的针对创业者个人提供的各种扶持基金和政策,比如政府科技创新专项基金、税收减免和优惠、财政补贴以及贷款援助等,具体而言,政府背景的融资渠道主要包含以下4种主导模式:一是政府直接投资模式,包括股权投资、债券投资和政府补助;二是政府奖励模式,即将原本补贴给创业者的资金通过奖励的方式发放给符合条件或是达到一定要求的创业者;三是政府间接扶持模式,即将政府创业基金通过利息补贴、风险补偿等方式投入给为全民创业提供服务的银行、中小企业担保公司等金融机构;四是政府引导基金模式,即政府出资成立创业引导基金,建立起一种社会共同投资和支持的模式,引导社会资金加入,共同组建各类创业投资机构。根据企业不同发展阶段,企业对融资渠道也呈现不同的偏好,详见图4.2。

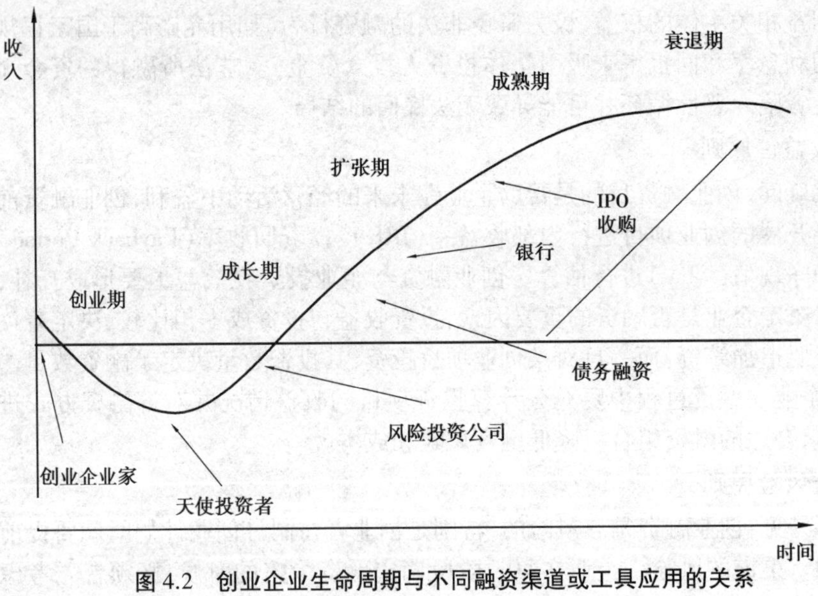


图4.2 创业企业生命周期与不同融资渠道或工具应用的关系

1)私人资本融资

创业者在创业初期基本上是处于一种"三缺"状态(缺足够资金、缺贷款担保及缺足够人脉),他们在创业融资过程中,天然处于劣势,即他们难以通过传统的融资方式(如银行贷款等)来获得创业所需的资金。但创业为整个社会带来的好处又是显而易见的。仅以武汉市为例,2011 年全年武汉市由创业新增的就业人数 15.35 万人,而创业带动就业人数达 8.71 万人。那么,创业企业如何通过私人资本融资,一般而言通过以下几种途径:

(1)自我融资

创业者在创办企业时,都明白企业在产生一定的收入流之前需要支出一定数量的资金用于各类支出。人们把此类资金视为开办资金。企业一般将开办资金用于两种用途:一是运营前支出或投资;二是运营前期支出或运营资本。毫无疑问,要保持新创办企业的正常运行,创业者必须将自有积蓄投入到新的企业当中来。创业者通过投入自有资金的目的有两个方面的意义:一方面,可以利用已有资金快速地把握住创业商机,因为创业机会窗口往往比较短暂,创业者需要快速地做出反应来投入资源开发机会,自有资金投入无疑是最快的。另一方面,自有资金的投入也在向其他创业合作人或投资人宣誓创业者对于企业的信心,只有投入了绝大部分的自由资金,才会让合作人或投资人看到创业者创业的决心,同时,创业者也会全身心地投入到自己所选择的事业中来。

(2)亲朋好友及同学融资

国内著名天使投资人、小米科技 CEO 雷军曾说过,他对创业企业或创业项目的投资原则是:一是不是熟人不投资;二是投人不投项目;三是帮忙而不添乱。从投资人的视角来看亲朋好友间的融资,它是创业融资非常重要的来源。在创业初期,由于创业者既缺乏正规的融资抵押资产,又缺乏社会筹资的信誉和业绩,因此从家人、亲戚、朋友、同学等出资的创业资金是非常常见的融资方式。我国民营经济的融资就呈现出如图 4.2 所示,在创业起步阶段主要以自由资金为主,次之以民进融资为主要渠道,紧随其后的是天使投资,具有一定的规模和资金实力后则主要以银行借贷为主。当然,基于社会网络关系的渠道融资相对容易简单,但也容易产生各种各样的经济纠纷,这样的事例在现实中层出不穷,需要在融资之初按照一定的契约原则订立相应的融资合同,白纸黑字地将利益相关者的权利和义务在合同中予以确认,还要将资金的数量、投资者权力和责任,以及出现亏损的风险处理加以限定,这种"先小人,后君子"的做法在创业融资之初是非常必要的。

(3)天使投资

天使投资主要是指自由投资者或非正式机构对有创意的创业项目或小型初创企业进行的一次性前期投资,是一种非组织化的创业投资形式。天使投资者是投资新企业的私人个体,典型的天使投资者是以前的创业者。美国天使投资者对每一个企业的投资一般在 1 万~20 万美元,这些企业所在的地域与他们工作和生活地点很近,他们也非常熟悉企业所处行业。当然也有天使投资者投资于自己熟悉领域,但也会选择投资于自己熟悉的朋友。以小米科技雷军为例,从 2007 年退休开始,雷军正式步入了天使投资界。雷军自己介绍说,从 2008 年到 2010 年,3 年时间里自己投资了 20 家公司。"不熟不投"成为了雷军高效率的关键。孙陶然和雷军相识，是在1996年中关村组织的一次会议上。二人一见如故，之后数年里两人每次交谈，都对事物有大致一样的判断和见解。2004年，孙陶然决定创业。联想投资管投资的朱立南，打电话给雷军做调查。雷军对孙陶然称赞不绝，朱立南就邀请雷军共同投资。于是联想投资投了100万美元，雷军投了50万美元，孙陶然自己出50万美元，拉卡拉就这样成立了。拉卡拉进入的是金融支付领域，这是雷军迄今为止唯一不熟悉行业就去投资的项目。谈到为何投熟人时，雷军说："人靠谱比什么都重要"。在商业社会里，人最重要的素质是诚信。天使投资的本质是投资熟人，人不熟不投，因为可以降低投资成本。在没有了解和信任的时候做投资，需要花很多时间在背景调研上，用去五六个月时间，"黄花菜都凉了"。下表4.2是《福布斯》公布的2011年排名前十位的天使(创业)投资人。

**表4.2　2011年《福布斯》排名前十位的中国最佳创业投资人**

| 排名 | 姓　名 | 所在机构 | 职　位 | IPO/并购退出项目 | 主要投资领域 |
|---|---|---|---|---|---|
| 1 | 沈南鹏 | 红杉资本中国基金 | 创始及执行合伙人 | 如家、分众传媒、奇虎360、中国娱乐集团等 | TMT、医疗服务、新能源 |
| 2 | 阎焱 | 赛富基金 | 创始合伙人 | 盛大网游、橡果国际等 | TMT、大众消费 |
| 3 | 冯涛 | 永宣投资 | 总裁 | 汉王科技、碧生源、明华澳汉IT等 | TMT、医疗服务、新能源 |
| 4 | 章苏阳 | IDG资本 | 合伙人 | 土豆网、康辉医疗等 | 医疗服务、连锁、消费 |
| 5 | 周全 | IDG资本 | 合伙人 | 当当网、腾讯、搜狐、搜房等 | TMT、消费 |
| 6 | 汝林琪 | 凯鹏华盈中国基金 | 主管合伙人 | 分众传媒、阿里巴巴、华友世纪、百度等 | TMT |
| 7 | 徐新 | 今日资本 | 总裁 | 土豆网、网易、京信通讯、诺亚舟、中华英才网等 | TMT、大众消费新能源 |
| 8 | 陈玮 | 东方富海 | 董事长 | 潍柴动力、德信无线、中芯国际等 | 信息技术、消费、新能源 |
| 9 | 陈镇洪 | 天泉投资 | 总裁 | A8音乐、赛维LDK、阿特斯阳光等 | TMT、新能源、大众消费 |
| 10 | 王刚 | 维思资本 | 创始及管理合伙人 | 赛维LDK、无锡尚德、瑞声科技等 | 环保、新能源、TMT |

注：TMT—Technology，Media 和 Telecom。

2）机构融资

（1）商业银行贷款

一般来说，商业银行并不倾向于向创业的小微企业提供贷款业务，主要在于其风险难以预测和控制,但近年来国家在政府层面出台了多项政策措施来鼓励金融机构为创业企业提供资金援助,特别是一些股份制商业银行,如民生银行等推出了“商贷通”系列产品,其贷款余额已超过 1 200 亿元;招商银行白金分期卡小微企业贷款额度高达 30 万,一次申请循环使用,自动分期,首年免年费。然而,按照银监会的统计口径,小微创业企业贷款仅占商业银行各项贷款余额的 14.7%,创业小微企业获得贷款总额仅 6.7 万亿,近 80%的小微企业、总数高达 4 000 万家的融资需求尚未得到满足。适当情形下,商业银行愿意为这些新创企业提供各种类型资金的主要原因是银行偶尔为新企业提供标准的商业贷款,特别是这些企业产生了正的现金流并且创业者能用资产、设备和其他资产为这些贷款提供担保。商业贷款是一种融资方式,借款者要为借入资金支付利息。其次,银行有时候要为新企业提供信用额度,允许创业者在需要资金的任何时候以某一特定利率借入固定数量的资金。但是在我国,由于金融体制和所有制歧视等原因,创业之初的小微企业面向商业银行的融资渠道依旧不够通畅,融资难仍然是这些企业发展所面临的主要问题。

(2)中小微型企业间的互助机构贷款

中小微型企业间的互助机构主要是指中小微企业在向银行融资过程中,根据合同约定,由依法设立的担保机构以保证的方式为债务人提供担保,在债务人不能依约履行债务时,由担保机构承担合同约定的偿还责任,从而保障银行债权实现的一种金融支持制度。信用担保显然可以为中小微型企业的创业及经营融资提供方便,分散金融机构的信贷风险,推动银企合作,这也是解决中小微型企业融资难的一个重要突破口。

美国于 1958 年成立了联邦政府机构——小企业管理局(SBA),并于 1998 年由副部级升为正部级,它的重要职能之一是负责为中小微企业提供一系列融资服务,拥有总额逾 450 亿美元的商业贷款、贷款担保和风险投资以及 50 亿美元的赈灾贷款额度,帮助小企业解决资金不足的问题。信用保证制度是发达国家中小微企业使用率最高且效果最佳的一种融资支持制度。美国政府通过制订和实施“微型贷款计划”“债券担保计划”“担保开发公司计划”等多种资金援助计划,并由小企业管理局与全国各地的许多银行建立了实施贷款担保计划的业务关系,凡中小企业直接向银行申请贷款未果,可申请政府担保。英国政府自 1981 年起开始实施“小企业信贷担保计划”,为那些有可行发展方案却因缺乏信誉而得不到贷款的中小企业提供贷款担保,对创办两年以上的企业担保 85%,对其余企业担保 70%。日本建立了一个由地方信用保证协会(全国 52 个)和中小企业信用保险公库(由政府全额出资)组成的较为完善的中小企业担保网。在充分学习国外中小微企业信用担保制度之后,我国也在不断地规范和完善适合我国国情的中小微信用担保体系,特别值得一提的是我国的中小企业信用担保机构在不断实现结构的整合、整体的优化:2009 年年底为 5 547 家,2010 年年底为 4 817 家,2011 年年底为 4 439 家。机构减少的同时,担保机构的资本金总额、户均资本额及担保贷款业务量均明显增大:2011 年年底全国中小企业信用担保机构实收资本已达 4 591 亿元,同比增长 17.2%;担保机构户均注册资本额在 2009 年为 6 109 万元,2010 年为 8 129 万元,2011 年达 1.04 亿元,同比增长 29%,第一次实现户均资本金超亿元。

(3)风险投资基金

风险投资是由职业的创业投资者管理的专门进行创业投资的形式,主要指投资人将风险资本投向刚刚成立或快速成长的未上市新兴公司(主要是高科技公司),在承担很大风险的基础上,为融资人提供长期股权投资和增值服务,培育企业快速成长,数年后再通过上市、兼并或其他股权转让方式撤出投资,取得高额投资回报的一种投资方式。这种投资可以分为风险投资公司、风险投资家和产业附属风险投资公司 3 种。专业的风险投资公司主要是指拥有一定的注册资本,由一个或几个合伙人合伙的专门从事创业投资的机构,其业务单一,管理专业,资本稳定,一般是在企业中以入股形式投入资金,等企业上市或以转让股权的形式推出创业企业并套取现金;风险投资家是从大型机构投资者那里筹资并将这些资金投资到新企业的组织工作的人。这些机构投资者包括大学的捐赠基金和公司的养老基金。产业附属风险投资公司(Corporation Venture Investor)一般是非金融事业公司下属的独立风险投资机构,代表母公司的利益对特定行业进行投资,其目的常含有为母公司开拓市场、发展技术的意图。与其他专业投资基金一样,这类投资机构通常是将资金投向某一特定的行业。

(4)创业板上市融资

创业板市场主要目的是为创新型和高成长型中小企业提供融资平台,帮助这类企业发展和拓展业务。在创业板市场上市的公司大多从事高科技业务,具有较高的成长性,但往往成立时间较短,规模较小,业绩也不够突出,无法在主板或中小企业板上市。一般来说,创业板的上市标准相对于主板市场而言比较低。世界上主要的创业板市场如美国的纳斯达克、英国的 AIM(Alternative Investment Market)。总体而言,相对于主板市场,创业板市场具有以下特点:随着创业板监管水平的提升,申请上市的主体成立时间可短于 3 年,且不设最低盈利要求;股本规模较小,一般两千万股;针对的主要是创业型和自主创新型的企业,门槛低,但信息披露有非常严格要求。酝酿日久的中国创业板市场于 2009 年 10 月 30 日正式开市,总计 28 只创业板新股同日上市。对于我国资本市场而言,创业板市场依旧是个新事物,监管层还处于不断摸索和健全监管制度的阶段。但不可否认的是创业板市场已经成为我国中小创业型企业,特别是高新技术产业类企业非常便捷的创业融资平台。

3)政府创业支持政策融资

(1)科技创新基金

科技创新基金由国家科技部、财政部于 1999 年联合设立,并制定了《科学技术部、财政部关于科技型中小企业技术创新基金的暂行规定》,为带动更多社会资本投入科技型中小企业,2007 年中央财政设立了科技型中小企业创业投资引导基金,通过对社会创投机构的风险补助、投资保障及阶段参股等支持方式,引导其向初创期科技型中小企业投资。该创新基金自成立以来,深入贯彻落实创新驱动发展战略,按照加快发展方式转变和经济结构调整的总体部署,紧紧围绕加快培育战略性新兴产业,强化企业技术创新主体地位,以全面提升科技型中小企业技术创新能力为目标,不断优化技术创新创业环境,充分发挥财政资金的引导作用,引导社会资金和其他创新资源支持科技型中小企业发展,取得了很好的成效。该创新基金由科技部主管、财政部监管,通过无偿资助、贷款贴息和资本金投入 3 种方式,支持科技型中小企业创新创业,已形成了资助种子期、初创期企业的技术创新项目、资助中小企业公共技术服务机构的补助资金项目和引导社会资本投向早期科技型中小企业的创业投资引导基金项目。

(2)针对特定群体的创业基金

我国各级政府都非常重视全民创业的支持政策,各地政府根据本地区的实际情形制定了许多针对特定群体的旨在鼓励创业的支持基金,这些群体的创业激情较高,也具备一定的创业技能。比如留学生创业基金、大学毕业生等。以湖北省为例,2014 年起,湖北省首次设立"科技天使投资基金"扶持大学生创业项目,对省内科技企业孵化器在孵企业和大学生创业项目投资,基金首期规模为 2 亿元;武汉市实施"青桐计划",设立市级天使基金扶持大学生创新创业,首批 9 家大学生创新企业已获 1 700 万元资金扶持。省科技厅相关负责人表示,从 2014 年起,省级科技促进大学生创业就业专项资金规模将从原来的每年 500 万元增加到 1 000 万元。湖北省每年安排 2 000 万元,对有效帮助在孵企业和大企业、高校对接的孵化器进行奖励和补贴;全省将开通"科技创业服务热线",创业者拨打免费电话就能查询各地孵化器入驻条件和联系方式。

(3)地方政府的创业优惠政策

各级地方政府出台的支持创业企业发展政策如税收优惠、小额贷款、中小企业信用担保、创业基地建设等扶持政策。例如,2009 年国务院发布了《关于进一步促进中小企业发展的若干意见》,提出了营造有利于中小企业发展的良好环境、切实缓解中小企业融资困难、加大对中小企业财税扶持力度等 8 个方面 29 条具体意见。各级地方政府出台了许多具体扶持政策,概括起来如表 4.3 所示。

**表 4.3　各级地方政府出台的中小企业创业扶持政策**

| 省市自治区 | 中小企业创业扶持政策 |
| --- | --- |
| 北京市 | 政府出台促进中小企业发展若干意见 |
| 天津市 | 推动现有中小企业转型升级 |
| 辽宁省 | 将建设中小企业服务平台 |
| 山东省 | 出台支持中小企业发展用地意见 |
| 河南省 | 启动中小企业服务年 |

续表

| 省市自治区 | 中小企业创业扶持政策 |
| --- | --- |
| 上海市 | 出台政府采购新规扶持中小企业 |
| 安徽省 | 出台减税新政扶持中小企业 |
| 贵州省 | 取消中小企业国际市场开拓资金最高支持额度 |
| 重庆市 | 政府采购将给中小企业更多的机会 |
| 新疆维吾尔族自治区 | 设立1亿元中小企业发展专项资金 |

### 4.2.4 创业融资过程

创业融资难,是问题,创业者只有解决好了融资问题,才能将自己的技术和创意转化为盈利的工具,才能在激烈的市场竞争中立于不败之地;拓宽融资渠道、对投资人负责才能使自己的企业茁壮成长。虽然说金钱不是万能的,但没有金钱却是万万不能的。

创业者在融资的过程中需要做好以下工作:

1)做好融资前的准备

尽管新创企业融资较为困难,但创业融资却是新创企业顺利成长的关键。因此,创业者一定要在融资之前做好充分的准备工作:对融资过程有一定了解,建立和经营个人信用,积累自己的人脉资源,学习估算企业所需资金的方法,知晓了解融资渠道的途径,熟悉商业计划书的结构和编写策略,提高自己的谈判技巧等,以提高融资成功的概率。这里主要介绍个人信用的重要性。

个人信用指的是基于信任、通过一定的协议或契约提供给自然人及其家庭的信用,使得接受信用的个人不用付现就可以获得商品或服务,它不仅包括用作个人或家庭消费用途的信用交易,也包括用作个人投资、创业以及生产经营的信用。个人信用记录包括以下4个方面的内容:一是个人基本身份信息,包括姓名、婚姻及家庭成员状况、收入状况、职业、学历等;二是信用记录,包括信用卡及消费信贷的还款记录,商业银行的个人贷款及偿还记录;三是社会公共信息记录,包括个人纳税、参加社会保险、通信缴费、共用事业缴费以及个人财产状况及变动等记录;四是特别记录,包括有可能影响个人信用状况的涉及民事、刑事、行政诉讼和行政处罚的特别记录。

市场经济是信用经济,信用对国家、社会、个人都是重要的资源,信用在创业融资过程中起着很重要的作用。无论是从何种渠道筹集资金,投资者都会比较关注创业者个人的信用状况。因此,为保证融资的顺利进行,创业者应尽早建立起良好的个人信用记录,如做一个信用卡的诚信持卡人,同时注意在日常生活中按时缴纳各项税费,遵纪守法,保持良好的个人信用记录。

2）计算创业所需资金

世上没有免费的午餐，也没有零成本的资金。创业者必须明白，企业所使用的资金都是具有一定成本的。这并不是说，筹集的资金越少越好，因为任何一家顺利经营的企业都需要基本的周转资金，如果筹集的资金不足以支持企业的日常运转，则企业会面临资金断流，进而导致破产清算；但这也不意味着筹集的资金越多越好，如上所述，资金都是具有成本的，如果在资金使用过程中不能够创造出高于其成本的收益，则企业会发生亏损。因此，创业者在筹集资金之前，要能够运用科学的方法，准确地计算资金需求量。

3）编写创业计划书

新创企业对于资金的需求，需要通盘考虑企业创办和发展的方方面面，要对企业有一个全面的筹划。编写创业计划是一种很好地对未来企业进行规划的方式，在创业计划书中，创业者需要估计未来可能的销售状况，为实现销售需要配备的资源，并进而计算出所需要的资金数额。

4）确定融资来源

确定了新创企业需要的资金数额之后，创业者需要进一步了解可能的筹集渠道，不同筹资渠道的优缺点，根据筹资机会的大小，以及创业者对企业未来的所有权规划，充分权衡利弊，确定所要采用的融资来源。

5）展开融资谈判

选定所拟采取的融资渠道之后，创业者即需要与潜在的投资者进行融资谈判。要提高谈判成功的概率，要求投资者首先对自己的创业项目非常熟悉，充满信心，并对潜在投资者可能提出的问题做出猜想，事先准备相应的答案，另外，在谈判时，要抓住时机陈述重点，做到条理清晰。一般情况下，找有谈判经验的人士进行咨询，翻阅一下关于谈判技巧的书籍，对于谈判的成功都有帮助。

## 4.3　创业资源整合

### 4.3.1　整合内外部创业资源

创业企业资源的获取、组合与配置本身就是组织能力的体现。而没有相关资源或具有互补性特征的资源系统，能力再强也不能做成无米之炊，从知识创造的角度来看，如果把那些从企业外部获取的资源所包含的知识理解为透明的知识，那么，从企业内部获取的有些知识则可以理解为半透明或不透明的知识，主要以隐性知识的形式出现。企业内部的资源和能力具有多种类型，不同的企业现实存在的资源和能力会存在较大的差异，即便两个企业存在相似类型的资源和能力，但其数量和水平可能也会存在差异。在实际生产和经营过程中，创业企业不可能只是单独使用某一种资源或能力，尤其是在企业内部不同的业务和不同的运行环节，其不同资源形成的资源结构、不同能力形成的能力结构就更为复杂，很难使两个企业完全相似。这种差异，使得企业资源和能力、资源结构和能力结构的组合与匹配存在较大差异。需要注意的是，有些组织能力在一定的条件下可以通过使用某种资源而产生竞争优势，但当条件发生变化后或许只能产生竞争平价。而另一些企业使用不同的资源可能同样能够产生相似的竞争优势，也就是说，在企业内外部条件等因素作用下，企业的资源与能力、资源组合与能力组合之间的匹配效应存在多样性。

因此，基于资源划分与整合关系，对于创业企业战略形成多样性具有十分明显的意义，企业创业者会发现按照创业不同发展阶段的资源优势和能力优势进行创新性的匹配和整合战略选择的路径不仅显著增加，而且还能够真正形成自己独特的竞争战略，并且根据不同的战略发展阶段的企业实际情况及时运用新的战略组合，以保持持续的竞争优势。创业企业战略形成路径的多样化选择，必然会使企业大大降低战略趋同的风险，并使创业企业价值创造活动更有特色、价值创造的范围更为广泛。

### 4.3.2 构建利益相关者的利益共享机制

在网络经济时代的企业更多可能会依赖虚拟的市场，故而传统的分析工具是难以识别价值创造的真正来源，网络经济中主要价值的创造可能会来源于“关系”(Anderson，1995)。以英特尔公司的微处理器产品为例，该微处理器芯片的成功依赖于软件开发商所开发的应用程序，以此来充分利用新的微处理器芯片的处理能力；硬件制造商必须建立新的系统来与新的微处理器芯片兼容；需要采用这些微处理器芯片的用户如汽车制造商需要进行重新的汽车构架设计。因此，由关系所构成的商业生态网络就形成了。据此可知，价值网络的一个重要特性便是其动态性，价值网络中的任何一个参与者的行动自然会影响到网络中其他利益相关者的行动，那么，企业再也不能视为封闭系统中的一个成员而独自承受无法控制的外部冲击，它所遭到的冲击只是网络所受到的部分冲击而已。网络中的企业包含有：顾客、供应商、竞争者、联盟者、规制者、互补者以及网络中的其他利益相关者，他们的行为都会影响网络中企业价值的创造。以腾讯公司旗下的微信、阿里巴巴公司旗下的支付宝为例，这些互联网企业与线下传统实体店、银行以及顾客实际上构建的是一种互利共赢的关系机制。

### 4.3.3 基于信任的网络资源整合

任何企业的技术创新与知识创造不仅是独立个体的高智力的结果,更是不同主体间互动、学习的结果。因此,创业企业间的关系结构及其所形成的关系网络对新创企业的发展来说具有重要意义。实践也证明,创业成功的中小企业一般处于企业之间密集的关系网络中,这些关系网络是集群竞争优势的来源,因为关系网络是企业获取资源、学习知识的"通道"和关键因素。如美国硅谷、意大利中小企业集群、我国江浙等中小企业集群都是经典例子。创业企业的核心资源可以横越企业的边界并且可以与不同企业的资源和日常事务相融合,理解企业竞争优势一个日益重要的核心在于企业之间关系,特别是中小集群企业间关系性交易、知识交换和合作研发。因此,创业网络中的"信任""承诺"和"身份认同"在创业过程扮演了相当重要的角色。创业企业的边界变得模糊和相互渗透。例如,美国通用汽车公司的供应商集群网络就是由300多家紧密或松散型关系协作中小企业构成的组织间市场,通用及其中小企业供应商的实体边界正变得日益模糊化、虚拟化(表4.4展示了美国一些基于信任网络而成立快速成长高科技企业)。

表4.4 Businss Insider 公布的美国十大"私有、高成长"科技型企业一览

| 序号 | 企业名称 | 经营内容 | 营收预测 |
|---|---|---|---|
| 1 | 全球技术公司 | 技术咨询服务,帮助企业开发大型软件项目,例如基于VMware的软件,以及企业网络安全软件,还可为企业自己的计算机设备开发专用软件 | 41亿美元 |
| 2 | SHI国际 | 计算机、打印机、服务器等设备的技术;出售咨询服务和云计算服务 | 45亿美元 |
| 3 | Infor | 软件业务;收购大批小软件公司 | 年销售额在30亿美元左右,自身估值为161亿美元 |
| 4 | Zones | 出售计算机硬件、软件、商务设备,帮助企业安装和维护为主业 | 10亿美元 |
| 5 | SoftLayer | 私有的云计算和主机托管服务提供商 | SoftLayer估值大约在28亿美元之间,2012年的预测营收为4亿美元 |
| 6 | PayPros | 出售支付处理软件和销售终端软件;软件可以运行在收银机和其他所有处理现金的机器上 | 2.14亿美元 |

续表

| 序号 | 企业名称 | 经营内容 | 营收预测 |
| --- | --- | --- | --- |
| 7 | Datapipe | 向使用云计算的公司提供 IT 管理服务,与亚马逊的云计算紧密合作,在自己的数据中心里提供自己的云服务 | 2011 年该公司的预测营收为 2 亿美元,自身估值为 20 亿美元 |
| 8 | Intelligent Software Solutions | 提供大数据软件和虚拟地图软件服务,很受政府和情报机构青睐 | 预测营收 1.66 亿美元 |
| 9 | 优赛斯 | 为全球汽车制造商提供商务分析软件 | 1.25 亿美元 |
| 10 | Ahead | 一家智慧、科技和咨询师集成于一体的企业;帮助客户企业网络和数据中心部署最新技术 | 1.253 亿美元 |

对于高技术企业的创业和成长来讲,企业之间的信任网络能够为企业提供必需的资金、技术、人才和管理等多方面的信息和支持,而能否获得相关的信息和支持往往是这类企业创业成功与否的关键。由此,旨在推动当地高技术企业创业与成长的网络组织和机构应运而生,这些组织为高技术产业发展尤其是创业活动提供了必需的创业资源。在美国众多的高技术创业发展支持网络组织中,加州大学圣迭戈分校的 CONNECT 项目就是成功的典型(请阅读补充资料)。

## 【补充阅读资料】

加州大学圣迭戈分校的 CONNECT 项目于 1985 年成立。成立之初成员只有 17 家企业,到 1998 年底就已超过 540 家企业,目前有将近 1 000 家企业参与。CONNECT 项目通过专题讨论、会议、网络活动、研讨班和短期课程等多种形式,极大地扩展了获得各种资源的途径,展示了技术实现商品化的方式,在投资者、创业者、大学和服务提供商之间建立了联系网络,为获取资源、利用机会和及时解决问题提供了基本的条件,同时拉近了大学和城市的关系。

该项目所提供的服务之一,是为新企业或者潜在的创业者开设短期课程,帮助他们了解诸如如何将高技术产品推向市场、怎样进行企业规划、知识产权问题、营销问题等与发展和管理高技术企业有关的知识和信息。其中,最受欢迎的课程“如何开办和管理高技术企业”历时 10 个星期,由当地的成功创业者讲授,吸引了众多有创业打算的科学家和工程师。创业者组成小组制定企业战略,向风险投资家展示企业规划。1986—1999 年的项目负责人指出,不同于其他机构的研讨班,该项目研讨班是由实际工作人员而不是大学教师讲授,主持人是服务提供商、有长期工作经验的管理人员、CEO 和风险投资者。在课程进行的同时，CONNECT 还经常就当地的高技术创业者所感兴趣的问题组织讨论会，比如 2000 年加州生物技术峰会。此外，CONNECT 还制作了专门针对创业者的电视节目，邀请成功的创业者讲述他们办企业的经历。

跳板项目（Springboard Program）是 CONNECT 推动创业方面最重要的项目，旨在帮助创业者和尚处于起步阶段的高技术企业制订和改进企业计划和融资规划。参加此项目的创业者和企业家，先是接受有经验的企业界人士 3～8 周的指导，然后在跳板毕业式上，向由 8～10 个企业专家组成的小组陈述企业发展规划，专家则针对规划提出自己的意见，这成为企业未来发展的重要依据。小组专家通常包括企业界人士、风险投资家、在域名方面有专长的成功的创业者、会计、公司和专利方面的律师、营销专业人士和同行业成功企业的经理。从跳板项目毕业后，可以参加跳板的导师项目（Mentor Program），为期 90 天，由具有培训经验的成功企业家指导确定下一步的发展目标。跳板项目不仅为创业者提供企业发展规划方面的指导，而且还提供融资的机会，每年都组织圣迭戈的投资和企业界 300 多人参加跳板年度早餐会，推介优秀毕业生的同时介绍企业融资的发展趋势，为建立联系提供机会。从 1993—2003 年，跳板项目帮助 203 家技术企业创业成功并获取资金，这些企业集资超过 5.5 亿美元。

针对圣迭戈地区风险资本匮乏的状况，CONNECT 以融资论坛的形式吸引主要的风险投资商。1988 年，圣迭戈企业界开办的为创业者提供与来自硅谷的风险资本见面机会的技术融资论坛并入 CONNECT，成为最成功的项目之一，后更名为生命科学和高技术融资论坛，每年有 40～50 家企业、100 多个风险投资商参加这一年度论坛。在论坛上，先由企业陈述自己的发展规划，然后潜在的投资者分别与企业家单独会面，商讨投资的可能。需要指出的是，融资论坛不仅为创业者和高技术企业提供和风险投资者见面的机会，为了使之顺利获得风险投资，CONNECT 还帮助参加的企业改进发展规划，委托私营部门的代表对申请参加论坛的企业的发展规划进行审查并提出改进建议，以帮助他们在正式陈述前改进报告中的薄弱环节。参加论坛的投资方比参加跳板项目的规模更大。CONNECT 宣称，企业通过参加技术融资论坛获得新资本数额达 10 亿多美元。目前，CONNECT 的融资论坛更名为"风险投资圆桌会议"，由每年一次增加为四次。

CONNECT 还举办"与研究人员见面"系列活动，为大学研究人员和企业界之间的联系和互动构筑平台，参加者包括圣迭戈分校的教师、学生、研究人员，还有企业界的行政人员。这一系列活动曾在 1992 年获得全美大学继续教育协会创新项目的奖励，近来更名为"技术转让论坛"。此外，CONNECT 还举办"科学和研究前沿"系列讲座，由圣迭戈分校和当地其他大学及研究机构的科学家向企业界介绍所从事的最新研究。

此外，CONNECT 每年还举办当地高技术企业创新产品竞赛，并为获胜者颁发最具创新性产品奖。2003年,CONNECT共收到100个左右的提名,900多人参加了年度颁奖午餐会。这个午餐会是南加州最受欢迎的企业联系的活动之一,不仅推动产品创新,同时也彰显圣迭戈在培育高技术企业和产业集群方面所取得的成功。

对圣迭戈而言,CONNECT的最大贡献在于构筑了创新和创业活动的网络系统,被认为是推动圣迭戈高技术产业快速增长的重要力量,已经成为美国其他城市乃至其他国家效仿的典范。

(资料来源:中国社会科学报,2010,9.http://www.zdcy8.cn/fz/other/20100902184628492.html)

## 思考题

1.创业者一般拥有哪些资源?你如何理解资源基础理论的主张?
2.为什么融资成为创业的一大难题?
3.创业融资的渠道主要有哪些?
4.为什么初创企业的资金大部分来自于个人资金?
5.什么是创业资源利益共享机制?

## 自我测试

### 创业前先为你拥有的资源打个分

专家指出,作为一个创业者,自身的知识、技术、人际、经济等方面有足够的资源,这是创业的起点也是创业成功的关键。如果你下定决心开始创业,那么从这4个圈子给你拥有的创业资源打个分,看看你离成功创业有多远。

**知识圈子**(20分,以所在的圈子专家级别标准为满分折算)

一些大学教授、培训教师、记者、演员、作家,他们绝大部分是从自己的知识圈子走向创业成功的,成龙、周星驰等人都是从自己大半生的演艺生涯成功地步入了导演的创业道路;有一些大学教授、培训师是根据自己在专业知识行业里的地位和影响力成功地走向了职业培训业的创业道路。陈安之就是个很好的例子,类似的创业成功的案例还很多,当然也有很多人的创业走向失败。在演艺圈子里有不少人依仗自己充裕的资金开创了餐饮公司,虽然在很大程度上名气起到了招揽客户的作用,但还是因为与自己的知识圈跨越太大不能有效管理而导致血本无归的大有人在。

**技术圈子**(30分,以所在的圈子专家级别标准为满分折算)

在中国20世纪90年代初,国家开始大力鼓励个人创业刚刚开始,一大批专业技术人员从稳定的技术岗位走向了创业的道路,尤其在沿海一带这样的例子更是举不胜举。在90年代初开广告公司的个个成功,就是因为那时候广告业技术刚刚兴起,而市场的需求却是远远高于市场的供应。而现在步入广告行业创业的新企业成功率还不到20%。类似的行业如房产行业、建筑行业、网络行业、餐饮行业、服装行业、职业中介行业等。所以在这些热门行业有一技之长的朋友要创业就需要认真地考量一下自己的其他圈子的资源,只有在几个圈子拥有多元化的优势才能有成功的创业机会。

**人际圈子**(30分,以可利用关系80人计满分折算)

这类圈子里创业的人成功率一般比较高,而且比较轻松;据统计,所谓的暴发户绝大部分都是属于这类圈子创业成功的案例。有很多人利用自己的家族地位、关系等的优势结合自己的简单创业而走向成功。

**经济圈子**(20分,以所创业的行业及拟订规模的最大需要投资款数为满分折算)

没钱的人用身体和脑子赚钱,有钱的人用钱赚钱。要做一名成功的商人一定要学会用钱赚钱。其实这个圈子创业成功率也是非常高的,但是这个圈子走向创业的却不是很多,因为很多人在创业的问题上把这个圈子作为附属条件总是捆绑在其他的圈子上,重点依附于其他的圈子创业,结果导致失败的比比皆是。现在有很多的社会金融投资渠道,如股票、资金、国债、高利贷、黄金、房产等,有很多人利用自己的经济优势抓住正确社会投资信息而发家。研究分析发现,利用自己资金投资成功的渠道基本上有两种,第一种是自己创业,利用其他的圈子优势,又有足够的资金优势作为互补,锦上添花,自然成功率很高。这种创业的人一定要把握好一个投资比例,就是自己其他圈子的能力与你投入资金的比例是否吻合。第二种就是利用自己的资金优势参与金融投资,找理财行家帮助理财投资,或者嫁接与别人的投资事业从事融资投资。现在有很多风险投资公司,也有很多风险投资个人就成功做到了这点。

## 创业加油站(实践练习)

拜访本地一家商业银行,并询问关于大学生创业贷款或者商业贷款信用额度的事宜。请银行工作人员向你解释相应条款,以及新创小企业申请此项目贷款的资质要求。向全班同学报告你的访问情况。

## 扩展阅读

### 走出大学生创业融资误区

初出茅庐的大学生在初次创业的道路上除了面临社会经验、管理能力等方面的不足外,在创业融资方面常常走入误区,最终使自己的努力功败垂成。当前的融资误区主要表现在以下3个方面:

误区一:急于得到企业启动或周转资金,给小钱让大股份,贱卖技术或创意。有不少核心技术拥有者在公司运营一段时间后,对当初的投资协议深感不满并提出毁约,而这样做的后果只能是在资本市场上失去信誉。

误区二:即便投资人不能提供增值性服务和管理指导,仍与其捆绑在一起。大学生创业很难找到融资对象,找到一个就像发现了救命稻草一样,以为资金就能解决一切创业困难,这样的融资会给后续发展带来很多麻烦。

误区三:对风险投资不负责任的使用,烧别人的钱圆自己的梦。每一轮融资中的投资者都将影响后续融资的可行性和价值评估。因此,对于尚处于早期的创业公司来说,应该引入一些真正有实力、能提供增值性服务、与创业者理念统一的投资者,哪怕这意味着暂时放弃一些眼前的利益。

资金作为公司的血脉,必不可少,因此融资问题对新创企业来说显得尤为重要。大学生们要想凭借自己的技术或创意获得应有回报,就必须解决好融资问题。针对上述3个误区,创业者在融资的过程中需要做好以下工作:

第一,在制订融资方案之前要准确评估自己的有形和无形资产的价值,千万不要妄自菲薄,低估了自己的价值。网易公司经过多轮融资和上市,目前丁磊还拥有超过60%的股份,这说明丁磊在每轮融资的过程中用了少量的股份就达到了自己的目标,是我们学习的榜样。

第二,融资过程中要做好融资方案的选择,多渠道融资的比较与选择可以有效降低融资成本,提高效率。如果采用出让股权的方式进行融资,则必须做好投资人的选择。只有同自己经营理念相近,其业务或能力能够为投资项目提供渠道或指导的投资才能有效支撑企业的成长。

第三,创业不仅是实现理想的过程,更是使投资者(股东)的投资保值增值的过程。创业者和投资者是一个事物的两个方面,大家只有通过企业这个载体才能达到双赢的目标。"烧投资者的钱圆自己的梦"的问题说到底就是企业家的信用问题,怀抱这种思想的人不会成为一个成功的创业者。能为股东创造价值的企业家才能得到更多的融资机会和成长机会。因此创业者不仅要加强自身的技术能力,还需要具备企业家的道德风范。

大学生创业者解决好了融资问题,就能将自己的技术和创意转化为盈利的工具,才能在激烈的市场竞争中立于不败之地;拓宽融资渠道、对投资人负责才能使自己的企业茁壮成长。

(资料来源:钱朝霞,走出大学生创业融资误区[J].杭州日报,2010-10-07.)

## 一张图为你讲解创业融资轨迹

面对自己辛辛苦苦打拼起来的企业,放弃其中的一部分可能很痛苦,但作为一名企业家,创业初期出卖一部分股票换取现金,在公司财政上很有好处的。

很多成功的、白手起家的企业家在寻求资金方面都走了一条相同的道路,先是向朋友家人借钱,有了种子投资以后再去寻求风险投资。随着企业的扩大和不断成功,投资者也愿意投资更多,以换取持有更多的股票。

图4.3来自一家旧金山的创业社区组织:投资者和创业者,旨在分析成功企业家从最初想法浮现到IPO的投资轨迹。

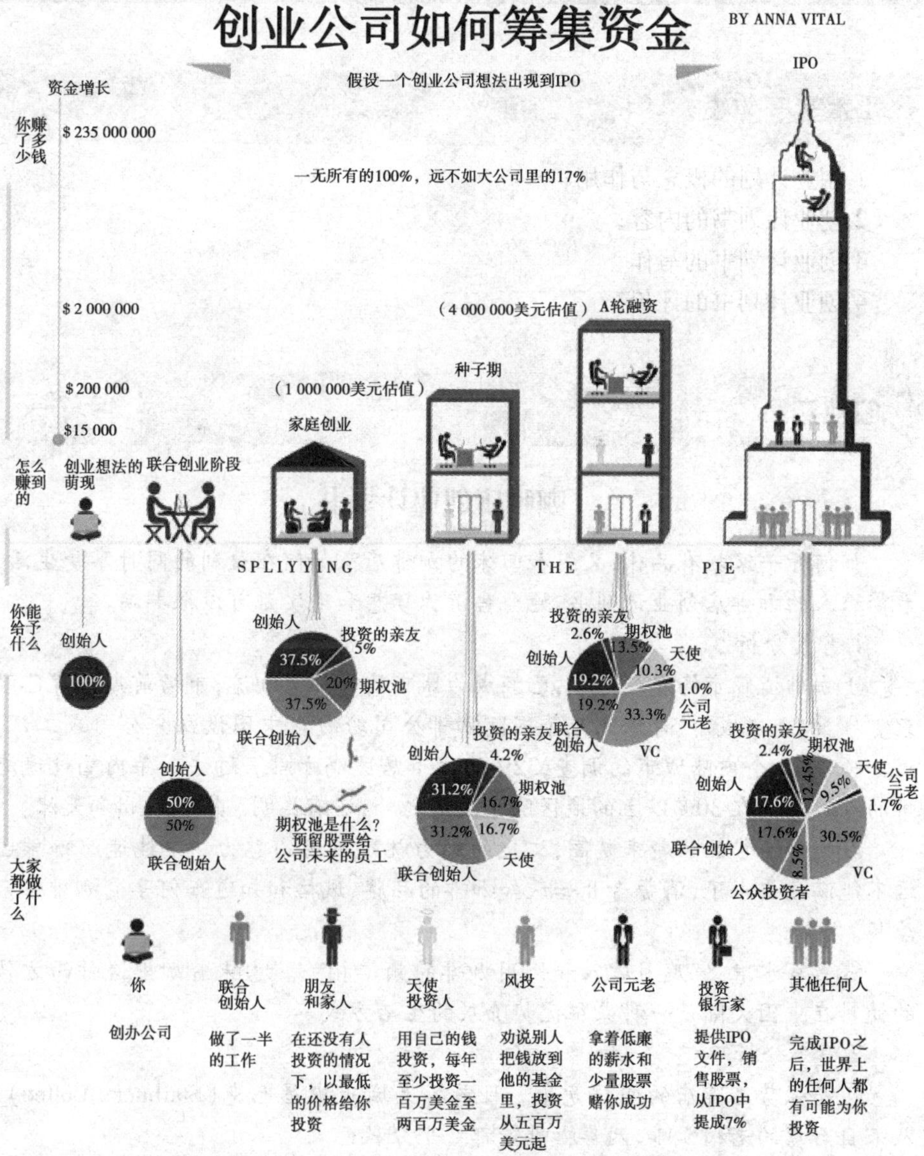


**图4.3　创业公司筹资图示**

(资料来源:创业邦 http://www.cyzone.cn/a/20130523/242119.html)

# 第5章 创业计划书

## 【本章要点】

1.创业计划的概念与作用；
2.创业计划书的内容；
3.创业计划书的写作；
4.创业计划书的评价。

## 创业实录

### 咖啡店创业计划书

如何开一家既有品味，又引人回味的咖啡店？如何在盈利的同时享受生活，看看梦旅人的咖啡店创业计划书，她会告诉你梦想和现实都可以很丰满。

1.背景分析

①咖啡消费市场发展迅速，已经成为城市消费一大潮流，市场前期培育已经结束。雀巢、麦斯威尔、哥伦比亚等国际咖啡公司纷纷在中国设立分公司或工厂，根据一项在12个内陆城市的调查，32%的城市居民喝咖啡。过去一年内喝过速溶咖啡的人口比例在30%以上的地区除了上海之外，还有昆明、厦门、杭州和天津。

②咖啡消费品位越来越高，文化的魅力就是市场的魅力。单纯速溶咖啡已远远不能满足要求了，消费者开始认知咖啡的品牌、风格和知道如何享受咖啡带来的乐趣。

③教育水准、家庭月收入和饮用咖啡的频率相关。意味着咖啡这种西方传入的饮料在中国大陆是一种象征优势阶层的生活方式。

2.竞争分析

①与强势品牌店的间接竞争。目前各大城市中星巴克（Starbucks Coffee），以及来自台湾的老树咖啡、两岸咖啡等都在平分秋色。

②直接竞争对手。小型咖啡厅受众人群相对较小，方圆1千米以内没有其他咖啡厅是必要因素。

③营销规划。利用加盟店品牌和资源优势，迅速建立比利时皇家的知名度、美

誉度,稳固住老客源。

3.咖啡店创业计划书之推广计划

(1)宣传

针对高档小区内的居民,可在附近购物场所的停车场内,向有车族派送精美广告单页(DM)和小礼品,单页也可做成优惠券形式。

(2)事件营销

①学生派对、读书活动。联系加盟区域几个重要高校的学生会组织,举行一些沙龙派对、读书活动,照样有利于提升品位,吸引学生和年轻人消费。

②时机成熟的时候,也可以举办一个以"咖啡和生活"为主题的征文活动。

(3)服务营销

①建立会员卡制度。卡上印制会员的名字。会员卡的优惠率并不高,如9.5折。一方面,这可以给消费者受尊重感,另一方面,也便于服务员对于消费者的称呼。特别是如果消费者和别人在一起,而服务员又能当众称他(她)为××先生、××小姐,他们会觉得很受尊重。

②个性化服务。在桌上放一些宣传品,内容是关于咖啡的知识、故事等,一方面可以提升品位,烘托气氛,也增加消费者对品牌的好感。

为多位一起来的消费者配备专门的讲解人员。如果他们感兴趣,可以向他们介绍各种咖啡的名称、来历等相关知识。也可以让其参与咖啡的制作过程。

4.成功案例简介

梦旅人咖啡馆店主:王慧。

开店时间:2009年初。

经营模式:自主经营。

背景:王慧以前是从事教育工作的,开咖啡店前,经营一家旅游网站,紧张、高压的工作让王女士感到疲惫,于是改做咖啡店。开咖啡店前,王慧对咖啡几乎是一无所知,通过购买相关的书籍和参加相关培训,才有了今天的成绩。

经营项目:咖啡+酒水+简餐。

店铺位置:魏公村路。

面积:30平方米。

初期资金投入:10万元。

收回投资时间:8个月。

开店带给王慧最大的满足感是自由,带着学习的乐趣、小资的心情开一家自己的咖啡店,没有烦恼,只有快乐。以小投资获得理想化的生活方式是最让王慧满意的。

5.咖啡店素描

30平方米宣泄自由。

梦旅人在魏公村酒吧、咖啡一条街中并不特别显眼,梦旅人咖啡馆几个字镶嵌在简洁的白色店面上。走进梦旅人,我惊讶地发现这里虽然装修简单,但特别有家的味道，甚至比家还温馨，还放松。北面墙全部是书架，上面横七竖八地摆满了各种书籍，俨然一个小型图书馆，客人随手可拿起一本书来读。东面的墙最有特色，从房顶到地面整个白墙都被涂鸦，全是客人的即兴之作，有绘画、文字，多与情感和生活有关，王女士称之为情感宣泄地。深色木质的小吧台坐落在西面一角，说它是吧台，实在有些牵强，因为它太小了，也就是收银台那么大。吧台后面的墙上挂着一个木质的小酒架，码放着十余种洋酒，我想是为了节省空间吧。南面除了大门外，余下的部分全部是明亮的玻璃飘窗，窗台很低，上面摆满了各种杂志，靠窗的地方只摆放了两张小方桌，仅可以坐4人，整个房间也就容纳十余人，真是太小了，但是，这里的空气、光线、声音更让人迷恋、难舍，感觉就像在家里一样轻松自由。

梦旅人只有30多平方米，十五六个座位，每天的营业时间为下午2:00至夜里12:00，下午三四点钟和晚上9:00以后是营业高峰，全部满座。客人中有不少搞艺术的，也有北京电视台的和周边院校的学生，还有朋友推荐来的。

6.财务报表

8个月回本。

要想自己做生意，得先学会算账。

投资：梦旅人初期投放了10万元，包括房租4万元，设备、人员工资、装修、产品等费用。当然在经营过程中常有一些无形中想不到的支出，比如购买相关书籍。例如，一包中上等级的咖啡豆重1斤，售价约为一两百元，每包咖啡豆大约能冲泡出50~70杯咖啡，一杯咖啡的咖啡豆成本约为3元左右，此外还应考虑房租、设备投入、产品投入、人员开支、水电费用等(未考虑折旧因素，如折旧数额较大，也应考虑)。

收入：这里每杯咖啡的定价为20元左右，还出售酒水和西餐简餐。咖啡收入约占营业额的30%。每天大约有40人次，人均消费30元左右。

7.经营之道

在梦旅人的酒水单上你可以看到几十种花式咖啡，这一点真是让人很惊讶，没想到这样一个只有30平方米的小店，竟能做出这么多口味不同的咖啡来。

最初王慧是通过互联网查询的，咖啡设备和产品的购买途径，并慢慢知道了更多的供应商，综合比较择优而用，咖啡店和设备供应商会提供相关的免费培训。为保证咖啡的新鲜度，每次只进1~2袋咖啡豆(每袋1斤)。

只关起门来学习是远远不够的，还要走出去体验，看一看最有情调和特色的咖啡店，尝一尝最地道的各种花式咖啡、品一品最漂亮和最好喝的鸡尾酒也是非常重要的。虽然无形中加大了开支，但收获颇丰。

为了提高知名度，梦旅人在联系周边的大专院校，搞了一些宣传活动，如：沙龙派对活动、读书活动、放映最新电影、留学生俱乐部等，效果不错。

在财务方面，梦旅人找了个会计师事务所代为处理账务和纳税问题，每月费用300~400元，比起请一位会计人员的开支小多了。

2011年年初,梦旅人北大店开业了。新开业的梦旅人营业面积在150平方米左右,是咖啡+酒水+简餐的综合咖啡店,投资约40万元。

8.投资建议

不要把全部家当都押上。

在这份咖啡店创业计划书里,你可以看到王女士认为虽然特许加盟店是相对省心一些,但店址多设在商业地段,目标消费群体多是公司白领阶层,房租价格较贵,装修要求较高,以致整体投资成本加大,故初次创业,且资金不多的情况下,不宜选择加盟经营。

开店做生意最重要的是心态,准确定位的基础上要对发展前景有信心,不能着急,盲目调整经营策略。经营咖啡店是个美好的愿望,但要有充足的心理准备,才能一步步走向成功。因此要想有一个轻松的心态,就不要把全部家当都押上去。

我们追逐梦想,我们疲惫不堪,我们全力以赴地去追逐成功,我们战战兢兢的小心前行,还总怕碰壁和滑倒。看看这份咖啡店创业计划书,或者说是王慧的创业故事,她告诉我们,放轻松,成功尽在掌握中。

(资料来源:创业网 http://www.chuangye.com/article/11123014.html)

启示:通过创业计划的制订,创业者会逐渐建立起自信,以认真的态度对自己所拥有的资源、已知的市场情况和初步的竞争策略做一些简单的分析,并提出一个初步计划。通过将心中的设想编写成书面的、规范的创业计划,创业者可能会发现,事情原来并非想象中的简单,原来很多因素都没有想到,很多的设想都不现实。这个时候,需要创业者保持清醒的头脑,客观地、严肃地、不带个人主观情感地从整体角度审视自己的创业思路,并且适当地进行调节,使得计划更趋完美,以确保计划的可操作性。

## 5.1 创业计划书的概念与作用

创业计划书,是创业者叩响投资者大门的“敲门砖”,是创业者计划创立的业务书面材料,一份优秀的创业计划往往会使创业者达到事半功倍的效果。创业计划书主要用来描述与拟创办企业相关的内外部环境条件和要素特点,为业务的发展提供指示图,是衡量业务进展情况的标准。

一份完善的创业计划书几乎包括投资者所有感兴趣的内容,只有内容翔实、数据丰富、体系完整、装订精致的创业计划书才能吸引投资者,让他们看懂您的项目商业运作计划,并产生浓厚的投资兴趣,才能使您的创业成为现实。

### 5.1.1 创业计划及创业计划书的概念

创业计划是创业者对企业发展的整体规划,它不仅是企业融资所必须具备的基本工具,更能够使创业者通过计划书的编制重新审视企业的经营情况,深入了解企业的核心竞争力,评估企业的发展策略。

创业计划书可以意指为创业计划书,是创业者在初创企业成立之前就某一项具有市场前景的新产品或服务,向潜在投资者、风险投资公司、合作伙伴等游说以取得合作支持或风险投资的可行性商业报告,用来描述创办一个新企业时所有的内部和外部要素。创业计划通常是各项职能如市场营销计划、生产和销售计划、财务计划、人力资源计划等的集成,同时也是提出创业的头 3 年内所有中期和短期决策制度的方针。

创业计划书的编写一般是按照相对标准的文本格式进行,是全面介绍公司或项目发展前景,阐述产品、市场、竞争、风险及投资收益和融资要求的书面材料。

### 5.1.2 创业计划书的作用

如果有了一份详尽的创业计划书,就好像有了一份业务发展的指示图一样,它会时刻提醒创业者应该注意什么问题,规避什么风险,并最大限度地帮助创业者获得来自外界的帮助。因此,创业计划书有着非常重要的作用。

1)帮助创业者自我评价,理清思路

在创业融资之前,创业计划书首先应该是给创业者自己看的。创业者应该以认真的态度对自己所有的资源、已知的市场情况和初步的竞争策略作尽可能详尽的分析,并提出一个初步的行动计划,通过创业计划书做到使自己心中有数。另外,创业计划书还是创业资金准备和风险分析的必要手段。对初创的风险企业来说,创业计划书的作用尤为重要,一个酝酿中的项目,往往很模糊,通过制订创业计划书,把正反理由都书写下来,然后再逐条推敲,创业者就能对这一项目有更加清晰地认识。

2)帮助创业者凝聚人心,有效管理

一份完美的创业计划书可以增强创业者的自信,使创业者明显感到对企业更容易控制、对经营更有把握。因为创业计划提供了企业全部的现状和未来发展的方向,也为企业提供了良好的效益评价体系和管理监控指标。创业计划书使得创业者在创业实践中有章可循。

创业计划书通过描绘新创企业的发展前景和成长潜力,使管理层和员工对企业及个人的未来充满信心,并明确要从事什么项目和活动,从而使大家了解将要充当什么角色,完成什么工作,以及自己是否胜任这些工作。因此,创业计划书对于创业者吸引所需要的人力资源,凝聚人心,具有重要作用。

3)帮助创业者对外宣传,获得融资

创业计划书作为一份全方位的项目计划,它对即将展开的创业项目进行可行性分析的过程,也在向风险投资商、银行、客户和供应商宣传拟建的企业及其经营方式,包括企业的产品、营销、市场及人员、制度、管理等各个方面。在一定程度上也是拟建企业对外进行宣传和包装的文件。

### 5.1.3 创业计划书的意义

美国一位著名的风险投资家说过:“创业企业邀人投资或者加盟,如同向离过婚的女人求婚,而不像和女孩子初恋,双方应有打算,仅靠空头许诺是无济于事的。”所以优秀的创业计划书需要给风险投资家足够的信心。创业计划是创业的试金石,通过融资潜力基本上可以判断创业计划的价值。

创业计划书的好坏,往往决定了投资交易的成败。对初创的风险企业来说,创业计划书的作用尤为重要。当你选定了创业目标与确定创业的动机后,在资金、人脉、市场等各方面的条件都已准备妥当或已经累积了相当实力,这时候,就必须提供一份完整的创业计划书,创业计划书是整个创业过程的灵魂。

创业计划书的内容从企业成长经历、产品服务、市场、营销、管理团队、股权结构、组织人事、财务、运营到融资方案。只有内容翔实、数据丰富、体系完整、装订精致的创业计划书才能吸引投资商,让他们看懂您的项目商业运作计划,才能使您的融资需求成为现实,创业计划书的质量对创业者的项目融资至关重要。

融资项目要获得投资商的青睐,良好的融资策划和财务包装,是融资过程中必不可少的环节,其中最重要的是应做好符合国际惯例的高质量的创业计划书。目前中国企业在国际上融资成功率不高,不是项目本身不好,也不是项目投资回报不高,而是项目方创业计划书编写的草率与策划能力让投资商感到失望。

创业计划书的起草与创业本身一样是一个复杂的系统工程,不但要对行业、市场进行充分的研究,而且还要有很好的文字功底。对于一个发展中的企业,专业的创业计划书既是寻找投资的必备材料,也是企业对自身的现状及未来发展战略全面思索和重新定位的过程。

---

**小案例**

**根据创业计划书决定投资**

“我现在是万事俱备,只欠东风了”,王先生刚刚创办了一家公司,并且拥有一项非常好的网络防火墙项目,甚至已经有一些企业单位对他的产品表示了浓厚的兴趣,但是,王先生缺少用于招聘人员、购买设备和生产产品的资金。于是,一个朋友帮他联系了一家投资商,经过详细地交流,这家投资商也认为王先生的项目无论在技术上还是市场上都有很好的前景,然而却告诉他:“我们现在还不能决定是否能给你投资,你需要给我们提交一份详细的创业计划书来”。

---

## 5.2 创业计划书的内容

当你选定了创业目标与确定创业的动机之后，而在资金、人脉、市场等各方面的条件都已准备妥当或已经累积了相当实力，这时候，就必须提出一份完整的创业计划书，创业计划书是整个创业过程的灵魂，在这份白纸黑字的计划书中，主要详细记载了一切创业的内容，包括团队介绍、竞争力介绍、市场分析、财务管理、风险控制，在创业的过程中，这些都是不可或缺的元素。在某些时候，创业计划书除了能让创业者清楚明白自己的创业内容，坚定创业的目标外，还可以兼具说服他人的作用，通过创业计划书，创业者对自己的创业会有比较清晰的认识，甚至可以赚得一笔创业基金。

### 5.2.1 创业计划的制订问题

1）关注产品

在经营计划中，应提供所有与企业的产品或服务有关的细节，包括企业所实施的所有调查。这些问题包括：产品正处于什么样的发展阶段？它的独特性怎样？企业分销产品的方法是什么？谁会使用企业的产品，为什么？产品的生产成本是多少？售价是多少？企业发展新的现代化产品的计划是什么？把投资者拉到企业的产品或服务中来，这样投资者就会和风险企业家一样对产品有兴趣。

2）敢于竞争

在经营计划中，风险企业家应细致分析竞争对手的情况。竞争对手都是谁？他们的产品是如何工作的？竞争对手的产品与本企业的产品相比，有哪些相同点和不同点？竞争对手所采用的营销策略是什么？要明确每个竞争者的销售额、毛利润、收入以及市场份额，然后再讨论本企业相对于每个竞争者所具有的竞争优势，要向投资者展示，顾客偏爱本企业的原因是：本企业的产品质量好、送货迅速、定位适中、价格合适等，经营计划要使它的读者相信，本企业不仅是行业中的有力竞争者，而且将来还会是确定行业标准的领先者。在经营计划中，企业家还应阐明竞争者给本企业带来的风险以及本企业所采取的对策。

3）了解市场

经营计划要给投资者提供企业对目标市场的深入分析和理解。要细致分析经济、地理、职业以及心动理等因素对消费者选择购买本企业产品这一行为的影响，以及各个因素所起的作用。经营计划中还应包括一个主要的营销计划，计划中应列出本企业打算开展广告、促销以及公共关系活动的地区，明确每一项活动的预算和收益。经营计划中还应简述一下企业的销售战略：企业是使用外面的销售代表还是使用内部职员？企业是使用转卖商、分销商还是特许商？企业将提供何种类型的销售培训？此外，经营计划还应特别关注一下销售中的细节问题。

4）表明行动的方针

企业的行动计划应该是无懈可击的。经营计划中应该明确下列问题：企业如何把产品推向市场？如何设计生产线，如何组装产品？企业生产需要哪些原料？企业拥有哪些生产资源，还需要什么生产资源？生产和设备的成本是多少？企业是买设备还是租设备？解释与产品组装、储存以及发送有关的固定成本和变动成本的情况。

5）展示你的管理队伍

把一个思想转化为一个成功的风险企业，其关键的因素就是要有一支强有力的管理队伍。这支队伍的成员必须有较高的专业技术知识、管理才能和多年工作经验，要给投资者这样一种感觉："看，这支队伍里都有谁！如果这个公司是一支足球队的话，他们就会一直杀入世界杯决赛！"管理者的职能就是计划、组织、控制和指导公司实现目标的行动。在经营计划中，应首先描述一下整个管理队伍及其职责，然后再分别介绍每位管理人员的特殊才能、特点和造诣，细致描述每个管理者将对公司所作的贡献。经营计划中还应明确管理目标以及组织机构图。

6）出色的计划摘要

经营计划中的计划摘要也十分重要。它必须能让读者有兴趣并渴望得到更多的信息，它将给读者留下长久的印象。计划摘要将是风险企业家所写的最后一部分内容，但却是出资者首先要看的内容，它将从计划中摘录出与筹集资金最相干的细节：包括对公司内部的基本情况，公司的能力以及局限性，公司的竞争对手，营销和财务战略，公司的管理队伍等情况的简明而生动地概括。如果公司，是一本书，它就像是这本书的封面，做得好就可以把投资者吸引住。它会给风险投资家有这样的印象："这个公司将会成为行业中的巨人，我已等不及要去读计划的其余部分了。"

### 5.2.2 创业计划书的内容

创业计划书其实没有一成不变的格式，但所包含的内容通常较为一致。一般来说，在创业计划书中应该包括创业的种类、资金规划及基金来源、资金总额的分配比例、阶段目标、财务预估、行销策略、可能风险评估、创业的动机、股东名册、预定员工人数、具体内容。一般包括以下 11 个方面：

1）封面

封面的设计要有审美观和艺术性，一个好的封面会使阅读者产生最初的好感，形成良好的第一印象。

2)计划摘要

计划摘要浓缩了的创业计划书的精华,涵盖了计划的要点,要求一目了然,以便读者能在最短的时间内评审计划并作出判断。

计划摘要一般包括以下内容:公司介绍;管理者及其组织;主要产品和业务范围;市场概貌;营销策略;销售计划;生产管理计划;财务计划;资金需求状况等。

在介绍企业时,首先要说明创办新企业的思路,新思想的形成过程以及企业的目标和发展战略。其次,要交代企业现状、过去的背景和企业的经营范围。在这一部分中,要对企业以往的情况做客观的评述,不回避失误。中肯的分析往往更能赢得信任,从而使人容易认同企业的创业计划书。最后,还要介绍一下创业者自己的背景、经历、经验和特长等。企业家的素质对企业的成绩往往起关键性的作用。在这里,企业家应尽量突出自己的优点并表示自己强烈的进取精神,以给投资者留下一个好印象。

在计划摘要中,企业还必须要回答下列问题:

①企业所处的行业,企业经营的性质和范围;

②企业主要产品的内容;

③企业的市场在那里,谁是企业的顾客,他们有哪些需求;

④企业的合伙人、投资人是谁;

⑤企业的竞争对手是谁,竞争对手对企业的发展有何影响。

摘要要尽量简明、生动。特别要详细说明自身企业的不同之处以及企业获取成功的市场因素。如果企业家了解他所做的事情,摘要仅需 2 页纸就足够了。如果企业家不了解自己正在做什么,摘要就可能要写 20 页纸以上。因此,有些投资家就依照摘要的长短来“把麦粒从谷壳中挑出来”。

3)企业介绍

这部分的目的不是描述整个计划,也不是提供另外一个概要,而是对你的公司作出介绍,因而重点是你的公司理念和如何制定公司的战略目标。

4)行业分析

在行业分析中,应该正确评价所选行业的基本特点、竞争状况以及未来的发展趋势等内容。

关于行业分析的典型问题:

①该行业发展程度如何?现在的发展动态如何?

②创新和技术进步在该行业扮演着一个怎样的角色?

③该行业的总销售额有多少?总收入为多少?发展趋势怎样?

④价格趋向如何?

⑤经济发展对该行业的影响程度如何?政府是如何影响该行业的?

⑥是什么因素决定着它的发展？

⑦竞争的本质是什么？你将采取什么样的战略？

⑧进入该行业的障碍是什么？你将如何克服？该行业典型的回报率有多少？

5)产品(服务)介绍

在进行投资项目评估时,投资人最关心的问题之一就是,风险企业的产品、技术或服务能否以及在多大程度上解决现实生活中的问题,或者风险企业的产品(服务)能否帮助顾客节约开支,增加收入。因此,产品介绍是创业计划书中必不可少的一项内容。

通常,产品介绍应包括以下内容:产品的概念、性能及特性;主要产品介绍;产品的市场竞争力;产品的研究和开发过程;发展新产品的计划和成本分析;产品的市场前景预测;产品的品牌和专利。

在产品(服务)介绍部分,企业家要对产品(服务)作出详细的说明,说明要准确,也要通俗易懂,使不是专业人员的投资者也能明白。一般地,产品介绍都要附上产品原型、照片或其他介绍。

产品介绍必须要回答以下问题:

①顾客希望企业的产品能解决什么问题,顾客能从企业的产品中获得什么好处?

②企业的产品与竞争对手的产品相比有哪些优缺点,顾客为什么会选择本企业的产品?

③企业为自己的产品采取了何种保护措施,企业拥有哪些专利、许可证,或与已申请专利的厂家达成了哪些协议?

④为什么企业的产品定价可以使企业产生足够的利润,为什么用户会大批量地购买企业的产品?

⑤企业采用何种方式去改进产品的质量、性能,企业对发展新产品有哪些计划等。

产品(服务)介绍的内容比较具体,因而写起来相对容易。虽然夸赞自己的产品是推销所必需的,但应该注意,企业所做的每一项承诺都是“一笔债”,都要努力去兑现。要牢记,企业家和投资家所建立的是一种长期合作的伙伴关系。空口许诺,只能得意于一时。如果企业不能兑现承诺,不能偿还债务,企业的信誉必然要受到极大的损害,因而是真正的企业家所不屑为的。

6)人员及组织结构

有了产品之后,创业者第二步要做的就是结成一支有战斗力的管理队伍。企业管理的好坏,直接决定了企业经营风险的大小。而高素质的管理人员和良好的组织结构则是管理好企业的重要保证。因此,风险投资家会特别注重对管理队伍的评估。

企业的管理人员应该是互补型的,而且要具有团队精神。一个企业必须要具备负责产品设计与开发、市场营销、生产作业管理、企业理财等方面的专门人才。

在创业计划书中,必须要对主要管理人员加以阐明,介绍他们所具有的能力,他们在本企业中的职务和责任,他们过去的详细经历及背景。此外,在这部分创业计划书中,还应对公司结构做一简要介绍,包括:公司的组织机构图;各部门的功能与责任;各部门的负责人及主要成员;公司的报酬体系;公司的股东名单,包括认股权、比例和特权;公司的董事会成员;各位董事的背景资料。

经验和过去的成功比学位更有说服力。如果你准备把一个特别重要的位置留给一个没有经验的人,你一定要给出充分的理由。

7)市场预测

当企业要开发一种新产品或向新的市场扩展时,首先就要进行市场预测。如果预测的结果并不乐观,或者预测的可信度让人怀疑,那么投资者就要承担更大的风险,这对多数风险投资家来说都是不可接受的。

市场预测首先要对需求进行预测:市场是否存在对这种产品的需求?需求程度是否可以给企业带来所期望的利益?新的市场规模有多大?需求发展的未来趋向及其状态如何?影响需求都有哪些因素?其次,市场预测还要包括对市场竞争的情况——企业所面对的竞争格局进行分析:市场中主要的竞争者有哪些?是否存在有利于本企业产品的市场空当?本企业预计的市场占有率是多少?本企业进入市场会引起竞争者怎样的反应,这些反应对企业会有什么影响?

在创业计划书中,市场预测应包括以下内容:市场现状综述;竞争厂商概览;目标顾客和目标市场;本企业产品的市场地位;市场区格和特征等。风险企业对市场的预测应建立在严密、科学的市场调查基础上。风险企业所面对的市场,本来就有更加变幻不定的、难以捉摸的特点。因此,风险企业应尽量扩大收集信息的范围,重视对环境的预测和采用科学的预测手段和方法。创业者应牢记的是,市场预测不是凭空想象出来,对市场错误的认识是企业经营失败的最主要原因之一。

8)营销策略

营销是企业经营中最富挑战性的环节,影响营销策略的主要因素有:消费者的特点;产品的特性;企业自身的状况和市场环境方面的因素。最终影响营销策略的则是营销成本和营销效益因素。

在创业计划书中,营销策略应包括以下内容:①市场机构和营销渠道的选择;②营销队伍和管理;③促销计划和广告策略;④价格决策。

对创业企业来说,由于产品和企业的知名度低,很难进入其他企业已经稳定的销售渠道中去。因此,企业不得不暂时采取高成本低效益的营销战略,如上门推销,大打商品广告,向批发商和零售商让利,或交给任何愿意经销的企业销售。对发展企业来说,它一方面可以利用原来的销售渠道,另一方面也可以开发新的销售渠道以适应企业的发展。

9)制造计划

创业计划书中的生产制造计划应包括以下内容:产品制造和技术设备现状;新

产品投产计划;技术提升和设备更新的要求;质量控制和质量改进计划。

在寻求资金的过程中,为了增大企业在投资前的评估价值,创业者应尽量使生产制造计划更加详细、可靠。一般地,生产制造计划应回答以下问题:企业生产制造所需的厂房、设备情况如何;怎样保证新产品在进入规模生产时的稳定性和可靠性;设备的引进和安装情况,谁是供应商;生产线的设计与产品组装是怎样的;供货者的前置期和资源的需求量;生产周期标准的制定以及生产作业计划的编制;物料需求计划及其保证措施;质量控制的方法是怎样的;相关的其他问题。

10)财务规划

财务规划需要花费较多的精力来做具体分析,其中就包括现金流量表,资产负债表以及损益表的制备。流动资金是企业的生命线,因此企业在初创或扩张时,对流动资金需要有预先周详的计划和进行过程中的严格控制;损益表反映的是企业的盈利状况,它是企业在一段时间运作后的经营结果;资产负债表则反映在某一时刻的企业状况,投资者可以用资产负债表中的数据得到的比率指标来衡量企业的经营状况以及可能的投资回报率。

财务规划一般要包括以下内容:创业计划书的条件假设;预计的资产负债表;预计的损益表;现金收支分析;资金的来源和使用。

可以这样说,一份创业计划书概括地提出了在筹资过程中创业者需做的事情,而财务规划则是对创业计划书的支持和说明。因此,一份好的财务规划对评估风险企业所需的资金数量,提高风险企业取得资金的可能性是十分关键的。如果财务规划准备得不好,会给投资者以企业管理人员缺乏经验的印象,降低风险企业的评估价值,同时也会增加企业的经营风险,那么如何制订好财务规划呢?这首先要取决于风险企业的远景规划——是为一个新市场创造一个新产品,还是进入一个财务信息较多的已有市场。

着眼于一项新技术或创新产品的创业企业不可能参考现有市场的数据、价格和营销方式。因此,它要自己预测所进入市场的成长速度和可能获得纯利,并把它的设想、管理队伍和财务模型推销给投资者。而准备进入一个已有市场的风险企业则可以很容易地说明整个市场的规模和改进方式。风险企业可以在获得目标市场的信息的基础上,对企业头一年的销售规模进行规划。

企业的财务规划应保证和创业计划书的假设相一致。事实上,财务规划和企业的生产计划、人力资源计划、营销计划等都是密不可分的。要完成财务规划,必须要明确下列问题:①产品在每一个期间的发出量有多大?②什么时候开始产品线扩张?③每件产品的生产费用是多少?④每件产品的定价是多少?⑤使用什么分销渠道,所预期的成本和利润是多少?⑥需要雇佣那几种类型的人?⑦雇佣何时开始,工资预算是多少?等等。

11)风险与风险管理

①你的公司在市场、竞争和技术方面都有哪些基本的风险?

②你准备怎样应付这些风险?

③就你看来,你的公司还有一些什么样的附加机会?

④在你的资本基础上如何进行扩展?

⑤在最好和最坏情形下,你的五年计划表现如何?

如果你的估计不那么准确,应该估计出你的误差范围到底有多大。如果可能的话,对你的关键性参数做最好和最坏的设定。

## 5.3 创业计划书的写作

创业计划书是将有关创业的想法,借由白纸黑字最后落实的载体。创业计划书的质量,往往会直接影响创业发起人能否找到合作伙伴、获得资金及其他政策的支持。如何写创业计划书呢?要依目标,即看计划书的对象而有所不同,譬如是要写给投资者看呢,还是要拿去银行贷款。从不同的目的来写,计划书的重点也会有所不同。不过,创业计划书也有一般的格式,需要涵盖以下必须的内容。

### 5.3.1 撰写创业计划书的6要素

①第一个C是concept概念。概念指的就是:在计划书里边,要写得让别人可以很快地知道要卖的是什么。

②第二个C是customers顾客。有了卖的东西以后,接下来是要卖给谁,谁是顾客。顾客的范围在哪里要很明确,比如说认为所有的女人都是顾客,那50岁以上的女人也能用吗?5岁以下的也是客户吗?适合的年龄层在哪里要界定清楚。

③第三个C是competitors竞争者。东西有没有人卖过?如果有人卖过是在哪里?有没有其他的东西可以取代?这些竞争者跟你的关系是直接还是间接?

④第四个C是capabilities能力。要卖的东西自己会不会、懂不懂?譬如说开餐馆,如果师傅不做了找不到人,自己会不会炒菜?如果没有这个能力,至少合伙人要会做,再不然也要有鉴赏的能力,不然最好是不要做。

⑤第五个C是capital资本。资本可能是现金也可以是资产,是可以换成现金的东西。那么资本在哪里?有多少?自有的部分有多少?可以借贷的有多少?要很清楚。

⑥最后一个C是continuation永续经营。当事业做得不错时,将来的计划是什么?任何时候只要掌握这6个C,就可以随时检查、随时做更正,不怕遗漏什么。

### 5.3.2 创业计划书的编写步骤

准备创业方案是一个展望项目的未来前景、细致探索其中的合理思路、确认实施项目所需的各种必要资源、再寻求所需支持的过程。

1) 准备阶段

创业计划书的编写涉及的内容较多,因而制订创业计划前必须进行周密地安排。主要有如下一些准备工作:

①确定创业计划的目的与宗旨;

②组成创业计划小组;

③制订创业计划编写计划;

④确定创业计划的种类与总体框架;

⑤制订创业计划编写的日程安排与人员分工。

2) 资料准备阶段

以创业计划总体框架为指导,针对创业目的与宗旨,搜寻内部与外部资料。包括创业企业所在行业的发展趋势、产品市场信息、产品测试、实验资料、竞争对手信息、同类企业组织机构状况、行业同类企业财务报表等。资料调查可以分为实地调查与收集二手资料两种方法。实地调查可以得到创业所需的一手真实资料,但时间及费用耗费较大;收集二手资料较易,但可靠性较差。创业者可根据需要灵活采用资料调查方法。

3) 创业计划的形成

创业计划形成阶段要完成以下几项任务:

①拟订创业执行纲要:主要是创业各项目概要。

②草拟初步创业计划:依据创业执行纲要,对创业企业的市场竞争及销售、组织与管理、技术与工艺、财务计划、融资方案以及风险分析等内容进行全面编写,初步形成较为完整的创业计划方案。

③修改完善阶段:创业计划小组在这一阶段对创业计划进行广泛调查并征求多方意见,进而提出一份较为满意的创业计划方案。

④创业计划定稿:进行定稿,并印制成正式创业计划文本。

### 5.3.3 创业计划书的编写方法

创业计划书编写的目的是为创业融资、宣传提供依据,同时作为创业实施的规划方案。因此,创业计划书的编写除尽可能多地展现创业项目的前景及收益水平外,还要展现出创业项目的可实现性。在编写创业计划书时,应遵循正确的方法:

第一,做好工作计划,使创业计划书的写作过程有条不紊。

第二,始终围绕创业产品与服务进行展开,并经常性地评估产品业服务的创业价值。

第三,要充分寻求外部有关人员的指导与协助。

第四,在不断修改补充中完善创业计划。一般来说,最终形成的创业计划正式文本与创业计划草案可能相差很大,有的甚至面目全非。

第五,要针对创业计划的目标读者,设置计划项目的不同侧重点。风险投资商对创业计划中的市场增长及盈利性感兴趣。战略伙伴与主要客户关心产品/服务、市场、盈利及管理团队的运作能力。而主要雇员、管理队伍则主要想知道创业公司过去的成功记录及今后的发展前景。

### 5.3.4 创业计划书撰写的注意事项

第一,创业计划要重点突出、注重实效。每一份创业计划都应有自己独特的个性,要突出每一个创业项目的独特优势及竞争力。另外,要注意创业计划中所使用资料的时效,制订周期长的创业计划应及时更新有关资料依据。

第二,产品服务描述使用专业化语言。财务分析要形象直观,尽可能地采用图标描述;战略、市场分析、营销策略、创业团队要使用管理学术语,尽可能地做到规范化、科学化。

第三,创业计划内容多,涉及面广,因此,要求创业小组分工完成,但应由组长统一协调定稿,以免出现创业计划零散、不连贯、文风相异等问题。

第四,创业计划要详略得当、突出优势,机密部分略微简化,以防泄密。

---

**示例**

**创业计划书范本**

**一、企业概况**

主要经营范围:

(简单写上自己打算开办的实体店或网店的经营范围)

企业类型:下面根据自己的经营类型打钩

□ 生产制造　　□零售　　□批发　　□服务

□农业　　□新型产业　　□传统产业　　□其他

**二、创业计划作者的个人情况**

以往的相关经验(包括时间)

比如实习或勤工俭学等

教育背景,所学习的课程(包括时间)

大学入学至今的时间和课程

**三、市场评估**

目标客户描述:

你打算经营的网店或实体店的目标定位是什么？面向什么样的群体？

市场容量或本企业预计市场占有率：

目前,淘宝商家有300多万家,你所经营的项目有多大的消费群体？

市场容量的变化趋势：

以上这些消费群体的变化趋势？

竞争对手的主要优势：

1.和你经营同类商品(产品)的商家有什么优势？

2.

3.

4.

5.

竞争对手的主要劣势：

1.你觉得他们还有哪些地方做得不够的？

2.

3.

4.

5.

本企业对于竞争对手的主要优势：

1.你有什么优势(如货源,成本,专业度等)？

2.

3.

4.

5.

本企业相对竞争对手的主要劣势：

1.如果和他们经营相同类型的商品(产品),你有哪些地方可以做得更好？

2.

3.

4.

5.

**四、市场营销计划**

1.产品(对你自己的商品或服务进行描述)

| 产品或服务 | 主要特征 |
| --- | --- |
| | |
| | |
| | |
| | |

2.价格

| 产品或服务 | 成本价 | 销售价 | 竞争对手的价格 |
| --- | --- | --- | --- |
| | | | |
| | | | |
| | | | |
| | | | |
| | | | |
| | | | |
| | | | |
| | | | |

| 折扣销售 | |
| --- | --- |
| 赊账销售 | |

3.地点

(1)选址细节

| 地　址 | 面积/平方米 | 租金或建筑成本 |
| --- | --- | --- |
| 淘宝网或拍拍网等 | 2 | 无 |
| | | |

(2)选择该地址的主要原因：

网上创业的优势：

(3)销售方式(选择一项并打√)：

将把产品、服务或销售提供给：　　□最终消费者　　□零售商　　□批发商

(4)选择销售方式的原因：
(自由发挥)
4.促销

| 人员推销 | | 成本预先测 | |
|---|---|---|---|
| 广告 | | 成本预先测 | |
| 公共关系 | | 成本预先测 | |
| 营业推广 | | 成本预先测 | |

**五、企业组织结构**

企业将登记注册成:(选其他)
□个体工商户　　□有限责任公司　　□个人独资企业　　□合伙企业
□其他
拟议的企业名称:(店铺的名字,下面有的请客服写上,没有的写无)
企业的员工(请附企业组织结构图和员工工作描述书)：

| 职务 | 月薪 |
|---|---|
| 业主或经理 | |
| | |
| | |
| 员工 | |
| | |
| | |
| | |
| | |

企业将获得的营业执照、许可证:(注意:将你们的店址复制在这里)

| 类型 | 预计费用 |
|---|---|
| | |
| | |
| | |

合伙(合作)人与合伙(合作)人协议：

| 条款 \ 内容 \ 合伙人 | | | | |
|---|---|---|---|---|
| 出资方式 | | | | |
| 出资数额与期限 | | | | |
| 利润分配和亏损分摊 | | | | |
| 经营分工、权限和责任 | | | | |
| 合伙人个人的责任 | | | | |
| 协议变更和终止 | | | | |
| 其他条款 | | | | |

## 六、固定资产

### 1.工具和设备

根据预测的销售量,假设达到100%的生产能力,企业需要购买以下设备:

| 名　称 | 数　量 | 单　价 | 总费用/元 |
|---|---|---|---|
| | | | |
| | | | |
| | | | |
| | | | |
| | | | |

| 供应商名称 | 地　址 | 电话或传真 |
|---|---|---|
| | | |
| | | |

### 2.交通工具(如果没有就写“无”)

根据交通及营销活动的需要,拟购置以下交通工具:

| 名 称 | 数 量 | 单 价 | 总费用/元 |
| --- | --- | --- | --- |
| | | | |
| | | | |
| | | | |

| 供应商名称 | 地 址 | 电话或传真 |
| --- | --- | --- |
| | | |
| | | |

3.办公家具和设备

办公室需要以下设备(手机、办公桌、网络等)

| 名 称 | 数 量 | 单 价 | 总费用/元 |
| --- | --- | --- | --- |
| | | | |
| | | | |
| | | | |
| | | | |
| | | | |
| | | | |

| 供应商名称 | 地 址 | 电话或传真 |
| --- | --- | --- |
| | | |
| | | |

4.固定资产和折旧概要

| 项　目 | 价值/元 | 年折旧/元 |
| --- | --- | --- |
| 工具和设备 | | |
| 交通工具 | | |
| 办公家具和设备 | | |
| 店　铺 | | |
| 厂　房 | | |
| 土　地 | | |
| | | |
| | | |
| 合　计 | | |

## 七、流动资金(月)

1.原材料和包装

| 项　目 | 数　量 | 单　价 | 总费用/元 |
| --- | --- | --- | --- |
| | | | |
| | | | |
| | | | |
| | | | |
| | | | |

| 供应商名称 | 地　址 | 电话或传真 |
| --- | --- | --- |
| | | |
| | | |
| | | |
| | | |

2.其他经营费用(不包括折旧费和贷款利息)

| 项　目 | 费用/元 | 备　注 |
| --- | --- | --- |
| 业主的工资 | | |
| 雇员工资 | | |
| 租金 | | |
| 营销费用 | | |
| 公用事业费 | | |
| 维修费 | | |
| 保险费 | | |
| 登记注册费 | | |
| 其他 | | |
| 合计 | | |

## 八、销售收入预测(12个月)

| 销售的产品或服务 \ 销售情况 \ 月份 | | 1 | 2 | 3 | 4 | 5 | 6 | 7 | 8 | 9 | 10 | 11 | 12 | 合计 |
| --- | --- | --- | --- | --- | --- | --- | --- | --- | --- | --- | --- | --- | --- | --- |
| (1)女装上衣 | 销售数量 | 5 | 7 | 9 | 15 | 20 | 1 | 1 | 1 | 1 | 1 | 1 | 1 | 1 |
| | 平均单价 | 60.00 | 60.00 | 60.00 | 58.0 | 58.0 | | | | | | | | |
| | 月销售额 | 300.00 | 420.00 | 540.00 | 870.0 | 1 160.0 | | | | | | | | |
| (2)男装衬衫 | 销售数量 | 2 | 4 | 7 | 10 | 13 | 1 | 1 | 1 | 1 | 1 | 1 | 1 | 1 |
| | 平均单价 | 120.0 | 120.0 | 118.0 | 118 | 118 | | | | | | | | |
| | 月销售额 | 240.0 | 480.0 | 826.0 | 1 180.0 | 1 534.0 | | | | | | | | |
| (3) | 销售数量 | 1 | 1 | 1 | 1 | 1 | 1 | 1 | 1 | 1 | 1 | 1 | 1 | 1 |
| | 平均单价 | | | | | | | | | | | | | |
| | 月销售额 | | | | | | | | | | | | | |

续表

| 月份 / 销售情况 / 销售的产品或服务 | | 1 | 2 | 3 | 4 | 5 | 6 | 7 | 8 | 9 | 10 | 11 | 12 | 合计 |
|---|---|---|---|---|---|---|---|---|---|---|---|---|---|---|
| (4) | 销售数量 | | | | | | | | | | | | | |
| | 平均单价 | | | | | | | | | | | | | |
| | 月销售额 | | | | | | | | | | | | | |
| (5) | 销售数量 | | | | | | | | | | | | | |
| | 平均单价 | | | | | | | | | | | | | |
| | 月销售额 | | | | | | | | | | | | | |
| (6) | 销售数量 | | | | | | | | | | | | | |
| | 平均单价 | | | | | | | | | | | | | |
| | 月销售额 | | | | | | | | | | | | | |
| (7) | 销售数量 | | | | | | | | | | | | | |
| | 平均单价 | | | | | | | | | | | | | |
| | 月销售额 | | | | | | | | | | | | | |
| (8) | 销售数量 | | | | | | | | | | | | | |
| | 平均单价 | | | | | | | | | | | | | |
| | 月销售额 | | | | | | | | | | | | | |
| 合计 | 销售总量 | | | | | | | | | | | | | |
| | 销售总收入 | 540.0 | 900 | 1 366 | 2 050 | 2 694 | | | | | | | | |

## 九、销售和成本计划

| 月份 / 金额/元 / 项目 | | 1 | 2 | 3 | 4 | 5 | 6 | 7 | 8 | 9 | 10 | 11 | 12 | 合计 |
|---|---|---|---|---|---|---|---|---|---|---|---|---|---|---|
| 销售 | 含流转税销售收入 | 540 | 900 | 1 366 | 1 | 1 | 1 | 1 | 1 | 1 | 1 | 1 | 1 | 1 |
| | 流转税（增值税等） | 无 | 无 | 无 | | | | | | | | | | |
| | 销售净收入 | 540 | 900 | 1 366 | | | | | | | | | | |

续表

| 项目 | 月份 金额/元 | 1 | 2 | 3 | 4 | 5 | 6 | 7 | 8 | 9 | 10 | 11 | 12 | 合计 |
|---|---|---|---|---|---|---|---|---|---|---|---|---|---|---|
| 成本 | 业主工资 | 1 | 1 | 1 | 1 | 1 | 1 | 1 | 1 | 1 | 1 | 1 | 1 | |
| | 员工工资 | | | | | | | | | | | | | |
| | 租金 | | | | | | | | | | | | | |
| | 营销费用（假设）30 | 30 | 30 | 1 | 1 | 1 | 1 | 1 | 1 | 1 | 1 | 1 | 1 | |
| | 公共事业费 | | | | | | | | | | | | | |
| | 维修费 | | | | | | | | | | | | | |
| | 折旧费（假设） | 20 | 20 | 20 | | | | | | | | | | |
| | 贷款利息 | | | | | | | | | | | | | |
| | 保险费 | | | | | | | | | | | | | |
| | 登记注册费 | | | | | | | | | | | | | |
| | 原材料（列出项目） | | | | | | | | | | | | | |
| | （1）女装进价 | 200 | 280 | 360 | | | | | | | | | | |
| | （2）衬衫进价 | 180 | 360 | 360 | | | | | | | | | | |
| | （3） | | | | | | | | | | | | | |
| | （4） | | | | | | | | | | | | | |
| | （5） | | | | | | | | | | | | | |
| | （6） | | | | | | | | | | | | | |
| | 总成本 | 430 | 690 | 990 | | | | | | | | | | |
| | 销售数量 | | | | | | | | | | | | | |
| | 平均单价 | | | | | | | | | | | | | |
| | 月销售额 | | | | | | | | | | | | | |
| | 利润 | 110.0 | 210.0 | 376.0 | | | | | | | | | | |
| 税费 | 企业所得税 | | | | | | | | | | | | | |
| | 个人所得税 | | | | | | | | | | | | | |
| | 其他 | | | | | | | | | | | | | |
| 净收入（税后） | | | | | | | | | | | | | | |

## 十、现金流量计划

| 项目 | 月份<br>金额/元 | 1 | 2 | 3 | 4 | 5 | 6 | 7 | 8 | 9 | 10 | 11 | 12 | 合计 |
|---|---|---|---|---|---|---|---|---|---|---|---|---|---|---|
| 现金流入 | 月初现金 |  | 610 | 1 | 1 | 1 | 1 | 1 | 1 | 1 | 1 | 1 | 1 | 1 |
|  | 现金销售收入 | 540 | 900 |  |  |  |  |  |  |  |  |  |  |  |
|  | 赊销收入 |  |  |  |  |  |  |  |  |  |  |  |  |  |
|  | 贷款 | 0 |  |  |  |  |  |  |  |  |  |  |  |  |
|  | 业主投资 | 1 500 |  |  |  |  |  |  |  |  |  |  |  |  |
|  | 可支配现金(A) | 2 040 | 1 510 |  |  |  |  |  |  |  |  |  |  |  |
| 现金流出 | 现金采购支出（列出项目） | 1 | 1 | 1 | 1 | 1 | 1 | 1 | 1 | 1 | 1 | 1 | 1 | 1 |
|  | (1)（消保） | 1 000 |  |  |  |  |  |  |  |  |  |  |  |  |
|  | (2) | 380 | 640 |  |  |  |  |  |  |  |  |  |  |  |
|  | (3) | 1 | 1 | 1 | 1 | 1 | 1 | 1 | 1 | 1 | 1 | 1 | 1 | 1 |
|  | 赊购支出 |  |  |  |  |  |  |  |  |  |  |  |  |  |
|  | 业主工资 |  |  |  |  |  |  |  |  |  |  |  |  |  |
|  | 员工工资 |  |  |  |  |  |  |  |  |  |  |  |  |  |
|  | 租金 |  |  |  |  |  |  |  |  |  |  |  |  |  |
|  | 营销费用（旺铺） | 30 | 30 |  |  |  |  |  |  |  |  |  |  |  |
|  | 公用事业费 |  |  |  |  |  |  |  |  |  |  |  |  |  |
|  | 维修费 |  |  |  |  |  |  |  |  |  |  |  |  |  |
|  | 贷款利息 |  |  |  |  |  |  |  |  |  |  |  |  |  |
|  | 偿还贷款本金 |  |  |  |  |  |  |  |  |  |  |  |  |  |

续表

| 项目 | 月份 金额/元 | 1 | 2 | 3 | 4 | 5 | 6 | 7 | 8 | 9 | 10 | 11 | 12 | 合计 |
|---|---|---|---|---|---|---|---|---|---|---|---|---|---|---|
| 现金流出 | 保险费 | | | | | | | | | | | | | |
| | 登记注册费 | | | | | | | | | | | | | |
| | 设备 | 20 | 20 | | | | | | | | | | | |
| | 其他（列出项目） | | | | | | | | | | | | | |
| | | | | | | | | | | | | | | |
| | 1 | | | | | | | | | | | | | |
| | | | | | | | | | | | | | | |
| | 税金 | | | | | | | | | | | | | |
| | 现金总支出(B) | 1 430 | 690 | | | | | | | | | | | |
| 月底现金(A-B) | | 610.0 | 820.0 | | | | | | | | | | | |

## 5.4 创业计划书的评价

许多创业计划书撰写得很完备，但是在现实工作中并不见得很有效。因此对创业计划书的评价，不仅要从结构方面看其是否完整，而且要看其内容是否表述清楚、方案是否具有可行性，能否吸引投资者，增加投资者的信心。

### 5.4.1 创业计划的评价主体

创业计划书的评价主体一般有 3 个方面：创业者判断创业计划是否有吸引力和可行性；投资者根据创业计划书判断投资风险和投资回报；企业管理者及员工根据创业计划书预测企业的发展前景。

### 5.4.2 创业计划书的自我评估

在写作创业计划书的全过程中，创业者应该站在风险投资者的角度（或立场）

对自己的商业计划进行一番评估,并努力地审视以下 6 个问题。每个风险投资者都会问的关键问题是否在自己的创业计划书中有明确的答案。

①我能获得多少回报?

②我会损失什么(可能遇到的风险,如所有的投资、贷款担保、法律诉讼、时间)?

③谁认为这个计划可行(对商业计划各项内容的第三方验证)?

④交易当中还有谁发挥作用(管理团队班子和投资群体以及他们在各自领域中的地位)?

⑤这个市场有多大?你的企业如何争取到潜在的顾客(对市场开拓能力的验证)?

⑥我的投资何时和怎样撤出(公开上市或购并的退出战略)?

---

**小知识**

**一份成功的创业计划书**

应该:
清楚、简洁;
展示市场调查和市场容量;
了解顾客的需要并引导顾客;
解释顾客为什么会掏钱买你的产品/服务;
在头脑中要有一个投资退出策略。

不应该:
过分乐观;
拿出一些与产业标准相去甚远的数据;
面向产品;
忽视竞争威胁;
进入一个拥塞的市场。

---

### 5.4.3 创业计划书的评估标准

由于所选择的产品或服务的不同,创业环境的优劣、创业人员能力的差异等区别,所以要对一个创业计划书的优劣进行评价是一件非常困难的事情。目前,投资人员和创业大赛的评审者多采用量化打分制来评定创业计划书之间的差异。

1)执行摘要

这是创业计划书最简练的形式,包括所有的要点。执行摘要的长度通常以 2~3 页为宜,内容力求精练有力,重点阐明公司的投资亮点,尤其是相对于竞争对手的抢眼之处。风险投资商如果觉得执行摘要有看头,才会接着去阅读其他内容。

作为创业计划书中最重要的一部分,执行摘要一般放在最后步骤进行准备。

2)公司描述

创业计划书的第一个完整部分是公司描述部分,它包括:公司的历史、当前地位、战略和未来计划。企业还需要在创业计划书中阐明通过具体的战略规划可以建立起利润可观的公司业务。

3)产品和服务

在这一部分中,主要是对公司现有产品和服务的性能、技术特点、典型客户、盈利能力等的陈述,以及未来产品研发计划的介绍。另外,对专利等级、版权及商业机密内容的描述也非常重要,对市场进入壁垒的分析说明也是相当关键。

4)市场分析

这一部分应该界定公司的市场、行业,现在和潜在的购买者和竞争者。创业计划书应该阐释市场中的关键影响因素,弄清楚购买决策的制定过程,还应该对"市场是怎样细分,公司计划拥有的市场份额,以及预想采用何种防御战略来抵挡竞争"这些问题作出回答。创业计划书的这一部分的撰写越具体越好,要以那些可信度高、已经证实的数据为中心。市场调研应当包括对企业所在行业及潜在客户的详细分析。行业数据应当包括行业数据、市场规模、近期技术进步、政策规定及未来发展趋势等方面。顾客调查应包括潜在顾客数量、平均购买率及购买决策者的行为分析等信息。这一调查可以推动销量预测和定价策略的开展,而这些策略与营销、销售、分销渠道等战略是紧密联系的。最后,对企业将要占领的目标市场的份额作出评价。

5)营销战略与实施计划

拥有了优质的产品和良好的市场机遇,还需要一个切实可行的营销战略和实施计划来配合,才能保证最后的成功。营销战略应该讨论市场调研的结果和产品或服务的价值提议。创业计划书中这一部分内容的主要目的是使投资者确信这一市场是可被开发和渗透的。

6)组织管理概要

一个稳定团结的核心团队可以帮助企业渡过种种难关,是企业最宝贵的资源。很多潜在投资者把管理团队视为一份创业计划书获得成功的最关键因素。风险资本家通常会向那些最有可能成功运作企业的人们进行投资,风险投资者将会仔细考察所投资企业的管理者队伍,这一管理队伍必须在关键性标准方面具备一定的经验和才能:技术发展、营销、销售、生产和财务等。

7)资金需求和退出策略

这一部分说明为实现公司商业计划所需要的资金额;资金需求的时间性;资金用途(详细说明资金用途,并列表说明);融资方案;资金其他来源,如银行贷款等。每一个风险投资者都想知道公司退出战略的清晰描述和他们的投资获利的时间和方法。在商业计划中最通常的退出战略是IPO,但在目前中国证券市场不发达的条件下,一般采用在一定期限内以还本付息的方式退出。

8)财务计划

这一部分的最重要方面在于财务预测——预测资产负债表、现金流量表和损益表。财务预测必须与公司的历史业绩和发展趋势相一致,也应该与创业计划书中其他部分的讨论结果相一致。最后,你还应该考虑投资者需要的投资回报率和他们的收回战略。许多创业者,在技术方面是专家,而对于财务和融资却是门外汉。所以,往往提交出来的是一份数据粗糙,取舍随意,预测基础不合理的预测数据,难于取得投资人的认可。寻求专业顾问人士的帮助可以保证整个财务预测体系的规范性、合理性、专业性。

9)风险因素及其对策

虽然每一份创业计划书都会对项目的方方面面做出一番美好未来规划,但是作为风险投资一方,他面对一个项目,不确定的因素太多。风险分析部分的目的就是说明各种潜在的风险,向投资人展示针对风险的规避措施。

10)附录

附录经常作为商业计划的补充说明部分。每份商业计划在附录中都有大量的财务预测,作为执行计划和财务计划中有关财务的总结。在附录中可能出现的附件还有:媒介关于公司产品的报道;公司营业执照、产品的样品、图片及说明;有关公司及产品的其他资料;专利技术信息;合作者和消费者的来信;一般竞争者调查等。

表5.1为创业计划书的评分标准,我们可据此来评价自己的创业计划书。

**表5.1 《创业计划书》评分标准**

| 一、内容总分:200分 | | | | |
|---|---|---|---|---|
| 比赛项目 | 一等(15~20分) | 二等(8~14分) | 三等(0~7分) | 得分 |
| 项目概述分析(20分) | 简明、扼要,能有效概括整个计划;具有鲜明的个性,具有吸引力;有明确的思路和目标;能突出自身特有的优势 | 能基本概括整个计划;具有一定吸引力;有明确的思路和目标;能突出自身特有的优势 | 能基本概括整个计划;思路和目标比较模糊;自身特有的优势不明显 | |
| 项目开发创意(20分) | 创意独特新颖,创新力度大 | 项目某些细节具有创意,有吸引力 | 项目创意不够新颖,没有创意 | |

续表

| 比赛项目 | 一等(15~20分) | 二等(8~14分) | 三等(0~7分) | 得分 |
| --- | --- | --- | --- | --- |
| 赢利模式、经济及财务状况(20分) | 赢利模式可行,列出关键财务因素、财务指标和主要财务报表,财务计划及相关指标合理准确 | 盈利模式基本可行。基本列出了财务因素、财务指标和主要财务报表 | 盈利模式不可行,没有列出关键财务因素、财务指标和主要财务报表 | |
| 融资方案和回报(20分) | 需求合理,估计全面;融资方案具有吸引力 | 融资方案某些细节具有吸引力,明确回报率,大致明确回报周期 | 对投资回报率及投资回报周期有一定认识 | |
| 经营管理和运作方案(20分) | 开发状态和目标规划合理,操作周期和实施计划恰当,在各阶段目标合理,重点明确。对经营难度和资源要求分析准确 | 开发和状态和目标规划基本合理,有操作周期和实施计划,对经营难度和资源要求分析合理 | 开发状态和目标规划不合理,操作周期和实施计划不恰当,重点不明确。对经营难度和资源要求分析不准确 | |
| 创业团队(20分) | 团队成员具有相关的教育及工作背景;能力互补且分工合理;组织机构严谨;产权、股权划分适当 | 团队成员具有相关的教育及工作背景,有基本的能力,产权和股权划分基本合理 | 团队成员具有相关的教育及工作背景,组织结构不严谨,没有合理的划分产权和股权 | |
| 市场及竞争分析(20分) | 市场分析数据完整,市场分析科学、客观,结合自身项目能准确把握市场发展趋势。明确竞争对手的优势和劣势及公司的优势 | 市场分析数据基本完整,基本符合市场发展趋势。基本了解竞争对手的优势和劣势及公司的优势 | 有一些基本的市场分析数据,对市场趋势不是很明朗。不了解竞争对手的优势和劣势及公司的优势 | |
| 营销策略(20分) | 营销策略具有创新和对顾客具有潜在的吸引力,成本及定价合理,营销渠道顺畅,有一定创新 | 营销策略某些细节具有创新,成本及定价基本合理 | 有一些基本的营销策略,没有创新 | |

续表

| 比赛项目 | 一等(15~20分) | 二等(8~14分) | 三等(0~7分) | 得分 |
|---|---|---|---|---|
| 项目可操作性分析(20分) | 项目、服务或产品的各项分析和预算的可行性较高、运营计划明确 | 项目、服务或产品的各项分析和预算的可行性一般、运营计划基本明确 | 项目、服务或产品的分析和预算没有可行性 | |
| 项目附加分(20分) | 整个计划书规范,文章前后逻辑紧密,语言流畅,内容全面、系统、科学性强,对整个经营模式的体系设计创新性高,具有很大的商业价值等 | 计划书基本规范,有内容,某些细节对整个经营模式有一定的创新 | 计划书不规范,内容不全面,对整个经营模式的体系设计没有创新能力,没有商业价值 | |

## 思考题

1.什么是创业计划书？创业计划书的作用有哪些？

2.一份完整的创业计划书应包括哪些内容？

3.如何站在投资者的角度评价创业计划书？

## 自我测试

### 创业能力测试

**测评说明：**

①当你想要拥有一个自己的公司的时候,有必要先进行这个测试,它可以帮助你判断你自己是否适合创业？你具有多少创业者潜力？当然,这个测试结果,也是仅供参考,因为决定一个人创业能否成功要受到很多因素的制约。

②本测试由一系列陈述句组成。请认真阅读题目,根据你的实际情况来选择最符合你的描述。

③在选择时,请根据你的第一印象来回答。不要做过多的考虑,并在符合你的情况的括号里画“√”。

**创业能力测评表**

| 序号 | 内 容 | 结果 |
| --- | --- | --- |
| 1 | 是否曾经为了某个理想而设下两年以上的长期计划,并且按计划进行直到完成? | |
| 2 | 在学校和家庭生活中,你是否在没有师长和亲友的督促下,就自动完成分派的任务? | |
| 3 | 你是否喜欢独自完成工作,并做得很好? | |
| 4 | 当你与朋友在一起时,你的朋友是否场寻求你的指导和建议?你是否曾被推举为领导者? | |
| 5 | 在你以往的经历里,有没有赚钱的经验?你喜欢储蓄吗? | |
| 6 | 你是否能够专注地做自己感兴趣的事连续10小时以上? | |
| 7 | 你是否习惯保存重要资料,并且井井有条地整理,以备需要时可以随意提取查阅? | |
| 8 | 在平时生活中,你是否热衷于社会服务工作?你关心别人的需要吗? | |
| 9 | 是否喜欢音乐、艺术、体育以及其他各种活动? | |
| 10 | 在此之前,你是否带动其他人员,完成过一项由你领导的大型活动或任务? | |
| 11 | 喜欢在竞争中生存吗? | |
| 12 | 当你在别人管理下工作时,发现其管理方法不当,你是否会想出适当的管理方式并建议改进? | |
| 13 | 当你需要别人的帮助时,是否能充满自信地提出要求,并且能说服别人来帮助你? | |
| 14 | 在你筹款或者义卖时,是不是充满自信而不害羞? | |
| 15 | 当你要完成一项重要工作时,是否总是给自己留出足够的时间仔细完成,而决不让时间虚度,在匆忙中草率完成? | |
| 16 | 你参加重要聚会时,你是否会准时赴约? | |
| 17 | 是否有能力安排一个恰当的环境,使你在工作中能不受干扰,有效地专心工作? | |
| 18 | 你交往的朋友中,是否有许多有成就、有智慧、有眼光、有远见、老成稳重型的人? | |
| 19 | 你在学习或团体中,被认为是受欢迎的人吗? | |
| 20 | 你自认是理财高手吗? | |
| 21 | 你是否可以为了赚钱而牺牲自己的娱乐? | |
| 22 | 是否总是独自挑起责任的担子,彻底了解工作目标并认真地执行工作? | |
| 23 | 在工作中,是否有足够的信心和耐力? | |
| 24 | 能否在很短的时间内,结交许多新朋友? | |

**评分标准:**

评分标准:答“是”得1分;答“否”不得分。统计所得分数。

**测评结果分析：**

0~5 分：目前不适合创业，应当训练自己为别人工作，并学习技术和专业。

6~10 分：需要在别人指导下去创业，才会有成功的机会。

6~15 分：适合自己创业，但必须在所有“否”的答案中，分析出自己的问题并加以纠正改进。

16~20 分：非常适合创业，足以使你从小事业开始，并从妥善处理中获得经验，成为成功的创业者。

21~24 分：有无限潜能，只要把握时机和运气，可能将是未来的商业巨子。

## 创业加油站（实践练习）

在互联网上搜集一份他人制作的创业计划书，分析此创业计划书的亮点和不足之处，并站在投资者的角度提出修改意见。

## 扩展阅读

### 一份创业计划书，引来500万元投资

不用戴眼镜也可看3D视频。2013年29岁的小伙孙德才，在重庆已打拼9年，创业几经挫折。在涉足裸眼3D领域后，凭着成功的创业计划书引来500万元风险投资金。

一、曾创业失败血本无归

“我在2005年市长峰会时来到重庆创业。”孙德才说。他的老家在山东，从海口经济学院摄影专业毕业以后，也有过不错的工作和收入。“我在新闻上看到重庆要举办市长峰会，当时就觉得重庆的发展前景非常好，肯定有许多创业的机会，于是毫不犹豫地来到这里。”

孙德才来到重庆后，做过推销员，当过电视编导。在上海举办世博会前，他到上海帮朋友负责一个世博会项目，偶然发现放在街头的打折机很有商机，于是在2010年在重庆做打折机项目。当年底这种打折机正式在主城商圈内亮相，市民可在自助打折机上打印出自己需要的商家优惠券。“我们在2011年最多时拥有200多台打折机，常常给消费者带来20%~40%的优惠。”

但打折机项目没运作多久即举步维艰，终端机器租金每月达数十万元，再加上员工的开销，从项目面世就没有盈利。这个项目最终失败，孙德才和伙伴们所有投入血本无归。

对于这次创业失败，孙德才总结了两大原因。一是合作伙伴的信任问题，当时一个团队负责场地开发，另一个团队负责商户拓展，结果双方互相指责；第二个原因是合作伙伴的信心问题，看到不能赚钱，大家逐渐失去了信心，导致内部不断地

出现问题。

二、一本计划书成功引资

从打折机项目退出后,孙德才并没有气馁。“我在重新考虑了20个创业项目以后,发现3D行业充满了不少商机。”孙和朋友到电影院看3D电影,感觉戴着眼镜看始终不方便,“我当时就想,能不能不戴眼镜看裸眼3D? 能不能把裸眼3D屏幕安装在主城区商圈内做户外节目呢?”

有了这个创业的想法以后,他立即着手技术方面的调研,发现完全可以实现,于是写出了5份详细的计划书。“缺资金怎么办呢?”孙德才说,“我当时就想通过引进风险投资来实现再次创业。”

“后来我找到了天使投资。”孙与天使投资的董事长见面后,向对方详细介绍了自己的创业计划,“我当时告诉他最终完成投资,需要300万元资金,前期需要100万元资金”。

这个创业项目引起了天使投资的兴趣。虽然当时项目还停留在创业计划书上,完全没有实际运作,但天使投资方面看中了项目前景,很快便决定注入资金帮助项目启动,第一期100万元资金很快到位。

“天使投资现在已经累计对这个项目投资500万元,超过了当初我们想要的投资额。天使投资不但给我带来了资金上的帮助,还给我带来了资源上的帮助,比如介绍成熟的业态帮助我迅速增强实力。现在我对项目前景更加充满了信心。”

(资料来源:华龙网—重庆晚报,2013-08-20.)

# 第 6 章　新企业的开办

## 【本章要点】

1.新创企业的组织形式；
2.新企业的地址选择；
3.新企业的法律登记；
4.政府对大学生创业的政策支持。

## 创业实录

### 创业：选址好等于成功一半

经营一个小休闲吧一年多的时间，从当初的惨淡维持到渐有起色，业主赵女士说，开店选地址是非常重要的，不能只凭自己的主观判断和房东的热情推荐，否则经营得再好也会受先天不足的制约。

赵女士很早就有自己创业的想法，外加单位的效益不太好，更坚定了她自己创业的决心。经过自己的考察和朋友的建议后，她选择了开一个小型休闲吧。

大连人在娱乐方面较喜欢打扑克，赵女士就看好了这个市场，考虑到大连一些繁华地带已经有了很多著名品牌的连锁咖啡店，赵女士就决定从次一级的地段入手，黄河路沿线成了她的首选。看了好几个地方，租金都太贵，后来一个大约 60 平方米的小店面吸引了她。

这个地方原先开过饭店，包间的格局基本已经定了，装修不用太费劲，而且原来的经营不太好，房东出的租价很便宜，每个月只要 2 000 元。有一个缺点就是不临街，而是在黄河路的侧面。但房东的热情劝说让她下定了决心，后来这个缺点成为影响营业额的重要原因。

装修的花费不高，在墙上刷上黑色、黄色的油漆，挂上一些葵花、舵轮、纸灯什么的，格调就出来了，她又购置了一批藤质的桌椅。小休闲吧里包括 2 个小包间和 5 个散台，再从朋友那里找来一些时尚的杂志，租下来 10 天左右就开业了。

休闲吧收入的主要来源就是饮料和小吃等，为了拉开消费档次，赵女士将每杯饮料定位在 15 元左右，基本一来就是 4 个人，再加上扑克、小吃等消费，所以一桌消费就是100元左右。赵女士预计一共7张桌子,按一半的上座率,每天翻两台,每天营业收入就可以达到700元。咖啡、小吃的成本很低,初期只请了一个服务员,工资600元。这种小吧只在客人刚来的时候忙一点,太忙了自己就顶一阵。这样每月的营业额能达到2万元。

但实际情况并不如赵女士估计的那样,地段不醒目,客人来得零零落落,周围几个没有固定职业的邻居倒是常来。因为没设最低消费,他们只要一壶20元的茶水,几个人就能坐上一天。烟抽得很严重,小店面积还小,也影响了别的客人。

赵女士想了几种办法来增加人气,联系几位常玩的朋友,让他们把客人往这儿带,发打折的会员卡等。一番努力之下,人来得渐渐多了,这时候地段又成为致命的影响,朋友让人来,电话里说了好几遍人家也不知道怎么走;发传单,标明小店的位置也费了很大周折。

现在,赵女士的小休闲吧渐渐有了人气。她总结自己的创业经验表示,地段还是非常重要的。好地段可能会贵一点,但是绝对物有所值。同样一番努力,如果地段好一点,自己多付出的租金也早就挣回来了。

(资料来源:商业街 商机资讯)

## 6.1 新创企业的组织形式

创业者在创立企业的时候,必须解决的一个重要问题是企业应选择什么样的法律组织形式。这个决策主要取决于创业者和公司投资者的目标,并考虑纳税地位、承担的法律责任及在企业经营和融资活动中的灵活性。

市场经济国家的经济运行经验表明,市场经济体制下的企业分类一般是以投资方式及投资者对企业债务承担责任的形式为标准的。

按照投资方式划分,企业一般分为两大类:一是独资企业,即由单一的投资主体投入资本设立的企业;二是合伙企业,即由两个或两个以上的投资者以一定的方式投入资本(资金或人力等)而设立的企业。

按照投资者责任形式划分的企业形式主要有3种:一是有限责任企业,即投资者以自己投入企业的资本对企业债务承担有限责任的企业;二是无限责任企业,即投资者以其全部财产对企业债务承担无限责任的企业;三是在一个企业中有限责任与无限责任并存的两合企业,即有一个以上的投资者以自己的财产对企业债务承担无限责任,与一个以上以自己投入企业的资本承担有限责任的投资者共同投资形成的企业。

由于投资方式与责任形式密不可分,企业划分也需按两项标准结合进行。

### 6.1.1 独资企业

独资型企业也称私人独资企业。它是企业的最简单、最原始的组织形式。

1)独资企业的概念

独资企业(sole proprietorship),即个人出资经营、归个人所有和控制、由个人承担经营风险和享有全部经营收益的企业。

这种类型的企业,企业的全部资产归出资者一人所有,企业的经营也由出资者个人承担,因此,企业的所有权与经营权是统一的。一般规模比较小,资金来源有限,适用于生产条件和生产过程比较简单、财产经营规模比较小的生产经营活动,具有较大的局限性。

2)独资企业的特点

个人独资企业具有以下特征:

(1)投资主体方面的特征

个人独资企业仅由一个自然人投资设立。这是独资企业在投资主体上与合伙企业和公司的区别所在。我国合伙企业法规定的合伙企业的投资人尽管也是自然人,但人数为2人以上;公司的股东通常为2人以上。

(2)企业财产方面的特征

个人独资企业的全部财产为投资人个人所有,投资人(也称业主)是企业财产(包括企业成立时投入的初始出资财产与企业存续期间积累的财产)的唯一所有者。基于此,投资人对企业的经营与管理事务享有绝对的控制权与支配权,不受任何其他人的干预。个人独资企业就财产方面的性质而言,属于私人财产所有权的客体。

(3)责任承担方面的特征

个人独资企业的投资人以其个人财产对企业债务承担无限责任。所谓投资人以其个人财产对企业债务承担无限责任,包括3层意思:一是企业的债务全部由投资人承担;二是投资人承担企业债务的责任范围不限于出资,其责任财产包括独资企业中的全部财产和投资人的其他个人财产;三是投资人对企业的债权人直接负责。换言之,无论是企业经营期间还是企业因各种原因而解散时,对经营中所产生的债务如不能以企业财产清偿,则投资人须以其个人所有的其他财产清偿。此外,如投资人在申请企业设立登记时明确以其家庭共有财产作为个人出资的,应当依法以家庭共有财产对企业债务承担无限责任。

(4)主体资格方面的特征

个人独资企业是一个不具有法人资格的经营实体。尽管独资企业有自己的名称或商号,并以企业名义从事经营行为和参加诉讼活动,但它不具有独立的法人地位。独资企业不具有法人资格,但属于独立的法律主体,其性质属于非法人组织,享有相应的权利能力和行为能力,能够以自己的名义进行法律行为。

3)独资企业的优缺点

(1)独资企业的优点

独资企业是企业制度序列中最初始和最古典的形态,也是民营企业主要的企业组织形式。其主要优点为:

①企业资产所有权、控制权、经营权、收益权高度统一。这有利于保守与企业经营和发展有关的秘密,有利于业主个人创业精神的发扬。

②企业业主自负盈亏和对企业的债务负无限责任成为了强硬的预算约束。企业经营好坏同业主个人的经济利益乃至身家性命紧密相连,因而,业主会尽心竭力地把企业经营好。

③企业的外部法律法规等对企业的经营管理、决策、进入与退出、设立与破产的制约较小。

(2)独资企业的缺点

虽然独资企业有如上的优点,但它也有比较明显的缺点:

①难以筹集大量资金。因为一个人的资金终归有限,以个人名义借贷款难度也较大。因此,独资企业限制了企业的扩展和大规模经营。

②投资者风险巨大。企业业主对企业负无限责任,在硬化了企业预算约束的同时,也带来了业主承担风险过大的问题,从而限制了业主向风险较大的部门或领域进行投资的活动。这对新兴产业的形成和发展极为不利。

③企业连续性差。企业所有权和经营权高度统一的产权结构,虽然使企业拥有充分的自主权,但这也意味着企业是自然人的企业,业主的病、死,他个人及家属知识和能力的缺乏,都可能导致企业破产。

④企业内部的基本关系是雇佣劳动关系,劳资双方利益目标的差异,构成企业内部组织效率的潜在危险。

### 6.1.2 合伙企业

1)合伙企业的定义

合伙企业,是指自然人、法人和其他组织依照《中华人民共和国合伙企业法》在中国境内设立的,由两个或两个以上的自然人通过订立合伙协议,共同出资经营、共负盈亏、共担风险的企业组织形式 。

我国合伙组织形式仅属限于私营企业。合伙企业一般无法人资格,不缴纳所得税。其包括普通合伙企业和有限合伙企业。合伙企业可以由部分合伙人经营,其他合伙人仅出资并共负盈亏,也可以由所有合伙人共同经营。

合伙企业由于吸收了其他私人的投资,为扩大企业生产经营规模提供了一定的条件,因而是一种比私人独资企业先进的企业组织形式,但是,合伙企业也有很大的局限性,主要是权力分散,决策缓慢,筹资也比较困难,并且由于合伙企业也不具有法人资格,合伙人对企业的债务要负无限责任,风险也比较大。

2)合伙企业的特点

合伙企业的特征有以下 5 点:

(1)生命有限

合伙企业比较容易设立和解散。合伙人签订了合伙协议,就宣告合伙企业的成立。新合伙人的加入,旧合伙人的退伙、死亡、自愿清算、破产清算等均可造成原合伙企业的解散以及新合伙企业的成立。

(2)责任无限

合伙组织作为一个整体对债权人承担无限责任。按照合伙人对合伙企业的责任,合伙企业可分为普通合伙和有限合伙。普通合伙的合伙人均为普通合伙人,对合伙企业的债务承担无限连带责任。例如,甲、乙、丙 3 人成立的合伙企业破产时,当甲、乙已无个人资产抵偿企业所欠债务时,虽然丙已依约还清应分摊的债务,但仍有义务用其个人财产为甲、乙两人付清所欠的应分摊的合伙债务,当然此时丙对甲、乙拥有财产追索权。

有限责任合伙企业由一个或几个普通合伙人和一个或几个责任有限的合伙人组成,即合伙人中至少有一个人要对企业的经营活动负无限责任,而其他合伙人只能其出资额为限对债务承担偿债责任,因而这类合伙人一般不直接参与企业经营管理活动。

(3)相互代理

合伙企业的经营活动,由合伙人共同决定,合伙人有执行和监督的权利。合伙人可以推举负责人。合伙负责人和其他人员的经营活动,由全体合伙人承担民事责任。换言之,每个合伙人代表合伙企业所发生的经济行为对所有合伙人均有约束力。因此,合伙人之间较易发生纠纷。

(4)财产共有

合伙人投入的财产,由合伙人统一管理和使用,不经其他合伙人同意,任何一位合伙人不得将合伙财产移为他用。只提供劳务,不提供资本的合伙人仅分享一部分利润,而无权分享合伙财产。

(5)利益共享

合伙企业在生产经营活动中所取得、积累的财产,归合伙人共有。如有亏损则亦由合伙人共同承担。损益分配的比例,应在合伙协议中明确规定;未经规定的可按合伙人出资比例分摊,或平均分摊。以劳务抵作资本的合伙人,除另有规定者外,一般不分摊损失。

3)合伙企业的优劣势

(1)合伙企业的优点

①合伙企业可以从众多的合伙人处筹集资本,合伙人共同偿还债务,减少了银行贷款的风险,使企业的筹资能力有所提高。

②合伙企业能够让更多的投资者发挥优势互补的作用,比如技术、知识产权、

土地和资本的合作，并且投资者更多，事关自己切身利益，大家共同出力谋划，集思广益，提升企业综合竞争力。

③由于合伙企业中至少有一个负无限责任，使债权人的利益受到更大保护，从理论上讲，在这种无限责任的压力下，更能提升企业信誉。

④理论上讲，合伙企业盈利更多，因为合伙企业交的是个人所得税而不是企业所得税，这也是其高风险成本的收益。

(2)合伙企业的缺点

①在合伙企业存续期，如果某一个合伙人有意向合伙人以外的人转让其在合伙企业中的全部或部分财产时，必须经过其他合伙人的一致同意。

②当合伙企业以其财产清偿合伙企业债务时，其不足部分，由各合伙人用其在合伙企业出资以外的个人财产承担无限连带清偿责任。

③尽管合伙企业的资本来源以及信用能力比个人独资企业有所增加，但其融资能力仍然有限，不易充分满足企业进一步扩大生产规模的资本需要。

---

## 示例

### 合伙企业协议

第一章总则

第一条为了规范合伙企业的行为，保护合伙企业及其合伙的合法利益，根据《中华人民共和国合伙企业法》及有关法律、法规规定，本着自愿、平等、公平、诚实信用的原则，签订本协议。

第二条企业性质为合伙企业，依法在＿＿＿＿＿工商行政管理局＿＿＿＿＿分局注册登记。企业以其全部资产对企业的债务承担责任，合伙人对合伙企业债务承担无限连带责任。合伙企业经营期限为＿＿＿＿＿年，从营业执照签发之日起算。协议期满三个月前，合伙人商议续约与否。

第二章合伙企业的名称和经营场所

第三条合伙企业的名称：

＿＿＿＿＿＿＿＿＿＿

第四条合伙企业的经营场所：

＿＿＿＿＿＿＿＿＿＿

第三章合伙目的和企业经营范围

第五条合伙目的：为社会创造税收，解决就业问题。

第六条合伙企业经营范围及方式：

＿＿＿＿＿＿＿＿＿＿

第四章合伙人的姓名及其住所

第七条合伙人的姓名及住所

姓名

性别

住所

身份证号码

合伙企业退伙协议

依据《中华人民共和国合伙企业法》和合伙协议,按照自愿、平等、公平、诚实的原则,经全体合伙人协商一致,制定本协议。

一、(合伙企业名称)合伙人(姓名)因(原因),根据本合伙企业协议的有关规定,决定退伙。

二、其他合伙人与(退伙人)于　年　月　日按照退伙时的合伙企业的财产状况进行结算,退还退伙人的财产份额。

三、退伙人对其退伙前已发生的合伙企业债务,与其他合伙人承担连带责任。

四、本协议一式 份,退伙人与合伙人各持一份,并报合伙企业登记机关一份。本协议经退合伙人和合伙人签字后生效。

五、本协议未尽事宜,按国有关规定执行。

退伙人签名:其他合伙人签名:

年 月 日

---

### 6.1.3 公司企业

1)公司的定义

公司是依据一定的法律程序申请登记设立,并以营利为目的的具有法人资格的经济组织。它有自己独立的财产,独立地承担经济责任,同时享有相应的民事权利。

公司具有法人资格,这是区别于非法人企业,如独资企业和合伙企业的一个重要标志。法人是具有民事权利能力和民事行为能力,依法独立享有民事权利和承担民事义务的组织。因此,它必须具有独立的法人财产,自主经营、自负盈亏。

2)公司的分类

公司是随着资本主义制度的发展,伴随着资本集中的过程而兴起的。这种企业组织形式比较适应于规模比较大的生产经营企业。公司按照不同的标准可以分为不同的类型,通常将公司分为无限责任公司、有限责任公司、股份有限公司和两合公司。

(1)无限责任公司

它是由 2 人以上对公司的债务承担连带无限责任的股东所组成的公司企业。无限责任公司的股东必须是自然人,一般情况下,公司的股东都有权管理公司的事务。公司的股东不得随意转让股份,如需转让,必须征得其他全体股东的同意。这种公司的股东人数较少,但责任重大,股东个人的风险较大。相应地,其筹资规模十分有限,不适于从事大规模的生产经营活动。

(2)有限责任公司

它是由一定数量的股东共同出资组成,股东仅就自己的出资额对公司的债务承担有限责任的公司。有限责任公司的股东不限于自然人,也可以是法人和政府。但其股东的数量既有最低下限,也有最高上限。大部分国家规定,有限责任公司的股东应在 2 人以上,50 人以下。有限责任公司对公司的资本不分为等额股份,不对外公开募集股份,不能发行股票。股东以其出资比例,享受公司权利,承担公司义务。公司股东以其出资额承担有限责任,并享受相应的权益。公司股份的转让有严格的限制,如需转让,应在其他股东同意的条件下方可进行。

(3)股份有限公司

它是由一定人数出资设立,全部资本由等额股份构成,并通过发行股票筹集资本的公司企业。股份有限公司的股东人数不能少于法律规定人数,大多数国家规定不能少于 7 人。它与有限责任公司的重要区别就是,公司的资本总额平分为金额相等的股份,并通过公开发行股票向社会筹集资金。同时,公司的股份可以自由转让,股票可以在社会上通过公开交易、转让,但不能退股。股份有限公司彻底实现了所有权与经营权的分离。因此,股份有限公司具有筹资便利、风险分散、资本具有充分的流动性等到优点。由于股份有限公司资本雄厚,实力强大,所以,在发达国家整个国民经济中占统治地位。它适合从事较大规模的生产经营活动。

(4)两合公司

两合公司是指既有有限责任股东,又有无限责任股东,有限责任股东对公司的债务仅就自己对公司的出资额承担有限责任,无限责任股东则要对公司的债务承担连带无限责任的法人企业。两合公司一般由 1 个以上的无限责任股东和 1 个以上有限责任公司股东组成。公司的资本不划分为等额的股份。无限责任股东代表公司主持业务,有限责任股东仅仅提供资本,分享红利,对于公司的业务一般不加过问。两合公司是介于有限责任公司和无限责任公司之间的公司组织形式。实质上是无限责任公司的变种,是一种较早的公司形式,其历史比股份有限公司和有限责任公司都要久远得多。但现代以来,这种公司在世界上已经很少存在了。

在我国法定的公司形式只有两种,即有限责任公司和股份有限公司。无限责任公司和两合公司实际上已经不存在了。

3)公司企业的优缺点

(1)公司的优点

市场经济要求平等的市场主体按照等价交换的原则,通过公平竞争,从市场取得和向市场提供商品,促进整个市场合理流动,实现结构架置优化、资源合理配置。市场经济的要求决定了市场主体必须拥有明晰界定的财产权,而且必须是独立的、平等的。法人制度以其独特的性质使法人在市场经济中充当了主要的角色。公司作为法人的一种形态,其特质完全符合市场经济的要求,这必然使公司成为市场经

济的主体。与其他市场主体相比,公司的优点表现在:

①公司股东的有限责任决定了对公司投资的股东既可满足投资者谋求利益的需求,又可使其承担的风险限定在一个合理的范围内,增加其投资的积极性。

②公司特别是股份有限公司可以公开发行股票、债券,在社会上广泛集资,便于兴办大型企业。

③公司实行彻底的所有权与经营权分离的原则,提高了公司的管理水平。

④公司特有的组织结构形式使公司的资本、经营运作趋于利益最大化,更好地实现投资者的目的。

⑤公司形态完全脱离个人色彩,是资本的永久性联合,股东的个人生存安危不影响公司的正常运营。因此,公司存续时间长稳定性高。

(2)公司的缺点

①公司设立的程序比较复杂,创办费用高。

②按照相关法律要求,股份有限公司需要定期披露经营信息,公开财务数据,容易造成商业机密的外泄。

③由于公司是从社会吸纳资金,为了保护利益相关者,政府对公司的限制较多,法律法规的要求也较为严格。

## 6.2 新企业的地址选择

选择正确的企业地址是创业成功的首要条件,好的选址等于成功的一半。企业的地址就像战场上的阵地,占有有利地形,虽不能完全保证战斗的胜利,可是拥有固若金汤的城池总会多份胜算。因此,企业选址很重要。一个企业经营项目,若选错了地址,小则影响生意兴隆,大则还可能导致“关门大吉”。

### 6.2.1 创业企业选址应考虑的因素

创业选址工作是创业者需要面对的一个难题,对于一些缺乏经验的创业者,对选址工作几乎不知从何入手,其实,创业者不妨将选址的各个方面划分成不同的因素,然后一一加以评定,这样选址工作自然会变得有条不紊了。

选址时应该注意的因素可划分为:市场因素、商圈因素、物业因素、所区因素、个人因素、价格因素。

1)市场因素

市场因素可以从顾客和竞争对手两个角度来考虑。从顾客角度看,要考虑经营地是否接通顾客,周围的顾客是否有足够的购买力。对于零售业和服务业,店铺的客流量和客流的购买力决定着企业的业务量。从竞争对手角度看，经营地点的选择有两种不同的思路：一是选择同行聚集林立的地方，同行成群有利于人气聚合与上升，比如当下的服饰一条街、建材市场、家电市场、小商品市场等；另一种思路则是别人淘金我卖水，别人都蜂拥到某地去淘金，成功者固然腰缠万贯，失败者也要维持生存。如果到他们中间去卖水，肯定稳赚不赔。

---

**小案例**

**美国"牛仔大王"李维斯的故事**

19世纪50年代，李维斯像许多年轻人一样，带着发财梦前往美国西部淘金，途中一条大河拦住了去路，李维斯设法租船，做起了摆渡生意，结果赚了不少钱。在矿场，李维斯发现由于采矿出汗多，饮用水紧张，于是，别人采矿他卖水，又赚了不少钱。李维斯还发现，由于跪地采矿，许多淘金者裤子的膝盖部分容易磨破，而矿区有许多被人丢掉的帆布帐篷，他就把这些旧帐篷收集起来洗干净，做成裤子销售，"牛仔裤"就这样诞生了。

---

2）商圈因素

商圈因素是指要对特定商圈进行特定分析。如车站附近是往来旅客集中的地区，适合发展餐饮、食品、生活用品；商业区是居民购物、聊天、休闲的理想场所，除了适宜开设大型综合商场外，特色鲜明的专卖店也很有市场；影剧院、公园名胜附近，适合经营餐饮、食品、娱乐、生活用品等；在居民区，凡能给家庭生活提供独特服务的生意，都能获得较好发展；在市郊地段，不妨考虑向驾车者提供生活、休息、娱乐和维修车辆等服务。

3）物业因素

物业因素同样也不能忽略，在置地建房或租用店铺前，创业者应首先了解地段或房屋的规划的用途与自己的经营项目是否相符；该物业是否有合法权证；还应考虑该物业的历史、空置待租的原因、坐落地段的声誉与形象等，是不是环境污染区，有没有治安问题等都是创业者选择时需要考虑关注的。

4）所区因素

所区因素指的是经营业务最好能得到当地所区和政府的支持，至少不能与当地的政策背道而驰。

5）个人因素

个人因素，有时会被一些创业者过多地关注，一些人常常选择在自己的住所附近经营，然而这种做法，可能会令创业者丧失更好的机会或因经营受到局限，购买力无法突破；创业者在购买商铺或租赁商铺时，要充分考虑价格因素，包括资金、业务性质、创业成功或失败后的安排、物业市场的供求情况、利率趋势等,以免做错误决定,对企业的业务经营造成不良影响。

选址工作切忌盲听、盲信、盲从,缺少调查和评估的选址难以找到符合条件的经营场所,因而,选址不能一味求快,创业者应该多对意向的地段进行多方面的考场,权衡各个因素的优劣,从长远角度考虑,为自己店铺日后的经营打下良好的基础。

### 6.2.2 创业企业选址的技巧

1)跟随竞争者

跟着你的竞争者,在其店址附近的一定区域内选址。

①确定跟随对象。进入某区域前,先调查该区域内的竞争者,从中选择那些在店址方面与你相近且成功的。跟随的对象可以是多家。因为任何一个竞争者的选址都是有限的,不可能覆盖所有合适的商圈。

②以竞争者店址为中心,向四周扩散式选址。扩散区域要控制好,不能无限制地缩小(如在同一幢楼里、隔壁或对面)或扩大(如超出了该店所处的商圈),依据自身情况具体对待。

③确保一个原则——所选店址必须有足够的市场容量。

---

**小案例**

**面点王的选址策略**

深圳面点王董事长曾说:"在深圳有50家麦当劳、45家肯德基,面点王现在是30家,有20多家面点王与洋快餐相邻或对垒。哪里有肯德基、麦当劳,哪里就有面点王。"

"与洋快餐相邻相对开店,并不仅仅是为了竞争。肯德基、麦当劳选址考察论证科学细致,周围环境。人口密度、人口结构、道路交通、建筑设施等都(会做)定量分析……跟着他们,准没错。"

---

2)跟随业态互补者

有些业态在经营、服务内容上是互补的,你就可以把店开在它旁边,为顾客带来完整的"一条龙"服务。比如在体育场内及旁边,前来运动的人们存在其他需求,你可以提供餐饮,运动服装零售、便利店或咖啡茶饮等。又如在旅游景点旁边,你可以开设餐饮、照相馆、照片冲洗店、便利店。手机充电服务,纪念品零售店等。

3)搭车式选址

如果你有很强的交际能力或有一定的人脉关系,可以与和你业务有密切联系的公司结成战略合作伙伴关系,不仅选址成本更小,店址还有保障。比如,国内某

SPA 和某知名连锁酒店合作,双方约定该连锁酒店每家都以较低价格出租一定的面积用来开设 SPA。如此,不仅方便了酒店的客人,也给 SPA 带来了极大的便利,一方面一劳永逸地解决了选址问题,另一方面大大降低了成本。

4)自己扫街

简言之,就是你自己亲自或派人实地考察,现场发现可用店址的机会。

①确定重点扫街区域。在扫街前需制订一个详细、科学的路线图,以免重复或遗漏。

②准备好扫街工具。包括纸,笔、照相机、房屋基本情况表等记录工具,带上移动电话,当地地图和自己制订的路线图。对于较大区域的扫街可用机动车。否则,最好用自行车甚至步行。

③扫街人员现场考察。

对于公开的企业地址租售信息,一旦发现要立即联系了解基本情况,并记录在《房屋基本情况表》,最好能现场看房或约定看房时间。如果该址符合基本条件,还要拍摄店内外的各种照片,以便其他人也能获得感性认识。

对于非公开的符合选址标准的店址信息,则应主动询问。询问时,一定要讲礼貌和技巧,最好直接询问该店一把手;同时,不要太张扬,以免给出租人带来不适。

④每天扫街结束后,一定要做个完整的记录并进行总结,尤其要认真整理《房屋基本情况表》,以便将来审核、评估店址。如果有几批人分头扫街,则每天还应碰头,互相交流信息。

⑤对所有的备选店址分别评估、谈判,直至最终签约。

由于好的地址通常会有许多竞争者在抢,因此你可以同时看房和谈判,保证第一时间得到好地址。

5)找职业中介

房地产中介一般都掌握着丰富的关系网和资源,但良莠不齐,要善于借助其资源,也要谨慎辨别,以免受骗。

①查找并确定尽可能多的主攻商铺的中介。

②核实中介的实力与资信,确定准备合作的几家。虽然有些从事中介业务的个人和非正规组织可能会有些独特的信息且价格便宜,但相关权益一旦受损将得不到保证。正规公司除了经营合法之外,还会提供许多独特的服务,比如帮助你贷款,提供第三方担保、协助办理租售事宜,甚至协助你分析市场与商圈、规划装潢店面等。

③与选定的中介洽谈,告知详细的选址要求。如果选址是秘密进行的,那么你一定要与对方签署保密协议,以免选址信息被泄露。

④专人负责每天与中介沟通,跟踪其选址信息和进度。

⑤评估并确定中介推荐的店址。

6)发布广告

①确定发布媒介。一般来讲,店址信息的广告多见于报纸、互联网、张贴海报等几

种媒介。所选媒介只要能覆盖你想选址的区域即可,但要让你的目标受众能频繁。深度地接触。这意味着你不能只看价格,更要关注性价比。

②编制寻租或寻售广告文件。文件的形式、格式、措辞和设计既要考虑到保密性和其他特殊要求,还必须与媒介特质相匹配。

③时刻保持联系方式畅通,详细记录每个反馈信息。在首次接到信息时,不要忙于作出判断,要经过详细的反馈调查后再作出取舍。

④整理广告反馈信息,逐个研究、分析并初步确定可能的对象,然后回访、最终确认。

7)利用供应商资源

供应商也能为选址服务。这些供应商包括:设备、商品供应商、人员、信息、资金、技术、装修等服务供应商。

他们可能同时为多个竞争者提供商品或服务,掌握同类型企业的地址,熟悉每个企业地址的经营状况,能帮助你做出更准确的判断。

①根据经营内审,选定能给你带来最有效选址信息的供应商。通常,企业的主营商品、主营设备或行业特定供应品供应商是最佳对象。比如你要开美容院,那么美容设备、美容品的供应商就是最佳选择。

一般而言,要选择规模大、业内名声好的供应商。你也可以去对手店内实地访查,搜集供应商信息,选择供应范围广、客户多的供应商。

②选定供应商之后,主动和供应商联系。如果你向他进货,通常他会非常乐意向你提供地址和竞争者的信息。当然,出于职业道德,有些供应商可能不会向你提供相关信息,甚至会提供一些虚假信息,所以要有所分析和筛选。

③根据供应商提供的信息,采取对应的选址方法。比如:供应商说某店经营每况愈下,不妨去调查此店是否有转让或出售的意图;供应商说某店经营状况非常好,订货量一直较大甚至持续增加,不妨调查该区域的同类市场是否饱和。若严重不饱和,开店成功率会大很多;论证店址时可以征求供应商的意见,这些意见通常有很重要的参考价值;有的供应商为了扩大业务范围,会刻意去研究自己的商品或服务的市场,所以他们可能有大量备选地址信息。

8)开发关系网络

把选址的信息告诉你的"关系户",让他们提供信息给你。"关系户"可以是你的亲朋好友、旧熟新识。

①简单整理选址信息,形成一个关于选址要求的文字材料,不必特别详细但一定要准确,保证信息真实、有效地传递。

②确定信息传递的第一批"关系户"。他们有店址信息,或是没有,但能传递给有店址信息的"关系户"。你把选址信息透露给你的"关系户"时,他们再透露给各自的"关系户"。依此类推,选址信息会以几何级数迅速扩散。如果你没有"关系户",团队每个成员总该有些吧!

③组织专人整理与分析选址信息的传递以及反馈信息。

9)租房产开发商合作

房产开发商对商业选址有着深刻的研究(住宅开发商也会涉及底层商铺开发的问题),同时也掌握着大量的可选地址,和他们合作很不错。

10)搜寻免费地址源信息

在信息爆炸的今天,各种媒介都有可能提供关于店址的信息,所以你一定要善于发现并利用这些信息,尤其是那些免费或以极低的成本就可轻松获得的店址信息。

①互联网。你可以在专业搜索网站输入关键词搜索,也可以在专业中介网站、分类信息网站、地区性网站、各种论坛、聊天室里查询或发布信息。热点新闻的评论、自己的网站,博客也是不错的选择。

②店外张贴。那些意欲出让自己店面的人经常会在店外及附近张贴海报,你可以留意所要进入区域的这些张贴。

③广告。通常,城市日报或晚报上会有大量的这种广告,只要留心,一定会发现不少地址信息。

---

## 小案例

### 星巴克的选址

仅仅5年,星巴克从一个无名小卒成长为一位耀眼的明星,并迅速演变为一种标榜流行时尚的符号。在都市的地铁沿线、闹市区、写字楼大堂、大商场或饭店的一隅,在人潮汹涌的地方,那墨绿色商标上的神秘女子总是静静地对你展开笑颜。

其实星巴克选址的策略很简单,星巴克的定位就是"第三生活空间"。这是什么意思?就是家和办公室,中间还应该有一个地方可以提供大家休息、畅谈,包括来洽谈一些商务的环境,星巴克进入市场的切入点就是这一点。第三生活空间对我们来讲是什么呢?在1999年星巴克没有开店以前,如果大家想谈一些事情会去哪里?是麦当劳、肯德基,或是去一些中餐馆。如果在用餐的时间去没有问题,但是非用餐时间去哪里?这些确实是有很困惑的事情,而星巴克当时的切入点也就是针对能够给客人提供一个谈的场所,这也决定了星巴克选的一些理念,包括一些方法。

近5年来,星巴克几乎平均每年开10家店,每天卖掉的咖啡超过1万杯。如此迅捷的步伐,秘诀是什么?

"星巴克给我的方便大于给我的味觉享受。"一位正在品尝咖啡的方小姐这样说道,"它总是出现在最繁华的街道最显眼的位置,于是当逛街逛到疲惫时,当双眼在电脑屏幕前感觉酸涩时,当朋友来了没地方说话时,我会自然而然地想到星巴克。"

这正是星巴克想要的——任何时候都能够为热爱星巴克的人群提供服务。而支撑这份雄心的是一张明晰的选址图。

星巴克选址首先考虑的是诸如商场、办公楼高档住宅区此类汇集人气聚集人流的地方。此外,对星巴克的市场布局有帮助,或者有巨大发展潜力的地点,星巴克也会把它纳入自己的版图,即使在开店初期的经营状况很不理想。

星巴克对开店的选址一直采取发展的眼光及整体规划的考量。因为现在不成功并不等于将来不成功。星巴克全球最大的咖啡店是位于北京的星巴克丰联广场店,当初该店开业时,客源远远不能满足该店如此大面积的需要。经营前期一直承受着极大的经营压力,但随着周边几幢高档写字楼的入住率不断提高,及区政府对朝外大街的改造力度不断加大,丰联店一定会成为该地区的亮点。于是最终咬着牙关坚持了下来。现在该店的销售额一直排名北京市场前列。

星巴克在中国的拓展之路就这样一步步地迈开了。步调的快速则得益于开店时遵循以租为主的发展策略。星巴克对店面的基本要求很简单,从十几平方米到四百平方米都可以开设,以租为主,可以在最短的时间内利用最少的资金开设最多店面。

星巴克的选店模式更多倚重于当地星巴克公司。选店流程分为两个阶段。

首先,当地的星巴克公司根据各地区的特色选择店铺;这些选择主要是来自3个方面,公司自己的搜寻,中介介绍,另外还有各大房产公司在建商楼的同时,也会考虑主动引进星巴克来营造环境。在上海,这三种选择方式的比例大概是1:1:2。

第二阶段是总部的审核。一般来讲,星巴克的中国公司将店面资料送至亚太区总部由他们协助评估。星巴克全球公司会提供一些标准化的数据和表格,来作为衡量店面的主要标准。而这些标准化数据往往是从各地的选店数据建立的数据库中分析而来的。

事实上,审核阶段的重要性并不十分突出,主要决定权还是掌握在当地公司手中。如果一味等待亚太区测评结束,很可能因为时间而错失商机。据上海统一星巴克的负责人介绍,往往在待批的过程中,地方店面已经开始动手装修。

"虽然95%的决定权在地方公司,但是也有制约机构来评定我们的工作。"一位部门负责人透露。在星巴克,一方面理事会会根据市场回报情况,评定一名经理的能力。另一方面,会计部会监控各店面的经营情况。

星巴克有独立的扩展部负责选点事宜,包括店面的选择、调查、设计和仪器装备等一系列工作。以上海统一星巴克为例,这一部门的人数包括部门经理在10人以上。

商圈的成熟和稳定是选址的重要条件,而选址的眼光和预测能力更为重要。比如,星巴克的新天地店和滨江店,由于地处并不是成熟的商圈一开始都是冷冷清清。然而新天地独特的娱乐方式和滨江店面对黄浦江,赏浦西风景的地理优势,使得这两家店面后来都风生水起,成为上海公司主要的利润点。

南京店的开立是星巴克选址的一个典型的范例。2003年年初,负责江浙沪的上海星巴克了解到9月份要放开长三角地区的经营代理权,于是抢在年初,在南京选择旗舰店的店面。在上海星巴克看来,旗舰店的开设意味着在一个城市的亮相。

人们对于不熟悉的事物第一印象往往至关重要。因而,上海星巴克对第一店的选择尤为慎重。

当时,上海星巴克面临两个选择,一个是在南京市的新街口商圈,这里人口密集,有4~5家大型商场,新街口商圈的东方商厦是一家经营高档商品的大型商场,这里的消费者的层次与星巴克的消费人群类似,而且消费水准稳定;另一个是南京市北极阁地区,这里风景优美,环境安静而不嘈杂。更重要的是,这里是省市政府机关的工作区域,在星巴克看来,政府公务员消费也是不可小觑的一块。另外,南京正在修建的地铁就从那里路过。

星巴克对于两个地区的流动人群作了调查,从他们的穿着、年龄、男女比例来确定潜在的客户数量。"星巴克更多是一个偏向女性化的咖啡店,带着些梦幻和情,"公司一位负责人介绍,"而且女性客人往往会带来她的男友或者伙伴,而男性客人往往是独来独往。"

最终东方商厦与星巴克一拍即合,以抽成的租金方式,建立了在南京的第一家星巴克。随即,星巴克在南京的北极阁地区开出了第二家连锁店。据星巴克的负责人解释,将第一家店开设在新街口,看中的是其稳定成熟的商业氛围,可以维持营业额的稳定。而将第二家店开设在北极阁,主要是看以后利润的增长。

---

## 6.3　新企业的法律登记

企业登记是由企业及其相关人为了从事营利事业,依法将法定登记事项向登记主管机关申请登记注册,并经主管机关审核同意予以注册和公告的法律行为。登记的目的在于通过公示而确认登记事项内容的可信赖性,保障经济活动主体的营业自由、相关权益和社会交易的安全。

### 6.3.1　企业法律登记的特征

企业法律登记兼具公法行为和私法行为的双重特征。

1)私法行为的特征

①在现代社会,是否设立企业、采取何种企业形式都是民商事主体的私权。在有些国家某些企业形式不需要登记,登记与否由当事人意思自治,如在英美国家设立普通合伙企业。

②登记的事项一般分为绝对登记事项和相对登记事项。绝对登记事项,是法律规定必须登记的内容;相对登记事项,是在法定的范围内,由当事人自己决定是否登记的内容。相对登记事项则较多地体现了企业登记的私法行为的特征。即使

是绝对登记事项,其内容只要符合法定标准,亦由当事人自由决定。如名称、住所、注册资本等。

③登记事项可以确定投资人之间、投资人与企业之间以及投资人与第三人之间的财产关系。

④登记事项可以确定企业的参加民事活动的主体资格、营业资格、企业名称的合法性及专用权。

2)公法行为的特征

①作为企业登记法律关系的双方,总有一方为国家机关。

②企业登记是国家进行经济管理活动的一种表现形式,是国家管理经济职能的体现。所以有人把企业登记行为称为“依申请的公法行为”。

③企业登记包含了对企业经营行为的规范,即登记机关在登记注册的同时,还要对企业的营业行为进行监督管理。如我国对企业实行年检,欧盟要求其成员国的公司公布每一会计年度的资产负债表和损益表。

由此我们可以认为,企业登记既包含了国家对企业营业行为的监督管理,对企业登记资料的公示公信,维护交易秩序和安全,又包含了对企业及其投资人合法民事权益的确认与保障,是公法行为和私法行为的融合。一些民法学者把公司设立登记和营业登记称为可以引起公法法律关系和私权法律关系变动的行使公权力之行为,并将其列为民法中的事实行为之一,这从另外一个侧面反映了企业登记兼公法行为和私法行为的双重特征。

### 6.3.2 新企业法律登记的程序

随着2014年3月1日正式施行的新公司法,进一步降低了公司设立门槛,让更多的人开始畅想“白手起家”。这一变革不但对促进小微企业、创新型企业成长具有积极意义,也昭示着主管部门的管理理念将由“严进宽管”向“宽进严管”转变,与此同时,人们也对公司法修改后可能带来的风险十分关注,保护债权人利益、健全企业主体信用等制度的建立完善有望陆续提上日程。新公司法最主要的改革如下:

1)认缴登记 利于激发创业

公司注册资本改为认缴制,有利于激发中小投资者创业活力,但部分系统性风险高、关系劳动者切身利益的公司不在此列。将公司注册资本实缴登记制改为认缴登记制是新修改的公司法最突出的亮点。

根据新修改的公司法规定,除法律、行政法规以及国务院决定对公司注册资本实缴另有规定的外,取消了关于公司股东(发起人)应当自公司成立之日起2年内缴足出资,投资公司可以在5年内缴足出资的规定;取消了一人有限责任公司股东应当一次足额缴纳出资的规定。公司股东(发起人)自主约定认缴出资额、出资方式、出资期限等,并记载于公司章程。

在2005年之前,如果公司注册资本认缴100万元,那就必须实缴100万元;

2005年后，必须先实缴20万元，剩余的在2年内缴清。现在实缴制改为认缴制后，注册资本出资何时缴清没有时间限制了。

2）门槛降低 需加强信用监管

如果只取消工商部门的约束性条款而不完善监管，很可能导致风险，需加快构建市场主体的信用监察、公示等制度。本次修法的第二大亮点就是放宽注册资本登记条件。

新修改的公司法规定，除法律、行政法规以及国务院决定对公司注册资本最低限额另有规定的外，取消了有限责任公司最低注册资本3万元、一人有限责任公司最低注册资本10万元、股份有限公司最低注册资本500万元的限制；不再限制公司设立时股东（发起人）的首次出资比例；不再限制股东（发起人）的货币出资比例。

当然，在修改法律的同时，应尽快建立市场主体信用信息公示制度及严密的信用监察机制，并接受社会监督，真正做到在"宽进"条件下的"严管"。在改革注册资本登记制度的同时，还需要建构市场主体的信用信息公示制度，向社会公示市场主体的登记、备案和监管信息，完善信用约束机制，发挥社会组织的监督自律作用，强化企业自我管理，加强市场主体经营行为监管和经营场所管理，切实保障交易安全。

3）监管改革 以"放活"主体为主

新修改的公司法还进一步简化了登记事项和登记文件。根据法律规定，有限责任公司股东认缴出资额、公司实收资本不再作为公司登记事项。同时，公司登记时，无需提交验资报告。专家评价认为，这是对公司监管制度的一项重要改革，减少了对市场自治事项的干预。

验资，是指注册会计师依法接受委托，对被审验单位注册资本的实收情况或注册资本及实收资本的变更情况进行审验，并出具验资报告。

现实中，为了提交一份验资报告，企业往往派专人在银行与会计事务所之间多次"往返跑"。同时，还需缴纳数千元的验资费用。若是企业出资者新投入资本、整体改制、设立分公司等情况下的变更验资，则更是流程烦多、手续烦琐，企业的发展活力被紧紧地"束缚"着。

"这项政策的实施，是企业注册验资制度的重大创新。"业内人士称，它不但简化了企业注册流程，而且降低了企业注册的成本。

对于新《公司法》所带来的机遇，可以归纳为以下4点：①降低创业成本，提供运营效率，少干扰；②降低准入门槛，竞争更为公平；③推动科技型企业的发展（出资方式）；④利于企业治理结构灵活优化。

同时，创业者们也不要盲目创业，享受政策红利但要谨慎执行层。从某种意义上来讲，工商部门的职责从事前的审批把关变成了事中和事后的监管，并不定时对企业进行抽查，依法查处不法公司，并对社会公众公布。

未来，企业信用信息公示平台将成为评判企业的重要依据。一旦某个企业发生了不诚信行为，就会被工商划入"异常经营行为"的名单，若犯多次，直接打入

“黑名单”,可谓是“一处违法,处处受限”。“所以零门槛并不意味着可以乱来,反而有更多的眼睛盯着你,良好的信用,对企业而言是个宝。”

通过以上对新《公司法》的解读,注册公司型企业的流程也产生了变化,目前注册公司型企业的程序如下:

第一步:公司核名(4~5个工作日)

①核名(如:上海XX实业有限公司);

②提供全体投资人身份证原件及复印件;

③确定公司注册资本(认缴制,不需要验资),约定认缴期限30年;

④确立公司经营范围;查询经营范围入口;

⑤5个工作日市工商局终审领取《名称预先核准通知书》。

第二步:办理工商登记设立(6~8个工作日)

需要准备材料:

①公司法定代表人签署的《公司设立登记申请书》;

②董事会签署的《指定代表或者共同委托代理人的证明》;

③由发起人签署或由会议主持人和出席会议的董事签字的股东大会或者创立大会会议记录(募集设立的提交);股东会决议(设立);

④全体发起人签署或者全体董事签字的公司章程;

⑤自然人身份证件复印件;

⑥董事、监事和经理的任职文件及身份证件复印件;

⑦法定代表人任职文件及身份证件复印件;

⑧住所使用证明;

⑨《企业名称预先核准通知书》。

第三步:篆刻公司印章(1个工作日)

需要准备材料:

①营业执照副本原件及复印件;

②法人身份证原件及复印件;

③委托人身份证原件及复印件。

需要篆刻的印章:

①企业公章;

②企业财务章;

③企业法定代表人个人印鉴。

注:之后在办理其他相关程序时,一定要带企业篆刻的公章、财务章、法人个人印鉴。

第四步:办理企业组织机构代码证(3~5个工作日)

需要准备材料:

①营业执照副本原件及复印件;

②企业法人身份证原件及复印件；
③经办人身份证原件及复印件；
④企业公章。
第五步:办理税务登记证（5~6 个工作日）
需要准备材料:
①企业营业执照副本原件及复印件；
②组织机构代码证原件及复印件；
③房屋租赁合同(印花税贴右上角注销)复印件。
第六步:银行开设公司基本户(7~10 个工作日)
需要准备材料:
①企业营业执照副本原件及复印件；
②组织机构代码证原件及复印件；
③税务登记证原件及复印件；
④公章、法人章、财务章；
⑤签订扣税协议。
第七步:企业核税(3~5 个工作日)
需要准备材料:

提交营业执照、组织机构代码证、税务登记证、开户许可证、法人身份证、股东身份证、公章、财务章、扣税协议、CA 证书、租赁协议、租赁发票、办税员身份证。

新旧《公司法》的对比如图 6.1 所示。

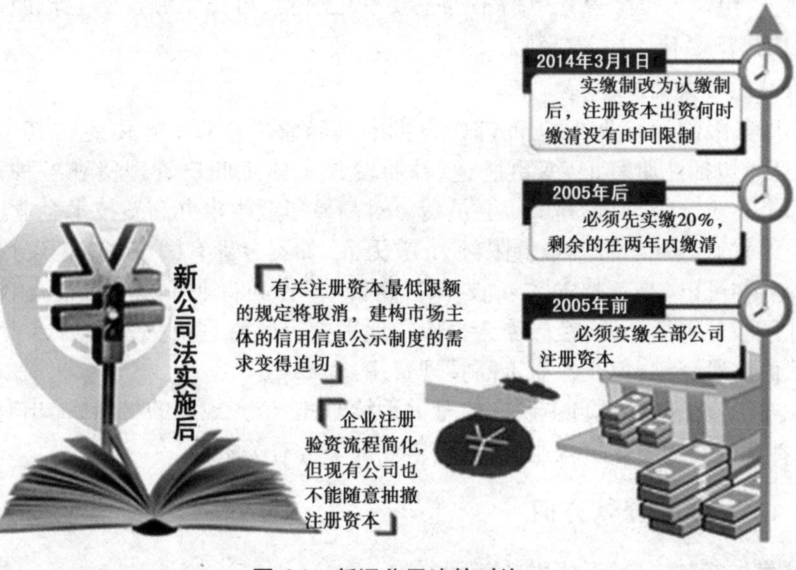


图 6.1　新旧公司法的对比

## 6.4 政府对大学生创业的政策支持

党的十八大强调,要“引导劳动者转变就业观念,鼓励多渠道多形式就业,促进创业带动就业,做好以高校毕业生为重点的青年就业工作和农村转移劳动力、城镇困难人员、退役军人就业工作”。大学生创业要了解政府对创业的扶持政策。如今,在校或刚毕业大学生及研究所创业并注册公司的人越来越多了。新《中华人民共和国公司法》的实施,大大降低了创业及注册公司的门槛,中国经济的高速发展,促进了更多市场机会的出现。要了解如何注册公司,其次要了解政府对创业的扶持政策。

### 6.4.1 企业注册登记方面

1)程序更简化

凡高校毕业生(毕业后2年内,下同)申请从事个体经营或申办私营企业的,可通过各级工商部门注册大厅“绿色通道”优先登记注册。其经营范围除国家明令禁止的行业和商品外,一律放开核准经营。对限制性、专项性经营项目,允许其边申请边补办专项审批手续。对在科技园区、高新技术园区、经济技术开发区等经济特区申请设立个私企业的,特事特办,除了涉及必须前置审批的项目外,试行“承诺登记制”。申请人提交登记申请书等主要登记材料,可先予颁发营业执照,让其在3个月内按规定补齐相关材料。

2)减免各类费用

除国家限制的行业外,工商部门自批准其经营之日起1年内免收其个体工商户登记费(包括注册登记、变更登记、补照费)、个体工商户管理费和各种证书费。对参加个私协会的,免收其1年会员费。对高校毕业生申办高新技术企业(含有限责任公司)的,其注册资本最低限额为10万元,如资金确有困难,允许其分期到位;申请的名称可以“高新技术”“新技术”“高科技”作为行业予以核准。高校毕业生从事社区服务等活动的,经居委会报所在地工商行政管理机关备案后,1年内免予办理工商注册登记,免收各项工商管理费用。

大学毕业生在办理自主创业的有关手续时,除带齐规定的材料,提出有关申请外,还要带上大学毕业生就业推荐表、毕业证书等有关资料。

### 6.4.2 金融贷款方面

1)优先贷款支持、适当发放信用贷款

加大高校毕业生自主创业贷款支持力度,对于能提供有效资产抵(质)押或优质客户担保的,金融机构优先给予信贷支持。对高校毕业生创业贷款,可由高校毕业生为借款主体,担保方可由其家庭或直系亲属家庭成员的稳定收入或有效资产提供相应的联合担保。对于资信良好、还款有保障的,在风险可控的基础上适当发放信用贷款。

2)简化贷款手续

通过简化贷款手续,合理确定授信贷款额度,一定期限内周转使用。

3)利率优惠

对创业贷款给予一定的优惠利率扶持,视贷款风险度不同,在法定贷款利率基础上可适当下浮或少上浮。

中行、农行、建行、民生银行、中信实业银行等银行相关人士均表示,该行没有开办大学生自主创业贷款这项业务,这种尴尬情况主要缘于此类贷款的高风险。中信实业银行办公室有关人士表示,银行在追求资金收益性、流动性的同时,也要考虑其安全性。大学毕业生自主创业贷款相对其他贷款,风险高。大学生刚毕业,缺少社会工作经验,又没有合适的抵押物或担保,银行一般不会轻易贷款。另一位业内人士也表示,即使大学生手头上有合适的项目,但这也只是个别现象。作为企业,银行发放这样贷款投入成本和收入不成正比。

事实上,大学生创业贷款难就难在无法提供有效资产作抵押或质押。已有多家银行开办了针对具有城镇常住户口或有效居留身份,年满18周岁自然人的个人创业贷款。此类创业贷款要求个人采用存单质押贷款,或者房产抵押贷款以及担保贷款。

---

**小知识**

**女大学生创业可享免息贷款政策**

4月14日,以"助推高校女生,促进平等发展"为主题的"2014年助推女大学生就业创业行动"发布会举行。

人社部副部长邱小平在会上表示,今年全国高校毕业生将达到727万,人社部将通过六项措施进一步做好包括女大学生在内的高校毕业生就业工作。这六项措施包括:启动实施新一轮大学生创业引领计划,帮助和扶持更多毕业生自主创业;加强公共就业服务,通过开展公共就业人才服务进校园、系列专项招聘服务活动,搭建供需信息平台;努力营造公平就业环境,规范企事业单位招人用人制度,加大人力资源市场监管力度,依法严厉查处侵害女大学生劳动就业权益的行为,努力消除就业中性别歧视的现象等。

据悉,近年来,全国妇联积极支持女大学生创业就业,并专门从女企业家中选聘"女大学生创业导师"。女大学生创业,还可以享受免息贷款政策,最高可贷10

万元。

今年,全国妇联、教育部等部门将在全国大学生中海选女大学生"创业榜样"和"就业榜样"。

---

### 6.4.3 税收缴纳方面

凡高校毕业生从事个体经营,自工商部门批准其经营之日起1年内免交税务登记证工本费。新办的城镇劳动就业服务企业(国家限制的行业除外),当年安置待业人员(含已办理失业登记的高校毕业生,下同)超过企业从业人员总数60%的,经主管税务机关批准,可免纳所得税3年。劳动就业服务企业免税期满后,当年新安置待业人员占企业原从业人员总数30%以上的,经主管税务机关批准,可减半缴纳所得税2年。

### 6.4.4 企业运营方面

1)员工聘请和培训享受减免费优惠

对大学毕业生自主创办的企业,自工商部门批准其经营之日起1年内,可在政府人事、劳动保障行政部门所属的人才中介服务机构和公共职业介绍机构的网站免费查询人才、劳动力供求信息,免费发布招聘广告等;参加政府人事、劳动保障行政部门所属的人才中介服务机构和公共职业介绍机构举办的人才集市或人才、劳务交流活动给予适当减免交费;政府人事部门所属的人才中介服务机构免费为创办企业的毕业生、优惠为创办企业的员工提供一次培训、测评服务。

2)人事档案管理免2年费用

对自主创业的高校毕业生,政府人事行政部门所属的人才中介服务机构免费为其保管人事档案(包括代办社保、职称、档案工资等有关手续)2年。

3)社会保险参保有单独渠道

高校毕业生从事自主创业的,可在各级社会保险经办机构设立的个人缴费窗口办理社会保险参保手续。

---

**小知识**

**湖北1 000万元扶持大学生科技创业**

4月8日,从湖北省科技厅了解到,2014年度大学生科技创业专项计划刚刚启动,拟对200个大学生科技创业项目进行资金支持,扶持资金总额度由去年的500万元增至1 000万元。

去年5月,湖北省科技厅启动实施了“科技促进大学生创业就业专项行动”,首次设立“湖北省大学生科技创业专项”,安排专项资金500万元,重点支持省级以上孵化器内的大学生科技创业项目。去年年底,选出综合评分排名前100名的创业项目,并对每个项目给予5万元资金支持。

今年,湖北省科技厅计划对200个大学生科技创业项目进行资金支持。

目前,2014年度大学生科技创业专项计划项目已经开始接受申报,请有意申报的大学生科技创业企业尽快联系所在孵化器或咨询附近孵化器或大学科技园。

---

## 思考题

1.新创企业的组织形式包括哪几种?

2.创业企业选址应考虑的因素有哪些?

3.简述注册一个公司型企业的程序。

4.政府扶持大学生创业的优惠政策包括哪几个方面?

## 自我测试

美国创业协会设计出了一份试卷,假如你想对自己多一分了解的话,试试回答下面的题。

每题有4个选项,分别为:A.经常;B.有时;C.很少;D.从来不。

1.在急需作出决策的时候,你是否在想,再让我考虑一下吧?

2.你是否为自己的优柔寡断找借口说,是得慎重考虑,怎能轻易下结论呢?

3.你是否为避免冒犯某个或某几个有相当实力的客户而有意回避一些关键性的问题,甚至表现得曲意奉承呢?

4.你是否无论遇到什么紧急任务,都先处理掉你自己的日常琐碎事务呢?

5.你非得在巨大的压力下才肯承担重任?

6.你是否无力抵御或预防妨碍你完成重要任务的干扰和危机?

7.你在决定重要的行动和计划时,常忽视其后果吗?

8.当你需要作出很可能不得人心的决策时,是否找借口逃避而不敢面对?

9.你是否总是在晚上才发现有要紧的事没办?

10.你是否因不愿承担艰难任务而寻求各种借口?

11.你是否常来不及躲避或预防困难情形的发生?

12.你总是拐弯抹角地宣布可能得罪他人的决定?

13.你喜欢让别人替你做你自己不愿做而又不得不做的事吗?

选 A 得 4 分;选 B 得 3 分;选 C 得 2 分;选 D 得 1 分。

40 分以上:你不算勤勉,应彻底改变拖沓、低效率的缺点,否则创业只是一句空话。

30~39 分:说明你在大多数情形下充满自信,但有时犹豫不决,不过没关系,有时候犹豫也是一种成熟、稳重和深思熟虑的表现。

15~29 分:说明你是一个高效率的决策者和管理者,更是一个成功的创业者,你还在等什么呢?

无论多么权威的测试只是一种自我管理的了解,并不能够决定人的命运或者成败。真正是否适合创业只有自己大胆去尝试,去探索,最终才能取得成功。因为,机会永远给予那些想做而且敢做的人。

## 创业加油站(实践练习)

几个同学一组讨论以下问题:

1.通过对 2014 年 3 月 1 日实施的新《公司法》的解读,谈谈新《公司法》对大学生创业所带来的好处及意义。

2.作为大学生在创业时应如何正确解读新《公司法》?

## 扩展阅读

### 开店创业,这些问题你想过吗?

1.为什么想开店

①理性创业者。多属感情用事型,常被某些运营成功的店面吸引,店内的温馨气息及井然有序的节拍,常使其心情遭到鼓舞,对开店过于失望。

②理性创业者。又可分为两类:一是水到渠成型,这类人拥有专业技艺,半路出家,从基础做起,阅历公司各项营运阶段,实力强;二是停、看、听型,他们不急于投入,心中对开店仍存疑惑,想经过各种渠道停止了解,找寻最好的方式。

2.开店成功率有多高

美国关于开店成功率曾展开过调查,结果显示,参与加盟体系开店成功者约为 80%,独立开店成功者比例约占 20%。专家以为,店面运营成功之道,“技术”是基本生活条件:真正能让店面落地生根,充足的竞争力是不可或缺的;留意市场讯息,关注新外形消费文明及特性,才能在消费者倾向理性思索的情形下,免于落入削价竞争的恶性循环中。

3.开什么样的店

倘若问你究竟想开什么店时,你能马上答吗?要是还没个谱,一会儿想开花店,一会儿又想开咖啡店,心中像有 15 个吊桶般地七上八下的话,以下的建议,提供你做参考。

①若你浑身充溢发明力，内心热情如火，外表光芒万丈，可思索运营自助火锅店、传统小吃店、便利外送等餐饮业。

②若你酷好精致有层次的物品，二手精品店、手工艺专卖店及小型咖啡屋，能让你一展雄才。

③若你极度敏感，有爱家、恋家情结，托儿所、幼儿园将是你的最爱。

④若你经常跟着感觉走，时时设身处地地为人着想，宠物店、花店、园艺店正需要你这种特性。

另外，还需思索个性特征和兴趣爱好，清楚手头上握有的资金数目后，进一步了解你所要开设的店面，能否由于业态属性不同，需有特殊才干，如：业务开拓才干、表达才干，并对即将投入业种的顺应度作逐一评价，如任务时段、任务时间长度及任务停止方式。专家建议在尚未决议开店业种时，应多参与加盟业者举行的说明会，听听不同业种的声音，并亲身听听开店的酸甜苦辣。

4.用什么方式开店

是单打独斗，自己开店？或是邀亲友合伙？抑或是入主加盟体系，由总部提供开店资源？专家认为，若所开设的店面，与过去任务阅历有关，并曾担任运营管理职务，可思索独立开店。但若无阅历，选择适宜的加盟体系，从中学习管理技巧，也不失为降低运营风险的好方法。此外，合伙投资开店，日后须有面对股东意见分歧与权责划分的勇气。合伙最好防止2人组合，而以3人为佳，最多不超越5人。

5.开店前琢磨哪些投资要素

开店前应做充沛的调查。没有调查就没有发言权。店铺所在地人口发布状况，附近聚集的单位性质、任务性质，本区域消费能力、习惯，有无同类店铺，若有，要调查其生意好坏。越深化了解目的客层，在店铺定位时便越能投其需求与喜好。关于转让的店铺切勿轻率接手。有的人一看见某某店铺转让，觉得其门面不错，价钱也不贵，便贸然接手，殊不知开店之后才发现目的市场太小，甚至形成“无人上门”的困境，但为时已晚。若你往常细心观察，有时便会发现某店铺上经常都写着转租二字，老板换了一个又一个，说明都没赚到钱。相反的状况是：有的店铺几年来没有改动，这说明该店有生意可做，有钱可赚，其选择是正确的。一般来讲，开店之前的市场调查包括以下几个方面：

①店铺周围环境如何。环境的好坏有两种含义。一种含义是指店铺周围环境状况。比如有的饮食店开在公共厕所旁，不远处便是渣滓堆、臭水沟或店门外灰尘飞舞，或邻居是怪味溢发的化工厂等，这便是恶劣的开店环境。另一种含义指店铺所处位置繁华水平。一般来讲，店铺若处在车站附近、商业区域人口密度高的地域或同行集中的一条街上，这类开店环境应该具有比较大的优势。另外，三岔路口、拐角的位置较好，坡路上、偏远角落、楼屋高的中央位置欠佳。

②交通条件是否方便。顾客到店后，停车是否方便；货物运输是否方便；从其

他地段到店乘车是否方便等。交通条件方便与否对店铺的销售有很大影响。

③周围设备对店铺是否有利。有的店铺虽然开在城区干道旁,但干道两边的栅栏,却使生意大受影响。因此在选择临街铺面时,要充沛留意这点。如何选择呢? 典型街道有两种:一种是只要车道和人行道,车辆在路途行驶,视野很自然能扫到街两边铺面;行人在街边行走,很自然地进入店铺。但街道宽度若超越30米,则有时反而不聚人气。据调查研究,街道为25米宽,最易构成人气和顾客潮。另一种典型街道:车道、自行车和人行道区分被隔开,其实这是一种封锁的交通,选择这种位置开店也不太好。

④区域人口状况。一般来讲,开店位置附近人口越多,越密集越好。目前很多大中城市都相对集中构成了各种区域,比如商业区、旅游区、大学区等,在不同区域开店应留意剖析这种状况。

⑤目的顾客支出水准。在富人聚集的地段开设首饰店、高档古装店便是瞅准了目的顾客高支出这一特点。城市周边树立的各种商业别墅群或有档次的小区,都是富人聚集的中央。

影响开店位置的要素很多,要素也千差万别。为什么有的偏远小巷的店铺生意年年兴隆,而有的繁华地段的店铺运营困难,这正应了一句哲语:详细状况详细剖析。位置的好坏,是相对的而非绝对的。生意的好坏不只仅取决于店铺位置,还与店铺运营内容、运营方式、均有密切关系。开店,绝非跟着感觉走就万事OK,只要感性和理性合二为一,才能成功。

凡事预则立,不预则废。创业更是如此。创业之前必须考虑各方面的问题,制订出一份完美的创业计划是创业者叩响投资者大门的“敲门砖”,一份优秀的创业计划往往会使创业者达到事半功倍的效果。

(资料来源:大学生创业网—创业动态.)

# 第 7 章 企业经营管理

## 【本章要点】

1.管理概述；
2.人力资源管理；
3.营销管理；
4.财务管理。

## 创业实录

### 东莞婴堡公司

东莞婴堡公司为一专门制造婴儿车外销的工厂。2002 年，由先前在贸易公司专门从事婴儿车贸易工作的总经理，在认为该行业前景不错的情况下，召集十多位朋友投资创建。

然投资之第 2 年即遭逢订单不继之厄运。公司亏损连连，部分股东相继退出，仅存三位股东继续奋斗。幸运的是，他们终于获取一张大订单使得公司得以转危为安。在夜以继日的努力下，公司的业绩不断地成长，本来租赁一处工厂，在产能不足的情况下，再另租一厂房以消化源源不断的订单。经过了 4 年的努力，公司经营层有感于管理之不便及公司长远发展之需要，购买现址之土地和厂房，并将两处之工厂全部迁移至此。

当该公司的业绩不断成长以后，他们面临了产销不协调的瓶颈，生产线的产能还有剩余，可是物料的准备却无法依照生产线的生产计划供应，以致时常延误客户的交货日期。该公司在婴儿车界排前 5 名，他们有非常完整的协力厂商，该公司对协力厂商的付款条件为月结 3 个月，为了奖励协力厂商的配合度，公司拟订出协力厂商管理办法，并以较佳的付款条件以奖励配合度优良的厂商。

为了不失去竞争力，在外国客户的压力下也于 2010 年到西部地区去设厂。西部厂目前生产线有 10 条，员工约 2 000 人，其规模为东莞厂的 5 倍。西部厂的生产效率相当不错，其制造品质亦不亚于东莞厂。管理当局一直在思索是否应关掉东莞厂,把整个生产线全部移至西部。东莞厂目前除了2条装配线外,其他如业务、产品设计、零件采购亦在东莞为之。西部厂的角色着重于制造生产。

该公司总经理日前找上你,并提供了一份公司的组织结构(图7.1)给你,并解释因为素来业务领导生产的关系,主排程一直为总经理负责,然因工作繁忙却也无法去掌握生产线及物料的进度,目前的生管也仅追外包的物料而已,生产控制一直不能上轨道。现在他请你帮他解决下列事项:

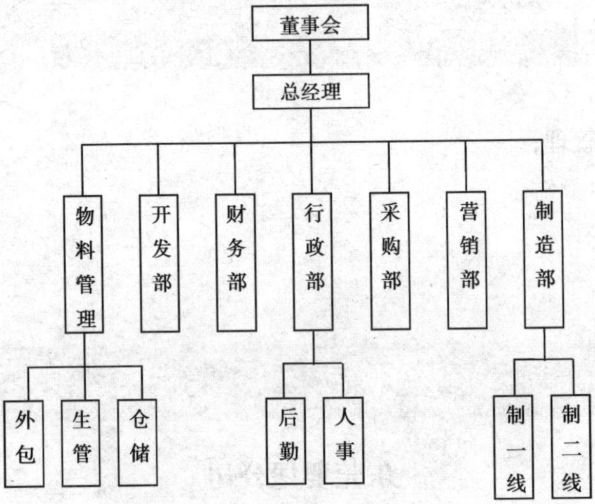


图7.1　东莞婴堡组织结构图

1.公司的组织是否有问题?应如何调整才能作好产销管制?

2.请你拟订一份协力厂商的管理办法,以提高协力厂商的配合度。

3.公司的利润微薄,你是否有办法增加该公司的营业外收入?其方法为何?

4.你认为是否关掉东莞厂?其理由为何?如不应关掉东莞厂,西部厂与东莞厂的角色该如何定位?

(资料来源:改编自网络)

启示:管理始终贯穿于整个经营的过程,没有管理,就谈不上经营。企业要生存和发展,就必须不断地适应环境的变化、满足环境对组织提出的各种要求。创业者创建企业后,需要合理确定企业的经营形式和管理体制,设置有效的组织机构,配备合适的人力资源;合理进行产品营销活动,搞好营销管理;加强财务管理,处理好收益和利润的分配等管理活动,才能保证企业在激烈的市场环境中找到自己的立足之地。

## 7.1 管理概述

管理活动自古有之,是人类与生俱来的行为。在任何一个组织中,不管是以营利为目的的公司,还是以服务为目的的公益性事业部门都需要管理活动。因为在这些单位中,都需要为了达到某个目标而组织资源进行投入,并且也希望能够有效地以相对低的成本实现相对高的产出。而管理活动就是通过采用科学化和艺术化的手段使得这一过程得以实现。因此,管理具有普遍性。

### 7.1.1 管理

1)管理是什么

从词义上,管理通常被解释为主持或负责某项工作。人们在日常生活上对管理的理解是这样的,平常人们也是在这个意义上去应用管理这个词的。但自从管理进入人类的观念形态以来,几乎每一个从人类的共同劳动中思考管理问题的人,都会对管理现象作出一番描述和概括,并且顽固地维护这种描述和概括的正确性甚至唯一性,人类从来就不曾取得对于管理定义的一致理解。

由于管理概念本身具有多义性,它不仅有广义和狭义的区分,而且还因时代、社会制度和专业的不同,产生不同的解释和理解。随着生产方式社会化程度的提高和人类认识领域的拓展,人们对管理现象的认识和理解的差别还会更为明显。

长期以来,许多中外学者从不同的研究角度出发,对管理作出了不同的解释,然而,不同学者在研究管理时出发点不同,因此,他们对管理一词所下的定义也就不同。直到目前为止,管理还没有一个统一的定义。特别是20世纪以来,各种不同的管理学派,由于理论观点的不同,对管理概念的解释更是众说纷纭。目前为止,人们给管理下过多少不同的定义无从考证,可以说几乎每一本管理学教科书都给管理下一个不同的定义,不同的学者会从不同的角度来理解管理。

综合各种观点,对管理的比较系统的理解应该是:管理是管理者或管理机构,在一定范围内,通过计划、组织、领导、控制等工作,对组织所拥有的资源(包括人、财、物、时间、信息等)进行合理配置和使用,既有效率又有效益地实现组织预定目标的过程。

该定义较全面地表达了完整的管理过程,如图7.2所示:

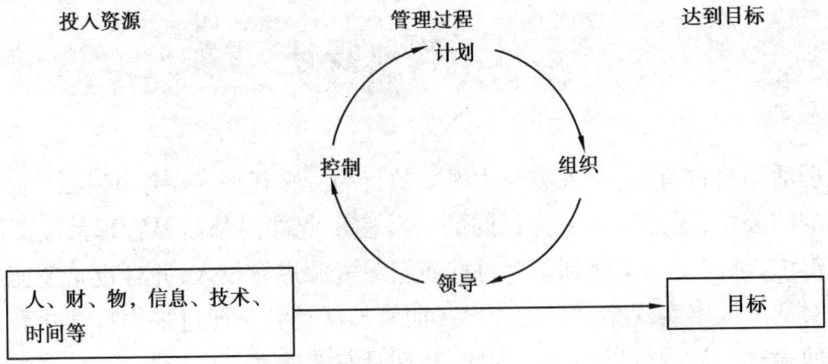


图 7.2　管理活动

这一定义有 4 层含义：

第一，管理的核心是达到目标。管理是为实现组织目标服务的，是一个有意识、有组织的群体活动过程。管理是任何组织都不可或缺的，但绝不是独立存在的；管理不具有自己的目标，不能为管理而进行管理，而只能使管理服务于组织目标的实现。

第二，管理是一个过程。管理的过程由一系列相互关联、连续进行的基本职能所构成，这些基本职能包括计划、组织、领导和控制等。

第三，管理达到目标的手段是运用组织拥有的各种资源。管理的对象是组织拥有的各类资源，管理的有效性集中体现在它是否使组织花最少的资源投入，取得最大的、合乎需要的产出。

第四，管理的本质是协调。管理是在一定环境下展开的，管理者应善于发现环境为组织提供的机会和构成的威胁，对组织资源进行合理配置从而抓住机会，避免威胁实现组织的预定目标。

从管理的定义中可以看出管理的是一个行为过程，而管理过程应该有科学的绩效衡量。绩效是指管理者或管理机构在利用资源满足顾客需求和实现组织目标的活动过程中，在效率和效益上所表现出来的水准。简单地说，绩效就是组织实现其目标的程度。有学者给管理定义为正确地做正确的事，他强调的重点就是管理活动中首先讲效果，然后是效率。效率指的是在实现一定目标的过程中，资源利用的程度或资源产出水平的高低。生产一定量的产品，管理者如能做到投入的资源少，就可以保证有效率。效益，或者称为效果是衡量管理者为组织设定并努力要达到的目标的恰当程度，也指组织实现预定目标的程度。管理者所选择的目标是合适的，并实现了这些目标，组织就是有效益的。效率的提高不意味着效益的提高，如果方向错误，效率越高，损失越大。绩效同效率和效益的关系如图 7.3 所示。

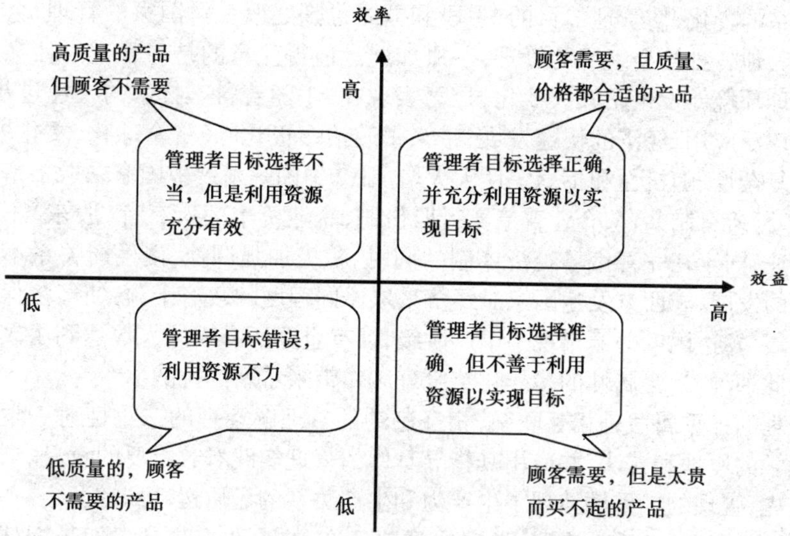


图 7.3　绩效同效率和效益的关系

如果不顾效率,很容易有效果。

大众公司如果不考虑人力和材料成本的话,它还能生产出更豪华更吸引人的汽车;为什么一些政府机构经常受到公众的批评？按道理说他们是有效果的,但他们的效率太低。也就是说,他们的工作是做了,但成本太高。

组织可能是有效率的但却是无效果的。即战略方向错误,战术手段有效。例如,某集团公司不应该发展手机产业,因为它的核心竞争力是电脑。结果,它的手机事业部的人又非常勤奋能干,他们越有效率地工作,该事业部就消亡得越快。

2)管理的二重性

管理的二重性是管理所具有的合理组织生产力的自然属性和为一定生产关系服务的社会属性。

管理的自然属性是指管理跟生产力相联系的一面。管理由于共同劳动而引起,具有合理组织生产力的功能,体现了劳动过程的一般要求,这称为管理的自然属性。在管理过程中,只有对人、财、物、信息、时间等资源进行合理配置和有效利用,对产、供、销等环节进行协调,完成对生产力的科学组织,才能有效地实现既定目标。这种组织生产力的管理是生产力发展的必然要求,而与社会制度、生产关系无关。

管理的社会属性是指管理与生产关系、上层建筑相联系的一面。任何生产活动都是在一定的生产关系下进行的,管理执行着维护一定生产关系,实现一定社会目的的功能,受到当时当地的社会、经济、政治制度和文化背景的影响。管理的这种性质称为管理的社会属性。管理是人类目的性很强的社会活动,社会制度不同,生产关系的变化,使管理的目的、手段和方式也随之改变。国家的管理、企业的管理以及其他各种社会组织的管理,一概如此。值得注意的是与管理的社会属性相关的全球环境已发生了较大变化,显著表现在:①随着科学技术的飞速进步,信息网络的广泛应用,经济的快速发展,带来了政治多极化、经济全球化、文化多元化,管理的复杂性、随机性和不稳定性大大增加;②中国等发展中国家采取了市场经济体制,多种所有制共存,企业普遍实行股份制,企业资本的所有者(股东)不再直接管理企业,国家在完善市场经济体制的同时,积极加强调控,使生产关系不断适应生产力的发展;③西方发达国家对经济采取不同程度的政府干预,使经济保持较稳定的发展,发达国家普遍出现了中产阶级,拥有企业所有权的人数达到了较高的比例。如此种种,社会属性的多样化给管理工作带来了新的挑战。

管理的二重属性是相互联系,相互制约的。理解管理的二重性对于学习和掌握管理学的原理和方法,并应用其指导具体的管理实践有着重要的意义。

首先,管理的二重性体现了生产力和生产关系的矛盾运动和辩证统一关系。

其次,管理的二重性表明,先进的管理理论、技术和方法是人们长期从事管理活动的产物,是人类智慧的结晶,它同生产力的发展一样,具有连续性,是不分国界的,可以为我所用。

再次,管理的自然属性告诉人们,任何社会制度下的管理理论和经验都有反映社会化大生产客观规律的成分,值得人们去学习和借鉴;同时,管理的社会属性告诉人们,在学习和借鉴西方资本主义国家的管理理论和经验的过程中,不能全盘照搬,要以批判的态度去审视,取其精华,去其糟粕;更为重要的是创立适合中国国情的管理理论和经验,建立中国特色社会主义管理思想体系和方法体系。

3)管理的科学性和艺术性

管理是科学和艺术的结合。科学是反映自然、社会、思维等客观规律的知识体系,包括明确的概念和一般原理,是归纳、总结的体现,是可复制的、可学习的,并有规律可遵循。而艺术则是天赋、潜质和个性的体现,来自个人的经验、直觉、智慧和智力。

(1)管理是一门科学

①科学的规律性。管理科学是人类长期从事社会生产实践活动中,对管理活动规律的总结。作为一门科学,要求管理具有系统化的理论知识。管理科学是把管理的规律性提示出来,形成原则、程序和方法,对管理者管理活动予以普遍性指导,使管理成为理论指导下的规范化的理性行为。承认管理的科学性,就是要求重在管理活动中要不断发现与摸索管理的规律性,按照管理的规律来办事,在科学的管理理论与原则的指导下,搞好管理,提高管理效率。

管理学是从客观实际出发,来研究人类社会中各种组织的管理活动及其规律性的学科,这些规律是客观存在的,如果谁违背了这些规律,就必然会遭到惩罚。比如企业经营中有一条亘古不变的真理:企业必须以自己的产品和服务最大限度地去满足顾客的需求才能盈利。这条法则应该说是古今中外企业必须遵循的不二法则,这就是管理规律,谁违背了谁就要吃亏。

②严密的程序性。科学的逻辑在管理活动中表现为一种严格的程序化操作,程序性是管理活动的一个重要特征。这种程序性首先体现在管理流程的设计中,其次体现在具体的操作工艺中。

③先进的技术性。管理学是一门应用性很强的学科,管理的理论只有转化为具体的管理技术和技能才能发挥作用。在现代管理学中,这些管理技术又被转换成各种管理软件和具体的操作技能,以便完成具体的管理任务。

(2)管理是一门艺术

管理是一种随机的创造性工作,它不像有些科学那样可以单纯地通过数学计算去求得最佳答案,也不可能为管理者提供解决问题的具体模式,它只能使人们按照客观规律的要求,实施创造性管理,从这个意义上讲,我们说管理是一种艺术。同时,管理中还存在着许多未知的、活的、模糊的因素。所谓未知的、活的、模糊的因素即靠人的经验、感觉、魄力、权威等都无法度量甚至无法言传,被人们称之为"艺术"的部分,这部分也正是管理学应该开发的处女地。随着科学技术的发展和管理科学的发展,那些未知的、模糊的、活的领域会越来越少(但不会没有),但需要人们去从事管理艺术水平的要求却越来越高。

管理的艺术性在具体的管理活动中要求如下:

①巧妙的应变性。管理者在其管理生涯中,会遇到各种意想不到的事件发生,有无应变能力,便显得十分重要。尤其是当组织遇到突然的重大变故时,管理者的应变能力往往起着决定性的作用。(举例:海南农民种植的一种叫"白象牙"的芒果,因为在开花时受精受粉不完全,导致"发育不良",结出的果只有鸡蛋般大小,这种果子学名称为"败育果"。前几年,这种果只能作为淘汰处理。但是,原本要扔掉的小东西,在通过合理的转换后却变成了"珍珠果"。这种果由于其口感好,果肉中几乎没有纤维,核小甚至无核,深受人们的欢迎。正常大小的优质象牙芒果每斤售价二三元,而它却卖到了四五元,最高时可卖到八元一斤,而且供不应求。在海口、广州、深圳等地,这种小个的象牙芒果成为当地人的送礼佳品。气候还是那个气候,芒果还是那个芒果,但结果却大不相同。这就是在管理的应变性,遇到不同的情况、不同的对象,进行不同的处理。)

②灵活的策略性。管理者不仅需要运用智慧进行战略层面上的思维和运作,更需要策略层面上的灵活操作,只有一个个策略上的成功,才能最终取得战略上的成功。

③完美的协调性。管理者的重要任务就是对各种关系的成功协调,如乐队指挥、如弹奏钢琴协奏曲。协调出动力,出效益,其中,人际关系的成功协调,将是对管理者的重大考验。

(3)管理是科学与艺术的统一:客观规律与主观能动性的统一

管理科学是反映管理关系领域中的客观规律的知识体系,管理艺术则是以管理知识和经验为基础,富有创造性管理技巧的综合。管理科学是管理这一能动过程的客观规律的反映,而管理艺术则是它的主观创造性方面的反映。管理者只有既懂得管理科学又有娴熟的管理艺术,才能使自己的管理活动达到炉火纯青的地步。

在管理的科学性上,人们常犯的错误是:盲目照搬国外的管理理论;将书本上的管理原理当作教条;认为管理只靠实践,从不相信管理专家。尤其是第3种看法,在管理者中广泛存在。

在管理的艺术性上,人们常犯的错误是:管理的艺术性是指管理靠的是人格魅力、灵感与创新,而管理本身是没有规律可循的,更没有办法通过学习(尤其是书本学习)掌握管理的技巧。过分强调管理的艺术性,从而否认管理的科学性;认为管理艺术是少数人天生所具有的,大多数人只能天生地处于被管理、被领导的地位;在管理实践上缺乏科学的管理制度,而常常以管理者的心情、好恶来作为决策的依据。

管理的科学性与艺术性是相辅相成的。在管理中,科学性与艺术性不是相互排斥的,而是相互补充的。如果说,管理的科学理论是"知",管理的艺术就是"行","知"是"行"的基础,对管理的科学性"知"得越多,在管理实践中"行"得越有艺术性。管理作为一种实践,其本质不在于"知",而在于"行"。对管理的科学认识是为了指导管理实践,以达到最好的管理效果。

### 7.1.2 管理职能

管理工作就是通过一系列的活动来帮助组织有效利用其资源以实现组织的目标。如何实现组织目标,管理者或管理机构是通过履行计划、组织、领导和控制这4个基本职能来实现的(图7.2)。图中连接这些职能的箭头表明了管理者履行它们的一般顺序。

1)计划职能

所谓计划是指制定目标并为实现目标所必需的行动。计划职能是管理的首位职能,任何组织及其管理者都必须进行制订计划,从事计划等活动。为奠定管理工作的基础,计划工作必须进行如下活动。

首先对未来事件作出预测,推断未来的活动,再制订出行动方案。计划职能重点解决两个基本问题,一是目标的确定,二是工作进程的安排,即先做什么,后做什么,可以同时做什么,是一种有序的安排。计划与决策有着十分密切的关系,确定目标,设计行动方案,选择最优方案等,都是共同的工作内容,同时,决策是计划的核心。

计划中必须有考虑组织长远发展的总体谋划,即战略规划。计划编制是制订计划的过程中必不可少的工作。总之,计划职能为管理提供依据,为控制提出标准。

2)组织职能

管理的组织职能是管理者为实现组织目标而建立有效的有机系统的过程。组织职能包括设计和建立组织结构,合理分配职权和职责,选拔与配备各岗位的人员,进行组织的协调与变革。为做好这些工作,要求按目标设置机构、明确岗位、配备人员,规定权限、赋予职责,建立一个统一的组织系统,同时要求按计划和进程合理组织人、财、物,并进行合理匹配,以保证管理取得效益。组织职能是管理活动的根本职能,是其他一切管理活动的保证和依托。

3)领导职能

管理的领导职能是管理者指挥、激励下属,并积极开展沟通,而使组织目标得到有效实现的活动过程。

领导职能包括的内容有:选择正确的领导方式,运用权威,实施指挥;激励下属,充分调动其积极性;积极而有效地开展沟通等,管理的领导职能是一门科学,也是一门奥妙的艺术,贯穿于整个管理活动过程中。一般认为,不管是高层管理者、中层管理者,还是基层管理者,都需要实施领导职能,因为领导职能的重心是做人的工作。

4)控制职能

管理的控制职能就是监视管理的各项活动,以保证按计划进行并不断纠正重要偏差的过程,因此,计划就是控制的标准。管理者必须及时获取计划执行情况的信息,并将已获得的信息与计划进行比较,发现执行过程中存在的问题或偏差,及时分析偏差产生的原因,找到问题的症结所在,并及时采取纠偏措施。

管理的控制职能是为实现组织目标而必须实施的职能,环境的变化、人员素质和能力的差异,各种随机或突然因素的影响都会给计划的实施带来偏差,如果不及时发现和纠偏,计划就会落空,目标就难以实现,因此控制职能是管理活动取得成效的保障。

管理的4项基本职能,计划、组织、领导、控制之间是相互联系、相互制约的关系。它们共同构成一个有机的整体,其中任何一项职能出现问题,都会影响其他职能的发挥乃至组织目标的实现。

管理者是管理行为过程的主体,管理者一般由拥有相应的权力和责任,具有一定管理能力从事现实管理活动的人或人群组成。管理者及其管理技能在组织管理活动中起决定性作用。管理者是在协作过程中协调他人活动,并对组织完成预期任务负有责任的人。

### 7.1.3 管理者

1) 管理者分类

(1)按照管理层次划分为高层管理者、中层管理者和基层管理者

高层管理者是那些对组织的管理负有全面责任,负责制订组织发展战略和行动计划,有权分配组织拥有的一切资源的管理人员,如企业中的首席执行官(CEO)、经理、厂长,医院的院长,学校的校长等都属于高层管理者,他们对目标的确定和资源配置的决策,对环境的分析和判断直接关系到组织的生存与发展,他们代表组织与其他组织和个人进行协调与沟通,他们是组织的主心骨和利益的代表者。

中层管理者是那些按照高层管理者作出的决策和计划,结合所在部门和岗位负责执行具体计划和工作程序的管理者,他们是指挥基层管理者的人。中层管理者起着承上启下的作用,对上、下级信息沟通或同级信息沟通负有重要责任,他们是高层与基层管理者之间的桥梁和纽带,如大公司的地区经理、事业部负责人、部门负责人,政府中的厅长、处长等,他们不是指挥一线操作人员的人,而是负责协调和控制基层管理与生产活动的人。

基层管理者是那些直接指挥和监督现场操作人员的管理者,直接带领具体操作人员完成上级下达的具体任务,如工厂中的工长、班组长,他们具有协调操作人员的能力和较高的技术操作能力。

上述3个层次的划分可以用图7.4表示。

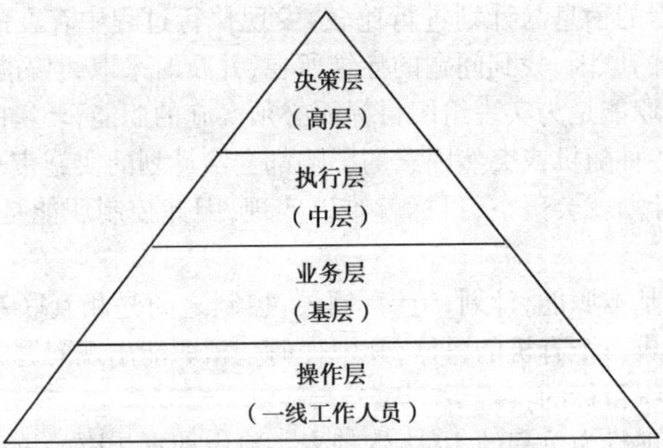


图7.4 管理者的层次

(2)按照管理工作的性质与领域划分,一般可以分为以下几种类型的管理人员。

①营销管理人员。他们的管理工作大都与市场有关——市场调查分析、产品

促销、市场推广、广告宣传、客户服务、营销策划、网络销售等。市场经济环境下对市场对企业的重要性决定了营销管理人员的重要作用。

②财务管理人员。他们大都与组织的资本资源打交道。具体来说,财务管理的主要职责包括:组织资金的筹措、预算、核算、投资和财务监控等。

③生产管理人员。他们主要的工作包括:建立能为组织制造产品和提供服务的系统,负责制订计划和控制组织日常的生产活动、生产规划、质量控制、工厂及设备的选择和布局等。现在,越来越多的企业都更为注意改进生产工艺、提高产品质量、保护及充分利用有限的资源等问题,这就使生产管理人员在企业组织中的地位变得越来越重要。

④人力资源管理人员。他们的主要职责是对组织人力资源的管理。具体来讲,人力资源部门是从事人力资源的计划、招聘和选择组织所需要的合格人员,并对这些人员进行有效的培训和合理的使用,建立合理而有效的业绩评估、晋升、奖励和奖惩及报酬制度等方面的管理工作。在市场经济条件下,企业之间的竞争本质上就是人力资源的竞争。随着全球经济一体化的进一步发展,国内外对人才争夺态势的加剧,人力资源部门的工作将会变得越来越重要,人力资源管理人员的责任也越来越重大。

⑤行政管理人员。对一个组织来说,行政管理人员也是极为重要的。比起从事其他专业方面的管理人员来说,他们从事的工作更加综合化,管理实践的面更广,因此要求他们更富有多方面的管理经验,对管理职能也更加熟悉。

⑥其他方面的管理人员。除了上述的各类管理人员以外,在国内外的企事业单位还有其他专职的管理人员。例如,公共关系管理人员,主要负责组织公共关系方面的事务;研究与开发部门的管理人员,他们专门负责协调科技人员和工程师,为企业的未来发展进行科技项目和新产品的研发等管理工作。

2)管理者角色

管理者角色是指管理系统中不同的人所扮演的不同角色。美国著名管理学家德鲁克 1955 年提出“管理者角色”的概念,他认为,管理是一种无形的力量,这种力量是通过各级管理者体现出来的。所以管理者扮演的角色或者说责任大体上分为 3 类:

①管理一个组织求得组织的生存和发展。为此管理者必须做到:一是确定该组织是干什么的?应该有什么目标?如何采取积极的措施实现目标?二是谋取组织的最大效益。三是“为社会服务”和“创造顾客”。

②管理管理者。组织的上、中、下 3 个层次中,人人都是管理者,同时人人又都是被管理者,因此管理者必须做到:一是确保下级的设想、意愿、努力能朝着共同的目标前进;二是培养集体合作精神;三是培训下级;四是建立健全的组织结构。

③管理工人和工作。管理者必须认识到两个假设前提:一是关于工作,其性质是不断急剧变动的,既有体力劳动又有脑力劳动,而且脑力劳动的比例会越来越

大;二是关于人,要正确认识到"个体差异、完整的人、行为有因、人的尊严"对于处理各类各级人员相互关系的重要性。

20 世纪 60 年代末期,亨利·明茨伯格对五位总经理的工作进行了一项仔细的研究,他发现对长期以来对管理者工作所持的看法提出了挑战。例如,与当时流行的成见相反,这种成见认为管理者是深思熟虑的思考者,在作决策之前,他们总是仔细地和系统地处理信息。而明茨伯格发现,他所观察的经理们陷入大量变化的、无一定模式的和短期的活动中,他们几乎没有时间静下心来思考,因为他们的工作经常被打断。有半数的管理者活动持续时间少于 9 分钟。在大量观察的基础上,明茨伯格提出了一个管理者究竟在做什么的分类纲要。

明茨伯格的结论是,管理者扮演着 10 种不同的但却是高度相关的角色。管理者角色(management roles)这个术语指的是特定的管理行为范畴,正如表 7.1 所示,管理者的 10 种角色可进一步组合为 3 大类:人际关系、信息传递和决策制定。

**表 7.1 管理者的 10 种角色**

| 角 色 | 描 述 | 特征活动 |
|---|---|---|
| | 人际关系角色 | |
| 挂名首脑 | 象征性的首脑,必须履行许多法律性的或社会性的例行义务 | 迎接来访者,签署法律文件 |
| 领导者 | 负责激励和动员下属,负责人员配备、培训和交往的职责 | 实际上从事所有的有下级参与的活动 |
| 联络者 | 维护自行发展起来的外部接触和联系网络,向人们提供恩惠和信息 | 发感谢信,从事外部委员会工作,从事其他有外部人员参加的活动 |
| | 信息传递角色 | |
| 监听者 | 寻求和获取各种特定的信息(其中许多是即时的),以便透彻地了解组织与环境 | 阅读期刊和报告,保持私人接触作为组织内部和外部信息的神经中枢 |
| 传播者 | 将从外部人员和下级那里获得的信息传递给组织的其他成员——有些是关于事实的信息,有些是解释和综合组织的有影响的人物的各种价值观点 | 举行信息交流会,用打电话的方式传达信息 |
| 发言人 | 向外界发布有关组织的计划、政策、行动结果等信息;作为组织所在产业方面的专家 | 举行董事会,向媒体发布信息 |
| | 决策制定角色 | |
| 企业家 | 寻求组织和环境中的机会,制订"改进方案"以发起变革,监督这些方案的策划 | 制定战略,检查会议决策执行情况开发新项目 |

续表

| 角　色 | 描　述 | 特征活动 |
| --- | --- | --- |
| 决策制定角色 | | |
| 危机驾驭者 | 当组织面临重大的、意外的动乱和危机时，负责采取补救行动 | 制定战略，检查陷入混乱和危机的时期 |
| 资源分配者 | 负责分配组织的各种资源——事实上是批准所有重要的组织决策 | 调度、询问、授权，从事涉及预算的各种活动和安排下级的工作 |
| 谈判者 | 在主要的谈判中作为组织的代表 | 参与工会进行合同谈判 |

3）管理者的技能（HTC 技能）

不管什么类型的组织中的管理者，也不管他处于哪一管理层次，所有的管理者都需要有一定的管理技能。管理学者罗伯特·李·卡茨提出管理者所必须具备的管理技能可以分成 3 种基本类型：技术技能、人际技能和概念技能。

（1）人际技能（human skills）

人际技能是指与处理人际关系有关的技能，即理解、激励他人并与他人共事的能力。包括领导能力。但其内涵远比领导能力广泛。因为管理者除了领导下属外，还要与上级领导和同级同事打交道，还得学会说服上级领导，领会领导意图，学会与同事合作等。

（2）技术技能（technical skills）

技术技能是指与特定工作岗位有关的专业知识和技能。如生产技能、财务技能、营销技能等。管理者不必成为精通某一领域的技能专家，但需要了解并初步掌握与其管理的专业相关的基本技能，否则很难与他所主管的组织内的专业技术人员进行有效的沟通，从而无法对所辖业务范围的各项工作进行具体的指导。不同层次的管理者，对于专业技能要求的程度是不同的。

（3）概念技能（conceptual skills）

概念技能是指综观全局、认清为什么要做某事的能力。即管理者在任何混乱、复杂的环境中，敏锐地辨清各种要素之间的相互关系，准确地抓住问题的实质，果断地做出正确决策的能力。

尽管上述 3 种技能要求对于一名合格的管理人员都是不可缺少的，但针对不同层次的管理人员其侧重点有所不同。

对高层管理人员而言，特别需要具备很强的概念技能。如果把一个企业比作一艘轮船的话，高层管理者应是这艘船的船长、大副、二副等，他们肩负着在市场中把握航向、规避暗礁，壮大自身、回报社会的重任。因此，高层管理者的概念技能更多地发挥在整个企业使命和经营理念的建立，企业文化的建设，战略决策的制定，创新的实施和风险的承担上。可以说，概念技能是管理技能发展的最高境界。

中层管理人员,需要掌握更多的人际技能和概念技能。像分厂厂长、分公司经理、事业部总经理这样的中层管理者,一方面要领导、激励下属努力工作,另一方面还要同上级领导、同级同事以及各职能部门负责人打交道,同时还要联络企业外部的客户和单位以求得各方面力量的配合,这要求具备很强的人际技能。中层管理者还肩负着领导本部门发展,为总部或总公司实现销售额和利润的重任,因而还应具备一定的概念技能。在所从事的领域内业务的取舍;如何把握市场机遇,规避风险;面对同行竞争,应制定什么对策;根据形势发展,制定本部门的中长期规划。这些都是摆在中层管理者面前需要利用概念技能解决的问题。

基层管理人员,主要需要的是技术技能和人际技能。基层管理人员面对的主要是一线员工,由于直接指挥实际工作,因此他必须对技术和工艺熟练精通,对下属工作了如指掌,这样才能有效地指挥和管理。如果一个车间主任对技术一窍不通,一个工程部经理对现场工艺一知半解,一个开发部经理在业务上缺乏权威,那么他将很难管好本部门。基层管理人员需要掌握的另一个技能是人际技能,协调和沟通是日常管理的一个重要内容。基层管理者需要充分施展自己的人际技能,开展协调和沟通工作,将日常工作中发生的一些小问题、小矛盾解决和消除在萌芽状态。这不仅有利于基层成员的团结和企业目标的实现,而且还可为中高层领导分忧解难。

概括而言,高层管理者的主要职责是为企业设定发展方向、目标和具体的战略,因此,需要更强的概念技能,一线管理者的职责是如何很好地实施已经确定的战略计划,支持战略目标的实现,因此,技术技能对于一线管理者最为重要。而高中底层管理者由于都涉及对人的管理,所以,人际技能对所有层次的管理者都很重要。

不同层次对管理技能需要比例如图 7.5 所示。

图 7.5 不同层次对管理技能需要比例

## 7.2 人力资源管理

创业初期的中小企业要在激烈的市场竞争中立足并谋求发展,必须对人力资源管理进行全面的了解,并明确人力资源管理在企业中面临的问题,坚持“具体问题具体分析”原则,利用科学的手段解决问题,帮助企业的人力资源管理发挥其作用,才能有助于企业的发展。

### 7.2.1　人力资源管理的内涵

1）人力资源管理的概念

人力资源管理是指企业的一系列人力资源政策以及相应的管理活动。这些活动主要包括企业人力资源战略的制定，员工的招募与选拔，培训与开发，绩效管理，薪酬管理，员工流动管理，员工关系管理，员工安全与健康管理等。即企业运用现代管理方法，对人力资源的获取（选人）、开发（育人）、保持（留人）和利用（用人）等方面所进行的计划、组织、指挥、控制和协调等一系列活动，最终达到实现企业发展目标的一种管理行为。

人力资源管理的最终目标是促进企业目标的实现。阿姆斯特朗对人力资源管理体系的目标作出了如下规定：

①企业的目标最终将通过其最有价值的资源——它的员工来实现。

②为提高员工个人和企业整体的业绩，人们应把促进企业的成功当作自己的义务。

③制订与企业业绩紧密相连，具有连贯性的人力资源方针和制度，是企业最有效利用资源和实现商业目标的必要前提。

④应努力寻求人力资源管理政策与商业目标之间的匹配和统一。

⑤当企业文化合理时，人力资源管理政策应起支持作用；当企业文化不合理时，人力资源管理政策应促使其改进。

⑥创造理想的企业环境，鼓励员工创造，培养积极向上的作风；人力资源政策应为合作、创新和全面质量管理的完善提供合适的环境。

⑦创造反应灵敏、适应性强的组织体系，从而帮助企业实现竞争环境下的具体目标。

⑧增强员工上班时间和工作内容的灵活性。

⑨提供相对完善的工作和组织条件，为员工充分发挥其潜力提供所需要的各种支持。

⑩维护和完善员工队伍以及产品和服务。

2）人力资源管理的特征

通过对新经济时代特征的分析，得出人力资源管理在新经济时代的如下特点：

（1）新经济时代是人才主权时代，也是人才赢家通吃的时代

在此时代下，知识与职业企业家成为企业价值创造的主导要素，知识创新者和职业企业家对企业的贡献与价值，使得他们具有对剩余价值的索取权，改变了资本所有与知识所有者之间的博弈关系，建立了人才主权的基础和理论依据。加之，知识经济时代下，社会对知识和智力资本的需求比以往任何一个时代都更为强烈，导致知识创新者和企业家等人才短缺的现象加剧。人才的稀缺性、巨大的增值空间和 HR 的高回报性，使得资本疯狂地追逐人才。在知识创新型企业，人才通过引入

风险资本,将知识转化为资本,实现知识的资本化,实现知识雇佣资本。正如美国思科(CISCO)公司总裁约翰·钱伯斯所言:"与其说我们是在购并企业,不如说我们是购并人才。"

因此,在新经济时代里,人才具有更多的就业选择权与工作的自主决定权,人才不是简单地通过劳动获得工资性收入,而是要与资本所有者共享创造成果。为此,企业要尊重人才的选择权和工作的自主权,并站在人才内在需求的角度,去为人才提供的产品与服务,去赢得人才的满意与忠诚。

(2)HR 作为企业经营者的战略伙伴,进行的是战略型 HR 管理

以往 HR 管理部门因为不直接创造价值,只作为企业非主流的功能性部门而存在。随着新经济的到来,HR 的管理职能将发生根本转变,逐渐从作业性、行政性事务中解放出来,从幕后走到台前,参与企业的战略性管理,把 HR 战略与企业的经营战略结合起来,支持企业实现经营目标。此时 HR 的管理职能是等责任。

(3)HR 管理内容的改变

21 世纪员工成为企业的客户,向员工持续提供客户化的 HR 产品与服务成为 HR 管理的新职能,吸纳、挽留、激励、开发企业所需要的人才成为 HR 管理部门的主要任务。企业向员工提供的产品与服务包括:满足员工的事业发展期望的共同愿景、提供富有竞争力的薪酬体系及价值分享系统满足员工的多元化需求、提供持续的 HR 开发、培训,提升员工的人力资本价值的人力资本增值服务、授权员工参与管理、支持员工完成个人及组织发展目标。

(4)HR 管理的核心——知识员工的管理

21 世纪,国家的核心是企业,企业的核心是人才。人才的核心是知识创新者与企业家。为此,HR 管理者要关注知识型员工的以下特点,重点开发与管理知识型员工。①知识型员工由于其拥有知识资本,因而在组织中有很强的独立性和自主性,在管理中难于授权、难于协调个人对专业的执著与企业对市场价值的追求的矛盾,难于设计知识工作、虚拟工作团队。②知识型员工具有较高的流动意愿。他们对于终身就业能力的追求增加了企业的 HR 投资风险、流动管理危机。③知识型员工的工作过程难以直接监控,工作成果难以衡量,使得价值评价体系的建立变得复杂而不确定。④知识型员工的能力与贡献差异大,表现为混合交替式的需求模式。需求要素及需求结构也有了新的变化,如利润与信息分享需求、终身就业能力提高的需求、工作变换与流动增的需求、个人成长与发展的需求等。这都使得报酬的设计更为复杂化。⑤21 世纪的知识创新型企业中,知识代替了权威。一个人对企业的价值不再仅仅取决于其在管理职位上的高低,而取决于其拥有知识和信息量的大小。知识型员工的这些新特点要求领导方式的根本改变,要求领导与被领导者之间建立信任、沟通、承诺、学习的互动方式,为此,HR 管理应着重于建立知识工作系统和创新机制、实现模糊化的管理。

(5)通过管理 HR 价值链实现人力资本价值的实现与增值

价值创造就是在理念上要肯定知识创新者和企业家在企业价值创造中的主导作用,企业 HR 管理的重心要遵循帕累托 80/20 定律,即关注那些在企业人员数量中仅占 20%关键员工,他们不仅是 80%企业价值的创造者,而且能带动其他 80%的员工。在 HR 管理中要注重形成企业的核心层、中坚层、骨干层“价值创造”员工队伍,利用有效的价值评价机制,实现公平的、具有竞争力的、多元的价值分配,以此激励人才、创造人才。

(6)员工与企业关系的新模式——以劳动契约和心理契约为双重纽带的战略合作伙伴关系

一方面要依据市场法则确定员工与企业双方的权力、义务关系,另一方面企业与员工一道建立共同愿景,在共同愿景基础上就核心价值观达成共识,培养职业道德,实现员工的自我发展与管理。借此,企业与员工个人共同成长和发展,达到双赢的目标。

(7)HR 管理的信息化及全球化

随着互联网和信息技术的发展,信息化已成为国家和企业增强自身竞争力的重要手段,企业的信息化过程使得 HR 也通过计算机技术与网络技术改变工作方式、提高工作效率、规范业务流程,并向企业与员工提供增值服务。HR 的全球化表现在员工与经理人才的全球观念的系统整合与管理、人才流动的国际化、人才市场竞争的国际化、跨文化管理。

(8)HR 管理的核心任务是构建智力资本优势,HR 者的角色多重化、职业化

21 世纪,企业的核心优势取决于智力资本的独特性。智力资本包括 3 个方面:人力资本、客户资本和组织结构资本。人力资本的核心任务是通过 HR 的有效开发与管理,提升客户关系价值。

3)人力资源管理的重要性

随着所谓的“知识经济”时代的到来,人力资源管理因其与人的因素内在的密切联系而使得其重要性日显突出。应该看到,企业管理已经从强调对物的管理转向强调对人的管理,这是竞争加剧的结果。一方面,这是管理领域的扩大;另一方面,这也是管理环节的提前,因为物是劳动的产物。人力资源管理的重要性可以体现在以下几个方面。

(1)人力资源管理对组织中所有的管理人员都是重要的

这是因为人力资源管理能够帮助组织中的管理人员达到以下目的:用人得当,即事得其人;降低员工的流动率;使员工努力工作;有效率的面试以节省时间;使员工认为自己的薪酬公平合理;对员工进行充足的训练,以提高各个部门的效能;在美国还可以使组织不会因为就业机会等方面的歧视行为受到控告;保障工作环境的安全,遵守国家的法律;使组织内部的员工都得到平等的待遇,避免员工的抱怨等。这些都是组织中各个部门所有经理人员普遍的愿望。其实无论是正在学习财

务管理、市场营销管理或者生产管理的同学,还是学习人力资源管理的同学,将来有很多人会在自己的专业领域内承担管理责任,届时他们需要制定关于员工招聘、薪酬政策、绩效考核、员工晋升和人员调配等人力资源管理方面的决策,其实这一点也适用于那些非经济管理类的同学。即使是那些将来不承担管理责任的员工,纯粹作为组织中人力资源管理活动的调整对象,也需要学习人力资源管理方面的知识,因为只有这样,他们才有能力对组织的人力资源管理政策作出自己的评价,并在此基础上提出有利于自己事业发展和待遇提高的建议。

(2)组织的经理人员要通过别人来实现自己的工作目标

这就使人力资源管理同其他类别的管理相比显得特别重要。我们经常发现许多企业在规划、组织和控制等方面做得都很好,但是,就是因为用人失当或者无法激励员工,最终没有获得理想的成绩;相反,虽然有些企业的经理人员在规划、组织和控制等方面做得一般,但是,就是因为他们用人得当,并且经常激励、评估和培养这些人才,最终使企业获得成功。

(3)人力资源管理能够提高员工的工作绩效

应用人力资源管理的观念与技术,改善员工的行为,是提高员工绩效的重要途径。在 20 世纪 80 年代,西方工业 7 国的生产力排序是:日本、法国、加拿大、德国(西)、意大利、美国和英国。美国劳动生产力低的重要原因之一就是工人的高缺勤率、高流动率、怠工、罢工和产品质量低下等。盖洛·普民意调查结果表明,50%的工薪阶层认为他们可以再努力一些,提高工作绩效。有 30%的工薪阶层认为他们可以把生产力提高 20%以上。1977 年,位于美国田纳西州的摩托罗拉工厂生产的彩色电视机,平均每 100 台中有 150 到 180 个缺陷。后来,日本一家公司接收了这个工厂,到 1980 年,每 100 台彩色电视机的缺陷下降到 4 个。发生这一变化的原因不在工人,因为 80%的工人还是原来的工厂留下来的;而在于管理方式发生了变化,包括工人参与决策,质量控制人员承担更大的责任,工人与管理人员之间的沟通加强,这些是产品质量提高的根本原因。劳动力的宏观配置的目标是劳动力数量上的充分利用,微观配置的目标是事得其人,而人力资源管理的目标是人尽其才。所以可以认为,人力资源管理是劳动力资源配置合理化和优化的第 3 个层次。

(4)人力资源管理是现代社会经济生活的迫切需要

现在,员工的素质越来越高,大大超过了实际的需要。在美国,只有 20%的工作需要高中以上的学历,但是,大学毕业生却占总人口的 25%以上。所以,越来越多的员工感到自己大材小用。在这种情况下,如何激励这些自感屈才的员工就变得特别重要。而且,人们的价值观念已经发生了明显的变化,传统的"职业道德"教育的作用已经微乎其微。随着财富的增加和生活水平的提高,越来越多的人要求把职业质量和生活质量进一步统一起来,员工需要的不仅是工作本身以及工作带来的收入,还有各种心理满足,而且,随着经济的发展,这种非货币的需要会越来越强烈。因此,企业的经理人员必须借助于人力资源管理的观念和技术寻求激励员工的新途径。另外,保护员工利益的立法也将使越来越多的企业经理人员稍不小心就会被诉诸法律,所以,经理人员面临的决策约束越来越严格,这也需要企业经理人员重视人力资源管理。

(5)人是组织生存发展并始终保持竞争力的特殊资源

人力资源的特点表明,人力资源是组织拥有的特殊资源,也是组织获取和保持竞争力的重要资源。随着组织对人力资源的利用和开发,使得组织管理层的决策越来越多地受到人力资源管理的约束,人力资源管理正在逐渐被纳入到组织的战备规划之中,成为组织竞争力至关重要的因素。心理学第一定律认为每个人都是不同的,每个人总是在生理或心理上存在着与其他人有所不同的地方,这是人力资源区别于其他形式的经济资源的重要特点。在企业等各种组织中,只有清楚地识别每个员工与众不同之处,并在此基础上合理地任用,才可能使每位员工充分发挥他的潜能,组织也才可能因此而获得最大的效益。

### 7.2.2 人力资源管理的任务与作业活动

1)人力资源管理的任务

人力资源管理的基本任务在于为组织发展提供人力资源上的保证,加里·德斯勒把它概括为6个方面:

①通过计划、组织、调配、招聘等方式,保证一定数量和质量的劳动力和专业人才,满足企业发展的需要。

②通过各种方式和途径,有计划地加强对现有员工的培训,不断提高他们的劳动技能和业务水平。

③结合每个员工的职业生涯发展目标,对员工进行选拔、使用、考核和奖惩,尽量发挥每个人的作用。

④协调劳动关系。运用各种手段,对管理者与被管理者、员工与雇主、员工与员工之间的关系进行协调,避免不必要的冲突和矛盾。同时,要考虑到员工的利益,保障员工的个人权益不受侵犯,保证劳动法的合理实施。

⑤对员工的劳动给予报酬。通过工作分析和制定岗位说明书,明确每个岗位的功能和职责,对承担这些职责的人的工作及时给予评价和报酬。

⑥管理人员的成长。管理人员的培训和开发是现代人力资源管理的重要内容之一,要保证任何部门、任何位置的负责人随时都有胜任的人来接任。

2)人力资源管理的主要活动

人力资源管理的主要活动又称为人力资源管理的各项职能,是指组织中人力资源职能管理人员所从事的具体工作环节。不同规模的组织所涉及的活动略有区别,尤其是在人力资源管理部门岗位设置和人员分工上有很大的不同,但从最全面的角度来看,人力资源管理的主要活动有以下几个方面。

(1)人力资源规划

这一过程是从最初的所谓人力规划基础上发展起来的。人力资源规划的宗旨是,将组织对员工数量和质量的需求与人力资源的有效供给相协调。需求源于公司运作的现状与预测,供给方面则涉及内部与外部的有效人力资源量。内部供给是近年来组织合理化目标的体现,涉及现有劳动力及其待发挥潜力;外部供给取决于组织外的人员数,受人口趋势、教育发展以及劳动力市场竞争力等多因素影响。规划活动将概括出有关组织的人力需求,并为下列活动,如人员选拔、培训与奖励,提供所需信息。

(2)人员招聘

招聘之前,要做工作分析。在此过程中,要对某一岗位的员工职责作仔细分析,并做出岗位描述,然后确定应聘该岗位的候选人应具备的能力。应根据对应聘人员的吸引程度选择最合适的招聘方式,如报纸广告、职业介绍所、人才交流会等。

(3)人员选拔

有多种方法,如求职申请表、面试、测试和评价中心等,可用于从应聘人员中选择最佳候选人。通常是第一步筛选后保留条件较合适者,应聘者较少时这一步骤就不必要了。作选择决定时需要一些辅助手段,即理想候选人标准。

(4)绩效评估

这是一种根据设定目标评价员工业绩的方法,但并未被广泛接受。人事人员往往只参与制定程序,而过程的管理则通常留待部门经理去完成。一般是在有关人员填写一系列表格,使有关部门对其最近一次面试(通常为1年)以来的业绩有一个较好了解后,安排面试。业绩可以用事先设定的指标量化,其结果可用做对员工进行培训,或在某些情况下,作为表彰奖励的依据。

(5)培训

这一过程关系到建立何种培训体系,哪些员工可以参加培训等问题。培训种类多样,从在职培训到由组织外机构提供的脱产学习和培训课程,当组织对核心员工在公司内的发展有所计划时,培训与发展的关系就很显而易见了,这种情况下管理人员总是努力使公司需要与个人事业发展相协调。

(6)报酬与奖惩

这项工作的范围很广,包括确定工资级别和水平,福利与其他待遇的制定,奖励和惩罚的标准与实施,以及工资的测算方法(如岗位工资,计件工资或绩效工资等),各种补贴。

(7)劳动关系

涉及这一部分的环节包括与员工签订劳动协议或雇用合同,处理员工与公司或员工之间可能出现的纠纷,制定员工的权利和义务,按照劳动法处理各类员工问题,制定员工投诉制度。人事主管还要针对与雇用立法有关的事项提供意见,并应熟知与法律条款适用性有关的实际问题。

(8)员工沟通与参与

通过召开会议等形式将有关信息传达给员工,采用一定的方式使员工能对公司决策有所贡献(如提出建议方案)。在特定环境中,协商也可归入此类活动。目前,越来越多的公司采用团队式的管理方式,像质量小组,这样,员工有机会参与到与其工作相关的决策活动中。

(9)人事档案记录

员工的人事记录通常由人事部门集中管理,这些记录中包括最初的应聘材料,和后续工作中添加的反映员工资历、成绩和潜力的资料。员工档案是人事决策的一项重要依据。随着计算机的普及,许多公司采用了人力资源管理信息系统,用计算机来管理人事档案资料。

这里需要指出的是,一个组织的人力资源管理活动是由人力资源管理专业人员(包括人事经理或主管)和各业务主管(部门经理)共同完成的。实际情况下,特别是对大机构而言,人事活动经常包含以上所列的多种形式。例如,生产部门经理需要招聘一位工人,他首先要确定需要什么样的人,提出具体要求,然后各班组长或工段长协商,看是否可以从本部门解决,若能解决,则将人员变动报人力资源部门;如果不能解决,就需要与人力资源经理或负责人进行协商,看公司其他部门是否有合适人选,或者从公司外部招聘,这就需要综合考虑该职位的实际需要,内部人员补充情况,填补空缺所需成本等。若最终决定从外部招聘,人事主管将在以下方面为生产经理提供支持,如起草岗位职责说明,广告招聘信息,对面试过程提出建议。聘用合同一般应由人事主管签发。这个例子说明人事活动中高层经理的参与情况。有些机构中,特别是对较低职位人员的聘用,人事主管的直接介入较少,可能只涉及招聘广告和签发合同。

3)人力资源管理活动的关系

人力资源管理的各项活动之间不是彼此割裂、孤立存在的,而是相互联系、相互影响,共同形成了一个有机的系统,如图 7.6 所示。

(1)以工作分析与评价为基础

在这个职能系统中,工作分析和工作评价是一个平台,其他各项职能的实施基本上都要以此为基础。人力资源规划中,预测组织所需的人力资源数量和质量时,基本的依据就是职位的工作职责、工作量和任职资格,而这些正是工作分析的结果——职位说明书的主要内容;预测组织内部的人力资源供给时,要用到各职位可调动或晋升的信息,这也是职位说明书中的内容。进行计划招聘时,发布的招聘信息可以说就是一个简单的职位说明书,而录用甄选的标准则主要来自于职位说明书中的任职资格要求。绩效管理和薪酬管理与工作分析和工作评价的关系更加直接。绩效管理中,员工的绩效考核指标可以说是完全根据职位的工作职责来确定的;而薪酬管理中,员工工资等级的确定,依据的信息主要就是职位说明书的内容。在培训开发过程中,培训需求的确定也要以职位说明书对业务知识、工作能力和工作态度的要求为依据,简单地说,将员工的现实情况和这些要求进行比较,两者的差距就是培训的内容。

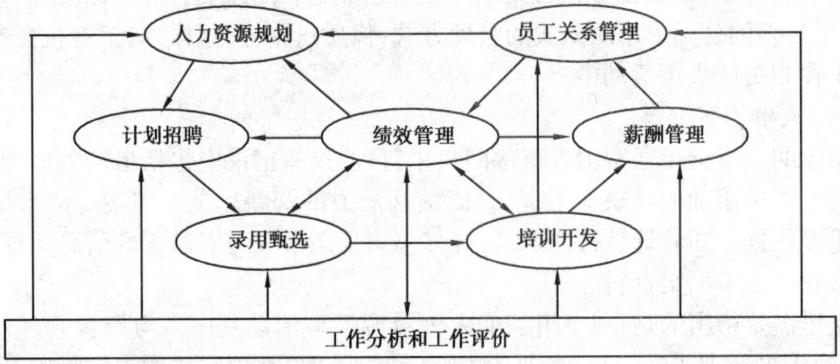


图 7.6　人力资源管理活动关系图

(2)以绩效管理为核心

再来看一下绩效管理。该职能在整个系统中居于核心的地位,其他职能或多或少都要与它发生联系。预测组织内部的人力资源供给时,需要对现有员工的工作业绩、工作能力等作出评价,而这些都属于绩效考核的内容。计划招聘也与绩效考核有关,我们可以对来自不同渠道的员工的绩效进行比较,从中得出经验性的结论,从而实现招聘渠道的优化。录用甄选和绩效管理之间则存在着一种互动的关系,一方面我们可以依据绩效考核的结果来改进甄选过程的有效性;另一方面甄选结果也会影响到员工的绩效,有效的甄选结果将有助于员工实现良好的绩效。前面已经提到,将员工的现实情况与职位说明书的要求进行比较后就可以确定出培训的内容,那么员工的现实情况又如何得到呢?这就要借助绩效考核了,因此培训开发和绩效管理之间存在着一定的关系,此外,培训开发对员工提高绩效也是有帮助的。目前,大部分企业在设计薪酬体系时,都将员工的工资分为固定工资和浮动工资两部分,固定工资主要依据工资等级来支付,浮动工资则与员工的绩效水平相联系,因此绩效考核的结果会对员工的工资产生重要的影响,这就在绩效管理和薪酬管理之间建立了一种直接的联系。通过员工关系管理,建立起一种融洽的氛围,这将有助于员工更加努力地工作,进而有助于实现绩效的提升。

(3)其他活动相互联系

人力资源管理的其他活动之间同样也存在着密切的关系,录用甄选要在招聘的基础上进行,没有人来应聘就无法进行甄选;而招聘计划的制订则要依据人力资源规划,招聘什么样的员工、招聘多少员工,这些都是人力资源规划的结果;培训开发也要受到甄选结果的影响,如果甄选的效果不好,员工无法满足职位的要求,那么对新员工培训的任务就要加重,反之,新员工的培训任务就比较轻。员工关系管理的目标是提高员工的组织承诺度,而培训开发和薪酬管理则是达成这一目标的重要手段。培训开发和薪酬管理之间也有联系，员工薪酬的内容，除了工资、福利等货币报酬外，还包括各种形式的非货币报酬，而培训就是其中的一种重要形式，因此从广义上来讲，培训开发构成了报酬的一个组成部分。

### 7.2.3 人力资源管理方法

1)“抽屉式”管理

在现代管理中，它也叫作“职务分析”。当今一些经济发达国家的大中型企业，都非常重视“抽屉式”管理和职位分类，并且都在“抽屉式”管理的基础上，不同程度地建立了职位分类制度。据调查统计：泰国在1981年采用“抽屉式”管理的企业为50%。在1985年为75%，而在1999年为95%以上。最近几年，中国香港的大中型企业也普遍实行“抽屉式”管理。

“抽屉式”管理是一种通俗形象的管理术语，它形容在每个管理人员办公桌的抽屉里，都有一个明确的职务工作规范，在管理工作中，既不能有职无权，也不能有责无权，更不能有权无责，必须职、责、权、利相互结合。

企业进行“抽屉式”管理有如下5个步骤：

第一步，建立一个由企业各个部门组成的职务分析小组；

第二步，正确处理企业内部集权与分权关系；

第三步，围绕企业的总体目标，层层分解，逐级落实职责权限范围；

第四步，编写“职务说明”“职务规格”，制定出对每个职务工作的要求准则；

第五步，必须考虑到考核制度与奖惩制度相结合。

2)“危机式”管理

在世界著名大企业中，随着世界经济竞争日趋激烈化，相当一部分进入维持和衰退阶段，柯达、可口可乐、杜邦、福特这样的大企业，也曾出现大量的经营亏损。为改变状况，美国企业较为重视推行“危机式”生产管理，掀起了一股“末日管理”的浪潮。

美国企业界认为，如果一位经营者不能很好地与员工沟通，不能向他的员工们表明危机确实存在，那么他很快就会失去信誉，因而也会失去效率和效益。美国技术公司总裁威廉·伟思看到，全世界已变成一个竞争的战场，全球电讯业正在变革中发挥重要作用。因此，他启用两名大胆改革的高级管理人员为副董事长，免去5名倾向于循序渐进改革的高级人员职务，在职工中广泛宣传某些企业由于忽视产品质量、成本上升、导致失去用户的危机，他要全体员工知道，如果技术公司不把产品质量、生产成本及用户时刻放在突出位置，公司的末日就会来临。

3)“一分钟”管理

目前，西方许多企业纷纷采用“一分钟”管理法则，并取得了显著的成效。具体内容为：一分钟目标、一分钟赞美及一分钟惩罚。

所谓一分钟目标，就是企业中的每个人都将自己的主要目标和职责明确地记在一张纸上。每一个目标及其检验标准，应该在250个字内表达清楚，一个人在一分钟内能读完。这样，便于每个人明确认识自己为何而干，如何去干，并且据此定期检查自己的工作。

一分钟赞美，就是人力资源激励。具体做法是企业的经理经常花费不长的时间，在职员所做的事情中，挑出正确的部分加以赞美。这样可以促使每位职员明确自己所做的事情，更加努力地工作，使自己的行为不断向完美的方向发展。

一分钟惩罚，是指某件事应该做好，但却没有做好，对有关的人员首先进行及时批评，指出其错误，然后提醒他，你是如何器重他，不满的是他此时此地的工作。这样，可使做错事的人乐于接受批评，感到愧疚，并注意避免同样错误的发生。

“一分钟”管理法则妙就妙在它大大缩短了管理过程，有立竿见影之效果。一分钟目标，便于每个员工明确自己的工作职责，努力实现自己的工作目标；一分钟赞美可使每个职员更加努力地工作，使自己的行为趋向完善；一分钟惩罚可使做错事的人乐意接受批评，促使他今后工作更加认真。

4)“破格式”管理

在企业诸多管理中，最终都通过对人事的管理达到变革创新的目的。因此，世界发达企业都根据企业内部竞争形势的变化，积极实行人事管理制度变革，以激发员工的创造性。

在日本和韩国企业里，过去一直采用以工作年限作为晋升职员级别和提高工资标准的“年功制度”，这种制度适应了企业快速膨胀时期对用工用人的要求，提供了劳动力就业与发展的机会。进入20世纪80年代以来，这些发达企业进入低增长和相对稳定阶段，“年功制度”已不能满足职员的晋升欲望，使企业组织人事的活力下降。20世纪90年代初起，日本、韩国发达企业着手改革人事制度，大力推行根据工作能力和成果决定升降员工职务的“破格式”的新人事制度，收到了明显成效。

世界大企业人事制度的变革，集中反映出对人的潜力的充分挖掘，以搞活人事制度来搞活企业组织结构，注意培养和形成企业内部的“强人”机制，形成竞争、奋发、进取、开拓的新气象。

5)“和拢式”管理

“和拢”表示管理必须强调个人和整体的配合，创造整体和个体的高度和谐。在管理中，欧美企业主要强调个人奋斗，促使不同的管理相互融洽借鉴。

它的具体特点是：

①既有整体性，又有个体性。企业每个成员对公司产生使命感，“我就是公司”是“和拢式”管理中的一句响亮口号。

②自我组织性。放手让下属作决策，自己管理自己。

③波动性。现代管理必须实行灵活经营战略，在波动中产生进步和革新。

④相辅相成。要促使不同的看法、做法相互补充交流，使一种情况下的缺点变成另一种情况下的优点。

⑤个体分散与整体协调性。一个组织中单位、小组、个人都是整体中的个体，个体都有分散性、独创性，通过协调形成整体的形象。

⑥韵律性。企业与个人之间达成一种融洽和谐充满活力的气氛，激发人们的内驱力和自豪感。

6)“走动式”管理

这是世界上流行的一种创新管理方式，它主要是指企业主管体察民意，了解实情，与部属打成一片，共创业绩。这种管理风格，已显示出其优越性，如：

①主管动部属也跟着动。日本经济团体联合会名誉会长士光敏夫采用“身先士卒”的做法，一举成为日本享有盛名的企业家，在他接管日本东芝电器公司前，东芝已不再享有“电器业摇篮”的美称，生产每况愈下。士光敏夫上任后，每天巡视工厂，遍访了东芝设在日本的工厂和企业，与员工一起吃饭，闲话家常。清晨，他总比别人早到半个钟头，站在厂门口，向工人问好，率先示范。员工受此气氛的感染，促进了相互间的沟通，士气大振。不久，东芝的生产恢复正常，并有很大发展。

②投资小，收益大。走动管理并不需要太多的资金和技术，就可能提高企业的生产力。

③看得见的管理。就是说最高主管能够到达生产第一线，与工人见面、交谈，希望员工能够对他提意见，能够认识他，甚至与他争辩是非。

④现场管理。日本为何有世界上第一流的生产力呢？有人认为是建立在追根究底的现场管理上。主管每天马不停蹄地到现场走动，部属也只好舍命陪君子了！

⑤“得人心者昌”。优秀的企业领导要常到职位比他低几层的员工中去体察民意，了解实情，多听一些“不对”，而不是只听“好”的。不仅要关心员工的工作，叫得出他们的名字，而且关心他们的衣食住行。这样，员工觉得主管重视他们，工作自然十分卖力。一个企业有了员工的支持和努力，自然就会昌盛。

美国麦当劳快餐店创始人雷·克罗克，是美国有影响的大企业家之一，他不喜欢整天坐在办公室里，大部分时间都用在“走动式”管理上，即到所属各公司、各部门走走、看看、听听、问问。公司曾有一段时间面临严重亏损的危机，克罗克发现其中一个重要原因是，公司各职能部门的经理官僚主义突出，习惯躺在舒适的椅背上指手画脚，把许多宝贵的时间耗费在抽烟和闲聊上。于是克罗克想出一个“奇招”，要求将所有经理的椅子靠背都锯掉，经理们只得照办。开始很多人骂克罗克是个疯子，不久大家悟出了他的一番“苦心”，纷纷走出办公室，开展“走动式”管理，及时了解情况，现场解决问题，终于使公司扭亏转盈，有力地促进了公司的生存和发展。

## 7.3 营销管理

企业营销管理的概念建立在企业营销概念的基础之上,要理解企业营销管理的概念首先需要理解企业营销的概念。本节主要讲述3个方面的内容:企业营销的概念、企业营销管理的概念、企业营销管理过程的步骤及主要内容。

### 7.3.1 企业营销的概念

企业营销的一般概念可以界定为:任何以盈利为目的的企业适应不断变化的环境,以及对变化着的环境做出反应的动态过程。由于这一概念界定过于抽象,营销学家又从不同角度出发,来界定企业营销。

从社会角度出发定义企业营销,表达了营销的社会作用,曾有营销学家认为企业营销的作用是"传递一种更高标准的生活"。而美国营销学家菲利普·科特勒(2001)则认为从社会角度看,企业营销是企业通过创造、提供销售,并同顾客自由交换产品和价值,以获得所需所欲的一种社会和管理过程。

从管理的角度出发定义企业营销,很多人仅仅把企业营销描述为"推销产品的艺术"。这是因为我们每天生活在各种商业广告、直接邮寄或推销人员的包围之中,总有一些企业试图向我们推销些什么。但是,推销实际上只是企业营销这座冰山的尖顶,尽管很重要,但他们只是很多企业营销职能的一项,并且不是最重要的职能。著名管理学家彼得·德鲁克(1973)曾经说过:可以设想,某些推销工作总是需要的,然而营销的目的就是要使推销成为多余。营销的目的就在于深刻地认识和了解顾客,从而使企业的产品或服务完全适合顾客的需要而形成企业产品的自我销售。理想的营销会产生一个已经准备来购买的顾客,剩下的事就是如何便于顾客得到这些产品和服务。

美国时市场营销协会(AMA,1995)对企业营销的定义是:企业营销是计划和执行关于商品、服务和创意的观念、定价、促销和分销,以创造符合企业目标的交换的一种过程。

事实上,从事交换活动需要相当多的工作和技巧,企业营销应作为一种艺术和科学。为了占领市场,扩大销售,实现预期目标,企业需要选择目标市场,通过创造、传递和沟通优质的顾客价值,获得、保持和增加顾客。也就是说,企业营销活动既包括企业在流通领域内进行的活动,也包括生产过程和产前活动,以及流通过程结束后的售后活动,不仅要以顾客为全过程的终点。由此看来,企业营销就是在变化的市场环境中,为满足顾客需要、实现企业目标而进行的包括市场调研、选择目标市场、产品开发、产品定价、渠道选择、产品促销、产品储存和运输、产品销售、提供服务等一系列与市场有关的商务活动过程。

### 7.3.2　企业营销管理的概念

所谓企业营销管理,按照菲利普·科特勒的解释就是:为实现企业目标而对旨在创造、建立和保持与目标顾客之间有益的交换关系的设计方案,所进行的分析、计划、实施和控制。因此,企业营销管理涉及需求管理,需求管理又涉及顾客关系管理。

在一般人的心目中,企业营销管理就是刺激顾客对企业产品的需求,以便尽量扩大生产和销售。而按照顾客导向的市场营销观念的要求,这样界定企业营销管理的任务显然过于狭窄。每个企业对自己的产品都有一个理想的市场需求水平,但实际市场需求水平随时都有可能出现无需求、负需求、不规则需求、充分需求、过量需求或者潜伏需求等多种不同情况。因此,企业营销管理者需要找到解决各种不同需求状况的营销战略和策略。

事实上,企业营销管理工作不仅仅是刺激和扩大市场需求,同时还应该包括调整、缩减甚至可能是抵制市场需求,并且需要依据市场需求的具体情况而定。例如,当企业某种产品的市场需求过于旺盛而且一个较长时期内都不可能增加供应时,企业营销管理的任务就是暂时或者永久地减少市场需求,也就是实行限制性营销策略。限制性营销策略的目的不是破坏市场需求,而只是减少或者转移市场需求。

所以,企业营销管理的任务就是需要寻找适当的营销策略来影响市场的需求的水平、需求时机和需求特性,是市场供给和市场需求之间相互协调,并在实现买卖双方互利交换的基础上来实现企业的营销目标。因此,企业营销管理的实质也就是管理市场需求。管理市场需求也就是管理顾客。企业的市场需求要来自两类顾客:新顾客和老顾客。传统的营销管理理论和实践强调企业应吸引新顾客和创造更高销售业绩,但随着市场竞争环境的变化,企业的营销管理重心正在发生转移。除了应设计战略吸引新顾客,并尽力创造与新顾客的交易之外,企业正在竭尽全力地留住老顾客,并与老顾客建立持久的良好关系。

企业之所以更强调要留住老顾客。是因为,从前的企业面对的是不断扩张的经济和迅速成长的市场,这意味着可有大量新顾客不断出现。企业可以不停地用吸引的新顾客来顶替失掉的老顾客,使市场供求趋于协调。而如今企业正面临全新的营销环境,例如经济增长趋缓,人口增长受限,买方市场逐渐全面形成,企业之间的竞争加剧等,所有这些都将意味着新顾客越来越少。吸引一个新顾客的成本可能是使一个老顾客继续感到满意的成本的5~10倍。因为,失去一位顾客不仅仅是失去一笔交易,而是失去了这个顾客在其整个购买生命周期内可能会发生的全部购买量。

因此,努力保住现有顾客会产生很好的经济效益。企业可能在某笔交易上赔钱,但从长期顾客关系中仍会获得巨大利益。当然这并不意味着吸引新顾客不重要,只是企业在吸引新顾客的同时,还必须注意保持老顾客并与其建立可获利的长期关系。保住老顾客的关键是提供卓越的顾客价值和满意程度,因而许多世界著名的大企业都在竭诚地关照他们的顾客,并尽力使其感到满意。

### 7.3.3 企业营销管理过程

企业营销管理的目的在于使企业的营销活动与复杂的营销环境相适应,这是企业经营成败的关键。所谓企业营销管理过程就是识别、分析、选择和发掘营销机会,以实现企业的战略任务和目标的管理过程。亦即是企业与其最佳的市场机会相适应的过程,这个过程包括 4 个主要步骤。

1)分析和评价市场机会

所谓市场机会是指市场上存在的尚未被满足的需求。可以说哪里有未满足的需求,哪里就有企业市场机会。但是,企业营销人员不仅应善于发现和识别市场机会,而且更应善于分析和评估。对企业来说,哪些市场机会仅仅只是环境机会,哪些市场机会才是适合于本企业的营销机会。市场上一切尚未满足的需求都可以认为是企业的市场机会,但并非任何市场机会都可能成为特定企业的营销机会。

所谓营销机会是指对企业具有吸引力的、企业能享有竞争优势的市场机会。某一市场机会能否成为特定企业的营销机会,主要取决于该市场机会是否与特定企业的战略目标和资源状况相适合,是否使特定企业扬长避短、发挥优势、比竞争者和潜在竞争者获得更多的超额利润。由于通常市场机会和市场威胁并存,企业不仅要注意寻找市场机会,抓住营销机会,也要注意发现市场威胁,并尽可能采取有效措施来避免或者减少各种市场威胁可能给企业带来的危害。

2)研究和选择目标市场

研究和选择目标市场通常包括以下主要内容:

(1)测量和预测市场需求

测量和预测市场需求意味着对企业所选的特定营销机会,不仅要仔细测量其现有的市场容量,而且要预测其未来的市场规模,为企业决定是否进入特定市场以及如何进入特定市场提供客观依据。

(2)进行市场细分

市场细分是把一个整体市场(通常因为规模太大并且市场需求差异明显)依据顾客需求的差异性特征将其划分成为若干个具有共同需求特征的子市场的过程。需要注意的是,虽然每一个整体市场都可能被划分成若干个子市场,但并不是每一个市场细分过程都具有实际意义。

(3)选择目标市场

选择目标市场是指企业选择一个或多个市场作为自己的服务对象的过程。通常大多数企业都不大可能为需求差异显著的所有子市场提供最佳的服务,因而应在对经过市场细分的各个子市场进行分析和评估的基础上，选择并确定企业的目标市场，集中力量为一个或者多个子市场服务。

(4)进行市场定位

市场定位是指企业在选定的目标市场上树立企业所特有的产品形象和企业形象，以区别于竞争对手，并制定相应的目标市场竞争战略的过程。

3)制定营销组合策略

营销组合策略是指企业根据选定的特定目标市场的需求和企业在特定目标市场上制定的竞争性定位战略，对企业可以控制的各种营销因素进行优化组合和综合运用，以实现企业的战略目标及其营销目标。

企业可以控制的营销因素涉及很多方面，20世纪著名的营销学大师，美国密西根大学教授杰罗姆·麦卡锡将企业可以控制的营销因素概括为4大类，人们已经习惯地将其称为4PS。他们都是企业可以控制的营销因素，即企业根据目标市场的需求，可以决定自己的产品结构、确定产品价格、选定分销渠道和促销组合等。

产品策略(product strategy)，主要是指企业以向目标市场提供各种适合消费者需求的有形和无形产品的方式来实现其营销目标。其中包括对同产品有关的品种、规格、式样、质量、包装、特色、商标、品牌以及各种服务措施等可控因素的组合和运用。

定价策略(price strategy)，主要是指企业以按照市场规律制定价格和变动价格等方式来实现其营销目标，其中包括对同定价有关的基本价格、折扣价格、津贴、付款期限、商业信用以及各种定价方法和定价技巧等可控因素的组合运用。

分销策略(place strategy)，主要是指企业以合理地选择分销渠道和组织商品实体流通的方式来实现其营销目标，其中包括对同分销有关的渠道覆盖面、商品流转环节、中间商、网点设置以及储存运输等可控因素的组合和运用。

促销策略(promotional strategy)，主要是指企业以利用各种信息传播手段刺激消费者购买欲望，促进产品销售的方式来实现其销售目标，其中包括对同促销有关的广告、人员推销、营业推广、公共关系等可控因素的组合和运用。

企业营销管理活动不仅受企业自身资源和目标的制约，而且受企业外部的各种微观和宏观环境因素的影响与制约。影响企业营销活动的各种企业外部因素是企业不可控制的变量，即企业不可控制的因素。所以，企业营销管理者的任务是要适当安排营销组合策略，并使之与外部的不可控制的环境因素相适应。

营销组合策略是一个动态的组合策略，但这并不是说任何营销组合策略都能随时进行调整。一般来说，企业在短期内可以比较容易地调整价格、扩大销售和增加促销费用等，而如果企业要开发新产品、改进分销渠道等就需要较长时间。营销组合策略也是一个多层次的复合组合策略。即每个P还是由若干个子因素构成的次级组合。因此，企业在制定营销组合策略时，不仅使4PS之间的搭配适当，而且要注意安排好每个P内部的各因素之间的合理配合，从而使各层次所有营销组合因素都能灵活运用和有效安排。

4) 管理市场营销活动

企业的各种营销活动,不仅需要按照产品(或者品牌)制订出具体的营销计划,更需要对营销计划的实施与控制。营销计划的实施过程包括:制订详细的行动方案,建立合理有效的组织结构,设计相应的决策和报酬制度,开发并合理调配人力资源,建立适当的企业文化和管理风格等。在实施营销计划过程中,营销管理者可能会遇到某些意想不到的情况,因而需要建立一个营销计划实施的控制系统来保证营销目标的实现。通过营销计划实施的控制系统可以及时发现营销计划本身和营销计划实施中的问题,及时诊断产生问题的原因并反馈给有关管理者和决策者,以便及时改进。为了保障营销计划的顺利实施,营销管理部门的组织架构还应该与企业的规模和营销管理的任务相适应。

## 7.4 财务管理

### 7.4.1 基本知识

1) 财务及财务管理的概念

财务泛指财务活动和财务关系。财务的内涵是本金的投入收益活动,以及在本金投入收益活动中所发生的特有经济关系。

企业财务管理是企业根据经济法规制度,利用价值形式组织企业再生产过程的财务活动,并处理在这种价值运动中形成的财务关系的一项经济管理工作。简言之,企业财务管理是对企业财务活动和财务关系的管理,是企业管理的一个重要组成部分。

2) 企业财务管理的对象

企业财务管理把资金作为研究对象,财务管理主要是资金的管理,一方面研究资金运动,即如何合理配置和有效使用企业资金;另一方面研究资金运动反映的财务关系,即合理设计财务制度和管理结构,妥善处理和协调各相关利益集团的经济关系。企业资金运动过程中,资金运动的起点和终点都是现金,其他资产都是现金在流转过程中的转化形式。因此,财务管理的对象也可以说是现金及其流转。现金的流转过程见图 7.7。

从图 7.7 可以看到,企业在建立之初,必须筹集必要的现金来满足生产经营的需要,通过股东投资和向债权人借款等筹资渠道达到既定的生产规模。在生产经营之前,企业首先必须购置固定资产,如房屋和机器设备等;其次,还要通过现购和赊购来储备必要的材料,而产生于商业信用下的赊购,在信用期限内必须要用现金来偿还。

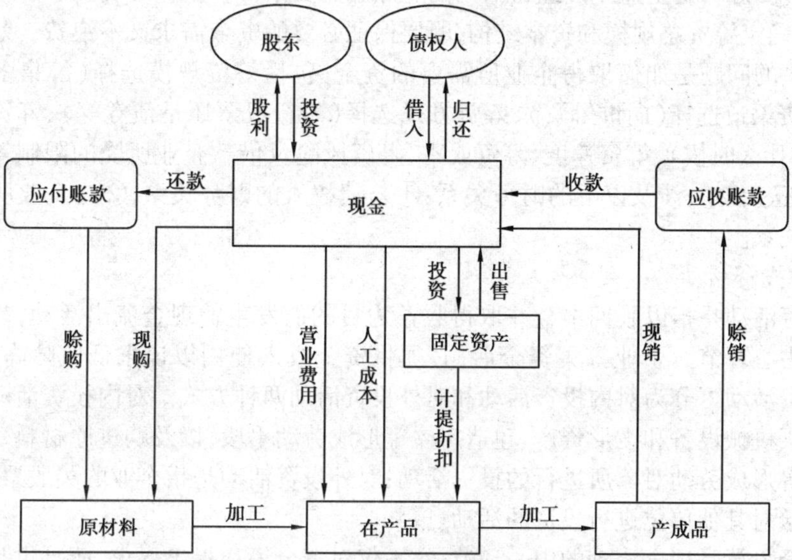


图 7.7 企业现金及其流转示意图

在生产经营中,原材料通过加工,伴以人工费和制造费用的投入,形成产品。在此过程中,固定资产不断地被磨损,其价值逐步减少,减少的价值称为折旧费,包括材料费、人工费和折旧费在内的制造费用构成了产品的生产成本。产品完工后,通过现销和赊销方式对外销售,现销在出售产品的同时收回了现金,而建立在商业信用下的赊销,会在信用期限内收回现金。在回笼现金的同时,固定资产的部分成本(即折旧费)被回收,这种回收的折旧费积累形成企业的折旧基金,用于固定资产的更新改造和重置。在产品生产和销售中,同时也会发生诸如管理部门的办公费、工资等管理费用,还有为销售产品而发生广告费、装卸费和运费等销售费用,这些费用的产生最终都会导致现金的流出。

综上所述,企业生产经营过程,从现金投入开始,现金转化为非现金资产,又由非现金资产转化为现金,形成一次现金流转。这种流转周而复始,不断循环,形成现金的循环。在现金流转中,由于企业所处的宏观经济状况不同、市场需求不同、行业竞争激烈程度不同,导致企业的现金流转顺畅程度不同。一般来讲,盈利企业的现金流转比较顺畅;而亏损企业的现金流转不顺畅,长期来看,这种企业难以维持其生产经营而最终面临破产倒闭。

3)财务活动

企业财务活动可分为筹资活动、投资活动、资金营运活动、分配活动4个方面。

(1)筹资活动

筹资活动是指筹集资金的活动。企业要进行生产经营,首先必须从各种渠道筹集资金。筹资是企业生产经营活动的起点和必要条件。企业筹资要本着节约原则,合理确定筹资总规模和资本结构,既要保证必要的资金需求又不浪费。筹资决策要解决的问题是如何取得企业所需要的资金,包括筹资规模选择(筹集多少资金)、筹资渠道选择(向谁筹资)、筹资方式选择(发行股票还是债券等)、筹资时间选择(在什么时候)、筹资速度、筹资成本、筹资风险及借款企业所受的限制等。企业在筹资过程中,涉及以下的财务关系:①与债权人的财务关系;②与企业所有者的财务关系。

(2)投资活动

投资活动是指以收回本金并取得收益为目的而发生的现金流出活动,是资金运动的中心环节。企业筹集资金后,必须将资金投入使用以谋求低风险高收益。企业投资活动可分为对内投资活动和对外投资活动两种方式。对内投资活动是指企业购买机械设备和无形资产、建造房屋等形成劳动手段,以及购进原材料、燃料、零部件等形成劳动对象所进行的投资活动;对外投资活动是指企业购买股票、债券或者直接对其他单位进行投资的活动。

资金投放是现金流动的中心环节,它不仅对资金筹集提出要求,而且也是决定未来经济效益的先决条件。这个过程中要处理的财务关系有:①企业与债务人的关系;②企业与被投资单位的关系;③企业内部各单位之间的财务关系;④企业与员工之间的财务关系。

(3)资金营运活动

企业在日常生产经营活动过程中,会产生一系列的资金收支。首先,企业要采购材料或商品,以便从事生产和销售活动,同时,还要支付工资和其他营业费用;其次,当企业把产品或商品销售出去后,便可取得收入,收回资金;再次,如果现有资金不能满足企业经营的需要,还要采取短期借款方式筹集所需资金。上述各方面都会产生企业资金的收支,属于企业经营活动引起的财务活动。营运资金管理涉及流动资产、流动负债及二者相互关系的研究。具体而言,主要包括了耗费管理和收入管理两个方面的内容。企业生产经营过程中必然发生资金的消耗,耗资管理就是对费用发生和成本费用的管理。耗资管理通过降低成本费用,发挥资金利用效率,达到企业利润的提升。

(4)分配活动

分配活动是指企业利润获取和利润分配的活动。资金分配是一次资金运动的终点,同时又是下一次资金运动的前奏。企业在经营过程中会产生利润,也可能会因对外投资而分得利润,这表明企业有了资金的增值或取得了投资报酬。企业的利润要按规定的程序在国家、企业、职工、投资者之间进行分配。首先,要依法纳税;其次,要用来弥补亏损,提取公积金、公益金;最后,要向投资者分配利润。企业在经营中回笼的货币资金，还要按计划向债权人还本付息。用以分配投资收益和还本付息的资金，就从企业的资金运动中退出。这种因利润分配而产生的资金收支便属于由利润分配而引起的财务活动。资金的留存和退出，会影响企业的资金规模和资金结构，因此如何依据一定的法律原则，确定合理的分配规模和分配方式，确保企业取得最大的长远利益，是企业重点关注的问题。

4）企业财务管理的目标

财务管理的目标，是指企业进行财务活动所要达到的根本目的，是评价企业财务活动是否合理的标准。

（1）利润最大化

利润最大化的财务管理目标是微观经济学的理论基础，西方经济学家以边际收入等于边际成本来确定企业的产销量，使企业利润达到最大化，并以利润最大化来分析和评价企业的业绩。在市场经济中，企业作为自主经营、自负盈亏的经济实体，必然更关心市场、关注利润，并且将职工的经济利益同企业利润直接挂钩，从而使利润最大化成为企业财务管理的主要目标。

（2）权益资本利润率最大化

权益资本利润率是利润额与权益资本额的比率，每股利润是利润额与普通股股数的比值。这里的利润额指税后净利润。计算公式如下：

权益资本利润率=净利润/全年平均权益资本额

每股利润=净利润/普通股在外发行的股数

（3）股东财富最大化

股东财富最大化的理论依据是资本的强权理论和股东利益与社会利益相统一理论。资本强权理论认为，资本的专用性、非流动性、稀缺性和信号显示功能等，决定了企业的“剩余控制权”或所有权天然地归资本所有者所有，“资本雇佣劳动”是最合理的企业制度，因此企业的财务管理自然也应当以股东利益为基本取向。股东利益与社会利益相统一的理论认为，最大限度地为股东赚钱，就能极大地增进社会福利。股东财富最大化的目标在一定条件下也就演变成股票市场价格最大化这一目标。

（4）企业价值最大化

该观点在当前学术界得到普遍认可。支持这种观点的人认为，现代企业是多边契约关系的集合，不能只考虑股东的利益，而应体现企业整体的利益。企业的价值，就在于它能给企业的所有者和其他利益相关者带来未来的报酬。企业价值最大化更能体现企业主体的特征和利益相关者的利益，较股东财富最大化更为合理。这里的企业价值不是资产的账面价值，而是企业全部财产的市场价值，它反映了企业潜在或预期的获利能力。企业价值不仅包括债权价值、股权价值，还有人力资本价值、商誉等。

5)财务报表

财务报表是对企业财务状况、经营成果和现金流量的结构性表述。基本财务报表包括三个组成部分:①资产负债表;②利润表;③流量表。

## 实例

### 老母亲餐厅

旧社会,穷人夏洛是一个大家庭中兄弟姐妹四个里的老大,他和他的弟弟妹妹都各自成家,互相住得有点远。某天,老母亲说,你是老大。你帮我在家组织大家吃个饭,这个钱我出,也不知道会花多少钱,我先给你100元,剩下的你自己想办法,最后花了多少钱我们再算,厨房用具一般的都有,你直接用就好。然后,她把饭菜规格,几个凉菜,几个热菜一说,扔下100元就回自己屋了。

这顿饭后,夏洛要给老母亲一个交代:花了多少钱,除了老母亲给的100元钱外其余的钱是怎么筹备的,做了哪几个菜,大家吃饱了没有。老母亲是否满意等。这就是财务报表。

夏洛做饭前要筹备,除了老母亲给的100元,家里只有60元,他还向弟弟借了30元,向高利贷借了40元,大米是自家产的等,以上这些就是财务状况,用资产负债表反映。

他买了鸡鸭鱼肉等,请了村子里的厨师二胖,在借高利贷时就付了高利贷的利息,由于吃饭的人太多,家里的厨具和餐具不够,于是便租赵三家的锅碗瓢盆用了12元。大家吃饭时,对这顿饭评价很好,觉得这顿饭够280元的档次,夏洛的老母亲听了很高兴,认为夏洛两口子辛苦了,便给了他们280元,多的当他们工钱。夏洛推辞不掉便收下了,事后他一算账,刨除本钱、利息、工钱外,还赚了20元。夏洛所列的这个账单就是利润表。

再仔细清点一下,他们还剩下些鱼和肉,是卖了回收现金,还是留着自己吃呢?夏洛想反正也要买,但是这样可能就还不上高利贷了。夏洛的这些统计,就是现金流量表。

除了这些,可能还有一些与组织这顿饭相关的事情,比如夏洛自己那60元本来计划要干什么,邻居家的吴老太太也想要夏洛帮忙筹备一顿饭,她付工钱等,再同老母亲商量,这些就是财务报表附注中所反映的内容。

---

我们从财务报表的定义和组成中不难看出,财务报表包含的内容非常丰富,但是,对不同的报表使用人,其关注点可能不一样。

一般来说,投资者最关注的是企业的利润表,也就是他的钱能生出多少钱来,这就好比我们买股票,从一定期间来看,我们希望自己买的那只股票天天能涨停,至于大盘,我们买的股票和大盘的跌涨没有太多关系,我们甚至不在乎大盘是3000点还是5000点。投资者也一样,只要利润高就好。在前面老母亲餐厅的例子中,老母亲就是一个投资者,他不关心夏洛借了多少钱,请了几个师傅,她只关心最后这顿饭大家是不是满意,会不会让大家觉得超值。

而对于企业的经营者(管理者)来说,他们重视的是企业的绩效,对利润表和现金流量表都很关注。只有利润丰厚,才能让投资者、债权人、企业员工和管理者均受益。在前面老母亲餐厅的例子中,夏洛充当了这个角色,他需要同时考虑到老母亲(投资方)、兄弟姐妹各个家庭(客户)、债权人(高利贷)以及雇员(厨师二胖)的感受。同时,他还需要去确认有现金可以花,可以买到东西来筹备这次聚餐。

对于债权人,他们重视的是企业的现金流量表,因为只有足够多的现金,才能归还他们的欠款,在前面老母亲餐厅的例子中的高利贷放贷者,他不在意聚餐组织的怎么样,他只在乎到期夏洛是否能还钱。

除此之外,比如企业员工,可能重视的是企业的经营现状,期望在企业经营好的情况下,得到更多的薪水,所以他们也关注利润表;而对供应商,更多关注的是资产负债表,只有资金运转良好,才能长期合作。

注意:虽然与企业关系不同的人对财务报表的各个表的关注度是有差别的,但由于财务报表各表间存在严密的逻辑钩稽关系,因此在阅读财务报表时,一定不能只是单纯地看其中某张表,只见一叶不见树木的做法是不可取的。

(1)资产负债表

资产负债表是反映企业某一特定日期资产、负债、所有者权益等财务状况的会计报表,它的作用主要有如下几个方面:

①能够体现企业在特定时点(比如:2009年6月30日当天就是一个时点),拥有的资产及其分布状况。也就是说,它表明的是企业在特定时点所拥有的资产总量有多少,资产是什么。同时通过资产负债表能了解到流动资产有多少,固定资产有多少,长期投资有多少,无形资产有多少等。

②能够表明企业在特定时点所承担的债务、偿还时间及偿还对象。如果是流动资产,就必须在1年内偿还;如果是长期负债,偿还期限就超过1年。因此,从负债表可以清楚地知道,在特定时点上企业欠了谁多少钱,该什么时候偿还。

③资产负债表能够反映在特定时点投资人所拥有的净资产及其形成的原因。依据复式记账法的平衡公式,资产等于负债加股东权益。也就是说,企业的所有资产,除了用来偿还债务外,剩下的不管多少,都归投资人所有。

针对老母亲餐厅的例子,在做饭前编制了相应的报表,我们暂且叫它老母亲餐厅,如表7.2所示。

表 7.2　老母亲餐厅聚餐前资产负债表

编制单位:老母亲餐厅　　×年 12 月 01 日　　单位:元

| 资　产 | 聚餐前 | 负债及所有者权益 | 聚餐前 |
|---|---|---|---|
| 流动资产 | | 流动负债 | |
| 货币资金 | 230.00 | 短期借款 | 60.00 |
| 库存商品 | 0 | 短期借款—夏洛弟弟 | 30.00 |
| | | 应付账款 | 0 |
| 流动资产合计 | 230.00 | 流动负债合计 | 90.00 |
| | | | |
| 固定资产 | | 长期负债 | |
| 固定资产原值 | 200.00 | 长期负债—高利贷 | 40.00 |
| 减:累计折旧 | 0 | 长期负债合计 | 40.00 |
| 固定资产净值 | 200.00 | 负债合计 | 130.00 |
| 无形资产 | 0 | 股东权益 | |
| | | 股本 | 300.00 |
| | | 股东权益合计 | 300.00 |
| 资产合计 | 430.00 | 负债和股东权益合计 | 430.00 |

备注:将老母亲提供的“一般厨房用具”全部折现,金额为 200 元,这样老母亲共投资了 300 元(其中 100 元为现金)。

从表 7.2 左列(资产列),我们可以非常清楚地看出,在聚餐前,老母亲餐厅拥有资产 430 元,分别是 230 元现金和 200 元的厨房房产及餐厅用具等。同样,从表 7.2 右列(负债及所有者权益列),我们可以看出,这个家庭聚餐对外欠款是 130 元,其中 90 元是短期内需要偿还的,还有 40 元可以适当延期偿还,但是高利贷,利息费用比较高。

通过整个表格,练习左右两列,我们可以知道,老母亲餐厅,除了 130 元欠款外,剩下的全部为净资产,共 300 元。

(2)利润表

利润表是反映企业在一定期间经营成果的会计报表,它的作用主要有如下几个方面:

①可以反映企业一定期间内收入的实现情况,如实现的营业收入有多少、实现的投资收益有多少、实现的营业外收入有多少等。

②可以反映企业在一定期间内的各种耗费情况,如耗费的营业成本有多少、营业税金及附加有多少,营业费用、管理费用、财务费用有多少以及营业外支出有多少等。

③可以反映企业在一定期间内获得利润或发生亏损的数额,从而衡量企业收入与产出之间的关系。

沿用前面老母亲餐厅的例子中发生的行为(财务分析中称为经济业务),我们来编制一个利润表,并分析一下这个利润表的作用。从前面的描述可以了解到,这次聚餐,取得的收入应该为280元,假设成本主要有如下内容(详见表7.3老母亲餐厅支出表):

**表7.3 老母亲餐厅费用支出表**

编制单位:老母亲餐厅　　×年12月01日~31日　　单位:元

| 行　次 | 费用项目明细 | 支出金额 | 通过成本里会计科目的核算和结转,最终归属利润表科目 |
|---|---|---|---|
| 第1行 | 购买鸡鸭、鱼、肉及蔬菜水果等原材料开支(共买170元,剩大约20元的没有用完)(备注1) | 150.00 | 主营业务成本 |
| 第2行 | 请村子里的厨师二胖支付工钱 | 20.00 | 主营业务成本 |
| 第3行 | 夏洛的妻子协助厨师工作的工钱(备注2) | 15.00 | 主营业务成本 |
| 第4行 | 厨房磨损费(备注3) | 10.00 | 主营业务成本 |
| 第5行 | 支付村子里的人头税 | 4.00 | 营业税金及附加 |
| 第6行 | 租赵三家的碗筷等 | 12.00 | 营业费用 |
| 第7行 | 夏洛本人筹划整个事情计算工钱(备注2) | 25.00 | 管理费用 |
| 第8行 | 支付夏洛垫付款、夏洛弟弟借款及高利贷利息(备注2) | 1.70 | 财务费用 |
| 第9行 | 夏洛的大妹从自家带来大米一袋(备注4) | 2.00 | 营业外收入 |

备注1:准备聚餐中个别物品由夏洛直接从自家取,假设每一样东西都付钱买。

备注2:为了成本核算准确,对夏洛、夏洛妻子的劳动都计划支付工资,对于所有借款,不管是夏洛垫付的资金还是他弟弟暂时借给老母亲餐厅的钱,全部计算利息。

备注3:厨房磨损费为10元。

备注4:夏洛的大妹妹送来一袋米,坚决不收钱。

注:所有的费用发生,都不是直接计入利润表科目,而是通过生产成本等科目归集和核算后,结转到利润表科目的,这个问题不在本处赘述。

基于上面的费用表汇总,得出的利润表如表7.4所示。

表 7.4　老母亲餐厅聚餐经营后利润表

编制单位:老母亲餐厅　　×年 12 月 31 日　　单位:元

| 行　次 | 项　目 | 本期金额 | 数据来源说明 |
| --- | --- | --- | --- |
| 第 1 行 | 一、主营业务收入 | 280.00 | 消费者老母亲同意付款金额 |
| 第 2 行 | 减:主营业务成本 | 195.00 | 表 7.3 中第 1、2、3、4 行 |
| 第 3 行 | 主营业务税金及附加 | 4.00 | 表 7.3 中第 5 行 |
| 第 4 行 | 二、主营业务利润(亏损标"-"号) | 81.00 | 本表第 1 行减去第 2 和第 3 行 |
| 第 5 行 | 加:其他业务收入 | | |
| 第 6 行 | 减:其他业务支出 | | |
| 第 7 行 | 其他业务利润(亏损标"-"号) | | |
| 第 8 行 | 减:营业费用 | 12.00 | 表 7.3 中第 6 行 |
| 第 9 行 | 管理费用 | 25.00 | 表 7.3 中第 7 行 |
| 第 10 行 | 财务费用(收益以"-"号标注) | 1.70 | 表 7.3 中第 8 行 |
| 第 11 行 | 三、营业利润(亏损标"-"号) | 42.30 | 本表第 4 行减去第 8、9、10 行 |
| 第 12 行 | 加:投资收益(损失标"-"号) | | |
| 第 13 行 | 补贴收入 | | |
| 第 14 行 | 营业外收入 | 2.00 | 表 7.3 中第 9 行 |
| 第 15 行 | 减:营业外支出 | | |
| 第 16 行 | 四、利润总额(亏损标"-"号) | 44.30 | 本表第 11 行加上第 14 行 |
| 第 17 行 | 减:所得税费用 | | |
| 第 18 行 | 五、净利润(净亏损标"-"号) | | |

从表 7.4 我们可以很直观地看出,经历聚餐经营后,老母亲餐厅整个收入是 280 元,而为了实现这个收入(做好这顿饭),主营业务成本为 195 元,实现的营业利润是 42.3 元(本次赚的钱)。老母亲把夏洛列出来的利润表一看,觉得这孩子用心了,组织得还不错。

(3)现金流量表

现金流量表是以现金为基础编制的,反映企业一定会计期间内经营活动、投资活动及筹资活动等对现金及现金等价物产生的影响的会计报表。通俗地说,就是关于企业现金流出和流入的信息表。它的作用主要表现在如下几个方面:

①它可以体现出企业的现金净流量信息,从而能够对企业整体财务状况作出客观评价。

②它能够说明企业在一定期间内的现金流入和流出的原因,或者说体现出现金来源和去向,从而全面地反映公司的偿债能力和支付能力。

③由于它区分了不同经济活动现金净流量,能分析和评价企业经济活动是否有效,对其效率作出评价。

下面,我们先来列示一下老母亲餐厅聚餐经营后的利润表,如表7.5所示:

**表7.5 老母亲餐厅聚餐经营后利润表**

(假设条件具体为:应该付给所有人的工资都支付了,应该归还的短期借款,也就是夏洛和他弟弟垫付的资金及利息,都归还了,高利贷的利息也支付了,但高利贷本金没有归还)

编制单位:老母亲餐厅　　×年12月31日　　单位:元

| 行　次 | 项　目 | 本期金额 | 数据来源说明 |
|---|---|---|---|
| 第1行 | 一、经营活动产生的现金流量: | | |
| 第2行 | 销售商品、提供劳务收到的现金 | 140.00 | 备注1 |
| 第3行 | 收到的税费返还 | | |
| 第4行 | 收到其他与经营活动有关的现金 | | |
| 第5行 | 经营活动现金流入小计 | 140.00 | |
| 第6行 | 购买商品、接受劳务支付的现金 | 170.00 | 表7.3第1行,备注2 |
| 第7行 | 支付给职工以及为职工支付的现金 | 60.00 | 表7.3第2、3、7行合计 |
| 第8行 | 支付的各项税费 | 4.00 | 表7.3第5行 |
| 第9行 | 支付其他与经营活动有关的现金 | 12.00 | 表7.3第6行 |
| 第10行 | 经营活动现金流出小计 | 246.00 | |
| 第11行 | 经营活动产生的现金流量净项 | −106.00 | |
| 第12行 | 二、投资活动产生的现金流量: | | |
| 第13行 | 收回投资收到的现金 | | |
| 第14行 | 取得投资收益收到的现金 | | |
| 第15行 | 处置固定资产、无形资产和其他长期资产收回的现金净额 | | |
| 第16行 | 处置子公司及其他营业单位收到的现金净额 | | |
| 第17行 | 收到其他与投资活动有关的现金 | | |
| 第18行 | 投资活动现金流入小计 | | |

续表

| 行 次 | 项 目 | 本期金额 | 数据来源说明 |
|---|---|---|---|
| 第19行 | 购建固定资产、无形资产和其他长期资产支付的现金 | | |
| 第20行 | 投资支付的现金 | | |
| 第21行 | 取得子公司及其他营业单位支付的现金净额 | | |
| 第22行 | 支付其他与投资活动有关的现金 | | |
| 第23行 | 投资活动现金流出小计 | | |
| 第24行 | 投资活动产生的现金流量净额 | | |
| 第25行 | 三、筹资活动产生的现金流量: | | |
| 第26行 | 吸收投资收到的现金 | 100.00 | 投资人老母亲初始投入 |
| 第27行 | 取得借款收到的现金 | 130.00 | 备注3 |
| 第28行 | 收到其他与筹资活动有关的现金 | | |
| 第29行 | 筹资活动现金流入小计 | 230.00 | |
| 第30行 | 偿还债务支付的现金 | 90.00 | 备注4 |
| 第31行 | 分配股利、利润或偿付利息支付的现金 | 1.70 | 表7.3第8行 |
| 第32行 | 支付其他与筹资活动有关的现金 | | |
| 第33行 | 筹资活动现金流出小计 | 91.70 | |
| 第34行 | 筹资活动产生的现金流量净额 | 138.30 | |
| 第35行 | 四、汇率变动对现金及现金等价物的影响 | | |
| 第36行 | 五、现金及现金等价物净增加额 | | |
| 第37行 | 加:期初现金及现金等价物余额 | | |
| 第38行 | 六、期末现金及现金等价物余额 | 32.30 | 备注5 |

备注1:在这个例子中,老母亲同时是消费者,我们为了分析,假设她认可这顿饭值280元,但是聚餐后只付了140元餐费,剩下的140元需要过些日子,等有钱了再付。

备注2:虽然记入成本的材料费用只有150元,但因为备料时花费共170元,也就是现金减少了170元。

备注3:为了组织聚餐,夏洛垫付了60元,向弟弟借30元,向高利贷借40元。

备注4:假设夏洛本人和其弟的借款在聚餐当天归还了。

备注5:本栏数据等于本表第11行、第24行、第34行、第35行、第36行、第37行的和。

从表7.5可以看出,由于消费者(老母亲)只支付了一半的餐费,导致目前餐厅现金流状态不好,如果想要承接邻居吴老太太家的家庭聚餐,恐怕吴老太太不事先付款时没有办法采购菜品的。更为糟糕的是,由于目前只有32.30元,不够支付高利贷的欠款,放高利贷的财主可能天天来催款,将会影响夏洛的生活。

企业作为以盈利为目的从事生产经营活动的经济组织,其根本目的是盈利,赚取利润,其经营状况的好坏直接体现在对外披露的财务报告里。财务报表提供的资料与其他核算资料相比,具有更集中。更概括、更系统和更有条理性的特点。事实上,只有深刻地理解了财务报告,才能深刻地理解报告所反映的经济实质,才能对企业财务报告披露的经营业绩作出评价。不管是经营者还是投资者,甚至于企业员工,如果能有效地解读财务报表给我们的信息,我们就能做到:

①如果是投资人,就能从财务报表了解到企业的利润实现情况和利润分配方案,从而了解自己的投资收益如何,可以支配的收益有多少。

②如果是债权人,就能知道企业年终负债额的大小,能确认企业是否有足够的现金偿还欠款,至少能知道自己在资金的风险有多高。

③如果是企业员工,就能知道企业这一年的付出,创造的利润有多少,企业未来有多大发展空间,进而确定自己职业规划的方向和步伐等。

6)财务比率分析

财务比率是两个相关财务指标比较的相对数。在进行财务分析时,我们通常运用财务报表中的相关数据对企业的偿债能力、盈利能力、营运能力、增长能力等进行分析。

(1)偿债能力分析

通常将企业负债按照偿还期限的不同分为短期负债和长期负债,不同的负债其偿还所需要的资产不同,因此,企业偿债能力分析也分为短期偿债能力分析和长期偿债能力分析。

从企业短期偿债能力的影响因素可知,短期偿债能力主要通过流动资产与流动负债的对比得出,因此,对企业短期偿债能力的指标分析,主要可采用营运资金、流动比率、货币资金率、企业支付能力系数等指标。

影响企业长期偿债能力的因素很多,包括企业非流动负债的规模与结构、盈利能力、非流动资产的规模与结构等,衡量企业长期偿债能力的指标主要有资产负债率、产权比率、利息保障倍数、固定费用保证倍数等。

(2)盈利能力分析

盈利能力是企业在一定时期内赚取利润的能力,它通常表现为企业收益数额的大小与收益水平的高低。盈利能力是衡量企业经营业绩的直接依据,无论是企业的经理人员、债权人、还是股东(投资人),都非常关心企业的盈利能力,并重视对利润率及其变动趋势的分析与预测。对于企业的经营管理人员来说,盈利能力分析可以反映和衡量企业经营业绩,发现企业经营管理中存在的问题;对于债权人来讲,盈利能力的强弱直接影响企业的偿债能力,因为利润是企业偿债的重要来源;对于股东(投资人)而言,盈利能力增加会使股票价格上升,从而使股东获得资本收益,他们的股息也与企业的盈利息息相关。

盈利能力分析包括经营盈利能力分析、资产盈利能力分析、资本盈利能力分析和收益质量分析。

(3)营运能力分析

营运能力主要指企业营运资产的效率与效益。企业营运资产的效率主要指资产的周转率或周转速度。企业营运资产的效益通常是指企业的产出额与资产占用额之间的比率。企业营运能力分析就是要通过对反映企业资产营运效率与效益的指标进行计算与分析。

资产营运能力的强弱关键取决于资产的周转速度。一般来说,周转速度越快,资产的使用效率越高,则资产营运能力越强;反之,营运能力就越差。资产周转速度通常用周转率和周转期表示。所谓周转率,即企业在一定时期内资产的周转额与平均余额的比率,它反映企业资产在一定时期的周转次数。周转次数越多,表明资产周转速度越快,资产营运能力越强。所谓周转期,反映资金周转一次所需要的天数,它是周转次数的倒数与计算期天数的乘积。周转天数越少,表明周转速度越快,资产营运能力越强。

(4)发展能力分析

发展能力是企业在生存的基础上,扩大规模、壮大实力的潜在能力。企业的发展依赖于股东权益、收益、营业收入、资产等方面的不断增值,所以要进行相关指标的增长率分析和剩余收益分析。

增长率分析的指标主要包括:资本积累率、总资产增值率、营业收入增长率、营业利润增长率、净利润增长率等。

现代企业还要求在分析企业各项增长率指标的同时,关注企业的剩余收益。因为股东权益账面价值的增加仅仅扣除了债务资本的成本,而忽略了对权益资本成本的补偿,即所谓的机会成本。一个企业只有在弥补了所有投入资本成本包括权益资本的成本之后,剩下的才是真正属于企业所有者所拥有的财富。因此,衡量企业的发展能力必须将股东权益账面价值与企业权益资本成本进行比较。

剩余收益衡量的就是扣除必要的权益资本成本后股东权益账面价值的增加。因此,剩余收益反映了公司股东财富的增加,而剩余收益的增加也反映了公司的发展能力。一个上升型的公司必然是一个能不断增加公司剩余收益的公司。

### 7.4.2 财务管理的基本观念

1)资金时间价值

(1)资金时间价值的概念

资金的时间价值,也称为货币的时间价值,是指在不考虑风险和通货膨胀的情况下,资金经过一定时间的投资和再投资所增加的价值。

资金时间价值的实质是资金在周转使用后由于创造了新的价值(利润)而产生的增值。资金的时间价值不是时间的产物,而是劳动的产物。

由于不同时间单位货币的价值不相等，所以不同时间的货币收入与货币支出不宜直接进行比较，需要把它们换算到相同的时间基础上，才能进行大小的比较和比率的计算。

(2)资金时间价值的计算

①复利的计算。复利终值指一定量的本金按复利计算若干期后的本利和。第 $n$ 年的复利终值计算公式为：$F=P(1+i)^n$。

复利现值是指未来一定时间的特定量现金流量按复利计算的现在价值，或者说是将来某一事件特定的本利和现在所需要的现值(本金)。

复利现值的计算和复利终值的计算是互逆的，根据复利终值计算公式移项可得复利现值的计算公式为：$P=F(1+i)^{-n}$。

②年金的计算

年金(annuity)是指在一定的时期内，按相同时间间隔等额发生的同方向的现金流量，通常记作 $A$。年金具有 3 个特点：a.现金流量每次发生的时间间隔相同；b.现金流量每次发生的金额相等；c.现金流量每次发生的方向相同。在实践中，年金的形式多种多样，有折旧、利息、租金、保险费、等额分期收(付)款、零存整取或整存零取等。

年金按每次现金流量发生的时点不同，可分为普通年金、预付年金、递延年金和永续年金 4 种。

普通年金是指从第一期起，于每期期末发生的等额现金流量，又称后付年金，在现实生活中这种年金最为常见。

预付年金，又称先付年金、预付年金，是指从第一期起，在一定时期内每期期初发生的等额现金流量。预付年金与普通年金的区别仅在于现金流量发生的时点不同，普通年金的现金流量发生在期末，而预付年金的现金流量发生在期初。

递延年金是指第一次现金流量的发生与第一期无关，而是间隔若干期(假设为 $m$ 期，$m \geqslant 1$)后才开始的在每期期末发生的多期等额现金流量，它是普通年金的特殊形式。

永续年金是指无限期在每期期末等额发生的年金。现实中的存本取息，可视为永续年金的一个例子。

2)风险

(1)风险的概念

风险是指某一投资预期收益的波动性或变异性，即在一定条件下和一定时期内可能发生的各种结果的变动程度。如果各种可能结果的变动程度越大，风险也就越大。风险具有客观性。风险是事件本身的不确定性，无论人们愿意与否，它都客观存在。但是否去冒风险或冒多大风险，决策者是可以自己选择的，具有主观因素。同一事件风险的大小，对于不同的决策者来说可能也不一样，掌握了充分信息的决策者，面临的风险要小些，决策者掌握的信息不够时，则风险会大些。风险具有时间性,风险的大小会随时间的延续而变化,因为随着时间的推移,情况在不断地变化,事件结果的不确定性也在缩小,当事件完成时,结果肯定了,风险也就没有了。

(2)风险的分类

在财务活动过程中,投资者所面临的风险是多种多样的。按风险是否可以分散,将风险分为市场风险和企业特有风险。

市场风险,是指由那些影响整个市场事件引起的风险,又称系统风险或不可分散风险,它包括宏观政治经济形势变动、政府税制改革、财政体制改革、战争、自然灾害等。

企业特有风险是指由那些只影响特定行业、公司、项目等投资对象的风险,又称非系统风险或可分散风险,如企业失去市场、产品开发失败、法律纠纷等。企业特有风险按风险形成的原因,又可划分为经营风险和财务风险。经营风险是指企业因生产经营方面的原因给企业盈利带来不确定性,又称营业风险。财务风险是指公司财务结构不合理、融资不当使公司可能丧失偿债能力而导致投资者预期收益下降的风险,又称筹资风险,主要是由企业的筹资决策带来的风险。

(3)风险的衡量

风险可以看成是实际结果偏离期望结果的可能性,这种可能性与报酬可能发生的结果及每种结果发生的概率有关。

在财务管理中,通常用标准差来衡量风险的大小,即实际收益率偏离期望收益率的程度。对于单项资产而言,标准差的值越大,则风险越大。当有多个方案作比较时,只有在期望收益率相同的情况下,标准差越大,风险越大。

(4)风险报酬

投资风险与投资报酬率的关系是:投资风险越大,投资者为了补偿可能出现的风险,对投资报酬率的要求也就越高;反之,投资报酬率低的项目,其风险也必须很低;在基本无风险情况下,所得到的报酬率是一种社会平均利润率,即货币的时间价值。投资者只有得到额外的投资风险报酬率,他才愿意冒风险进行风险性投资。因此,风险越大,投资者要求的报酬越高,实质是指投资者要求获得更多的风险报酬,即投资者由于冒着风险进行投资而获得的超过资金时间价值的额外收益。

## 思考题

1.管理是什么?它有哪些基本职能?

2.人力资源管理在新经济时代的特点表现在哪几个方面?

3.简述企业营销管理的过程。

4.资产负债表有什么作用?

## 自我测试

### 你是否具备管理能力呢?

今天你穿了件自认为非常得体的衣服却遭到众人的非议,你将如何?

1.立即想换掉。

2.明天再换掉。

3.明天接着穿。

4.以后再也不穿。

说明

选1——你注重他人对自己的看法,相信团队的力量是事业成功的核心,对别人的指正能够快速接纳并付诸实践,但你的随从意识过强往往会使企业管理陷入困境。

选2——你能善意地接受他人的意见,并会结合自我观点冷静思考,你做事要求有说服力,能够为员工提供更多的发展机会,是位让人信服的出色管理者。

选3——在商业竞争中你能够雷厉风行、抢夺商机,但做事易独断专行的你不愿接受任何不同于己的意见,这不免会造成企业内部管理上的瘫痪。记住"主外还得能安内"!

选4——你有为事业成功甘愿放弃一切的革命精神,作为管理者你为人处世力求完美,因此自己与他人倍感劳累,长此以往不免会造成团队中优秀员工的流失。

## 创业加油站(实践练习)

找几个你的同学或者其他熟悉的人进行一次座谈,就他们日常消费活动交换意见,注意倾听他们对于学校或者周围的餐馆、超市等商业服务活动有什么抱怨。记下这些抱怨,按照下列步骤进行实践操作:

第一步,从这些交谈中提出三次以上的创业想法;

第二步,参照后面的清单评价自己提出的几个创业想法;

第三步,选择一个你认为最好的创业想法,对它进行SWOT(优势劣势机会威胁)分析;

第四步,对通过这个想法创建的企业进行成本收益分析。根据分析结果解释——你为什么会选择创建企业?或者是为什么不会选择创建企业?

| 序号 | 创业想法： | 是/否 |
| --- | --- | --- |
| 1 | 它对没有表现出抱怨的消费者有吸引力吗？ | |
| 2 | 它在校园周边的商业氛围中实施是否具有可行性？ | |
| 3 | 它存在转型的机会吗？ | |
| 4 | 你是否有足够的资源和能力来创建类似的企业？ | |
| 5 | 如果你缺乏相应的资源和技能来创建这种企业，你知道其他人有这些资源和能力，你能说服他们与你一起，共同创建类似的企业吗？ | |

## 扩展阅读

### 企业管理成功秘籍探析

——以四大名著典型人物曹操、宋江、唐僧、王熙凤为例

《三国演义》《水浒传》《西游记》《红楼梦》是中国文学史上璀璨的明珠，不仅为中国古代文学的发展作出了巨大的贡献，而且对现代企业管理有着深刻的启示作用。本文主要以四大名著中刻画的曹操、宋江、唐僧和王熙凤为例，探寻四人在灭吴蜀兴魏、经营梁山、率队取经、管理荣国府时的成功管理经验，以期为现代企业管理提供可资借鉴的经验。

一、豁达坚忍、果绝自律的领导品质

(一)宽容豁达的胸襟

一个公司的领导人如果具备了豁达大度、宽厚待人的品质，具有海纳百川的心胸，就会赢得员工们对他的敬重和爱戴，员工们更加中恳地为上司效力，由此会营造出一种和谐融洽的工作氛围，提高工作效率。

官渡之战前，陈琳为袁绍写讨伐曹操的檄文。文章从曹操的祖父骂起，一直骂到曹操本人，贬斥他是古今第一“贪残虐烈无道之臣”。据说曹操听到此文要紧处不禁厉声大叫，吓出一身冷汗，本疼痛不已的头竟不疼了。可见此文的确戳到了曹操的要害。袁绍战败后，陈琳转投曹操。曹操对那篇檄文还耿耿于怀，便质问陈琳，陈琳的回答言简意赅：“箭在弦上，不得不发耳！”(32 回)曹操爱其才而不咎，署为司空军师祭酒，以后国家和军队的很多文件都是陈琳起草的。

由此可见，作为领导者对那些曾经是你的对手或反对过你的人，应该有包容宇宙般的心胸，当他们为你所用时，应该不计前嫌，消除隔阂，坦诚待人，或许日后他们将成为您手下忠贞不二的骨干力量。人之常情，滴水之恩当涌泉相报。

(二)坚韧不拔的意志力

意志力是领导者的基本品质。意志是指人有目的、自觉组织自己的行为，并与

克服困难相联系的过程。作为一个成功的领导者往往具有良好的心理品质和坚忍不拔的意志力,他们善于在险情丛生的困境中,知难而进,披荆斩棘,不畏风险,锲而不舍,以顽强的毅力和不怕困难的勇气朝着目标前进。而领导者在坚定意志和信念的引导下,一定会激励自己与其团队方向明确、干劲十足、不怕艰险地走向成功。

在《西游记》里,孙悟空在遇到挫折和困难时常常有重回花果山图逍遥自在的想法;猪八戒动不动就要散伙,回到他的高老庄;沙僧更是在困难面前一筹莫展,不知所措。而对于唐僧来说,不论前方的道路如何困苦,他从没动摇过去西天拜佛求经的信念。哪怕马上要被妖怪捉住吃掉,哪怕前边大河奔流阻断进程,哪怕前有高山峻岭挡住去路……他都义无反顾,不畏风险,勇往直前。尽管路途中时常遇到重重困难和权色等诱惑,而唐僧仍只是双手合十、盘腿打坐的默诵心经,从未动摇,从未放弃自己的追求,一心朝着目标前进。而作为一个领导者,唐僧也正是拥有这般如此坚强的意志与信念,才能克服重重困难走向成功,最终取得真经。

(三)严于律己的自制力

"其身正,不令虽从;其身不正,虽令不从"。作为领导者要想严格要求下属,首先就要以身作则,严于律己,是成功领导和工作顺利进行的有力保障。

在《红楼梦》第十三回,王熙凤接受协理宁国府任务后,没有即刻和邢、王二夫人回府,而是马上进入工作状态,理出一个工作头绪后才回去。她要求下人卯时到岗,她也是每日不到卯时就到。同时还要兼顾荣国府的日常事务。"忙的凤姐茶饭也没工夫吃得,坐卧不能清净。刚到了宁府,荣府的人又跟到宁府,既回到荣府,宁府的人又找到荣府。"但凤姐"并不偷安推托,恐落人褒贬,因此日夜不暇,筹划得十分的整肃。于是合族上下无不称叹者。"即便丈夫的小厮回来,凤姐也无暇问一问丈夫的情况,只待晚上才询问,打点给丈夫带的东西,结果"赶乱完了,天已四更将尽,才睡下,不觉又是天明鸡唱,忙梳洗了过宁府中来。"因凤姐兢兢业业,勤勉自律,宁国府的领班无不高度紧张起来,就连被挨打的也心服口服。不到一月时间,宁国府多年的积弊被彻底清肃。

(四)英明果断的决策力

领导者自身的决策能力在企业管理中起着至关重要的作用。纵观四大名著之中的各位领导,在危难时刻,果断决绝,判断准确,从而胜券在握,屡战不败。

赤壁之战后,孙权以"招亲"为名谋取荆州的计划失败,十分恼怒,左右谋士献计派人前往许都,推荐刘备为荆州牧,一来表示孙刘两家和睦,之后再用反间计唆使魏蜀相互吞并,然后乘虚谋利。曹操马上作出判断:"刘备是人中之龙,平生未曾得水,今天占据荆州,是困龙跃入大海,谁是它的对手。"曹操对刘备今后的发展之路有着清醒的认识,所以接受了谋士程昱所献之策,让周瑜做南郡太守,程普做江夏太守。这样,吴国为得南郡和江夏,定兴师讨伐刘备,此时魏国乘虚而入,从而渔翁得利。于是拒绝孙权的请求。自此孙刘两家争战,结果周瑜斗败,被诸葛亮活活气死，损失吴国一员文武兼备的统帅。曹操听取并积极地采纳了程昱的建议，无损而增利，可见曹操惊人的决策判断力。

作为一个大企业的领导，具备准确判断力和英明的决策能力，决定企业的发展目标和未来走向，英明的决策能力对于企业的领导人物来说是至关重要的。

二、广纳百川量才授职的用人之道

（一）爱才惜才

古人云："人才难得，得人才者得天下"。一个企业的发展，人才是最核心的问题。人作为一个团队当中，最为活跃的因素，对企业的发展起着至关重要的作用。因此下面就让我们来看一下曹操的人才管理之道——爱才惜才。

在三国争霸战中，曹操的爱才有目共睹。他在与张绣的战争中，他自己的儿子曹昂、侄子曹安民和大将典韦不幸遇难。曹操亲自设祭祭奠典韦，哭着对诸将说："吾折长子、爱侄，具无深痛；独号泣典韦也！"次年经过故地时，突然在马上放声大哭，众人问其缘由，曹操说："吾思去年于此地折了吾大将典韦，不由不哭耳！"于是下令吊奠典韦亡魂，曹操又亲自拈香哭拜。祭奠典韦之后，才祭奠儿子和侄子。见此情景，所有的人感叹不已！曹操对典韦的态度，绝不是是发自内心的真情。作为曹操手下的第一员勇将，典韦为曹操的事业立下了汗马功劳。典韦的去世，对曹操来说，是一个重大的损失，曹操的哀痛之情就可想而知了。但是，不管怎么说，把一员大将看得比儿子和侄子还重，曹操的这种做法，确实是一般人无法做到的。（16回）

"山不厌高，水不厌深。周公吐哺，天下归心"。曹操能在魏蜀吴争霸中脱颖而出，这首先得益于他对人才的爱惜和重用。

（二）知人善用

1.不拘一格，唯才是用

作为一个优秀的管理者，应该懂得人无完人、金无足赤的道理，发挥其优点，摒弃其不足，把每一个人放在最能发挥其能力的位置上，实现资源最大化的利用，为整体创造出最大的价值。

唐僧的三个弟子在今天看来，可以说都是备受争议的人才。孙悟空占花果山为王，大闹天宫，自称齐天大圣，与如来佛祖斗法，被压在五行山下五百多年；猪八戒调戏嫦娥被逐出天界；沙僧失手打碎琉璃盏被贬下凡，盘踞在流沙河，吃人为业。虽然其各自缺点明显，但每个人均有降妖捉怪的看家本事，所以唐僧收他们为弟子，让他们各尽所能，终于历经千难万险，保唐僧西天取经，修成正果。人的品性、观念和知识都是在不断变化的，所以必须用发展的眼光来看待人才，只有不拘一格地大胆用人，才不至于造成埋没人才和浪费人才。只有这样，才能保证企业的人才用之不竭，企业才能兴旺发达。

2.因事设人，量才任职

优秀的企业领导人要有一双能够识别英才能力的慧眼，同时更要具备充分调任管理的技能。正如宋江,他很善于发现、了解他身边的有用之才,根据每个人的性格,特长,能力,兴趣,爱好与不同特点,大胆地使用人才,做到人尽其才,才尽其用。比如说,林冲、李逵等猛将喜欢枪棒,武艺高强,所以宋江任用他们做前锋,冲锋陷阵;公孙胜能通道术,行军布阵,加之吴用的神机妙算,所以任用他们两人做军师,运用智谋,算无遗策;裴宣和萧让精通刀笔,所以将功劳簿交与掌管;再如,熟悉水性的李俊、张横、张顺等人,让他们掌管四寨水军;善于布战的鲁智深、武松、李逵,让他们做步军头领;精于算术的蒋毅,让其考算钱粮支出纳入等。还包括医生、兽医、裁缝、铁匠、船匠、石匠等一大批优秀的后勤人员。总之,各路英雄好汉,各司其职,大大增加了梁山的实力,使梁山能够与朝廷抗衡。

这正如一个公司企业要顺利的运作,它少不了各个部门的相互合作与配合,每个职能部门都需要有专门的人才胜任,才能准确地行使职责,发挥有效的作用。这样良好的运营效率与英明领导人的工作能力是密不可分的,作为梁山集团的头领,宋江很好地诠释了这个角色。

3.恩威并施,掌控驾驭

《西游记》中,唐僧深得管理方法之妙,对其徒弟三人管理井然有序,尤其是对孙悟空的管理与驾驭堪称经典。在取经的团队中,孙悟空能力强,神通广大,是团队中不可替代的核心人才。但是同时又恃才傲物、桀骜不驯、我行我素。在这一点上完全不同于八戒与沙僧。可以说,孙悟空是一种受控的能量,如何运用则是关键。因此,必要时可以由“紧箍咒”将其拉回到团队目标的轨道上来。唐僧的这种驾驭方法——紧箍咒的出现,使一种非常有效的约束与驾驭机制应运而生,使孙悟空能够发挥其超强的能力,并且再无二心,一心取经。

在团队中管理者对下属的管理与驾驭也要因人而异。通过合适的方法驾驭住这些优秀的人才,这样可以使企业受益无穷。

三、赏罚分明灵活多变的管理机制

(一)赏罚分明,善于激励

正所谓“无规矩不成方圆”,一个企业的良好运作也需要有完善的奖惩制度,这样才能形成好的工作氛围。

从梁山集团的管理中可以看到,宋江规定“结果向导,以业绩说话”。在他上山前,晁天王管理较为粗放,导致吃大锅饭现象严重。宋江上山后,首先肯定了“八方共域,异姓一家”的前提条件。其次,宋江在对他带的队伍与梁山旧部排位时,处理的十分微妙,他这样说:“休分功劳高下,梁山泊一行旧头领去左边主位上坐,新到头领去左边客位上坐,待日后出力多寡,那时另行定夺。(41回)”也就是说,不管以前资历如何,以后都按照功劳再定座次。如:林冲曾是八十万禁军总教头,柴进是据有“誓书铁卷”的大同柴世京的子孙,杨志是三代将门之后,但他们上得山来,都得靠自己的真本事吃饭,一切从头做起。这套“用而不崇,重而不尊,尊而不重,用而不尊,既用又重且尊”的办法,轻描淡写之间,皆大欢喜。这也说明了,企业制定良好的规则制度对于充分调动员工的积极性，最大限度地挖掘人的潜能，引导员工拿出自己的全部力量为实现组织目标而努力，具有非常重要的价值作用。上至公司的管理制度，下至员工的行为准则，都要有一套完整严密的方案。

（二）协调关系，处事变通

《红楼梦》中写的荣国府“一宅人合算起来，人口虽不多，从上至下也有三四百丁，虽事不多，一天也有一二十件，竟如乱麻一般。”（6回）但王熙凤却管理得井井有条。这位美丽的女子，虽然自己有很强的管理能力，但她深知仅凭一己之力是很难有所作为的。她深谙人际关系学，懂得借助良好的人脉达到目标。所以她上得董事长贾母，总经理王夫人的充分信任，下使大观园内外几百号职工心服口服，中和宝钗、李纨、探春等一干中层领导亲亲热热，实在是一个熟知公共关系的顶尖人才。

王熙凤处处讨好贾母。贾母在荣、宁二府中辈分最高，最具权威，王熙凤与其关系十分融洽，经常凑趣讨贾母欢心，哄得老祖宗一时半刻也离不开王熙凤，所以深得贾母的信任。贾母是王熙凤强有力的靠山，所以王熙凤在贾家能呼风唤雨，是和贾母的庇佑分不开的。

一个领导者要想在职场中取得长足的发展与进步，必须学会和各种人打交道，建立有利自己发展的关系圈，是每一个成功人士的必修课。

（三）因势利导，化劣为优

对于企业领导者而言，在危机中化解矛盾，掌握公关策略，变被动为主动，将劣势转为优势，也是企业立于不败之地的法宝。

在第三十六回中贾赦看上了贾母的随身侍女鸳鸯。邢夫人讨要无方，于是就把这件事先跟凤姐儿说。凤姐儿觉得这个事情根本是不行的，于是就连忙回绝说，“别去碰这个钉子……老太太离了鸳鸯，饭也吃不下去……明放着不中用，而且反招出没意思来。”但是邢夫人一点也听不进去，进而埋怨起凤姐儿。凤姐儿于是就立即调头转向，改换话锋赔笑道：“太太这话说得极是。我能活了多大，知道什么轻重？”而且还举出了贾赦、邢夫人平日里溺爱贾琏的例证，哄得邢夫人又喜欢起来，于是提出要凤姐儿先过去，自己吃了晚饭后再到贾母处。凤姐儿料定此事难成，担心邢夫人怀疑自己走漏了风声，于是怂恿着一齐坐车过去。到了家门口时又以“我脱了衣裳再来”为借口，一下子“闪”了。同样是讨鸳鸯这件事，一正一反的两番说辞，同是出于凤姐儿之口，居然都能动听入耳；一陪一闪的两个动作，同样来自于凤姐儿一身，居然都能顺理成章。像这样，对于自己不愿意做的事情，或者经分析认为不可能做成的事儿，凤姐儿一番灵活规避的本领，真是令人叹服。

以上仅就四大名著中蕴含的丰富管理经验做的分析，或许这些浅论能对今天的企业管理提供值得借鉴的东西。

（资料来源：王桂清，等.哈尔滨商业大学校级大学生创新创业训练计划项目[J].科技与企业，2013(12)：89-90.）

## 《红楼梦》中王熙凤的管理对现代管理的启示意义　文／楷菊

"机关算尽太聪明,反算了卿卿性命。",这是曹雪芹老先生对《红楼梦》中的王熙凤的评语。她精明强干,高踞在贾府几百口人的管家宝座上,她极尽权术机变,残忍阴毒之能事。她的人品,恐怕大家都不敢恭维。自《红楼梦》问世以来,在红学史上,对王熙凤的各种评语也是非常多的,认为她是"治世之能臣,乱世之奸雄",把王熙凤叫作"女曹操",称之为"胭脂虎",就是母老虎。在许多评论中,就是"恨王熙凤,骂王熙凤,不见王熙凤想王熙凤",人们既喜爱她、仰慕她,同时又痛恨她、憎恶她。但不管喜爱也罢,憎恶也罢,最终免不了还要佩服她。佩服她绝顶的聪明,佩服她卓越的才干,其中就包括她在大家庭中的管理才能。

一、从《红楼梦》中看王熙凤的管理才能

王熙凤的超群才干,在协理宁国府的过程中得到了充分的表现与施展。书中第十三回写到王熙凤协理宁国府,贾珍想把秦可卿的丧事办得体面隆重,夫人又生了病,忙不过来,当他正为管理人员短缺的事发愁的时候,宝玉看出了他的心思,推荐王熙凤作为理事人,贾珍听了喜不自禁,立即去找王熙凤面谈,王熙凤也常叹未有舞台大展其才,双方一拍即合,招聘成功。贾珍授牌,也便是授权,下聘书。王熙凤很快进入角色,接管此事。在她把任务承担下来之后,第一步是"我须得先理出一个头绪来",就是找出"问题点"来。王熙凤通过查询认为,宁府管理混乱的原因可归结5点:一是人口混杂,遗失东西;二是事无专管,临期推诿;三是财务混乱,滥支冒领;四是任无大小,苦乐不均;五是家人豪纵,有脸者不服钤束,无脸者不能上进。这5点"病症",从管理角度讲,可谓总结得有血有肉、入木三分。

王熙凤对宁国府进行了"管理诊断",她一针见血地指出,宁国府在管理上存有五大弊病,针对这些弊病,王熙凤对宁国府实施了铁腕式管理。

首先,制定规矩,擒贼擒王。到了宁国府以后,王熙凤首先作的第一件事就是制定游戏规则。王熙凤对来升媳妇道:"既托了我,我就说不得要讨你们嫌了。我可比不得你们奶奶好性儿,由着你们去。再不要说你们'这府里原是这样'的话,如今可要依着我行,错我半点儿,管不得谁是有脸的,谁是没脸的,一例现清白处理。"在这里,王熙凤使用的是类似现代管理的"火炉"原则——规则就像"火炉"一样,不管是谁碰上去都一样烫手,在规则面前人人平等。然后,王熙凤要求管理者带头遵守规则严格管理,她对来升家的说道:"来升家的每日揽总查看,或有偷懒的,赌钱吃酒的,打架拌嘴的,立刻来回我,你有徇情,经我查出,三四辈子的老脸就顾不成了。如今都有定规,以后那一行乱了,只和那一行说话。"

其次,定岗定编,责任到人。为克服"人口混杂、遗失东西;事无专管,临期推诿;任无大小,苦乐不均"等管理弊病,王熙凤采取了"定岗定编,责任到人"的措施。王熙凤根据工作需要来定岗定编,分工清楚,责任明确,尤其是把做事与管物结合起来,把工作责任和经济责任结合起来,误了事要罚,丢了东西要赔。经过王熙凤的筹划，宁国府的管理果然面貌一新：某人管某处，某人领某物，开得十分清楚。诸如荒乱，推托，偷闲，窃取，无头绪等弊，次日一概都没有了。

再次，严明纪律，恩威并施。时间意识是王熙凤管理的一大特色。王熙凤一到宁国府就明确提出时间管理的要求，因此当王熙凤第一天“卯正二刻”正式到宁国府点卯，“那宁国府中婆娘媳妇闻得到齐”，她们的生物钟仿佛一下就被王熙凤调整过来了。王熙凤对宁国府的人说：“素日跟我的人，随身自有钟表，不论大小事，我是皆有一定的时辰。横竖你们上房里也有时辰钟。”为了彻底扭转宁国府纪律涣散的颓风，王熙凤每天亲自点名，狠抓劳动纪律。有一天，王熙凤按名查点，各项人数都已到齐，只有迎送亲客上的一人未到。即命传到，那人已张惶愧惧，百般求饶。王熙凤说道：“本来要饶你，只是我头一次宽了，下次人就难管，不如现开发的好。”登时放下脸来，喝命：“带出去，打二十板子！”一面又掷下宁国府对牌：“出去说与来升，革他一月银米！”这时人们才真正知道凤姐厉害。众人不敢偷闲，自此兢兢业业，执事保全。当然，王熙凤十分谙熟恩威并施的管理之道，她一方面强调纪律，严格执法，同时也不忘让大家有个奔头，她鼓励大家说：“咱们大家辛苦这几日罢，事完了，你们家大爷自然赏你们。”应该说，王熙凤协理宁国府是相当成功的，完全可以成为一个强势管理的经典案例。

王熙凤不仅有着精明的管理能力，此外，她在理财方面也有很大的建树。《红楼梦》第十三、十四回《王熙凤协理宁国府》中，王熙凤在运用谋略进行家政管理时，系统地运用了一些较为严密的、科学的内部财务控制方法，集中体现了她严密的财务控制思想。

凤姐对荣宁二府的经济混乱状况早有洞悉，特别是对府中重复支取银钱情况早有想改变的主张。因而她改革了贾府的“旧例”，建立了新的“财务定额制度”——无论小姐、丫环，每月领月例，以“每个基层单位”为单位每房定额发放。有效地减少宁国府里无为的开支。当她知道宝玉环儿每年上学吃点心或者买纸笔每人有八两银子的支出后，不禁怒从心来：“凡爷们的使用，都是各屋领了月钱的。环哥的是姨娘领二两，宝玉的是老太太屋里袭人领二两，兰哥儿的是大奶奶屋里领。怎么学里每人又多这八两？原来上学去的是为这八两银子，从今儿起，把这一项免了。”对于府中丫头们一月所用的头油脂粉的二两银钱，王熙凤也看出属于“学里的八两一样，重重叠叠”，主张废掉。由于建立了严格的定额控制制度，并遵照执行，宁国府里无为的开支大大减少，缓解了贾府因修建大观园后财务困窘的局面。

在协理宁国府时，凤姐对预算控制有深刻的诠释。她上任之初，便命丫环彩明订造账册“作好估计”，兼要家仆拿花名册来查看，以弄清家底。在发放实物时，也是“一面交发一面提笔登记”。这样一来，自然是“某人该管某处，某人该领某物，弄得十分清楚”。如荣国府的四个执事人来领牌，先呈上“贴儿”，凤姐命丫环彩明念贴，听后便知其中有两项超支，掷回帖子并严加斥责。在这一控制流程中，“贴儿”无异于现代企业的“采购申请单”。同时由于所有的采购已有了明确的预算做标准，在执行请购时，“采购申请单”还须经凤姐亲自按“预算”审核后方能获准执行采购业务。至于预算外的开支，由于没有列入事先审核范围内，必然会受到控制。不仅如此，凤姐还根据“账册预算记录”来判断哪些实物该领而未领，以督促下属执行。如“我算着你们今儿该来支取，总不见来，想是忘了。”在这样一套严密的预算控制下，加之凤姐的严格审核，“需用过度”的现象得到了很大的缓解。

授权和审核这两项大权由她亲自掌握，执行、记录和保管这些不相容的需要相互牵制的职务由不同的下人担任，例如：丫环彩明为记录员，买办设采购员，库房设保管员等。以王兴媳妇的一次买线采购为例：王兴媳妇先向凤姐报称“领牌购线，打车轿”，然后将一个贴儿递上去。凤姐命彩明念贴，知“数目相符”后，又命彩明登记，才取荣国府的对牌掷下。王兴媳妇方去采购……待王兴媳妇交过牌，取了买办的回押相符，然后方予领取。这样一次采购的财务控制非常严密，将内部牵制控制的作用发挥得淋漓尽致，因此宁国府下人们不敢再“滥支冒领”。

凤姐还有着与众不同的精明和睿智。她不仅有一张厉害的巧嘴，有一双洞察世事的慧眼，更有着一颗能正确分析判断是非利弊的清醒的头脑。她是该聪明的时候决不装糊涂，该装糊涂时却决不逞强的人。她不但善于察言观色，也喜打小算盘，可谓“机关算尽”。她头脑灵活，点子多多，曾想出“偷天换日”的法子把宝钗嫁给了宝玉，这说明她具备领导者超人的胆识。再加上凤姐性格开朗，举止大方，说话声如银铃，干脆利落，如大珠小珠落玉盘，极富感染力，且极风趣，到哪儿就把笑声带到哪儿，总会让大家笑得前仰后合。一扫大观园中的阴森冷酷之气氛，这不正是现代人梦寐以求的领导者的性格魅力吗？除此之外，她也有重情的一面，对大观园里的姐妹非常照顾，使整个团体上下充满和气，说明她的亲和力也是非同一般的。而这些都是一位卓越领导者必备的素质和才能。

二、分析总结王熙凤的管理经验

1.王熙凤在接受贾珍委托协理宁国府后，所做的第一件事便是先理出一个头绪来。经过对宁国府的分析，总结出其在管理上存在的人龙混杂、遗失东西等多个薄弱环节，从而为下一阶段工作的开展打下良好的基础。

2.王熙凤在协理宁国府的时候，同时还主管荣国府日常管理工作，王熙凤要求下人夜间二更点名，自己就亲自做到二更到场点名。身为贾府的“二少奶奶”，住在贾府，又是夜间二更，正是最瞌睡的时候，依然亲自前往薛府点名。

3.凤姐虽然文化程度不高，但由于生性智慧，在家政管理方面很有一套，心中有数，精打细算，严格理财。

4.凤姐十分健谈，她那爽朗的性格总能把大家逗乐，活跃气氛。还能慧眼识英才，知能善用。

三、在现代管理上借鉴王熙凤的管理方法

1.在现实生活中，企业管理者应该结合本企业实际情况，深入本企业，扎下身子了解本企业特色，研究制定适合本企业发展需求的经营管理思路，实事求是地采取针对性措施，不搞千篇一律。

2.要严于律已、以身作则。对于现实的企业家来说，对于员工提出的要求，自己要首先认真落实对于未向员工提出的要求，自己也要争取实现在各项工作中率先垂范，树立起领导干部的良好形象，重视身教、重视人格魅力的重要作用，引导广大员工自觉地为企业的发展贡献自己的本职力量。

3.经营一家企业，应根据本企业的具体情况，建立一套适合本企业的财务管理制度，明确企业各项开支。

4.拥有开朗的性格，高超的口才能帮助你在商场上顺利地滚打。慧眼识英才，知人善任，也是企业管理者应该具备的一项能力。

在当时重男轻女的封建社会，王熙凤尚能脱颖而出，成为大观园的“执行领导”，足可见其领导才能之卓越。她敢作敢为的胆识和魄力，多谋善断的管理技巧，心机重重的做人风格，不仅在她那个时代表现得极为突出，即便在当今女性中也不多见。她能把各项工作管理得井井有条，人尽其用，各司其职，使贾府上上下下心悦诚服，可以说是成绩斐然，这也说明她完全拥有一个卓越领导者的必备素质和能力。

以现代人的眼光来看，王熙凤的所作所为与管理才能更具有新时代的意义。当今的社会是竞争的社会，我们唯有以较强的竞争意识，坚韧不拔、顽强拼搏的精神，以及超前的时代观念，来对待自己的工作，才能实现我们真正的自身价值。而在这些方面，王熙凤也给我们树立了榜样，要是她也同其他人一样畏畏缩缩，唯唯诺诺，也就成不了王熙凤，也就不能闪光夺目，可爱可敬了。

（资料来源：http://blog.sina.com.cn/s/blog.724cfd4d0100u689.html.）

# 第 8 章　网络创业

## 【本章要点】

1.网络创业概述；
2.网络创业模式；
3.网络创业基本知识；
4.网络店铺的经营策略。

## 创业实录

### 大学生自主创业开"校园网上杂货店"生意红火

2009 年 03 月 24 日 08:53:50　来源:新闻晚报　(钱钰 实习生 薛相宜)

"超市也能送外卖!"这几天,不少交大学生都收到了这样一封邮件,一家"校园网上杂货店"的广告宣传单,专门提供物美价廉的百货订购配送服务,小到一包薯片,大到一箱牛奶,学生只要轻点鼠标就能享受送货上门的贴心服务,该服务受到学生的欢迎。

不经意的感叹成创业点子

"只要你一封邮件、一条短信、一个电话,我们就能为您提供送货上门、货到付款的贴心服务,让您在省钱的同时,免去到超市的奔波劳累。一切就是这么简单,还不赶快尝试一下?"记者在这份购物清单上看到,这家名叫"买莫士"的"校园网上杂货店",商品可谓琳琅满目,品种达 6 000 余种之多。

记者点击一看,小到 QQ 糖、巧克力、薯片、话梅,大到整箱牛奶、方便面、洗衣粉等,别看麻雀虽小但五脏俱全,吃的用的无所不包,且所有商品都拥有绝对实惠的"交大价",记者对比发现,部分商品竟比市场价便宜了 4 元多,促销力度之大令人心动。

"我们的定位就是校园,承诺提供比超市更低的价格,让大学生能轻轻松松

‘网上逛大卖场’。”创业团队成员交大安泰经管学院大三学生小蒋告诉记者,之所以考虑开一家网上杂货店是源于同学的亲身经历,有一次,他听说同学为了买一箱牛奶,从学校附近的唯一一家大超市步行至寝室,花了近 40 分钟,手都快被勒断了。

“如果能网上订货就好了!”同学一边捶着酸疼的手臂,一边喃喃自语。可就是这么一句不经意的感叹,让小蒋和几位好友萌生了开网上超市的想法。4 个“臭皮匠”一合计,就像模像样地把杂货店开了起来。

网上杂货店贴近学生需求

“买莫士”刚开张几天,生意还不错,已经接到了 500 多元的订单,售出的多是咖啡、饼干、洗衣粉、牙刷等食品和生活日用品。第一位光顾他们店的是一位女硕士,“她买了沐浴乳、红茶、洗衣粉和洗面奶,共计六七十元,当时大家都很兴奋!”接到第一单生意,团队成员可不敢马虎,决定亲自送货,给顾客留下好印象。

没有办公室、仓库,每天晚上七点,就是他们“接订单”的时间,“主要就是查邮箱,看看有没有订单,我们的寝室就是办公室啦。”负责订单收集的小蒋说,订单凑齐一定数量,把订单传真给供货商,取货后由“快递员”送货到寝室。“保证亲自送到你手中,不需要送货费,因为就在学校!”机动学院大四学生小陆说。

不过,创业的道路也并非一帆风顺,“也有顾客抱怨,说送货时间太长,还不如到楼下的超市买。”说到“投诉”,几个小伙子也很无奈,毕竟创业刚起步,需要完善的地方还很多。小陆说,他们也正在考虑改变销售方式,比如及时送货、保证质量、考虑退换等,争取向交大同学提供更优质便捷的配送服务。

对未来充满信心

面对金融危机所带来的就业难,小陆的创业动机则显得更务实。“前段时间工作难找,晚上睡不着觉。看到其他同学陆续有了着落,压力也很大。再加上大家之前都有过创业经历,所以才下定决心要开店。”他表示,目前自己正全力以赴地忙活着“买莫士”的生意。

“一方面多和其他创业‘牛人’交流学习,再加上以前的经验教训,我们对未来抱有希望,”4 个小伙子说,“久病成良医,经过了这么多创业的挫折教训,说不定将来有机会转行搞‘就业培训’了。”小陆打趣说。

启示:21 世纪的信息时代,网络创业拥有着巨大的发展潜力和巨大的市场,而大学生创业者更是在网络中成长的一代,熟悉网络时代的特点和网络操作,是他们网上创业的优势,相信大学生创业者在积累了网上创业的经验后,一定能够在网络时代的洪流中大显身手。

在就业形势日益严峻的今天,创业已成为解决大学生就业的重要途径,随着计算机的普及和互联网的快速发展以及电子商务的蓬勃兴起,使具有门槛低、成本小、风险小等优越性的网上创业成为大学生自主创业的一项选择。

# 8.1 网络创业概述

## 8.1.1 网络创业的发展

1) 网络创业的概念

网络创业是一个新兴词，顾名思义，就是通过网络建立自己的事业或者在网络上建立自己的事业。国外知名学者和机构对“创业”的定义，主要包括4个方面的内容：创业特征、创业过程、创业结果和创业环境。即具有识别机会的能力、创业家的个性与心理特质善于从变化中发现机会、获取机会、创建新组织并开展独立的新业务活动。本书把网络创业定义为“行为者在互联网环境中把握并利用市场机会、协调资源、创建组织以开展新业务的商业活动”。

2) 网络创业的社会背景

(1) 电子商务的迅速崛起

2011年，电子商务摆脱传统销售模式搬上互联网，以用户关怀、主动、互动等多角度与用户进行深层次沟通，互联网信息碎片化以及云计算技术愈发成熟，主动互联网营销模式出现，i-Commerce(individual commerce)顺势而出。其中以IZP科技集团提出的ICE最具有代表性。并且3G的蓬勃发展促使全网全程的电子商务V5时代成型，电子商务已经受到国家高层的重视，并被提升到国家战略层面。

中国互联网络信息中心(CNNIC)发布报告显示，截至2012年12月，我国网民数量已达5.64亿，网购用户超过2.42亿人，占网络用户总数的42.9%。日益发展的互联网产业不仅催生了网络经济，也为创业者提供了新型创业途径——网络创业。网络创业因其成本低、风险小、前景广、成长快等优势而备受创业者青睐，在整合社会资源、带动就业等方面发挥重要作用。

(2) 就业形势的异常严峻

目前，我国社会正处于转型时期，在全球金融危机影响下，企业对新增劳动力的需求减少，使高校毕业生就业压力越来越大。虽然我国经济整体状况和高校应届毕业生就业率有所上涨，但我国经济发展所创造的实际就业需求量却呈现出下滑的趋势，不得不说高校应届毕业生面临的就业压力还是相当严峻的。

(3) 网络经济的巨大吸引力

作为一个相对独立的新兴经济体系，网络经济拥有无穷的魅力。与传统营销模式相比，其创业成本低、门槛低，店面租金要便宜得多，且可大可小、无地区、地域限制，网络无国界，订单可能来自任何人、任何地方。再者，网络购物非常方便，随时随地都有可能接到订单。如此方便快捷的创业模式有着传统的创业模式不可比拟的优越性。大学生作为与网络接触最密切的人群之一,自然想要通过网络创业来赚取人生的第一桶金。

(4)政府的支持

国家不断出台鼓励扶持大学生创业的政策,高校、企业也对创业和网络创业给予重视并组织实施了相关活动、措施,提供了良好的创业环境。1999 年 6 月 1 日,中共中央、国务院颁发的《关于深化教育改革全面推进素质教育的决定》明确提出:高等教育要重视培养大学生的创新能力、实践能力和创业精神。十七大报告提出了实施扩大就业的发展战略,并强调促进以创业带动就业。报告提出:在坚持实施积极就业政策的同时,完善支持自主创业,自谋职业政策,加强就业观念教育,使更多劳动者成为创业者。该政策的出台,为大学生就业面临的严峻形势带来契机。

3)网络创业的发展轨迹

学者潘洪刚通过研究认为,网络创业的发展轨迹大致可分为 5 个阶段。首先是其起步阶段,早在 1993 年,美国总统提出了"信息高速公路"这一概念,意味着网络的作用是无限量大的,从而开始了通过网络进行商务贸易的行为,网络创业开始萌芽。其次是崛起阶段,网络的时代就是时间的时代。1997 年,中国对网络发展投入大量资金,从而有了很多通过网络进行创业的有志青年。第三阶段是就是网络创业的转型和调整阶段,俗话说升得太快必然要下跌,由于当时中国网络环境不是太标准,没有专业的电子商务平台,最终导致"互联网泡沫",许多网络公司纷纷倒闭。第四个阶段就是网络创业新形态——网店的诞生,此时电子商务技术以及平台的不断完善,网络创业的成本降低,使得网络创业现象在此繁盛,此时的大多数人由过去建立网站逐步改为了开网店,淘宝网的诞生更加促进了这种形式的普及。最后是网络创业的普及化,最能体现普及化的一个特征是国家政策的支持,国家政策对创业给予了很高的支持,而网络创业又具有低成本、高收入、低风险等特点,因此被大多数人所认可。

### 8.1.2 网络创业的现状分析

社会竞争的日益激烈,就业人数的日益增多,大学生就业越来越困难。在就业环境越发困难的情况下,大学生选择创业是一种缓解就业压力的方法。随着网络经济的迅速崛起及飞速发展,网络成为时代宠儿,包括大学生在内的许多人看到了网络经济所蕴含的巨大商机及良好的发展前景,创业激情被激发起来。随着互联网技术的蓬勃发展,大学生网络创业为其就业开辟了一条新的道路。

1)网络创业与就业现状

有学者认为就业难是普遍存在于大学生中的问题,原因有高校盲目扩招、人才培养体系与社会需求不匹配以及大学生缺乏必要的社会资本等,尤其在全球金融危机的影响下,大学生的就业处境更为艰难。随着国家对大学生创业的多方支持与鼓励,社会对创业的认同与宽容,创业环境的日益宽松,在越来越多"利好"政策的支持下,激发着大学生网上创业的热情。网上创业不需要大量资金投入，也不需要工作经验，这是吸引财力薄弱的年轻人通过网络致富的重要原因。

有调查表明,从大学生网络创业者自身因素来讲,有近65%的是大专高职类学生,32%的为本科生,研究生学历的不到2%,有近70%的创业者有经济管理类学科背景,创业团队在初期多为一人经营,发展到后期,多以同学和朋友为创业的合伙人。从创业平台的选择上来讲,有近80%的学生选择淘宝网作为网络创业的平台,易趣网、百度有啊、拍拍网等平台大约占10%,还有近10%的学生以自建网站形式创业。

2) 网络创业存在的问题

(1) 缺乏资金支持,经济基础薄弱

困扰大学生创业最重要的问题就是资金问题。大学生创业不缺热情和激情,缺的只有资金。对于家庭经济情况一般甚至存在经济困难的大学生,只有白手起家或者是通过向别人借钱来创业,风险较大;尤其是在面临就业和创业的艰难抉择时,不少大学生创业者在现实的经济压力面前,通常会放弃创业而找一份现实的工作,缓解生活的压力。

(2) 缺乏网络创业的知识和技能

网络创业需要大学生具备一定的知识素质,如网络技术知识、创业学以及相关的商业运营知识等,同时要想创业成功,还应具有较强的创业能力、人际交往能力、识别机会的能力、团队合作能力以及市场开拓能力等。目前中国大学生创业的教育还在起步阶段,大学生知识积累不足,眼界不够开阔,一毕业即创业面临很多的风险。

(3) 学校教育滞后

长期以来,高校忽视对学生的创业意识的培养,没有形成良好的高校教育氛围。“填鸭式”教育是我国高等教育的传统教育模式,老师照本宣科地传授学生知识而忽视学生个性的发展和培养,忽视创业意识和创业能力的培养。尽管我国高等院校已开始逐步启动大学生创业,但高校未在探索创业型人才的培养上,对加快和造就大批真正具有创业精神和能力的创业人才方面发挥应有的主导作用。

(4) 相关政策缺失

目前国家对大学生网络创业的支持依然是个盲点,在很多地方,大学生通过网络创业很难被界定为属于资助的范围。网络创业发展本身在法制、税收、安全等方面存在隐患。

### 8.1.3　网络创业的趋向预测

1) 网络创业的形式将多元化

近些年来,电子商务迅速崛起,网络经济兴起,网络购物已经渐渐成为人们不可或缺的生活方式。由于成功案例的吸引,各种电子商务或网络创业大赛的推动,加上严峻经济危机的逼迫,网络经济展示出它所蕴含的巨大商机和良好的发展前景,网络创业的观念也日益增强。随着网络技术的发展,网站平台的完善,网络创业的形式也越来越丰富,走向多元化。这些都推动了巨大就业人口的产生。

2)网络创业的政策环境将会宽松

为了鼓励全民创业,发挥创业经济在促进经济增长和创造工作岗位方面的作用,调查显示中央政府陆续出台了一系列创业优惠政策,从融资、开业、税收、创业培训、创业指导、建立完善的资金支持体系等诸多方面扶持民众创业。除此之外各地政府针对本地区情况也出台了一系列创业优惠政策。网络创业的政策环境越来越宽松,有利于就业人口的扩大。

3)大学生日益成为网络创业的重要生力军

随着互联网的快速发展和电子商务的蓬勃兴起,门槛低、成本少、风险小等优越性,使网上创业进入人们的视野,越来越成为大学生创业的一种新选择、新趋向。如今,随着高等教育进入大众化阶段,更多网络创业的大学生来自普通大众。大学生创业在近几年开始引起社会的关注,国家鼓励大学生创业以弥补岗位的缺失,同时也能够为其他社会劳动者创造更多的就业机会。目前全国有百余所高校依托电子商务平台,为大学生提供就业与创业机会,提高了大学网上创业与就业能力。

4)网络创业有待改进的方面

但是我们看到,国家对网络就业促进社会就业,还缺少相关的政策,缺乏完善的网络创业和就业的认证制度。目前,网络就业人群尚未纳入国家就业统计当中,影响了网络就业人员获得国家就业创业的有关法律法规支持。可喜的是,地方政府已经做出了探索性的实践,这些环境包括良好的政策法律环境、社会扶持环境、良好的网络平台载体环境以及良好的公共服务环境等,这样可以促进和保证大学生网络创业的顺利进行。

中国就业促进会课题组(2013)研究认为,未来5~10年,网络技术将是社会与经济变化的主要技术性驱动因素,电子商务发展将对促进中国制造向中国"智"造转型,推动现代服务业发展发挥积极作用;网络创业将促进就业规模不断扩大,就业质量不断提高。

## 8.2 网络创业模式

对网络创业者而言,选择合适的创业模式是实现成功创业的前提。

### 8.2.1 网络创业的基本模式

传统的创业模式是指创业者为保障自身的创业理想与权益，而对各种创业要素的合理搭配，即创业的组织形式、创业的方式确定、创业的行业选择组成了创业模式。然而对于网络创业模式，目前学术界并无明确的定义。本书采用了林小菲等人的研究结论：网络创业模式是指创业者在互联网经济的背景下，以现代网络技术为基础确定的各种创业要素的组合。随着网络创业人数的不断增加，其形式日趋多样化。根据商业形式的不同将现有的网络形式归纳为以下4类基本模式。

1）产品和服务销售模式

该模式是指创业者通过互联网或其他电子渠道，依据交易主体的需求直接销售商品或提供服务，包括咨询、展示、交易、支付及售后服务等一系列商业活动。产品和服务销售模式改变了传统的生产经营和消费方式，以其创业成本少、风险系数小、技术要求低等优势成为最基本的网络创业模式，其典型的应用形式有：

（1）开设网上商店

创业者通过入驻网上商城、注册顶级域名或使用网店程序等方式开设网上商店进行产品或服务的宣传与交易。根据交易主体的不同，网店可分为C2C、B2C及B2B 3种模式。相较于线下实体商家，开设网店更易达到薄利多销的盈利目的。

（2）自建网上商城

创业者通过自建网上商城为世界各地的买家或供应商提供网络平台，吸引商家入驻，并将信息流、物流和货币流3部分有机结合，以向商家收取平台使用费、会费、佣金和广告位置费等方式实现盈利。

2）访问量利用模式

创业者对个人网站或企业网站进行内容的策划与宣传，以增加网站的访问量并以网站的访问量为资源，向商家收取广告费；或通过设置搜索排名、会员资格以及提供网络营销推广服务等方式向信息提供方及搜索方收取费用。访问量利用模式对创业者的技术能力和营销策划能力要求较高，具体形式有：

（1）建立搜索引擎网站

搜索引擎网站以强大的数据资源为基础，为用户提供功能性搜索、垂直性搜索及相应的推广服务。创业者根据网站点击量向商户收取竞价排名费、广告费等。该模式主要为使用者提供免费服务，而向利用网站访问量的商家获取收入。

（2）策划网站运营方案

创业者利用自身的网络技术和营销知识为客户策划网站内容并制订详细的运营方案，以帮助客户提高网站的访问量，增加营销收入。

（3）运营网络社交平台

创业者通过运营网络社交平台，获取高点击率和广泛的粉丝基础，再利用该平台信息传播的高效性与便捷性向商家收取信息发布费、广告费、业务经营权费和会员服务费等。

3) 创意类商品交易模式

创业者利用互联网将个人知识、智慧、经验、技能等无形的创意类商品通过交易转化为实际收益,以使交易双方达到各取所需的目的。此类创业者一般具备某项技能专长,主要涉及科学、技术、工作、生活、学习、文学等领域。具体主要形式如下:

(1) 成为"威客"

创业者通过威客网站完成为委托人的指定任务,再以线上交易的方式获取收益。"威客"群体以年轻人为主,包括不少在校大学生。随着威客收益的不断提高,多数人由最初的"兼职赚钱"转变为"全职创业",使其成为当下十分流行的网络创业新形式。

(2) 做淘客

淘客是指借助个人微博、博客等网络媒介对所购商品按卖家信誉度、价格、质量等标准进行归类并推广,以从委托人手中收取相应报酬的网络创业群体。此外,淘客还可利用论坛、群等方式组织团购活动,增强谈价能力以从中获取利差。

(3) 担任网络写手

网络写手通过网络平台发表小说供人阅读,以玄幻和言情小说居多,并按阅读点击率确定作者收益。此创业形式不仅风险低,而且自由度高,深受文学爱好者青睐。

4) 网络技术业务模式

创业者利用自身的网络专业技术以编写网络程序、制作网页或提供互联网基础设备等服务实现商业利润。该模式一般要求创业者具备较高的技术水平和一定的资金能力。具体形式如下:

(1) 销售或注册授权软件

创业者根据市场需求利用网络编程技术编制出具备特定功能的软件。前期以免费试用等手段进行推广,在形成一定的消费基础后,通过销售软件或捆绑广告、安装插件等方式进行收费。

(2) 设计或制作网页网站

网页制作是网络创业的基本形式之一,其技术要求参差不齐,常见的方式有制作静态知识型网页、使用模板和管理系统制作企业网页、制作大型网站等。创业者一般根据主营业务的技术复杂度确定企业的规模。

(3) 运用搜索引擎优化技术

创业者选定客户网站需推广的关键字,根据百度、谷歌等搜索引擎的收录及排序标准,利用搜索引擎优化技术对网站进行优化设计,使其在搜索结果中排在前列而拥有更高的访问量和收益。

### 8.2.2 网络创业模式的特征

网络创业模式本质上是以网络技术为基础的创业的组织形式、方式以及行业选择的组合,不同的组合方式呈现不同的特点。以下通过结合典型的企业案例,从创业的启动资金量、资金来源、团队人数、推广方式、盈利模式等方面分析总结出不同模式的特征。

1)产品和服务销售模式的特征

CNNIC 统计报告显示,截至 2012 年 12 月,我国网购用户规模达 2.42 亿人,网购使用率提升至 42.9%,与 2011 年相比,网购用户增长 4 807 万人,增长率为 24.8%。数据表明,产品和服务销售模式已成为网络创业的最基本模式,深受创业者青睐。

以淘宝网为例,作为中国最受欢迎的网购零售平台,它不仅为淘宝会员提供安全高效的交易平台,也为网络使用者创造了更多的创业机会,如"七格格 Top 潮店"。"七格格 Top 潮店"创建于 2006 年 8 月,旗下拥有 Othermix 和 IAIZO 两个品牌。公司通过扎实的品牌基础和成功的运营模式实现了跨越式发展,2008 年的销售额仅为 200 万元,2009 年上升至 3 000 万,2010 年突破亿元大关,达到了 1.5 亿,实现了 500%的增长率,成为淘宝网成长最快的女装品牌之一。

通过以上案例分析,将产品和服务销售模式的主要特点概括如下:

(1)创业启动资金较低,以自给为主

调查数据显示,超过 70%的该模式创业者的启动资金在 1 000 元以内,大部分为数百元,甚至仅仅只有几十元,主要是网络平台使用费、会员注册费等。

(2)运营费用少,创业风险系数较低

网上商店仅需向电商平台开发企业支付网店租金、交易佣金及网站维护建设费等,运营成本较少,资金占用率低,很大程度上降低了创业风险。

(3)推广方式以产品促销和广告宣传为主

缺乏资金的小规模商家大多采取商品减价促销的推广方式,而有实力的大型商家则倾向于借助第三方平台投放广告,进行推广。

(4)技术要求较低

仅需掌握基本的网站平台操作技术,并具备一定的经营能力、财务管理以及社会关系处理能力等素质即可,迎合大众创业者的创业能力。

(5)盈利模式较简单

网店的盈利模式较简单,主要通过销售产品和服务获利。而提供网络平台服务的创业者则以收取平台使用费、会费、佣金和广告位置费等方式实现盈利。

2)访问量利用模式的特征

根据 CNNIC 统计报告,截至 2012 年年底,我国搜索引擎用户规模为 4.51 亿,较 2011 年年底增长了 4 370 万人,年增长率为 10.7%,在网民中的渗透率为80.0%。

可见,网络已成为当下信息传递最高效便捷的方式,为创业者提供了良好的市场环境。访问量利用模式对创业者的技术能力、资金水平及营销能力都具有较高要求。

以新浪微博为例,2009 年 7 月 1 日新浪微博开始立项,8 月底实现对外开放,此后不断升级,2009 年 8 月正式上线公测。2012 年年底,新浪微博注册用户数量已超过 5 亿,日活跃用户数达 4 620 万并均保持稳定增长。新浪微博的快速发展离不开强大的资金支持、完善的信息资源以及专业化的运作团队。

通过上述分析,将访问量利用模式的特征概括如下:

(1)创业的启动资金数额高

截至 2012 年 12 月底,我国网页数量以达 1 227 亿,比 2011 年同期增长41.7%。创业者要想在激烈的竞争中脱颖而出,必须加大网站建设,及时更新数据库信息,而这需要强大的资金支持。因此,该创业模式对启动资金的要求较高,一般在千万元以上。

(2)创业资金来源多样化

由于该创业模式投入资金的数额要求较高,因此资金来源往往并不单一,主要包括团队内部募集、银行贷款、风险投资等方式。

(3)推广方式多元化,线上与线下相结合

为充分提高网站知名度、增加访问量,创业者往往选择多元化的推广方式,即线上推广与线下推广相结合。线上推广主要利用大型门户网站进行链接推广或广告宣传等;线下推广主要以活动赞助或自行举办活动等方式开展。

(4)运营费用较高,创业风险系数高

该模式要求创业者定期进行网站维护和数据库更新,因此不仅要求前期投入数额较大的启动资金,中期还需投入较高的运营费用。巨大的资金投入和激烈的竞争环境使该创业模式的风险系数较高。

(5)盈利模式多元化

该模式以网站的访问量为资源,主要通过向商家收取广告投放费、用户注册会员费及第三方应用分成(如游戏收入)等途径实现盈利。

3)创意类商品交易模式的特征

当下,搜索引擎的广泛应用已成为信息传递的主要渠道,为人们检索信息创造了巨大便利,然而,其在应用过程中呈现出不少弊端,主要体现在两大方面:一方面,搜索引擎为用户提供免费资讯,在无形中侵犯了信息提供者的知识产权;另一方面,搜索引擎应用的是人工智慧,无法为客户提供创造性结果。因此催生了新型网络创业模式——创意类商品交易模式,其中威客就是该模式的典型代表。接下来,将以威客为例,对这一模式的特征进行阐述。

威客网站诞生于 20 世纪 70 年代末,是 BBS 互动式问答功能的扩展,如猪八戒网、任务中国、K68 威客网等。一名成功的威客不仅要能熟练地使用网络互动问答平台,更需具备丰富的知识、经验以及某项专业技能。因此,当下威客群体主要由大学生、工作量不饱和的专业人士等知识型人才组成。威客通过为委托方提供创意类产品，如建筑设计、网页制作、程序编制、活动策划等，有针对性地解决客户的个性化需求，从而获取收入。一般情况下，威客收取客户总标额的80%作为收入，余下部分则成为威客网站平台运营商的利润来源。

结合以上的案例分析，对创意类商品交易模式的特征归纳如下：

(1)创业启动资金低，以自给为主

若不考虑前期的教育投入，该模式所要求的启动资金数额低，以自给为主，主要用于平台的会员注册，部分网站甚至免费注册。

(2)对创业者知识、技能要求较高

该模式要求创业者必须创造性地解决客户的个性化需求，将个人知识、经验、技能等无形资产转化成实际收益，因此创业者需要具有较高的知识水平和特定的专业技能。

(3)创业团队规模小

该模式的创业者一般以个人或小规模的创业团队为主，团队人数基本在5人以内。

(4)推广以口碑营销为主

创业者自身的知识、技能水平将决定客户的满意度，因此，口碑营销是该模式最有效的推广方式。此外，创业者还可借助大型社交网站进行自我推广。

(5)盈利模式与实体商品交易模式相同

创业者运用自身的知识、专业技能满足客户的个性化需求，以获得客户支付的等价报酬，其盈利模式与实体商品销售模式本质上是相同的。

4)网络技术业务模式的特征分析

CNNIC的调查报告显示，截至2012年12月底，我国IPv4地址数量为3.31亿，域名总数为1 341万个，国际出口带宽为1 899 792 Mbps，年增长率为36.7%。互联网硬件设施的改善为网络技术实现多元化、个性化的发展创造了更广阔的平台，也吸引了更多的创业者选择此种创业模式，并涌现出不少的成功企业，如腾讯公司、通王科技、天空软件站和PPTV网络电视等。接下来，以PPTV网络电视(别称PPLive)为例分析该模式的特征。

PPLive是一款大规模的网络视频共享软件，根据PPLive公布的数据，2011年该网站在线用户数量最高达250万，平均数量约为120万，网站用户覆盖率持续增长。PPLive的成功离不开成熟的技术团队和强大的资金支持，它将P2P和网络视频两大技术结合在一起，凭借技术优势迅速发展。创业初期，PPlive得到了风险投资的青睐，先后获得软银中国创业投资有限公司、SBCVC和BlueRun创投基金的注资，有效地解决了其初始资金问题。PPLive将盈利模式定位为视频广告收费模式，其利润主要来源于广告，互动增值服务和技术支持。

结合以上案例分析，对网络技术业务模式的特征归纳如下：

(1)启动资金要求较高,初期发展需大量的资金支持

该模式的启动资金主要应用于开发试运营技术,又称为"试错成本",资金数额较高,并且在发展阶段仍需强大的资金支持,金额在百万美元至千万美元不等。

(2)资金来源以风险投资为主

若创业者所拥有的技术项目具有较强的市场竞争力,则易受风险投资者的青睐,获得发展的资金支持。此外,银行和其他金融机构的贷款资助也是重要的融资渠道。

(3)创业团队技术水平要求高,成员综合素质强

为增强项目的市场竞争力,实现经济效益,该模式不仅要求创业团队具备较高的技术水平,还需具备一定的营销推广能力、项目管理能力等。

(4)推广方式以口碑营销和广告宣传为主

该模式创业者一般选用多元化的推广方式,包括社交平台推广、口碑传播、SEO 推广、广告宣传以及举办线下活动等,其中口碑营销和广告宣传是最主要的推广方式。

(5)盈利模式多样化

网络技术的差异性导致企业的盈利模式不尽相同。大部分创业企业的利润是由技术服务费和广告宣传费两部分组成。

## 8.3 网络创业基本知识

### 8.3.1 网上开店的流程

要在网上开店创业,首先就要有适宜通过网络销售的商品,并非所有适宜网上销售的商品都适合个人开店销售。网上开店都有一定的操作流程。

第一步,认真做好规划。

你需要想好自己要开一家什么样的店。在这点上,开网店与传统的店铺没有区别,寻找好的市场自己的商品有竞争力才是成功的基石。

第二步,选择开店平台或者网站。

你需要选择一个提供个人店铺平台的网站,注册为用户。这一步很重要。

大多数网站会要求用真实姓名和身份证等有效证件进行注册。在选择网站的时候,人气旺盛和是否收费以及收费情况等都是很重要的指标。现在很多平台提供免费开店服务,这一点可以为您省下了不少资金。

第三步,向网站申请开设店铺。

你要详细填写自己店铺所提供商品的分类,例如你出售时装手表,那么应该归

类在“珠宝首饰、手表、眼镜”中的“手表”一类，以便让你的目标用户可以准确地找到你。然后你需要为自己的店铺起个醒目的名字，网友在列表中点击哪个店铺，更多取决于名字是否吸引人。有的网店显示个人资料，应该真实填写，以增加信任度。

第四步，进货。

可以从您熟悉的渠道和平台进货，控制成本和低价进货是关键。

第五步，登录产品。

你需要把每件商品的名称、产地、所在地、性质、外观、数量、交易方式、交易时限等信息填写在网站上，最好搭配商品的图片。名称应尽量全面，突出优点，因为当别人搜索该类商品时，只有名称会显示在列表上。为了增加吸引力，图片的质量应尽量好一些，说明也应尽量详细，如果需要邮寄，最好声明谁负责邮费。

登录时还有一项非常重要的事情，就是设置价格。通常网站会提供起始价、底价、一口价等项目由卖家设置。假设卖家要出售一件进价 100 元的衣服，打算卖到 150 元。如果是个传统的店主，只要先标出 150 元的价格，如果卖不动，再一点点降低价格。但是网上竞价不同，卖家先要设置一个起始价，买家从此向上出价。起始价越低越能引起买家的兴趣，有的卖家设置 1 元起拍，就是吸引注意力的好办法。

但是起始价太低会有最后成交价太低的风险，所以卖家最好同时设置底价，例如定 105 元为底价，以保证商品不会低于成本被买走。起始价太低的另一个缺点是可能暗示你愿意以很低的价格出售该商品，从而使竞拍在很低的价位上徘徊。如果卖家觉得等待竞拍完毕时间太长，可以设置一口价，一旦有买家愿意出这个价格，商品立刻成交，缺点是如果几个买家都有兴趣，也不可能抬高价钱。卖家应根据自己的具体情况利用这些设置。

第六步，营销推广。

为了提升自己店铺的人气，在开店初期，应适当地进行营销推广，但只限于网络上是不够的，要网上网下多种渠道一起推广。例如购买网站流量大的页面上的“热门商品推荐”的位置，将商品分类列表上的商品名称加粗、增加图片以吸引眼球。也可以利用不花钱的广告，比如与其他店铺和网站交换链接。

第七步，售中服务。

顾客在决定是否购买的时候，很可能需要很多你没有提供的信息，他们随时会在网上提出，你应及时并耐心地回复。但是需要注意，很多网站为了防止卖家私下交易以逃避交易费用，会禁止买卖双方在网上提供任何个人的联系方式，例如信箱、电话等，否则将予以处罚。

第八步，交易。

成交后，网站会通知双方的联系方式，根据约定的方式进行交易，可以选择见面交易，也可以通过汇款、邮寄的方式交易，但是应尽快，以免对方怀疑你的信用。是否提供其他售后服务，也应根据双方的事先约定。

第九步,评价或投诉。

信用是网上交易中很重要的因素,为了共同建设信用环境,如果交易满意,最好给予对方好评,并且通过良好的服务获取对方的好评。如果交易失败,应给予差评,或者向网站投诉,以减少损失,并警示他人。如果对方投诉,应尽快处理,以免为自己的信用留下污点。

第十步,售后服务。

这一点不用多说了,完善周到的售后服务是生意保持经久不衰的非常重要的筹码,应不断地与客户保持联系,做好客户管理工作。

### 8.3.2 网上开店的商品选择

确定要开一家网上店铺后,“卖什么”就成为最主要的问题了。在确定卖什么的时候,要综合自身财力、商品属性以及物流运输的便捷性,对售卖商品加以定位。目前,个人店铺的网上交易量比较大的包括服装服饰、化妆品、珠宝饰品、手机、家居饰品等。在这方面,网上开店与传统的店铺并无太大区别,寻找好的市场和有竞争力的产品,是成功的重要因素。

在考虑卖什么的时候,一定要根据自己的兴趣和能力而定。尽量避免涉足不熟悉、不擅长的领域。同时,要确定目标顾客,从他们的需求出发选择商品。目前,主流网民有两大特征,一是年轻化,以游戏为主要上网目的,学生群体占有网民相当的比重;其次是上班族,代表了主流网民的另一大基本特征——白领或者准白领。了解了主流网民的基本特征,就可以根据自己的资源、条件甚至是爱好来确定是撒下大网、打主流,还是剑走偏锋、独辟蹊径。特色店铺到哪里都是受欢迎的,如果能寻找到切合时尚又独特的商品,如自制饰品、玩具 DIY、服饰定做等商品或服务,将是网上店铺的最佳选择。

此外,商品自身的属性也对销售有制约作用。一般而言,商品的价值高,收入也高,但投入相对较大。对于既无销售经验,又缺原始资金的创业族来讲,确实是不小的负担。网上交易地域范围广,有些体积较大、较重而又价格偏低的商品是不适合网上销售的,因为在邮寄时商品的物流费用太高,如果将这笔费用分摊到买家头上,势必会降低买家的购买欲望。

1)主力商品

主力商品是指所完成销售量或销售金额在销售业绩中举足轻重的商品。网店的主力商品的增加或减少、主力商品的经营的好坏直接影响网店盈利的高低。决定一个店主投入精力、体力、时间、感情的收益指标。确定网站在市场中的定位以及整个店铺在买家心目中的定位,主力商品的构成一般可以考虑以下几类:

①感觉性商品。在商品设计上,格调上都要与整个网店形象相吻合并且要予以重视,个性化的商品也属于此类别。

②季节性商品。配合季节性的需要,能够多销的商品。

③选购性商品。与竞争者相比较，分析顾客群体，易被选择的商品。

2）特色商品

网上商店在经营主力商品之外，还得保留自己店铺的特色经营其他商品。这不仅可以弥补主力商品的不足，增加主力商品的销售，而且还可以从不同的方面树立一个店铺形象。“别人有的我也有；别人没有的我也有。”当然，原则上是和同类别主要的竞争对手相比。这种“小而全”的商品并不能带来多大利润，一般大都不会亏损，最重要的是赢得客户，树立形象，这在买家全面对比中影响很大。

3）辅助商品

它是与主力商品具有相关性的商品，其特点是销售力方面比较好，其重点是：

①价廉物美的商品。对于顾客来说，在价格方面较为便宜，而且实用性高。

②常备的商品。对于季节性方面可能不太敏感，但必须与主力商品具有关联性而且容易被顾客接受的商品。

③常见物品。即不需要特地到处去挑选，而是比较容易买到的一般商品。

4）附属品

附属品是辅助商品的一部分，对顾客来说，也是易于购买的目的性商品。其重点为：

①易接受的商品。就是顾客看到很容易接受而且立即想买的商品。市场需要明显的或绝对优势的。

②安定的商品。具有实用性，但在设计品味、流行上没有直接关系的商品，即使卖不出去也不会成为长期积压资金的库存，任何时间都能脱手。这种性质商品很多，就不举例了。

③常用的商品。乃是日常使用的商品，在顾客需要时可以立即购买的商品价格认知度高。

5）刺激性商品

为了刺激顾客的购买欲望，可以针对上述3类商品群中选出重点商品，必要时挑出某些单品来，以主题系列的方式在显眼的地方陈列出来，借以带动整体销售效果或利润率较大的商品。其重点为：

①战略性商品。即配合战略需要，用来吸引眼球，在短期内以一定的目标数量来销售的商品。没多大利润，就做销量了，注意尽量不要亏本。大部分买家没有详细的计划性和明确的目的性，无的放矢就毫无战略可言了。时机是网店最多考虑的因素之一。

②开发性商品。为了考虑今后的大量销售，个体店主应积极地加以开发的商品，并与货源上家配合所选出的重点商品。要有一定的市场观念，无远虑就会有近忧了。

③特选性商品。利用陈列的表现加以特别组合，其有较强的吸引力且易于冲

动购买的商品。大小卖家经营功底由此可见。

### 8.3.3 网上开店常见平台介绍

网上开店需要一个好的平台，一般是通过大型网站注册会员进行售卖，创业者通过注册成为网站会员，然后依靠其网站开设店铺。在人气高的网站上注册建立网店是目前国内最火的开店方式，目前常见的网上开店平台分别是淘宝、易趣、拍拍网。

1) 淘宝网

淘宝网是亚洲最大的网络零售商圈，致力于打造全球首选网络零售商圈，它目的业务包括 C2C(个人对个人)、B2C(商家对个人)两大部分。

自 2003 年 5 月 10 日成立以来，淘宝网基于诚信为本的准则，从零做起，在短短的半年时间，迅速占领了国内个人交易市场的领先位置，创造了互联网企业的一个发展奇迹，真正成为有志于网上交易的个人的最佳网络创业平台。

淘宝网倡导诚信、活泼、高效的网络交易文化。在为淘宝会员打造更安全高效的商品交易平台的同时，也全心营造和倡导了互帮互助，轻松活泼的家庭式文化氛围，让每位在淘宝进行交易的人，交易更迅速高效，并在交易的同时，交到更多朋友，成为越来越多网民网上创业和以商会友的最优选择。

2) 易趣网

1999 年 8 月，易趣在上海创立。2002 年，易趣与 eBay 结盟，更名为 eBay 易趣，并迅速发展成国内最大的在线交易社区。eBay 易趣秉承帮助几乎任何人在任何地方能实现任何交易的宗旨，不仅为卖家提供了一个网上创业、实现自我价值的舞台，品种繁多、价廉物美的商品资源也给广大买家带来了全新的购物体验。

2006 年 12 月，eBay 与 TOM 在线合作，通过整合双方优势，凭借 eBay 在中国的子公司 eBay 易趣在电子商务领域的全球经验，以及国内活跃的庞大交易社区与 TOM 在线对本地市场的深刻理解，2007 年，两家公司推出为中国市场订制的在线交易平台。新的交易平台带给国内买家和卖家更多的在线与移动商机，促进 eBay 在中国市场的纵深发展。

3) 拍拍网

拍拍网是腾讯旗下的电子商务交易平台，网站于 2005 年 9 月 12 日上线发布，2006 年 3 月 13 日宣布正式运营。

依托于腾讯 QQ 超过 7 亿的庞大用户群以及 3 亿活跃用户的优势资源，拍拍网具备良好的发展基础。2006 年 9 月 12 日，拍拍网上线满一周年。通过短短一年的迅速成长，拍拍网已经与易趣、淘宝共同成为中国最有影响力的 3 大 C2C 平台。拍拍网一直致力于打造时尚、新潮的品牌文化，并希望打造一个全新的“社区化电子商务交易平台”，为广大用户提供诚信、安全的在线网购新体验。

## 8.4　网络店铺的经营策略

### 8.4.1　进货渠道策略

在确定了自己的经营商品范围之后，就要去寻找物美价廉的货源。网上开店，进货是一个很重要的环节，不管是通过何种渠道寻找货源，低廉的价格是关键因素，找到了物美价廉的货源，你的网上商店就有了成功的基础。当然网上开店因为手续简单，也可以随时根据自己发现的货源情况，确定自己的经营方向，网上开店，大致可以从以下渠道找到货源：

1）批发市场进货

这是最常见的进货渠道，如果你的小店是经营服装，那么你可以去周围一些大型的服装批发市场进货，在批发市场进货需要有强大的议价能力，力争将批发价压到最低，同时要与批发商建立好关系，在关于调换货的问题上要与批发商说清楚，以免日后起纠纷。

适合人群：当地有这样的大市场，自己是具备一定谈价能力的创业者。

2）厂家进货

厂家进货也是一个常见的渠道，去厂家进货，可以拿到更低的进货价，但是一次进货金额通常要求会比较高，增加了经营风险。经营网店，最好认识在厂家工作的朋友，或者自己直接就是在厂家工作的，这样进货就没有任何问题了。

适合人群：有一定的经济实力，并有自己的其他分销渠道的创业者。

3）大批发商处进货

一般用百度、Google 就能找到很多。他们一般直接由厂家供货，货源较稳定。不足的是因为他们已经做大了，订单较多，服务难免有时就跟不上。而且它们一般都有固定的回头客，不怕没有批发商，你很难和他们谈条件，除非你定的次数多了，成为他的一个大客户，才可能有特别的折扣或优惠。而最糟糕的是，他们的发货速度和换货态度往往差强人意。订单多发货慢一点倒也可以理解，只要我们提前一点订货就可以解决。真正的问题在于换货。收到的东西有时难免有些瑕疵，尤其是饰品。所以事先要做好充分的沟通与协商。

适合人群：有自己其他的分销渠道，销售量大的创业者。

4）关注外贸产品或 OEM 产品

目前，许多工厂在外贸订单之外的剩余产品或者为一些知名品牌的贴牌生产之外会有一些剩余产品处理，价格通常十分低廉，通常为正常价格的 2~4 折，这是一个不错的进货渠道。但一般要求进货者全部吃进，所以创业者要有经济实力。

适合人群：有一定货源渠道的朋友，同时有一定的识别能力。

5) 买入库存积压或清仓处理产品

因为商家急于处理，这类商品的价格通常是极低的，如果你有足够的砍价能力，可以用一个极低的价格吃下，然而转到网上销售，利用网上销售的优势，利用地域或时空差价获得足够的利润。所以，你要经常去市场上转转，密切关注市场变化。

适合人群：适合有一定资金实力，对这个行业比较了解的创业者。

6) 寻找特别的进货渠道

比如，如果你在香港或国外有亲戚或朋友，可以由他们帮忙，进到一些国内市场上看不到的商品，或者一些价格较低的商品。如果你是在深圳珠海这样的地方，甚至可以办一张通行证，自己出去香港、澳门进货。

适合人群：适合有这样渠道，同时能把握流行趋势的创业者。

在以上进货渠道中，对于小本经营的卖家而言，后3者更适合一些，但是要找到这样的进货渠道难度大一些，需要卖家们多用时间，细心留意。

### 8.4.2　网店装修策略

网店装修直接关系到买家对店铺第一印象的关键因素，因为咱们的客户只能从网上的文字和图片来了解我们，了解产品，所以做得好能增加用户的信任感，甚至还能对自己店铺品牌的树立起到重要的作用。

1) 定下大框架

就如同我们装修住房一样，在装修前要预先订一个大的框架，哪里做卧室，哪里做厨房，哪里做隔断，哪里设玄关。网店也是这样，店主装修前要有一个清晰的思路。店铺的特色是什么？主营什么？目标客户是哪些？自己要有一个明确的定位。

2) 根据店铺规模选择装修方式

你是选择收费还是免费的呢？现在有许多提供网店装修服务的网站，如果你是大型专业类网店，建议你选择专门的装修站点进行装修，以提高网店的品位和知名度。如果只是个人打理的网店，为节省资金，建议选择DIY模式自己动手装修。

3) 和谐是美，风格与形式一定要统一

除了整体要协调外，整体风格也要整体统一，在选择分类栏、店铺公告、音乐、计数器等东西的时候要有整体考虑。一会儿用卡通人物，一会儿用浪漫温馨，一会儿又搞笑幽默，风格不统一是装修的大忌。

4) 主题突出，切忌花里胡哨

店铺装修的漂亮，确实能更多地吸引买家的眼球，但我们要清楚一点，店铺的装饰别抢了商品的风头，毕竟我们是为了卖产品而不是秀店铺，弄得太多太乱反而影响商品效果。

5）做好文字和图片的前期准备，避免用时忙乱

店名、店标、签名、商品图片、店铺公告的文字内容等，如果有条件的话可以事先准备好。这样，可以大大提高装修效率。如果提前准备有困难，那么最起码也要打好腹稿。

大千世界，芸芸众生，想让身边的人记住我们靠的是我们的名字，网店亦如此，一个好的店名可以让顾客过目不忘。店铺名称是否妥当直接关系到店铺的生意和形象，店名的好坏对消费者的视觉刺激和心理影响是很重要的，是能否引起消费者的好奇心和能否把商店牌子打响的关键，网店起名应从以下几个方面考虑。

①店名必须与经营商品相吻合，要能反映店铺的经营特色，使消费者易于识别店铺的经营范围，并产生购买欲望。

②店名必须新颖，不落俗套，使买家产生兴趣和好奇心。

③店名应给人以美感和艺术修养。

④店名应易读，易记，朗朗上口，不要使用偏字、怪字、生僻字，店名是推广自己的最佳途径。

### 8.4.3 营销策略

1）网店的广告策略

（1）利用好网站内其他推广方式

比如多参加网站内的公共活动，为网站作贡献，可以得到一些关照，网店自然也可以得到相应的推广。

（2）利用留言簿或论坛宣传自己的网店

注意一般不要采用直接发广告的形式，一般的论坛对于广告帖是格杀勿论的，可以采用签名档，将自己的网店地址与大概的经营范围包括在签名档里，无形中会引起许多阅读者的注意，进入你的网店，进而成为你的客户。

（3）广开门路，广交朋友

通过认识许多朋友，介绍他们关注你的产品，争取回头客，更争取让你的客户为你介绍新的客户。

（4）设立一个免交易费和登录费的网店

如果你现在的网店是需要支付交易费或登录费的，那么不妨设立一个不需要这些费用的网店，对于每一个成交的客户，介绍他们以后通过新的网店浏览并购买你的产品，降低商品的销售成本。

（5）借势搜索引擎

在各种提供搜索引擎注册服务的网站上登录网店的资料，争取获得更多的浏览者进入网店。

2) 网店的定价策略

为你经营的商品制定一个适当的网上销售价位是十分必要的。网上开店的商品定价可以遵循以下的原则:

①销售价格要保证自己的基本利润点,不要轻易降价,也不要定价太高,定好的价格不要轻易去改。

②包括运费后的价格应该低于市面的价格。

③网下买不到的时尚类商品的价格可以适当高一些,低了反而影响顾客对商品的印象。

④店内经营的商品可以拉开档次,有高价位的,也有低价位的,有时为了促销需要甚至可以将一两款商品按成本价出售,主要是吸引眼球,增加人气。

⑤如果不确定某件商品的网上定价情况,可以利用比较购物网站,在上面输入自己要经营的商品名称,在查询结果中你就可以知道同类商品在网上的报价,然后确定出自己的报价。

⑥如果自己愿意接受的价格远远低于市场售价,直接用一口价就可以了;如果实在不确定市场定价或者想要吸引更多买家,可以采用竞价的方式。

⑦定价一定要清楚明白,定价是不是包括运费,一定要交代清楚,否则有可能引起麻烦,影响到自己的声誉,模糊的定价甚至会使有意向的客户放弃购买。

3) 网店的支付策略

目前的网上开店主要由几种付款方式:网上支付,邮局汇款、银行汇款、货到付款,为了方便顾客付款,应该给出多种选择,不要只接受一种支付方式,因为这样很可能会因为顾客感觉不便而失去成交机会,当然,一般情况下不要接受货到付款的方式,原因很简单,增加了己方的经营风险。

4) 网店的送货策略

目前网上开店主要是采用的送货方式主要有以下几种:

①普通包裹,普通包裹用的是绿色邮单,寄达时间需 7~15 天。

②快递包裹,与普通包裹类似,只是寄达时间加快许多。

③EMS 快递,安全可靠,送货上门,寄达时间更快,只是费用较高。

④挂号信,适合比较轻巧的物品,20 克以内,寄达需 3~5 天,注意物品要多包几层以免挤压损伤。

⑤其他快递,目前国内快递业发展很快,送货也可以采用一些 EMS 之外的快递公司,前提是对方是正规的快递公司,比较 EMS,可以节省 50%左右的费用。

⑥专人送货。如果顾客就在本市,可以考虑直接送货上门。与这种方式相结合可以采用货到付款的方式。

### 8.4.4 人力资源管理策略

当网店销售规模达到一定程度,仅凭店主一个人很吃力,而又无法继续扩张的时候,再想扩大经营时会有点力不从心,这时候就需要组建一个网络销售团队。网店管理是一个具有持久性、连贯性和整体性的系统工程,所以对于人手有限的网店来说,掌握一定的管理方法来提高工作效率至关重要。根据管理的范围和内容的不同,在专门的网络销售团队中,有客服人员、库房管理人员、财务出纳人员、采购人员等。

1)寻找合适的客服

客服主要负责与顾客联系、建立客户档案并进行管理、收发邮件、到账查款、信用评价、给顾客发送促销活动通知等烦琐的日常工作,是网店和顾客间的纽带和桥梁。所以第一个应该增加的职位是客户服务。一般安排一个人专职做就可以了,如果你分类多、交易大,或是还有其他网站的业务可以安排2~3人分工负责。客服最好是细致、耐心、机灵点的女孩,最基本的要求是普通话要标准、打字速度要快,反应灵敏。

客服人员首先需要掌握的就是先熟悉产品,如果可以的话,尽量多教客服点东西,当店主不在的时候,客服可以独当一面。

为了加强与顾客间的良好关系,保证和拓宽客户群,客服人员最好花一些时间来研究顾客的购物心理,分析他们对服务方面的需求。如果有空余时间可以陪顾客或网友聊聊天,培养潜在的顾客,但一定要注意时间的把握,要在不耽误自己其他工作的前提下适当安排时间。

2)确定客服人员薪水待遇

客服人员的工资一定要和销售量挂钩,一般要按量提成,但是还要给一个最低保障。千万不能是固定的工资,否则员工肯定没有积极性的,而且很容易觉得收入和工作强度不成比例。客服人员的合理薪水应该包括底薪+提成+奖励-处罚。

底薪需要根据各地的消费水平来定,因为某地消费水平最能反应当地的经济发展情况。所以,卖家在聘客服前要仔细了解一下当地的经济情况,把当地常见的服务行业的工资标准都了解一下。这样做的目的是不要亏待了客服人员。卖家肯定都知道,客服这项工作是最烦琐的,所以薪水不能定太少,太少了没有人会愿意干的,但是底薪又不能定太高,太高了人容易会产生惰性,要定一个合适的底薪。

3)商品拍照登录人员

这个位置可以说是网上生意的"核心技术",很多卖家都是自己在做。在网店达到一定规模后,有成千上万的商品,就需要一个专人来管理在线商品,而这个又必须和客服分开。店主应该把主要精力放在进货上,至于拍照、描述、登录最好也找个有网页设计基础的人来做。第一可以保证页面制作美观专业,第二可以增加推广力度。任何职位工资都要与业绩挂钩,这个职位的提成也可以用网上拍下商品的数量,或商品的浏览量来计算提成等。

4)财务人员

财务的工作是每天记账管钱,银行查账可以交给客服来做,但是财务要每天复查。如果已经注册的公司的还要做必要的报表。另外买办公用品,交水电费用都可以让财务去做。虽然对技术要求很低但是财务的人选比较关键,最好是自己的直系亲属,如老爸老妈、兄弟姐妹、老公女朋友等。如果实在没有就雇个有会计证书的,因为这样的人毕竟要在这个行业发展,相对会有较高的职业道德。

作为财务人员还要学会使用简单的表格统计店铺每天的收入和支出,做到及时、完整、准确地进行整理汇总,综合分析,建立相应的统计报表。

5)库管员

如果商品种类多、数量大,可以请一个专职库管员。库管员是一个较为辛苦的角色,作为库管员,除了要拥有库管员的职业要求外,还必须具有较强的工作责任心和热情的服务态度。必须随时关注店铺的库存余量,确定哪些商品已经缺货,以便将其及时下架,以免给有此商品需要的顾客造成困扰。此外,通过定期盘点库存,并推出相应的促销活动来清仓,还可以快速动销产品,盘活资金。对于服装、食品等时效性较强的商品来说,及时清仓是减少亏损的一种有效方法。

6)忠实的采购人员

网店商品的采购一般是店主自己做,也可以用自己的亲戚负责帮忙进货。很多店主都不愿意用外人做采购,第一是怕进货时吃回扣,第二是怕采购员自己出去单干。不过如果采购量确实很大,而自己又没有亲戚帮忙,那也可以招聘专门的采购人员,一般可以用下面两种人:

第一是随遇而安型,这种人一般没什么太大野心,对生活也没有太多要求。可以跟着干很久,一直都是个帮手,没有自己创业的魄力。但是缺点是进取心不强,另外可能会贪小便宜吃点回扣,只要不太过分完全可以采用。

第二种是豪爽型,这种人可能胸怀大志,野心不小,但是为人正直,性情中人。他不贪朋友的小便宜,而且进取心强,主动性很高。缺点是天下没有不散的宴席,也不可能让人家干很久,只要走后不用你的关系与你在同一个平台竞争就不算过分。

7)建立奖罚分明制度

卖家最头疼的可能就是客服对于网上店铺信誉度并不是很关心,所以在售后服务方面并不是很积极,有时也会因为态度不好得罪买家,最好制定一些奖罚措施。比如出一个差评扣100元;连续2个月都是好评奖300元等。

当然有一点要注意,要先分析原因,要仔细听客服的解释,再以店主的身份跟顾客联系,只要事实弄清楚就好办了,如果的确是客服的过错,那么必罚无疑,罚一次全体客服都会引以为戒的。还有就是处罚和奖励的额度一定要提前拟订好,打印出来贴在客服的工作间里显眼的位置。

8)设立投诉专线

设一个专门用于投诉的电话,这个专线最好是店主本人的手机号,这样做的话，既可以监督客服工作，又可以服务买家。

9）做好老板的学问

要成为一个好老板就要和蔼可亲，只有这样才会得到员工们的支持。首先要把自己摆正位置，在管理的原则上要真正为员工服务，只有这样才会得到员工的认可，让他们把公司当成自己的，达到盈利赚钱的目的。一般较好的是下面两种。

第一种：为人谦和，容易沟通，重情重义型。是儒家学说的典范。与员工兄弟姐妹相称，以德服人。员工往往发自内心的把工作做好。当然这也和自己的性情相关，不是谁都能达到这种高度的。

第二种：身先士卒，赏罚分明，说一不二型。坚定的法家拥护者，以法制赢天下。制定严格的纪律并且主动遵守，该赏则赏，该罚必罚。虽然严厉了一点，但是新的员工也容易融入体制，不怕人员流动。但是大事情上还是要宽广一些。

## 思考题

1.网络创业有哪几种基本模式？

2.什么是主力商品？什么是刺激性商品？

3.网上开店有哪些进货渠道？

4. 网店的广告策略可以采取哪些措施？

## 自我测试

### 你适合开网店吗？

下面的3个问题，请不要思考，直接回答，来测试你到底是否适合在网络创业。

第一个问题，你曾经一个人独立地完成过一项相对困难的工作吗？比如十字绣花了半个月时间，在一个网游里很快升到满级，坚持很长时间长跑训练，独自旅行……

A.有过，但不是一个人

B.经常发生

C.很少有过这样的经历

D.从来没有

第二个问题，你通常的处事方式是以德报怨，还是以怨报德，还是以牙还牙呢？

A.以怨报德

B.以德报怨

C.以牙还牙

D.无所谓

第三个问题，你曾经的工作是固定薪水还是绩效薪水呢？

A.没工作过

B.绩效薪水

C.固定薪水

D.工作太多,记不清了

**说明**

第一题测试的是AQ,也就是在创业的时候抵御困难的能力,而独立完成,是与网店工作性质的吻合度,如果经常有,并且都能很好完成,说明与网店的吻合度较高。

第二题测试的是在网络创业的过程遇到的公关类问题,包括客户服务,包括与官方或者合作方遇到问题时的处理方式,在经营网店时你很可能遇到很多不公平,但是这种不公平大家都会遇到,所以它是客观存在的,那么对于所有人来讲它就是公平的,如果像有人讲过那样一个差评就能到大街上砸人家的车子,那劝您还是不要接触的好。

第三题测试的是你的投资理念,网店是生意,不是工作,如果没有投资思维,就很难成功。

如果您的三个选项里没有B,你可能很难说能在网络创业成功,如果有一项或者两项B,说明你具有一定的性格基础,但是同样请你仔细思考自己到底是否适合这个项目,如果三项都是B,请放心地做吧,通过努力相信你一定可以在淘宝找到自己的一席之地。

## 创业加油站(实践练习)

参照《网上花店开店创业计划书》写一份自己的网上创业计划书

### 网上花店开店创业计划书

一、项目背景

千姿百态的花儿述说着千言万语,每一句都述说着“美好”,特别是现在。随着人们的生活水平不断地进步,生活质量不断地提高和对生活的追求。鲜花已经是人们生活不可缺少的点缀!花卉消费近些年来呈越来越旺的趋势,除了花卉本身所具俏丽姿容,让人们赏心悦目,美化家居等功效外,它还可以开发人们的想象力,使人们在相互交流时更含蓄,更有品位。

这样我们创办网上校园花店以鲜花专递为市场切入点,兼顾网站长期市场占有率和短期资金回报率以抢占市场,以满足个性消费为主题,以鲜花为试点带动其他产品,最终能形成具有“地质大学青岛花店”品牌优势的市场是十分可行的。

二、公司项目策划

(一)提供鲜明,公司使命

有效、畅通的销售渠道,提供产品服务为根本,促进鲜花市场的大发展。我们的青鸟将成为一个可爱的信使,把祝愿和幸福送到千家万户。为人们创造最佳生活环境。

(二)公司目标

立足地大,服务武汉,辐射华中。创建网上花店一流的公司(喜盒网 xeehaa.cn)。

本公司将用一年的时间在武汉的消费者中建立起一定的知名度,并努力实现收支平衡。在投入期仅选择网站总站所在地质大学西校区作为试点市场,该区市场容量在 3 000 人以上,较有代表性,试点时间为一个半月。当模式成功后,以 ASP 的形式在分站推广。经过 3~6 个月的运营后再扩张到其余的市场。

三、经营环境与客户分析

(一)行业分析

“地质大学青鸟花店”网站是由在校大学生推出的面向 650 万在校大学生的垂直网站,因此目标消费者定位为在校大学生。该网站除武汉地质大学的总站外,在湖北各高校设有分站,因此,暂定的目标消费群以湖北各高校大学生为重点,将来逐步扩大市场,以中国地质大学为例,各类在校生近 2 万人,则投入 8 校共有近 20 万的目标消费者,而最新的统计表明,全国在校大学生有 650 万左右,这样的市场规模是相当庞大的,而且考虑到将来在校生毕业后仍将成为网站的忠诚客户这一现实,目标市场的容量将是相当可观的。

(二)调查结果分析

本公司对武汉的各高校大学生为重点进行客户分析,主要采取问卷调查和个别访谈的方式。此次我们共发出问卷 50 份,收回 37 份。由于时间有限,问卷数量不多,但还是从一定程度上反映了广大消费朋友的消费心理和需求:

①有明显的好奇心理,在创新方面有趋同性,听同学或朋友介绍产生购买行为。

②购买行为基本上是感性的,但由于受自身经济收入的影响其购买行为又带有理性色彩,一般选择价位较低但浪漫色彩较浓的品种。

③在校大学生没有固定的购买模式,购买行为往往随心所欲。

④接受和吸收新事物的能力强,追求时尚,崇尚个性。

⑤影响产品购买的因素依次为:价格、品种、包装、服务等。

⑥购买行为节日性很强,一般集中在教师节、情人节、圣诞节及朋友生日前后。

(三)目标客户分析

在校大学生购买一般不问价格,但从网上订单来看侧重于中档价位。在订单数量上倾向于能表达心声,如大多数订购 1 支(你是我的唯一),3 支(我爱你),19

支(爱情路上长长久久),21 支(最爱)等,在教师节这一天往往以班级人数为单位订购鲜花。包装一般倾向于要求高档化,有向个性化方向发展的趋势,对鲜花的质量要求比较苛刻,如不允许有打蔫现象等。

四、经营策略

(一)小组成员

| | |
|---|---|
| 黄金金(组长) | 主要负责网站的制作和维护 |
| 蒋文敏 | 主要负责开发计划 |
| 李　鑫 | 主要负责经营策略与项目规划 |
| 王　鹏 | 主要负责市场调查和结果分析 |

(二)营销策略分析

1.品牌策略

网站建设初始,我们便非常重视品牌。在品牌包装上,由美工人员根据详细的市场调查和大胆预测,采取动态与静态页面相结合的设计方案,从视觉形象和文字字体都经过精心规划,力求具有独特创新。

2.价格策略

青鸟网上花店在原料、包装、服务等方面力求尽善尽美,努力给客户最大限度的享受和心理满足。既走价格路线,又走质量路线,满足不同层次消费者的需求。

3.促销策略

(1)宣传策略

利用学校广播站、报栏、宣传栏免费宣传另外利用网站本身信息流优势宣传和突出形象,并与各大报社,地方电台与电视台建立良好的关系,采取互惠互利双赢的战略模式。

(2)服务方面

网上花店的服务必须是一流的,对于配送队员而言,只要有订单,就必须按照订单要求按时按地送到,并且是微笑服务。在售后服务方面,由客户服务部负责采取以下几种方式:

①打感谢电话或发 E-mail 进行友情提醒服务,并在客户重大节日时发电子贺卡。

②无条件接受客户退货,集中受理客户投诉。

③设立消费者调查表,附赠礼品,掌握消费者需求的第一手资料。

④第一次订购的客户将收到随花赠送的花瓶,并享受价格优惠,成为会员后享受会员价格。

⑤不定期地在网上或离线召开会员沙龙,交流信息,沟通感情,并解答客户最感兴趣的问题。

⑥建立客户数据库档案,客户重复订购时只要输入名字,客户的其他信息便自动调入系统。

4.渠道建设

就目前来看,网上花店主要是与一级批发商建立业务关系。选择批发商时,一般考察其经营业绩、信誉、合作态度、供货是否及时等方面,要求此批发商在同一城市有位于不同区域的几家营销网点,以便于各高校配送成员就地取花。通常与批发商签订合作协议,就价格与产品质量等问题达成一致意见。

(三)网上花店策略实施

1.市场范围选择

在投入期仅选择网站总站所在中国地质大学西校区作为试点市场,该区市场容量在3 000人以上,较有代表性,试点时间为一个半月。该模式成功后,以ASP的形式在分站推广。先在已经建成的另外7个分站试运营,经过3~6个月的运营后再扩张到其余的市场。

2.重点宣传客户

宣传对象以在校学生为主,他们对流行感兴趣,往往容易领导潮流,而对于逻辑思维较强的工科学生,我们利用先期的受众进行传播达到宣传效果。

3.现场促销

选择每年9月8日和9月9日两天为重点宣传日期,在此之前,将宣传单分发至学生宿舍。宣传内容包括:

①悬挂统一的彩色横幅,位于校园主干道上,数量为3~5条,以“青鸟花店”网址和“校园花店隆重推出”为题搭配悬挂。

②在校园人流量较高的位置如宿舍门口和食堂附近搭一宣传台,摆放3~5台计算机,可以上网查询并订购;放置一宣传板详细介绍花店内容,并摆放实物鲜花,在宣传当天将配送礼品现场送出。

③请学校广播站播发“青鸟花店”宣传部门拟定的宣传材料,在早、中、晚各一次,连续数日。

④为营造气氛,安排两名小姐佩戴写有“青鸟花店”网址的绶带,进行解说,并组织抽奖活动,中奖者可以现场订购20元以下的鲜花,由网站付款。

⑤在宣传当天,请与学校有关的媒体到现场报道,如武汉晚报、各地方电视台等。

五、营销效果预测与分析

(一)营业额收入

据调查分析,我们可以预测在主要节假日,每天销售额在1 000元以上。

(二)支付方式

根据有关材料网上在线支付将会达到20%,我们正积极与招商银行等金融单位联系建立业务合作关系,促进在线支付。

(三)订货方式

E-mail定单,直接进入“青鸟花店”网站校园花店订购,电话订购。另外,我们重点推出备受学生喜欢的短信订购。

(四)客户特点

年轻化,100%为青年人,以男性学生为主;他们信誉高,文化素质高,无坏账现象。

(五)消费特点

60元以下的鲜花最受欢迎。

(六)信息基础设施

公司网站主要是以虚拟主机的形式存在的,故公司暂时不需要具备信息方面的硬件设施。对于信息软件的开发和网站的建设,公司将通过内部成员中计算机较好的同学和招聘有这方面特长的成员来共同完成。B2C网站虽然在理论上可以实现零库存,但是现实中要达到这一点却很困难。

六、经营成本预估

(一)原则

把每一分钱用在刀刃上,充分发挥每一分钱的价值。

(二)初期投资

这一时期,资金主要用于外购整体网络服务(虚拟主机)、产品采购、系统开发和维护、前期宣传、物流配送等方面上。预计需要人民币2万元左右。从网站建立到网站正常运作起来大约需要一个月的时间。

(三)第二期投资

这一阶段我们的服务将辐射各大高校和武汉市区,服务的内容会有很大的扩展,服务的质量也将有进一步的提高。其资金来源主要是公司前期盈利的积累和外来资金的引入,如银行的信贷。

七、系统开发计划

(一)系统开发计划

根据公司创建初期资金缺乏的情况和我们开发小组的实际情况,我们决定选择虚拟主机的方式来建立我们公司的网站。当然随着业务的扩大,资金的充裕,我们会考虑建立公司自己的网站。在系统初具雏形后,公司将根据预定的系统功能要求来逐步进行实时测试。系统的完备无疑是一个测试,完善,再测试,再完善的过程,直至系统功能达到公司预期的要求。

(二)系统逻辑方案

系统逻辑方案是实现电子商城的经营目标,策略和方式的总体框架。下面结合本公司实际情况做出图解说明五大模块:系统商务活动流程、系统总体逻辑结构、系统数据分布、信息处理模块和安全控制模块。

八、项目小结

(一)主要工作完成情况调查

了解到广大大学生朋友的真实需求,而且公司从实现目标,运营机制,项目策略等方面都进行了总体规划。另外,在系统开发计划方面,公司也结合我国的实际情况,参阅了大量的关于网站服务方面的文献,也结合了课堂上所学的电子商务的知识,做出了适合公司的网站运作流程和设计流程,以及适合我们公司的系统逻辑方案。

最重要的是,针对目前鲜花市场上适合大学生朋友特殊要求的情况,我们自行设计了一系列服务产品,如短信订购鲜花、附带祝福卡片、电话传情等,并且制定了合理的价位。与此同时,我们还设立了论坛,不仅满足了广大青年学生等切实需要,也可以满足社会不同年龄层次消费者的需求。

(二)不足与困难之处

由于我们企业刚刚开始计划,资金方面存在严重不足,同时由于时间紧迫,整个计划书难免有所欠缺,不过我们会尽量地去充实和完善。在网站设计,制作方面,由于我们小组成员对与此相关的知识了解得不够多,致使我们在网站设计时有很大的困难,但是经过我们的共同努力和协作,青鸟花店网站已初具规模,送人玫瑰之手,终究留有余香。我们相信,在以后的努力中,本网站一定会得到进一步的完善。

(资料来源:大学生创业网)

## 扩展阅读

### 网上创业——店铺无生意的原因及解决方法

**问题一:没有充分的时间打理店铺。**

没有在淘宝上开店,总觉得在淘宝上开店铺省时省力省心,其实不然。很多淘友都说在淘宝上开店比开实体店还要累,还要操心,确是如此!时间不能很好地得到保证,确实是个很大的问题!有客户来,看到你不在也会走了,好可惜!

**解决方法:**

1.人不能在线,尽量保持开机,旺旺保持在线,并设置自动回复,自动回复里包括:主要经营范围、最近优惠活动、你的联系方式、电话、手机、QQ、邮箱、MSN 等。这样客人感到你很有心,说不定就会收藏你的宝贝和店铺等你回来哦!

2.尽量在客流量大的时候保持在线,在客户流量的黄金时段保持在线太重要了,客户流量大说明此阶段真正买东西的人最多,成交的几率也最大!据统计淘宝上统计客户流量最大的时段是14:00—17:00和19:00—22:00,尽量在这两个时间段在线哦!切记切记!

3.你的旺旺上的状态还是“我有空”么?如果是的,快改过来!改成你的促销活动、你的联系方式等!点击登录→更改我的状态→设置状态信息!比如我的改成:好消息好消息!即日起在本店购买任何商品,3 件包平邮,5 件包快递!

**问题二:店铺宣传力度不够。**

淘宝上店铺据说有5 000万家,你的店铺在淘宝里只是相当于大海里的一滴水,如果不注意宣传,商品又不够有特色,几乎就是淹没在茫茫淘海中了。买家很难搜索到你的店铺,没人来,自然就没有生意了!

**解决方法:**

店铺宣传采用无孔不入宣传法,宣传面越多越好,各位卖家深刻地认识到店铺宣传的重要性!

1.第一时间告诉家人,所有亲戚,所有朋友,所有同学,所有同事,所有认识的人,楼下小卖部的阿姨也可以告诉,说不定这些人都是你潜在的客户!同时也把你的QQ个人签名改成:你的淘宝店铺:http://shop*********.taobao.com,欢迎光临!在你所有的群上发这条消息。第二步进军校友录,将这个留言在校友录上置顶,所有的人都看得到!第三步,开通QQ空间,上传你的商品和店铺信息,在我的所有博客上发布商品信息,做到无孔不入。

2.在淘宝论坛上发帖,回帖!这个同样重要!因为来淘宝社区的不是买家就是卖家,成为你的客户的几率极大!在淘宝社区上发帖最好是原创帖,因为原创帖加精的话,就有银子奖励哦,加油啊!有朋友会问奖励银子有什么用啊?银子可以去抢广告位,抢到淘宝的广告位对于一个卖家来说何等重要啊!注意不要发广告帖啊!被删的话可能会被扣银子哦!

3.打开百度主页,点空间!进入你的空间,这是自己的地盘,可以自己做主啦。发广告帖没人管哦,可以发关于自己商品的帖子啊!多多贴照片上去。比如你是卖"唯依饰品",你在空间发了一篇关于"唯依饰品"的帖子后,再到百度上搜索"唯依饰品",就看到你的帖子了,在帖子上写下淘宝店的网址,你的联系方式等,如果有人感兴趣的话,生意就来了。

4.寻找可以免费发布网店信息的网站,尤其是和你的网店有相关性的网站。如互联网购物站点导航(CHINA)购物一千零一页(http://www.shop1001.com),免费注册很快,注册之后就会在其首页显示你的网店的链接。

5.和淘友做友情链接。找些网店做得好的淘友,和他们做友情链接,这样他们的一部分客户有可能成为你的客户。

6.在百度知道里面搜索问题(注意:一定是待解决的问题哦!),然后用心回答,回答完问题后,发现下面有一个参考资料栏,在这里输入你的店铺网址和经营范围等,例如:我是"唯依饰品"专卖的,我先搜索"送女朋友什么礼物?"这个问题,然后出现很多,点击待解决的问题,这时,你就可以点进去回答啦!最好用的心思去写,加入你的问题被评为最佳答案,那就太好啦!下次谁搜索同样的问题就可以看到你的答案啦!有人感兴趣的话,生意不就又来了。

总结:宣传很重要,而对于淘宝卖商品的卖家们,宣传绝对是必须要学习的学问。不然怎么和别人竞争?

**问题三:宝贝名称和宝贝描述的讲究。**

**解决方法:**

1.宝贝名称淘宝里宝贝发布时规定不超过30个字,那么我们就要好好利用这30个字,八仙过海,各显神通啦!首先宝贝描述尽量包括多个关键字,此话怎讲呢?例如:情侣饰品,情侣饰品4个字只包括2个关键字,即情侣和饰品。看我怎么描述:【百分百好评】信誉强烈推荐精美925纯银情侣对戒19元/套。顺便提一点,新手们没有钻石皇冠来撑腰,但是百分百好评是一块极好的招牌哦,据了解,大部分钻石级和皇冠级的卖家都不是百分百好评信誉的,所以一定要好好利用自己的优势,不要一味地唉声叹气,我们也有优势哦!看到自己和别人的优势和劣势才能更好地知己知彼百战百胜!再来一个:迎五一,大促销,全球独一无二新品也特价,精美925纯银情侣对戒,很吸引人吧!关键字多,且信息全面哦!不过这两个例子只是代表个人浅显之见,大家多在淘宝里逛逛,看看各位大侠们是怎么样写宝贝名称的,多多学习学习。还要提到一点就是,宝贝名称中可以加一些特殊符号,增加醒目程度!

2.宝贝描述同样不容忽视哦!描述尽量做到全面、详尽、简洁明了,不拖泥带水!也可以用描述模版,美观大方!

**问题四:宝贝发布的时间要注意。**

**解决方法:**

1.这里面也有学问的哦!发布过宝贝的人都知道,发布时间有7天和14天两个选择,有的朋友可能就随便选一个时间。其实最好选7天,因为大家都知道淘宝上搜索的时候是按照宝贝的结束时间来排序的,如果你选的是14天,那就是说,别人的宝贝轮了两次,你的宝贝才轮一次哦!这样一来,你的宝贝展示的机会无形中就减少了一半!

2.还有发布时间的问题。前面我已经提到淘宝上客户流最大的时段是14:00—17:00和19:00—22:00,那么尽量保证在这个时间段发布你的宝贝哦,好处就是让你的宝贝在客流量最大的时段快要结束,这样别人搜索到的几率又大了。

**问题五:店铺公告巧利用。**

没有写店铺公告,这样不好!不仅要有,还要花心思写好,写出吸引人的地方!

**解决方法:**

由于店铺公告是滚动式的,所以最吸引人的地方应该写在最上面,一般的买家都不会有耐心慢慢看。所以一定要把最新的优惠活动放在第一行哦!比如五一大促销、周末礼品大放送等,然后联系方式留下,以为你不可能保证24小时在线啊,你不在线的时候来的买家也可以找到你!店铺公告可以设计的漂亮醒目一些,这也是吸引顾客的一个方面哦!

**问题六:宝贝的价格定位。**

许多卖家不知道怎么定宝贝的价格,定高了没有生意,定低了没有利润,淘宝店铺如此多,没有经济基础,没有固定的货源和客户群,跟钻石和皇冠级的卖家没法拼。怎么样才能让买家在众多的店铺中进入你的店铺呢?价格的定位及其关键。

**解决方法:**

一部分商品定进货价,另一部分定一个适中的价格,先把客户引进来。也许他在你店里又发现了其他的东东,一起买,不就带动生意了吗?再加上你态度好,服务到位,发货速度快(这也是卖家的优势哦!要自信!)给买家留下好印象,下次他有同样的需要,或者朋友要买,他可能就会首选和推荐你的店铺的。慢慢的,你的生意就好起来啦。总之在淘宝上做生意,薄利多销是原则!切记!

**问题七:心态一定要平和。**

这一点可能大家都忽略啦!其实这一点也很重要。很多卖家是从买家演变过来的,作为买家的时候不知道开店的艰辛,以为坐在家里就可以赚钱,不错,就匆匆忙忙开个店,殊不知那些超级大卖家所经历过的艰难困苦现在终于修成正果!所以艰难困苦的旅程是任何一个选择淘宝开店人的必经之路。不要整天愁眉苦脸唉声叹气,到处嚷嚷为什么我没有生意。这样很不好,做人要乐观,要积极向上,多找原因,少自卑自恋!其实我在上面也频频提到作为卖家的种种优势,好好利用自己的优势,我相信天道酬勤!只有自信的人才能更早地看到希望和成功的曙光。我相信每一个选择淘宝的人最初都是雄心壮志的,保持下去,不管你的经历如何艰难,想想自己当初的雄心,想想钻石和皇冠级卖家曾经也有你这样彷徨的时候。调整好心态,笑对人生吧!

(资料来源:http://www.helptaobao.cn/thread-890614-1-1.html)

## 2013年中国网络购物市场报告

该报告分别对中国电商行业最新的变化进行梳理,对中国网购消费者的行为习惯变化进行总结,对品牌商、垂直电商、平台电商破局策略进行观察,目的在于,整个中国网购平台格局尽管马太效应初现,但依然在快速变动中,机会依然,因为品牌、购买体验、服务等网购硬需求依然未被充分满足。

一、远未饱和的中国网购市场

2012年,中国网购市场规模已超过12 000亿元,占据中国社会零售总额的6%,并自2003年起至2011年期间保持了100%的年复合增长,这一扩张速度已超过世界任何一个国家,一个快速变动的中国网购市场需要重新被认识。

(一)中国,世界第一大网购市场

2012年,中国网购规模达人民币12 594亿元,年增长达66.5%,并在过去的五年间保持高速增长,市场规模增长超过10倍。剔除通胀因素,2020年中国网购规模预估将达到25 000亿~40 000亿元,据保守估计其规模将是2011年的3.5倍(图8.1)。

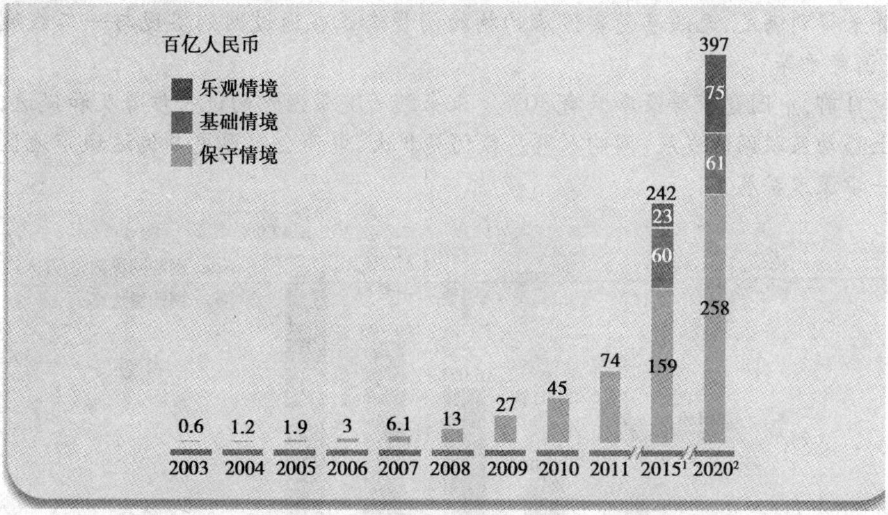


**图 8.1 中国网络零售市场规模,2003—2020**

(数据来源:麦肯锡全球研究院,中国网络零售革命,2013 年 3 月)

另外,中国网购渗透率已超过美国,2012 年中国网购交易规模占社会消费品零售总额的 6.3%,美国目前这一比例为 5%。预计到 2020 年,中国网购交易规模将占社会消费品零售总额的 10%~16%。

是什么支撑并推动了中国网购市场在未来十年将继续一枝独秀?据麦肯锡全球研究院以及波士顿咨询公司的研究发现,主要有 4 大因素:

因素 1:2020 年人均网络消费达人民币 1 500~2 400 元/年,将是现在的 3~5倍。

因素 2:3G/4G 的普及促进了网购用户人口,宽带普及扩大了 PC 端网购用户基数。

因素 3:银行卡使用的普及率也在提升,为网购进一步增长提供了便利条件。

因素 4:到 2020 年,中国富裕阶层(家庭年均可支配收入至少 12 万人民币)将达到 2.8 亿人,占中国总人口的 20%。

富裕阶层消费额将超越日本成为世界第二,在中国富裕阶层中 60%会选择网购作为重要消费渠道,且正从其他消费渠道转向网购。

(二)中国消费者,世界第一大网购消费群体

随着网络在全世界普及,在网民增速放缓的情况下,中国网络购物用户依然增长迅猛,2012 年,中国网络购物用户规模已达到 2.42 亿人,网购用户比例提升至 42.9%(图 8.2)。

中国网购消费者的超快增长使得中国零售市场出现了一个独特现象:在中国零售市场中,中国互联网覆盖率已超过实体零售商覆盖率。面对广阔的中国市场,品牌实体店覆盖城市数量仍然有限,而在三四线城市和广大农村被激发的消费需

求并未得到满足，无法享受实体店购物的消费者正在通过网购实现与一二线城市的“消费平等”。

目前，中国宽带普及率只有30%。未来随着宽带网络的进一步普及和提速，再加上移动互联网的发展，网购人群基数仍见扩大，电商会实现更多偏远城市地区的进一步深度扩展。

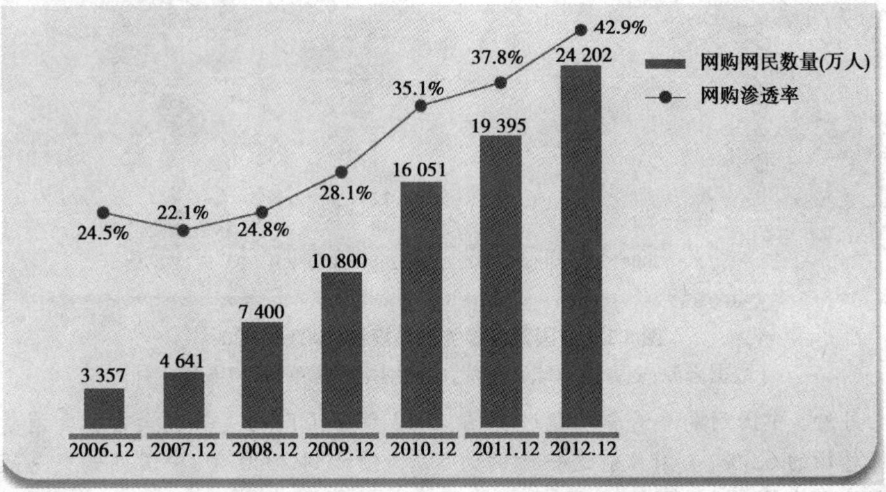


图 8.2　2006—2012 年中国网购用户数量用渗透率

（数据来源：　CNNIC，2012 年中国网络购物市场研究报告 2013 年 3 月）

（三）中国网购市场结构，变是最大的关键词

在中国网购市场一直向好的背后，中国网购市场结构也一直处于快速变动中，市场机会也一直孕育其中。

相比美国垂直电商占比76%，中国垂直电商的增长潜力仍然巨大。根据麦肯锡的统计，截止到2011 年中国垂直电商占比大约10%，美国同期76% 。鉴于用户需求提升以及在平台电商上创业品牌的成熟，垂直电商增长潜力很大。

智能手机的普及也在进一步扩大网购用户基数，智能手机使得三四线城市和农村的用户跨越了之前固网宽带时代的局限，直接进入到移动购物时代，释放了购买力。中国移动端交易占比到2011 年仍不到2%，2012 年占比4%，预估在2015 年将增至23%，移动互联网时代的网络购物将进一步提速。

智能手机也催化了社交化分享购物网站的繁荣，并逐渐影响网络消费决策，比如从众消费、炫耀消费、提前消费等。另外社交化分享也在一定程度上承担了品牌普及教育的功能，让网购消费者对品牌的选择更趋于理性。

二、远未满足的网购需求

中国消费者对网络购物的依赖前所未有的增强，一线城市的人均年度网络购物消费额近6 130 元人民币，与美国的差距逐年缩小，并且对中高档品牌以及海外品牌的消费需求急剧膨胀，网购频率也在大幅提升。

（一）旺盛的购物需求

中国网购用户消费能力旺盛，其中一个最有力表现就是年消费额在10 000元以上的超级消费者现身，来自富裕阶层的资深网络购物用户正在成为电商企业最为看重的“香饽饽”。

除了网购消费额度的不断上涨，网购消费频次也在水涨船高。根据普华永道的统计，中国消费者的网购频率更领先于全球平均水平。在中国，50%的网购用户每周至少网购一次，而全球这一比例的平均数为29%。

在消费品类方面，个性化需求更为强烈。而线下实体店的商品种类和覆盖率不能满足广大消费者。网购中，服装鞋帽仍是主力，有着价格优势3C也是高频次购买品类。然而随着更多的初级网购用户变身资深网购达人，再加上富裕消费者的涌入，与个人护理以及生活方式相关的消费品不断上升。

当更多的用户上升为富裕消费者，与个人护理和生活品质的相关品类将会需求旺盛，与保健、3C产品和婴儿产品相关的品类也会走俏。

特别在线下实体店覆盖率有限，特别是中高档品牌的覆盖率有限的三四线城市，比一二线城市有更多可支配收入的富裕消费者逐渐增多，对网购的依赖性也会更高。

（二）网购新需求

在旺盛的网购需求背后，一些新的需求也随之出现，其中很明显的就是海外品牌需求，海外代购的品类体现出较强的富裕阶层消费倾向，服装、化妆品、婴儿用品、3C产品和保健品为主要品类。

不过目前海外代购热需求的背后，也面临运送时间长且无售后保证的市场瓶颈。反过来看，这也是海外品牌尤其中高档品牌快速进入并抓住中国消费市场的机会。

三、待解决的电商痛点

尽管旺盛的网购需求支撑起包括淘宝、天猫在内的电商平台以及如当当之类的垂直电商的快速崛起，然而高速增长的背后也难免泥沙俱下，电商行业在发展过程中也遭遇了一些看似难以摆脱的痛点。

（一）网购用户流失严重

哪怕中国领先的电商网站流失率也近10%，长尾电商面临更多的用户流失，首要原因是商品不齐全、质量难保证，售后环节难保证等（图8.3）。

随着网站数量增多，用户购买渠道增多，对单一网站的忠诚度明显下降。再加上支付手段相对统一，用户在各家电商之间转换成本较低，对电商企业而言，商品品牌差异化和价格战成为留住用户的重要手段（图8.4）。

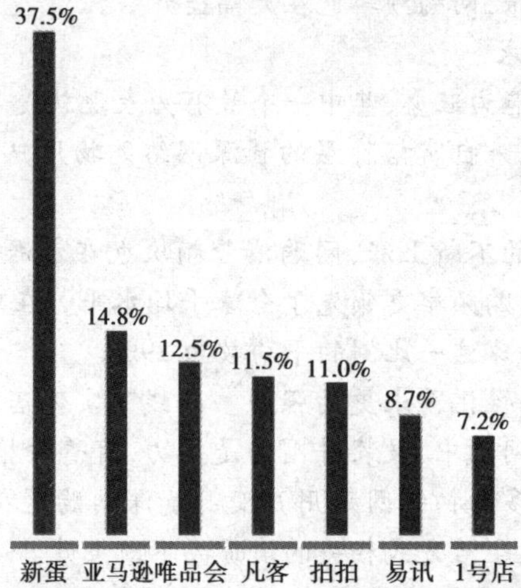


图 8.3　2012 年主要购物网站用户流失率

（数据来源:CNNIC,2012 年中国网络购物市场研究报告,2013 年 3 月）

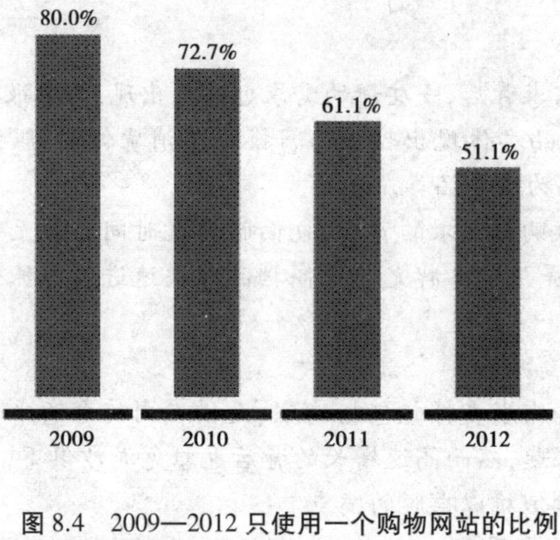


图 8.4　2009—2012 只使用一个购物网站的比例

（数据来源:CNNIC,2012 年中国网络购物市场研究报告,2013 年 3 月）

（二）转化率普遍偏低

网购用户平均浏览时间在减少,但各家电商的转化率并未显著提高。即便领先电商转化率依然偏低,从产品页到付款确认页的转化率仅有 1%（图 8.5 和图 8.6）。

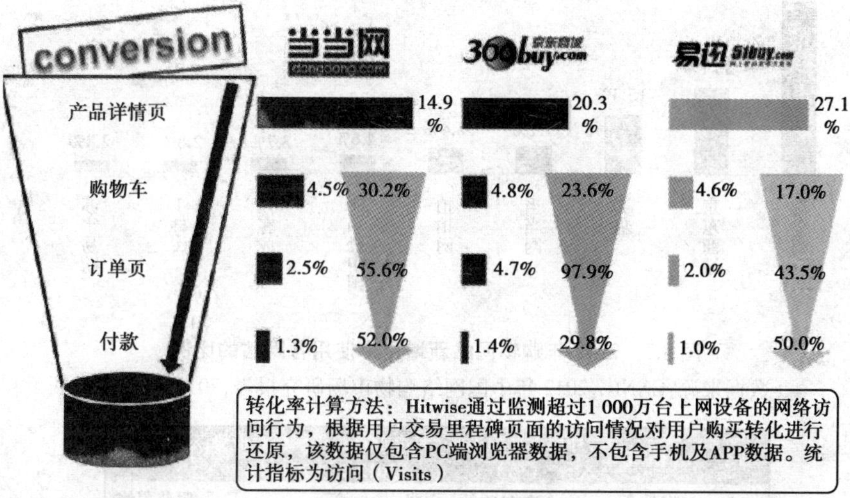


图 8.5 Hitwise:部分电商网站 2012 年 7 月 8 日至 7 月 14 日访问转化率数据

(数据来源:Hitwise，电商网站访问转化率数据,2012 年 8 月)

| | 访问到放入购物车 | 放入购物车到下单 | 下单到在线支付 |
|---|---|---|---|
| 行业平均 | 4.5% | 32.6% | 25.1% |
| 京东商城 | 6.4% | 38.9% | 29.4% |
| 当当网 | 9.0% | 35.8% | 36.4% |
| 凡客诚品 | 6.4% | 39.1% | 29.0% |
| 一号店 | 7.7% | 26.6% | 8.3% |

图 8.6 B2C 网站转化率

(数据来源:中国电子商务研究中心,数据分析提升电子商务转化率,2012 年 9 月)

(三)新用户转化成本逐年上升

2012 年中国电商数量比 2011 年增长 20%,但网购用户同比仅增长 24%,电商行业竞争加大。从 2009 年 20 元左右可获得一个新用户,增长到 2012 年需要付出 100 元以上,5 年间上涨数倍。获取新用户成本逐年增加,而新增网购用户又基本被领先电商吸引(图 8.7)。

(四)逐渐下降的重复购买率

除部分领先电商外,中国大部分电商网站的重复购买率呈现下降趋势。主要原因是电商企业增多,竞争加大,用户选择增多和转换频繁,导致用户流失率有所上升,且部分电商网站持续经营能力较差,在发展一段时间后暴露出产品质量和诚信问题(图 8.8)。

(数据来源:艾瑞咨询,2012Q2 中国电子商务核心数据发布,2012 年 7 月)

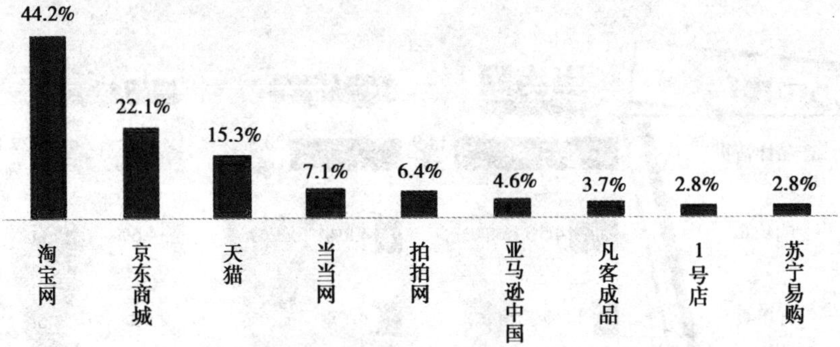


**图 8.7　2012 年购物网站新增用户使用各网站的比例**

（数据来源：CNNIC，2012 年中国网络购物市场研究报告，2013 年 3 月）

| 排名 | 网站 | 月均重复购买率（%） | 月度重复购买率相对走势 2012.01—2012.06 | 网站类别 |
| --- | --- | --- | --- | --- |
| 1 | 唯品会 | 82.41% | | 服装服饰 |
| 2 | 好乐买 | 68.60% | | 鞋帽箱包 |
| 3 | 1号店 | 59.52% | | 综合百货 |
| 4 | 聚尚网 | 57.89% | | 服装服饰 |
| 5 | 京东商城 | 54.98% | | 综合百货 |
| 6 | 当当网 | 53.48% | | 综合百货 |
| 7 | 麦包包 | 51.49% | | 鞋帽箱包 |
| 8 | 优购网 | 51.46% | | 鞋帽箱包 |
| 9 | 中粮我买网 | 50.91% | | 食品 |
| 10 | 乐蜂网 | 47.65% | | 化妆品 |

**图 8.8　2012 上半年中国十大月均重复购买率最高独立 B2C 电子商务网站**

四、电商之痛一一击破

随着中国网购市场的发展，从大起大落的粗放式发展开始进入精细化运作，中国电商连同中国互联网广告业也开始从搜索广告、展示广告进入效果广告时期。这一转变的根本原因就在于消费者的网购需求逐渐加深，不管是新进入的品牌商、垂直电商还是平台电商都需要正面痛点，精耕细作。

（一）新进入品牌如何快速塑造品牌？

新进入品牌主要面临两大问题，一是初期进入中国网购市场初期，品牌知名度较低，急需迅速积累用户，二是选择进入已经拥有消费者的平台电商还是自建官网？

对于第一个问题，品牌商可以通过搜索引擎品牌广告加目标消费者精准广告投放来增加品牌在互联网的曝光量以及目标消费的有效转化。

对于第二个问题，从目前来看，新进入品牌选择自建官网是个性价比较高的选

择,理由有三:

①随着电商生态圈的成长,更多的专业服务提供商开始进入市场,提供成本高效的自营在线商城解决方案,开网店初期所需投资额越来越低。成功扩张规模的商家会发现,相比依靠平台商模式,开设自家网店性价比也不错。

②通过自建官网,品牌商可全程掌控用户体验,深入了解用户,增加用户黏性,并充分掌握用户洞见的收集、分析和执行。在平台电商上,品牌商难以提供有别于平台上其他竞争对手的消费者体验。

③品牌商自建官网初期投资风险可能较高,一旦业务经营走上正轨并收获稳定的现金流,投资相关风险也会相应降低。商家建立了自营店铺后,仍然与平台商合作,作为扩展渠道。

(二)垂直电商如何解决新用户获取成本上升?

面对逐渐上涨的新用户获取成本,再加上被领先平台电商抢先的情况下,垂直电商可以依托已有用户信息 CRM 梳理用户特征并进行拓展,再通过搜索再定向技术能根据用户之前的搜索历史投放定向显示广告,即根据用户之前搜索过的内容来投放定向广告,找到潜在的消费者,实现精准投放。

(三)平台电商挑战如果解决用户忠诚度和转化率下降?

伴随市场激烈竞争,网购用户忠诚度不断下降。特别是屡次出现的价格战,用户已经养成根据价格促销幅度来比较购物的习惯,转化率一直走低。平台电商企业可以通过定向吸引符合本网站商品潜在消费者特征的人群,采取定向技术手段面向潜在用户推送恰当的商品 SKU, 再通过再定向技术把很多访问了网站却没有完成购买而流失掉的潜在购物者找回来。另外,再通过归因模型技术发掘跨渠道优化价值,实现跨渠道联动营销。

再定向技术可解决平台电商老用户流失率上升,用户转化率降低的问题。有助于提升平台电商自营 SKU 的转化率和利润。平台电商自营 SKU 经营改善之后,也可以为第三方商家提供更宽松的合作政策。

归因模型最大的价值在于,不仅可以帮助平台电商投放广告时有效调控媒介渠道,并且在分配营销预算、优化渠道从而提高 ROI(投资回报率)方面也有显著作用,从而解决平台类电商单一渠道营销价值开发殆尽,挖掘跨渠道联动营销价值。

(资料来源:i 天下网商)

# 参考文献


[1] 方世建,刘松.国际创业研究25年:主题演进与学者群体[J].科学学与科学技术管理,2008(9).

[2] 李时椿,常建坤.创新与创业管理[M].南京:南京大学出版社,2011.

[3] 董保宝,葛宝山.经典创业模型回顾与比较[J].外国经济与管理,2008(3).

[4] 弗雷德里克,库洛特克,霍杰茨.创业学[M].蒋春燕,译.北京:中国人民大学出版社,2011.

[5] 李文忠.创业管理:案例分析·经验借鉴·自我评估[M].北京:化学工业出版社,2011.

[6] 张玉利.创业管理[M]. 北京:机械工业出版社,2013.

[7] 陈龙春,杨敏.大学生创业基础[M].杭州:浙江大学出版社,2007.

[8] 张炜,田茂利.创业学[M].杭州:浙江大学出版社,2011.

[9] 约翰.贝赞特,乔.蒂德.创业与创业管理[M].牛芳,池均,田欣,译. 北京:机械工业出版社,2013.

[10] 李家华.创业基础[M].北京:北京师范大学出版社,2013.

[11] 夏清华.创业管理[M].武汉:武汉大学出版社,2007.

[12] 陈江, 陈凌, 杨祎婧. 组合创业影响家族企业成长的过程机制研究——基于浙江振石控股集团的案例探析[J]. 科学学研究, 2013, 31(5).

[12] 苏晓华, 张书军. 企业何以衍生? [J]. 中国管理研究, 2009, 4(2).

[13] 郑军, 严叶华. 全民创业融资模式创新研究——以武汉市为例[J]. 湖北社会科学, 2013 (12).

[14] 贺尊.创业计划书的撰写价值及基本准则[J].创新与创业教育,2012(10).

[15] 夏侃.大学生创业计划的可拓优度评价[J].科技管理研究,2007(10).

[16] 吕鲲鲲.如何撰写大学生创业计划书[J].华章,2012(9).

[17] 胡海波.创业计划[M].厦门:厦门大学出版社,2011.

[18] 爱德华·布莱克韦尔.创业计划书[M].北京:机械工业出版社,2009.

[19] 张梦欣等.创办你的企业[M].北京:中国劳动社会保障出版社,2003.

[20] 黄茂.创业政策对我国大学生创业动力的影响分析[J].今日南国(理论创新版),2009(9).

[21] 刘志军.浅谈促进高校毕业生自主创业的法律风险及立法保障[J],华章,2013(23).

[22] 郑开禄.试析大学生自主创业涉及的主要法律问题[J].科学咨询(科技·管理),2011(9).
[23] 白德祥.小企业创办与经营[M].北京:机械工业出版社,2012.
[24] 徐刚.管理学[M].天津:天津大学出版社,2010.
[25] 黄明.对创业初期中小企业人力资源管理的思考[J].福建商业高等专科学校学报,2012(02).
[26] 徐欣欣.浅谈创业初期中小企业人力资源管理[J].商场现代化,2013(5).
[27] 汪霞,徐刚.财务管理[M].天津:天津大学出版社,2012。
[28] 宋娟.财务报表分析从入门到精通[M].北京:机械工业出版社,2010.
[29] 徐存宝. 大学生网上创业管理[J].中国商贸.2011(10).
[30] 田创,等.网络创业促进就业发展研究综述[J].2013(6).
[31] 林小菲,等.网络创业基本模式的特征比较[J].2013(8).
[32] 孙冬梅.淘宝店铺网络营销赢家手册[M].2 版,北京:电子工业出版社,2013.
[33] 佚名.网店之必杀技[J].2010(5).
[34] 李志刚.网上创业理论与实践[M].北京:机械工业出版社,2010.
[35] Anderson J.C..Relationships in business markets: exchange episodes, value creation, and their empirical assessment[J].Journal of the Academy of Marketing Science,1995,23(4):346-350.
[36] Burkhard R.J., Hill T.R., Venkatsubramanyan S.. The emerging challenge of knowledge management ecosystems: A Silicon Valley high tech company signals the future[J]. Information Systems Management, 2011, 28(1): 5-18.
[37] Nonaka, I.. The Knowledge Creating Company[J]. Harvard Business Review, 1991,69(6):96-104.
[38] Wernerfelt B.. A resource-based view of the firm[J]. Strategic management journal, 1984, 5(2): 171-180.
[39] Rumelt R.P.. Theory, strategy, and entrepreneurship[M].//Handbook of Entrepreneurship Research. Springer US, 2005: 11-32.
[40] Barney J.B.. 1986 Strategic factor markets: expectations, luck, and business strategy[J]. Management Science,32:1231-1241.
[41] Prahalad C.K., Hamel G.. The core competence of the corporation[J]. Boston (MA), 1990: 235-256.
[42] Rautiainen M., Pihkala T., Ikävalko M.. Ownership matrix-families as actors for portfolio entrepreneurship [C]//19th Nordic Academy of Management Conference,2007, 9(11).